2025年全国税务师职业资格考试

税 法（Ⅱ）

应试指南

■ 杨 军 主编 ■ 正保会计网校 编

中国税务出版社

图书在版编目（CIP）数据

税法（Ⅱ）应试指南 / 杨军主编；正保会计网校编. 北京：中国税务出版社，2025. 5. -- (2025年全国税务师职业资格考试应试指南). -- ISBN 978-7-5678-1590-2

Ⅰ. D922.290.4

中国国家版本馆CIP数据核字第20252VS886号

版权所有·侵权必究

丛 书 名：	2025年全国税务师职业资格考试应试指南
书 名：	税法（Ⅱ）应试指南
	SHUIFA（Ⅱ）YINGSHI ZHINAN
作 者：	杨 军 主编 正保会计网校 编
责任编辑：	高 悦
责任校对：	姚浩晴
技术设计：	林立志
出版发行：	中国税务出版社
	北京市丰台区广安路9号国投财富广场1号楼11层
	邮政编码：100055
	网址：https：//www.taxation.cn
	投稿：https：//www.taxation.cn/qt/zztg
	发行中心电话：（010）83362083/85/86
	传真：（010）83362047/49
经 销：	各地新华书店
印 刷：	北京荣玉印刷有限公司
规 格：	787毫米×1092毫米 1/16
印 张：	27.5
字 数：	572000字
版 次：	2025年5月第1版 2025年5月第1次印刷
书 号：	ISBN 978-7-5678-1590-2
定 价：	99.00元

前 言
PREFACE

学税务师？找"应试指南"！

考过税务师？找"应试指南"！

应试指南——正保会计网校老师潜心钻研考试大纲和命题规律精心打造，税务师考试备考路上的超级"加速器"，助力大家高效学习，轻松过关。

▶紧扣考纲剖考情：学习有重点

开篇：考情分析及学习指导——正保资深主编老师依据多年教学经验倾心编写，帮助大家迅速了解考试情况，掌握科学的学习方法，清晰明了且高效地开启备考之旅。

▶知识详解全覆盖：全面又细致

万丈高楼平地起，为了让大家学起来更加轻松，老师们在内容上精挑细选，选出最具代表性、最贴合学习需求的知识点；表述上摒弃枯燥的理论堆砌，用简洁生动的语言搭配图表等形式阐释知识；结构编排上按章由易到难、循序渐进梳理考点，让大家逐步深入掌握知识。

每章知识点讲解之后的"同步训练"，以考点顺序编排，在检测学习成果的同时查找漏洞、填补空缺，通过"学练结合"的方式提高学习效率。

▶实用小模块设计：贴心又实用

书中还设有诸多贴心小模块：在考点后采用★级标注重要程度，快速锁定学习重点，节省时间精力；"得分高手"模块紧跟考情，解读常考出题方式，传授高效解题技巧，精准把握考试方向；创新性设置的"一学多考"小标识，打通了学科之间的关键脉络，促进知识融会贯通；讲解中还穿插着提示性小模块，帮大家化解记忆难点和易混淆点。

▶模拟试卷押考点：考前不用慌

"考前模拟"部分精心准备了两套模拟试卷，扫描二维码就能答题，帮助大家熟悉考试

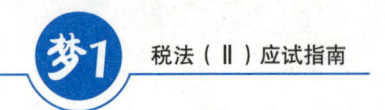

节奏，提升应试能力，快速进入考试状态。

▶**数字化学习资源：随时随地学**

书中配有丰富的数字化学习资源，扫描封面的防伪码即可获取线上电子书、电子题库等内容。网校还打造了配套专属课程供大家自由选择，书课结合效果更佳。

窗外有风景，笔下有前途；低头是题海，抬头是未来！备考的日子或许充满了艰辛和汗水，但每一次努力都是在为未来积攒能量，只要坚持下去，你一定会收获成功的喜悦。加油吧，小伙伴们，"应试指南"陪你一起成为更好的自己！

由于时间所限，书中难免存在疏漏，敬请批评指正。

编　者

目 录
CONTENTS

第一篇　考情分析及学习指导

2025 年考情分析及学习指导 3

第二篇　应试指导及同步训练

第一章　企业所得税 7
考试风向 7
考点详解及精选例题 8
　　考点一　纳税义务人、征税对象与税率 8
　　考点二　应纳税所得额的计算 11
　　考点三　收入总额 12
　　考点四　不征税收入和免税收入 21
　　考点五　税前扣除项目 26
　　考点六　亏损弥补 45
　　考点七　资产的所得税处理 46
　　考点八　资产损失税前扣除的所得税处理 53
　　考点九　企业重组的所得税处理 59
　　考点十　房地产开发经营业务的所得税处理 67
　　考点十一　减免税优惠 75
　　考点十二　应纳税额的计算 99
　　考点十三　特别纳税调整 103
　　考点十四　征收管理 120
同步训练 131

第二章　个人所得税 187

考试风向 187

考点详解及精选例题 188

考点一　征税对象 188

考点二　纳税人和税率 194

考点三　应纳税所得额的确定 197

考点四　减免税优惠 199

考点五　居民个人综合所得应纳税额的计算 201

考点六　非居民个人应纳税所得额的确定和应纳税额的计算 204

考点七　综合所得的专项附加扣除和其他扣除 205

考点八　无住所个人所得税的计算 212

考点九　经营所得应纳税额的计算 218

考点十　利息、股息、红利所得的计税方法 223

考点十一　财产租赁所得的计税方法 224

考点十二　财产转让所得的计税方法 225

考点十三　偶然所得的计税方法 226

考点十四　特殊情形下个人所得税的计税方法 227

考点十五　征收管理 253

同步训练 259

第三章　国际税收 276

考试风向 276

考点详解及精选例题 277

考点一　概述 277

考点二　国际税收协定 281

考点三　国际税收协定待遇后续管理 289

考点四　非居民企业税收管理 293

考点五　国际税收抵免制度 303

考点六　我国税收抵免制度 304

考点七　国际避税与反避税 316

考点八　国际税收征管协作　317
　　同步训练　325

第四章　印花税　333

　　考试风向　333
　　考点详解及精选例题　334
　　　考点一　概述　334
　　　考点二　纳税人和扣缴义务人　334
　　　考点三　征税范围　335
　　　考点四　税率　338
　　　考点五　减免税优惠　338
　　　考点六　计税依据和应纳税额的计算　344
　　　考点七　征收管理　348
　　同步训练　350

第五章　房产税　355

　　考试风向　355
　　考点详解及精选例题　355
　　　考点一　概述　355
　　　考点二　征税范围、纳税人和税率　356
　　　考点三　减免税优惠　357
　　　考点四　计税依据和应纳税额的计算　360
　　　考点五　征收管理　363
　　同步训练　364

第六章　车船税　369

　　考试风向　369
　　考点详解及精选例题　369
　　　考点一　概述　369
　　　考点二　征税范围、纳税人和适用税额　370

　　　　考点三　减免税优惠 372

　　　　考点四　应纳税额的计算与代收代缴 373

　　　　考点五　征收管理 375

　　同步训练 375

第七章　契税 380

　　考试风向 380

　　考点详解及精选例题 380

　　　　考点一　概述 380

　　　　考点二　征税范围、纳税人和税率 381

　　　　考点三　减免税优惠 382

　　　　考点四　计税依据和应纳税额的计算 386

　　　　考点五　征收管理 388

　　同步训练 390

第八章　城镇土地使用税 394

　　考试风向 394

　　考点详解及精选例题 394

　　　　考点一　概述 394

　　　　考点二　征税范围、纳税人和适用税额 395

　　　　考点三　减免税优惠 395

　　　　考点四　计税依据和应纳税额的计算 400

　　　　考点五　征收管理 401

　　同步训练 402

第九章　耕地占用税 408

　　考试风向 408

　　考点详解及精选例题 408

　　　　考点一　概述 408

　　　　考点二　纳税义务人和征税范围 409

考点三 减免税优惠 ……………………………………………………………… 410

考点四 应纳税额的计算 …………………………………………………………… 413

考点五 征收管理 …………………………………………………………………… 413

同步训练 …………………………………………………………………………………… 414

第十章 船舶吨税 …………………………………………………………………… 418

考试风向 …………………………………………………………………………………… 418

考点详解及精选例题 ……………………………………………………………………… 418

考点一 概述 ………………………………………………………………………… 418

考点二 纳税人、征税范围、税率 ………………………………………………… 419

考点三 减免税优惠 ………………………………………………………………… 419

考点四 应纳税额的计算 …………………………………………………………… 421

考点五 征收管理 …………………………………………………………………… 421

同步训练 …………………………………………………………………………………… 422

第三篇 考前模拟

考前模拟 2 套卷 ………………………………………………………………………… 428

附录 本书适用的税率表 ……………………………………………………………… 429

第一篇 考情分析及学习指导

税务师应试指南

轻松学习，快乐考试，梦想成真。

轻松听书，尽在"正保会计网校"APP！

打开"正保会计网校"APP，扫描"扫我听书"二维码，即可畅享在线听书服务。
★提示：首次使用需扫描封面防伪码激活服务，此服务仅限手机端使用。

扫我听书

2025年考情分析及学习指导

一、"税法（Ⅱ）"科目的总体情况

"税法（Ⅱ）"科目包括我国18个实体税种中的9个税种和国际税收，共10章内容，考试内容多，记忆量大，对考生的专业判断能力和实务处理能力的要求高。考题既重视基础知识的考查，又注重涉税实际业务的考查。考生应依据考试大纲的要求，对本书中的知识点全面复习，根据考试规律，对重点内容做到熟练掌握，融会贯通。备考中要合理规划时间，注重学习方法，同时注意选择典型习题有针对性地练习。

二、考试时间、考查形式及命题规律

（一）考试时间

2025年税务师职业资格考试税法（Ⅱ）考试时间为2025年11月15日13：00—15：30。

（二）考查形式

考试采用计算机闭卷考试（简称机考）方式，即在计算机终端获取试题、作答并提交答题结果。

（三）命题规律

1. 全部题型均为选择题

考试题型、题量、分值及考试要求，见下表。

考试题型、题量、分值及考试要求

年份	题型、题量及分值				总题量及分值
	单选题	多选题	计算题	综合分析题	
2016年前	40题，40分	30题，60分	2题，16分	2题，24分	90题，140分（84分通过）
2016年	40题，40分	22题，44分	4题，32分		
2016年以后	40题，60分	20题，40分	2题，16分	2题，24分	80题，140分（84分通过）

当前考试要求：

(1) 单选题：每题的备选项中，只有1个最符合题意。

(2) 多选题：每题的备选项中，有2个或2个以上符合题意，至少有1个错项。错选或多选不得分；少选选对的，每个选项得0.5分。

(3) 计算题：每题4个小问题，共8小题，每小题2分。每小题的备选项中，只有一个最符合题意。

(4) 综合分析题：每题6个小问题，共12小题，每小题2分。由单选题和多选题组成。错选或多选不得分；少选选对的，每个选项得0.5分。

2. 全面考查，重点突出

全书10章内容，出题老师"雨露均沾"，每一章均有分，但分值的比重差异非常大，主角是两个所得税，分值的比重近60%。其他各章分值不高，但加起来分值占比也达到了40%左右，所以考生千万不能忽视。

3. 既考查知识点的记忆，又考查知识点的运用

考试题目中有纯粹记忆性知识点的考查，也涉及法规法条的具体运用，后者分值比重更高。

4. "考新"是永远的重点

体现知识更新是税务师职业资格考试的一个重要特点，每年本书都会根据最近一年来政策的变化予以修订，增加一些新的税法规定，而这些新知识点往往在考试中又特别容易考到，需要考生予以足够重视。

三、备考建议

(一) 应试指南如何使用

考生在学习每章前要浏览"脉络梳理"模块，对本章的知识结构有一个基本的认识。"考点详解及精选例题"模块分考点学习后请独立完成"同步训练"模块对应的题目，在最后冲刺阶段要模拟全真考场环境完成最后的两套考前模拟试卷。

(二) 书课如何结合使用

本书和正保会计网校杨军老师讲授的课程高度协同，其中"考点详解及精选例题"模块对标基础精讲班课程，"同步训练"模块对标习题强化班课程。

祝愿各位考生能如愿通过考试，早日取得税务师职业资格。*梦想成真！*

第二篇

应试指导及同步训练

税务师应试指南

逆流的方向，才更适合成长。

第一章　企业所得税

重要程度：重点章节　　分值：50分左右

考试风向

考情速递

本章内容繁多，知识点零碎，考试重点在于应纳税所得额的计算及特殊事项的处理，要求考生对企业所得税与其他相关税种的关系熟练掌握，并对跨税种综合分析题多加练习。

2025年考试变化

新增：（1）国债利息收入和国债转让收入时间确认、计算等具体规定。
（2）合格境外机构投资者（QFII）、人民币合格境外机构投资者（RQFII）取得来源于中国境内的股票等权益性投资资产转让所得，暂免征收企业所得税的规定。
（3）固定与工资、薪金一起发放的福利性补贴，符合条件的，可作为工资、薪金支出在税前扣除的规定。
（4）股权捐赠企业所得税政策规定。
（5）经省级地方金融监督管理部门批准成立的小额贷款公司计提贷款损失准备金的规定。
（6）增值税一般纳税人转登记为小规模纳税人的企业，待抵扣进项税额余额在企业所得税税前扣除的规定。
（7）技术成果投资入股涉及的企业所得税处理规定。
（8）工业母机企业享受研发费用加计扣除政策的清单管理。
（9）专用设备投资额、当年应纳税额相关概念以及企业自筹资金和银行贷款，利用财政拨款购置专用设备相关的税额抵免政策。
（10）节能节水、环境保护、安全生产专用设备数字化智能化改造税额抵免优惠。
（11）上海市浦东新区特定区域内公司型创业投资企业转让股权相关优惠政策。

调整：跨地区经营汇总纳税企业所得税征收管理中总分机构分摊税款的计算。

脉络梳理

考点详解及精选例题

考点一 纳税义务人、征税对象与税率 ★★① 一学多考|注②

（一）纳税义务人

1. 纳税义务人

中国境内的企业和其他取得收入的<u>组织</u>（以下统称企业）。

---

① 本书采用★级对考点进行标注，★表示需要了解，★★表示需要熟悉，★★★表示需要掌握。
② "注"表示注册会计师考试同步考查。

第一章 | 企业所得税

提示

(1)组织包括依法注册、登记的事业单位、社会团体等。
(2)依据我国相关法律成立的个人独资企业和合伙企业不适用企业所得税法。❶

【例题1·多选题】下列依照中国法律、行政法规成立的公司、企业中,属于企业所得税纳税人的有( )。①

A. 国有独资公司　　　　B. 合伙企业
C. 个人独资企业　　　　D. 一人有限责任公司
E. 社会团体

解析 合伙企业、个人独资企业不属于企业所得税的纳税人。

2. 纳税人分类

根据注册地标准和实际管理机构标准,基于不同企业承担的纳税义务不同,纳税人分为居民企业和非居民企业。

(1)居民企业:依法在中国境内成立,或者依照外国(地区)法律成立但实际管理机构❷在中国境内的企业。

【例题2·单选题】除税收法律、行政法规另有规定外,居民企业的企业所得税纳税地点是( )。

A. 经营所在地　　　　B. 机构所在地
C. 注册登记地　　　　D. 办公所在地

解析 除税收法律、行政法规另有规定外,居民企业以企业登记注册地为纳税地点。

(2)非居民企业:依照外国(地区)法律成立且实际管理机构不在中国境内,但在中国境内设立机构、场所的,或者在中国境内未设立机构、场所,但有来源于中国境内所得的企业。

提示

(1)机构、场所,包括:①管理机构、营业机构、办事机构;②工厂、农场、开采自然资源的场所;③提供劳务的场所;④从事建筑、安装、装配、修理、勘探等工程作业的场所;⑤其他从事生产经营活动的机构、场所。

(2)非居民企业委托营业代理人在中国境内从事生产经营活动的,包括委托单位或者个人经常代其签订合同,或者储存、交付货物等,该营业代理人被视为非居民企业在中国境内设立的机构、场所。

【例题3·多选题】(2022年)②依据企业所得税法相关规定,下列境内单位和个人中,可视为非居民企业在中国境内设立的机构、场所的有( )。

---

① 本书例题的答案放在页面最下方或"考点详解及精选例题"的结尾处。
② 本书仅对近6年考题进行年份标记,考题均为考生回忆并已根据2025年考试大纲修改过时内容。

老杨唠唠唠 ❶
依据外国法律法规在境外成立的个人独资企业和合伙企业需要在中国纳税的,适用《企业所得税法》。

老杨唠唠唠 ❷
实际管理机构,是指对企业的生产经营、人员、账务、财产等实施实质性全面管理和控制的机构。

答案
例题1 | ADE
例题2 | C

A. 受托为非居民企业在境内提供场地的个人
B. 受托代非居民企业在境内交付货物的个人
C. 受托为非居民企业在境内提供资金的单位
D. 受托代非居民企业在境内储存货物的个人
E. 受托代非居民企业在境内签订合同的单位

解析 非居民企业委托营业代理人在中国境内从事生产经营活动的,包括委托单位或者个人经常代其签订合同,或者储存、交付货物等,该营业代理人被视为非居民企业在中国境内设立的机构、场所。选项 A、C,不视为非居民企业在中国境内设立机构、场所。

（二）征税对象

征税对象包括生产经营所得、其他所得和清算所得。

(1)居民企业的征税对象:来源于中国境内、境外的所得。

(2)非居民企业的征税对象:①在中国境内设立机构、场所的,应当就其所设机构、场所取得的来源于中国境内的所得,以及发生在中国境外但与其所设机构、场所有实际联系的所得;②在中国境内未设立机构、场所的,或者虽设立机构、场所但取得的所得与其所设机构、场所没有实际联系的,来源于中国境内的所得。

提示 实际联系是指非居民企业在中国境内设立的机构、场所拥有据以取得所得的股权、债权,以及拥有、管理、控制据以取得所得的财产等。

特别注意,不要错误地认为非居民企业只就来源于中国境内的所得作为征税对象。这点在选择题中出现特别容易"暴雷"。非居民企业在中国境内设立机构、场所的,发生在境外但与其所设机构、场所有实际联系的所得也是企业所得税的征税对象。

（三）所得来源地的确定

所得来源地的确定是确认征税对象的基础。

所得来源地的确定,见表1-1。

表1-1 所得来源地的确定

所得类型		所得来源地的确定
销售货物所得		交易活动发生地
提供劳务所得		劳务发生地
转让财产所得	不动产转让	不动产所在地
	动产转让	转让动产的企业或者机构、场所所在地
	权益性投资资产转让	被投资企业所在地
股息、红利等权益性投资所得		分配所得的企业所在地
利息所得、租金所得和特许权使用费所得		负担、支付所得的企业或者机构、场所所在地或负担、支付所得的个人住所地

【例题4·单选题】(2021年)下列关于所得来源地的说法,符合企业所得税相关规定的是( )。

答案
例题3|BDE

A. 权益性投资所得，按取得所得的企业所在地确定所得来源地
B. 销售货物所得，按货物生产地确定所得来源地
C. 动产转让所得，按转让动产的企业所在地确定所得来源地
D. 租金所得，按取得租金的企业所在地确定所得来源地

解析 选项A，股息、红利等权益性投资所得，按照分配所得的企业所在地确定。选项B，销售货物所得，按照交易活动发生地确定。选项D，租金所得，按照负担、支付所得的企业或者机构、场所所在地确定，或者按照负担、支付所得的个人的住所地确定。

(四) 税率

企业所得税实行比例税率。企业所得税税率，见表1-2。

请注意，非居民企业也有适用25%税率的情况哟！

表1-2 企业所得税税率

税率	适用范围
25%	居民企业
	在中国境内设有机构、场所且所得与机构、场所有关联的非居民企业
20%（实际10%）	中国境内未设立机构、场所的，有来自中国境内的所得
	虽设立机构、场所但取得所得与其所设机构、场所没有实际联系的非居民企业
20%	小型微利企业（详见减免税优惠）
15%	高新技术企业；自2017年1月1日起经认定的技术先进型服务企业；自2021年1月1日至2030年12月31日，设在西部地区的鼓励类产业企业；自2019年1月1日至2027年12月31日，符合条件的从事污染防治的第三方企业（详见减免税优惠）；自2020年1月1日至2027年12月31日，注册在海南自由贸易港并实质性运营的鼓励类产业企业

考点二 应纳税所得额的计算 ★★★ 一学多考|注

应纳税所得额=收入总额-不征税收入-免税收入-各项扣除-允许弥补的以前年度亏损

提示

(1) 上述公式是直接法下计算的应纳税所得额，考试中更多的是考查间接法的应纳税所得额的计算，公式如下：

应纳税所得额=会计利润总额+纳税调整增加的金额-纳税调整减少的金额

(2) 纳税调整项目金额包括两方面：一是会计制度规定的项目范围与税法规定的不一致需要调整的金额；二是会计制度规定的扣除标准与税法规定的扣除标准不一致的差异需要调整的金额。

【例题5·计算题】 2024年某居民企业取得主营业务收入4 000万元，发生主营业务成本2 600万元，发生销售费用770万元（其中广告费650万元）、

答案
例题4|C

管理费用480万元、财务费用60万元，可以在企业所得税税前扣除的税金及附加为40万元。

（注：该企业税法允许扣除的广告费金额为600万元。）

要求：

(1)用直接法计算该企业的应纳税所得额。

(2)用间接法计算该企业的应纳税所得额。

答案↘

(1)直接法：

应纳税所得额＝4 000-2 600-[（770-650）+600]-480-60-40＝100(万元)。

提示 770-650是税法允许扣除的除广告费以外的销售费用。

(2)间接法：

会计利润总额＝4 000-2 600-770-480-60-40＝50(万元)。

广告费调增应纳税所得额＝650-600＝50(万元)。

应纳税所得额＝50+50＝100(万元)。

考点三 收入总额 ★★★　一学多考|注

企业的收入总额包括以货币形式和非货币形式从各种来源取得的收入。

货币形式的收入包括现金、存款、应收账款、应收票据、准备持有至到期的债券投资以及债务的豁免等。

非货币形式的收入包括固定资产、生物资产、无形资产、股权投资、存货、不准备持有至到期的债券投资、劳务以及有关权益等。

提示 企业以非货币形式取得的收入，应当按照公允价值(市场价值)确定收入额。

注意收入应为不含增值税的收入，考试中要注意审题，如果是含增值税收入要换算为不含税收入，公式如下：
不含增值税销售额＝含增值税销售额÷(1+增值税税率)。

（一）一般收入的确认

1. 销售货物收入

企业销售商品、产品、原材料、包装物、低值易耗品以及其他存货取得的收入。

2. 提供劳务收入

企业从事建筑安装、修理修配、交通运输、仓储租赁、金融保险、邮电通信、咨询经纪、文化体育、科学研究、技术服务、教育培训、餐饮住宿、中介代理、卫生保健、社区服务、旅游、娱乐、加工以及其他劳务服务活动取得的收入。

3. 转让财产收入

企业转让固定资产、生物资产、无形资产、股权、债权等财产取得的收入。

提示 转让股权收入：

（1）应于转让协议生效且完成股权变更手续时确认收入实现。

（2）股权转让所得=转让股权收入-股权成本。

（3）计算股权转让所得时，不得扣除被投资企业未分配利润等股东留存收益中按该项股权所可能分配的金额。

【例题6·单选题】（2023年）甲企业在2023年8月以300万元现金直接投资于乙企业，取得乙企业30%的股权，2023年乙企业的税后利润为100万元。2024年8月甲企业转让乙企业的股权，取得股权转让收入650万元，此时乙企业账面累计未分配利润和累计盈余公积共200万元。甲企业应确认的股权转让所得应纳税所得额为（　　）万元。

A．260　　　B．350　　　C．320　　　D．290

解析 股权转让所得=650-300=350（万元）。

4．股息、红利等权益性投资收益

企业因权益性投资从被投资方取得的收入。

提示

（1）除另有规定外，应以被投资企业股东会或股东大会作出利润分配或转股决定的日期，确认收入的实现。

（2）被投资企业将股权（票）溢价所形成的资本公积转为股本的，不作为投资方企业的股息、红利收入，投资方企业也不得增加该项长期投资的计税基础。

【例题7·单选题】 2023年初A居民企业通过投资，拥有B上市公司15%的股权。2024年3月，B公司增发普通股1 000万股，每股面值1元，发行价格为2.5元，股款已全部收到并存入银行。2024年6月，B公司将股本溢价形成的资本公积金全部转增股本。下列关于A居民企业相关投资业务的税务处理，正确的是（　　）。

A．A居民企业应确认股息收入225万元

B．A居民企业应确认红利收入225万元

C．A居民企业应增加该项投资的计税基础225万元

D．A居民企业转让股权时不得扣除转增股本增加的225万元

解析 被投资企业将股权（票）溢价所形成的资本公积转为股本的，不作为投资方企业的股息、红利收入，投资方企业也不得增加该项长期投资的计税基础。

5．利息收入

企业将资金提供他人使用但不构成权益性投资，或者因他人占用本企业资金取得的收入，包括存款利息、贷款利息、债券利息、欠款利息等收入。

提示

（1）按照合同约定的债务人应付利息的日期确认收入的实现。

答案

例题6｜B
例题7｜D

混合性投资的判断条件，考生可以从它的定义出发去理解，这样记忆效率比较高，通俗地讲就是"一个叫投资的哥们长了个债权的模样"，其本质"明股实债"。

（2）混合性投资业务✦企业所得税处理。

◆定义：企业混合性投资业务，是指兼具权益和债权双重特性的投资业务。

◆混合性投资的条件。

a. 被投资企业接受投资后，需要按投资合同或协议约定的利率定期支付利息（或定期支付保底利息、固定利润、固定股息，下同）。

b. 有明确的投资期限或特定的投资条件，并在投资期满或者满足特定投资条件后，被投资企业需要赎回投资或偿还本金。

c. 投资企业对被投资企业净资产不拥有所有权。

d. 投资企业不具有选举权和被选举权。

e. 投资企业不参与被投资企业日常生产经营活动。

◆所得税处理。

a. 对于被投资企业支付的利息，投资企业应于被投资企业应付利息的日期，确认收入的实现并计入当期应纳税所得额；被投资企业应于应付利息的日期，确认利息支出，按"非金融企业向非金融企业借款利息支出"的规定进行税前扣除。

b. 对于被投资企业赎回的投资，投资双方应于赎回时将赎价与投资成本之间的差额确认为债务重组损益，分别计入当期应纳税所得额。

◆境外投资者在境内从事混合性投资业务，满足上述混合性投资规定条件的，可以按照债权性投资业务规定进行企业所得税处理，但同时符合以下两种情形的除外：①该境外投资者与境内被投资企业构成关联关系；②境外投资者所在国家（地区）将该项投资收益认定为权益性投资收益，且不征收企业所得税。

同时符合上述两项规定情形的，境内被投资企业向境外投资者支付的利息应视为股息，不得进行税前扣除。

◆可转换债券转换为股权投资的税务处理。

a. 购买方企业的税务处理：

购买方企业购买可转换债券，在其持有期间按照约定利率取得的利息收入，应当依法申报缴纳企业所得税。购买方企业可转换债券转换为股票时，将应收未收利息一并转为股票的，该应收未收利息即使会计上未确认收入，税收上也应当作为当期利息收入申报纳税；转换后以该债券购买价、应收未收利息和支付的相关税费为该股票投资成本。

b. 发行方企业的税务处理：

发行方企业发生的可转换债券的利息，按照规定在税前扣除。发行方企业按照约定将购买方持有的可转换债券和应付未付利息一并转为股票的，其应付未付利息视同已支付，按照规定在税前扣除。

【例题 8·单选题】 2024 年 10 月甲公司向乙公司投资 300 万元,期限为 5 年,每年年末收取固定利息(符合混合性投资的条件)。下列关于该投资业务的税务处理的说法中,正确的是( )。

A. 甲公司收到的固定利息为免税收入
B. 乙公司应于应付固定利息的日期确认支出
C. 乙公司支付的固定利息可以据实在税前扣除
D. 甲公司应于实际收到固定利息的日期确认收入的实现

解析 符合条件的混合性投资业务,对于被投资企业支付的利息,投资企业应于被投资企业应付利息的日期,确认收入的实现并计入当期应纳税所得额;被投资企业应于应付利息的日期,确认利息支出,并按规定进行税前扣除。

6. 租金收入

企业提供固定资产、包装物或者其他有形资产的使用权取得的收入。

提示

(1)按照合同约定的承租人应付租金的日期确认收入的实现。

(2)如果交易合同或协议中规定租赁期限跨年度,且租金提前一次性支付的,出租人可对上述已确认的收入,在租赁期内,分期均匀计入相关年度收入。

【例题 9·单选题】 某公司将设备租赁给他人使用,合同约定租期从 2024 年 9 月 1 日到 2027 年 8 月 31 日,每年不含税租金为 480 万元,2024 年 8 月 15 日一次性收取 3 年租金 1 440 万元。下列关于该租赁业务收入确认的说法,正确的是( )。

A. 2024 年增值税应确认的收入为 480 万元
B. 2024 年增值税应确认的收入为 160 万元
C. 2024 年企业所得税应确认的收入为 1 440 万元
D. 2024 年企业所得税可确认的收入为 160 万元

解析 企业所得税:租金收入,按照合同约定承租人应付租金的日期确认收入的实现。如果交易合同或协议中规定的租赁期限跨年度且租金提前一次性支付,根据规定的收入与费用配比原则,出租人可对已确认的收入,在租赁期内分期均匀计入相关年度收入,所以 2024 年可确认企业所得税收入 160 万元。增值税:纳税人提供租赁服务采取预收款方式的,其纳税义务发生时间为收到预收款的当天,所以 2024 年增值税应确认的计税收入为 1 440 万元。

7. 特许权使用费收入

企业提供专利权、非专利技术、商标权、著作权以及其他特许权的使用权取得的收入。

提示 按照合同约定的特许权使用人应付特许权使用费的日期确认收入

跨年提前一次性收到租金的处理,要注意不同税种税务处理上的差异,除了"混合性投资业务"所得税的规定,还要注意:①印花税,书立时一次性缴纳;②房产税,按年计算、分期缴纳;③增值税,租赁服务采取预收款方式的,纳税义务发生时间为收到预收款的当天。

答案

例题 8 | B
例题 9 | D

的实现。

【例题10·计算题】 某生产化工产品的公司，2024年发生以下事项：

(1) 签订一份委托贷款合同，合同约定两年后合同到期时一次性收取利息。2024年会计已将其中40万元利息计入收入。

(2) 年初签订一项商标使用权合同，合同约定商标使用期限为4年，使用费总额为240万元，每两年收费一次。2024年第一次收取使用费，实际收取120万元，会计已将60万元计入收入。

要求：请计算利息收入和商标使用费收入应纳税调整的金额，并说明理由。

答案

(1) 利息收入应调减应纳税所得额40万元。

理由：对利息收入，应按照合同约定的债务人应付利息的日期确认收入的实现。

(2) 商标使用费收入应调增应纳税所得额60万元。

理由：对特许权使用费收入，应按照合同约定的特许权使用人应付特许权使用费的日期确认收入的实现。

8. 接受捐赠收入

企业接受的来自其他企业、组织或者个人无偿给予的货币性资产、非货币性资产。

提示 按照实际收到捐赠资产的日期确认收入的实现。

【例题11·计算题】 某公司2024年12月接受捐赠原材料一批，取得增值税专用发票，注明价款10万元、增值税税额1.3万元。

要求：说明这一业务对企业所得税应纳税所得额和增值税的影响。

答案 计入应纳税所得额的金额=10+1.3=11.3（万元）（会计利润相同）。

增值税的影响：进项税额=1.3（万元）。

【例题12·计算题】 某公司2024年10月接受捐赠的设备一台，取得增值税专用发票，注明该设备价值10万元；发生运费1万元，取得运输企业开具的增值税专用发票。

（注：设备采用直线法计提折旧，折旧年限为10年。）

要求：说明这一业务对企业所得税应纳税所得额和增值税的影响。

答案 税会差异对应纳税所得额的影响金额=（10+1.3）-（10+1）÷120×2=11.12（万元）①

对增值税的影响：进项税额=1.3+1×9%=1.39（万元）。

9. 其他收入

企业取得的除以上收入外的其他收入，包括企业资产溢余收入、逾期

---

① 因考试时并不严格区分等号和约等号，故为了统一性，本书统一使用等号；另外，本书中计算结果除不尽的均保留两位小数。

未退包装物押金收入、确实无法偿付的应付款项、已作坏账损失处理后又收回的应收款项、债务重组收入、补贴收入、违约金收入、汇兑收益等。

（二）特殊收入的确认

（1）分期收款方式销售货物：合同约定的收款日期确认收入实现。

【例题13·计算题】 甲公司2024年1月1日以分期收款方式销售产品，合同销售价格2 000万元，约定分5年等额收取款项，该产品成本为1 200万元，现销价格为1 600万元（假设不考虑税费）。

2024年1月1日企业会计确认的收入为1 600万元，成本为1 200万元，未实现融资收益为400万元。

2024年12月31日，企业收到当年合同约定的款项400万元，未实现融资收益冲减财务费用120万元，做了相应的会计处理。

要求：请计算税法纳税调整的金额。

答案 税法确认的收入金额为400万元，纳税调减额=1 600-400=1 200（万元）。

税法确认的成本金额为240万元，纳税调增额=1 200-240=960（万元）。

未实现融资收益在当期确认（冲减）的财务费用：纳税调减120万元。

合计纳税调减应纳税所得额=1 200+120-960=360（万元）。

（2）企业受托加工制造大型机械设备、船舶、飞机，以及从事建筑、安装、装配工程业务或者提供其他劳务等，持续时间超过12个月的，按照纳税年度内完工进度或完成的工作量确认收入的实现。

提示 增值税：生产销售、生产工期超过12个月的大型机械设备、船舶、飞机等货物，为收到预收款或书面合同约定的收款日期的当天。[只考税法（Ⅱ）的考生忽略]

（3）产品分成方式：分得产品的日期按产品公允价值确定收入实现。（实质是实物代替货币作为收入的方式）

（4）企业发生非货币性资产交换，以及将货物、财产、劳务用于捐赠、偿债、赞助、集资、广告、样品、职工福利或者利润分配等用途，应当视同销售货物、转让财产或者提供劳务。

【例题14·单选题】（2024年）企业以分期收款方式销售货物的，确认企业所得税收入的时间是（　　）。

A．销售货款实际收取日　　B．销售合同签订日
C．销售货物移送日　　　　D．销售合同约定的收款日

解析 企业以分期收款方式销售货物的，按照合同约定的收款日期确认企业所得税收入的实现。

答案 例题14｜D

【例题15·单选题】（2019年）依据企业所得税的相关规定，下列关于收

入确认时间的说法，正确的是( )。

A. 接受捐赠收入，按照合同约定的捐赠日期确认收入的实现
B. 特许权使用费收入，以实际取得收入的日期确认收入的实现
C. 采取产品分成方式取得收入的，按照企业分得产品的日期确认收入的实现
D. 股息、红利等权益性投资收益，以被投资方实际分红的日期确认收入的实现

解析 选项A，接受捐赠收入，按照实际收到捐赠资产的日期确认收入的实现。选项B，特许权使用费收入，按照合同约定的特许权使用人应付特许权使用费的日期确认收入的实现。选项D，股息、红利等权益性投资收益，除另有规定外，按照被投资企业股东会或股东大会作出利润分配或转股决定的日期，确认收入的实现。

(三)处置资产收入的确认

处置资产收入的确认，见表1-3。

表1-3 处置资产收入的确认

内部处置，不视同销售(资产转移至境外除外)	不属于内部处置，视同销售
(1)将资产用于生产、制造、加工另一产品。 (2)改变资产形状、结构或性能。 (3)改变资产用途(如自建商品房转为自用或经营)。 (4)将资产在总机构及其分支机构之间转移。 (5)上述两种或两种以上情形的混合。 (6)其他不改变资产所有权属的用途	(1)用于市场推广或销售。 (2)用于交际应酬。 (3)用于职工奖励或福利。 (4)用于股息分配。 (5)用于对外捐赠。 (6)其他改变资产所有权属的用途

提示
(1)判断原则：资产所有权属在形式和实质上是否发生改变。
(2)收入确认：除另有规定外，应按照被移送资产的公允价值确定销售收入。

视同销售收入对比，见表1-4。

表1-4 视同销售收入对比

项目		会计收入确认	增值税	所得税
统一核算，异地移送		×	√	×
职工个人福利	自产、委托加工	√	√	√
	外购	×	×	√
集体福利	自产、委托加工	×	√	×
	外购	×	×	×

答案
例题15 | C

(续表)

项目	会计收入确认	增值税	所得税
投资(自产、委托加工、外购)	√	√	√
分配(自产、委托加工、外购)	√	√	√
赠送(自产、委托加工、外购)	×	√	√

【例题 16·多选题】(2023 年)依据企业所得税相关规定,企业发生的下列情形应视同销售的有( )。

A．将自产设备用于境内分支机构的转移
B．将自产食品用于股息分配
C．将自建商品房用于对外出租
D．将自产电脑用于职工奖励
E．将自产卷烟用于市场推广

解析 选项 A、C,资产所有权没有发生转移,不属于企业所得税视同销售的情形。

(四)销售商品的收入确认

1. 收入确认一般原则

企业销售商品同时满足下列条件的,应确认收入的实现:

(1)商品销售合同已经签订,企业已将商品所有权相关的主要风险和报酬转移给购货方。

(2)企业对已售出的商品既没有保留通常与所有权相联系的继续管理权,也没有实施有效控制。

(3)收入的金额能够可靠地计量。

(4)已发生或将发生的销售方的成本能够可靠地核算。

2. 销售商品确认的具体规定

(1)收入实现时间的确认,见表 1-5。

表 1-5 收入实现时间的确认

分类	收入确认
托收承付方式	办妥托收手续时
预收款方式	发出商品时
销售商品需要安装和检验	购买方接受商品及安装和检验完毕时
如安装程序比较简单	发出商品时
支付手续费方式委托代销	收到代销清单时

(2)收入金额的确认,见表 1-6。

答案
例题 16 | BDE

表1-6 收入金额的确认

分类	收入确认
售后回购	符合收入条件：销售的商品按售价确认收入，回购的商品作为购进商品处理
	不符合销售收入确认条件：收到的款项确认为负债，回购价格大于原售价的，差额在回购期间确认利息费用
商业折扣	扣除商业折扣后的金额确定销售商品收入金额
现金折扣	扣除现金折扣前的金额确定销售商品收入金额，现金折扣在实际发生时作为财务费用扣除
销售折让和销售退回	发生当期冲减当期销售商品收入
以旧换新	销售商品按销售商品收入确认条件确认收入，回收商品作为购进商品处理
买一赠一	不属于捐赠，将总的销售金额按各项商品的公允价值的比例来分摊确认各项的收入

提示 企业取得财产(包括各类资产、股权、债权等)转让收入、债务重组收入、接受捐赠收入、无法偿付的应付款收入等，不论是以货币形式还是非货币形式体现，除另有规定外，均应一次性计入确认收入的年度计算缴纳企业所得税。

【例题17·单选题】(2023年)下列关于收入确认时间的说法，符合企业所得税相关规定的是( )。

A. 采用预收款方式销售商品的，为收到预收款的日期
B. 从事权益性投资的，为实际收到股息的日期
C. 接受捐赠资产的，为签订捐赠协议的日期
D. 让渡资金使用权的，为合同约定的债务人应付利息的日期

解析 选项A，销售商品采取预收款方式的，在发出商品时确认收入。选项B，股息、红利等权益性投资收益，除国务院财政、税务主管部门另有规定外，应以被投资企业股东会或股东大会作出利润分配或转股决定的日期，确认收入的实现。选项C，接受捐赠收入，按照实际收到捐赠资产的日期确认收入的实现。

(五)提供劳务的收入确认

(1)企业在各个纳税期末，提供劳务交易的结果能够可靠估计的，应采用完工进度法(完工百分比法)确认提供劳务收入。

提示

(1)提供劳务交易的结果能够可靠估计，是指同时满足下列条件：①收

答案
例题17｜D

入的金额能够可靠地计量；②交易的完工进度能够可靠地确定；③交易中已发生和将发生的成本能够可靠地核算。

（2）完工进度法（完工百分比法）。

a. 当期劳务收入＝合同或协议价款×完工进度－以前年度累计已确认劳务收入。

b. 当期劳务成本＝劳务估计总成本×完工进度－以前纳税期间累计已确认劳务成本。

c. 完工进度的确认方法：已完工作的测量、已提供劳务占劳务总量的比例、发生成本占总成本的比例。

（2）提供劳务确认的具体规定。

提供劳务确认的具体规定，见表1-7。

表1-7 提供劳务确认的具体规定

分类	收入确认
安装费	（1）依安装完工进度确认收入。 （2）安装是商品销售附带条件的，安装费在确认商品销售实现时确认收入
宣传媒介收费	（1）相关的广告或商业行为出现于公众面前时确认收入。 （2）广告的制作费根据制作完工进度确认收入
软件费	为特定客户开发软件的收费，根据开发的完工进度确认收入
服务费	含在商品售价内可区分的服务费，在提供服务期间分期确认收入
艺术表演、招待宴会和其他特殊活动的收费	（1）在相关活动发生时确认收入。 （2）收费涉及几项活动的，预收的款项应合理分配给每项活动，分别确认收入
会员费	（1）只有会籍，其他服务或商品另收费的，取得该会员费时确认收入。 （2）入会或加入会员后，不再付费或低于非会员的价格销售商品或提供服务的，会员费应在整个受益期内分期确认收入
特许权费	（1）提供设备和其他有形资产的特许权费，在交付资产或转移资产所有权时确认收入。 （2）提供初始及后续服务的特许权费，在提供服务时确认收入
劳务费	长期为客户提供重复的劳务收取的劳务费，在相关劳务活动发生时确认收入

考点四 不征税收入和免税收入 ★★

（一）不征税收入

1. 财政拨款

各级人民政府对纳入预算管理的事业单位、社会团体等组织拨付的财政资金，但国务院和国务院财政、税务主管部门另有规定的除外。

2. 依法收取并纳入财政管理的行政事业性收费、政府性基金

(1)支出规定：企业按照规定缴纳的符合审批权限的政府性基金和行政事业性收费，准予在计算应纳税所得额时扣除。

(2)收入规定：收缴两条线，即企业收取的各种基金、费用，计入当年收入总额。上缴财政的政府性基金和行政事业性收费，准予作为不征税收入，于上缴财政的当年从收入总额中减除；未上缴财政的部分，不得从收入总额中减除。

3. 国务院规定的其他不征税收入

(1)企业取得的各类财政性资金，除属于国家投资和资金使用后要求归还本金的以外，均计入当年收入总额。

(2)由国务院财政、税务主管部门规定专项用途并经国务院批准的财政性资金，作为不征税收入，计算应纳税所得额时从收入总额中减除。

提示 专项用途财政性资金企业所得税处理。

(1)符合不征税收入的财政性资金的条件：①企业能够提供规定资金专项用途的资金拨付文件；②财政部门或其他拨付资金的政府部门对该资金有专门的资金管理办法或具体管理要求；③企业对该资金以及以该资金发生的支出单独进行核算。

(2)不征税收入用于支出所形成的费用，不得在计算应纳税所得额时扣除；用于支出所形成的资产，其计算的折旧、摊销不得在计算应纳税所得额时扣除。

(3)企业将符合条件的财政性资金作为不征税收入处理后，在5年(60个月)内未发生支出且未缴回财政部门或其他拨付资金的政府部门的部分，应计入取得该资金第6年的应税收入总额；计入应税收入总额的财政性资金发生的支出，允许在计算应纳税所得额时扣除。

(4)企业按照市场价格销售货物、提供劳务服务等，凡由政府财政部门根据企业销售货物、提供劳务服务的数量、金额的一定比例给予全部或部分资金支付的，应当按照权责发生制原则确认收入。

除上述情形外，企业取得的各种政府财政支付，如财政补贴、补助、补偿、退税等，应当按照实际取得收入的时间确认收入。

4. 社保基金取得直接股权投资收益、股权投资基金收益

对社保基金取得的直接股权投资收益、股权投资基金收益，作为企业所得税不征税收入。

5. 境外机构投资者从事境内原油期货交易所得

自2018年3月13日起，对在中国境内未设立机构、场所的，或者虽设立机构、场所但取得的所得与其所设机构、场所没有实际联系的境外机构投资者(包括境外经纪机构)，从事中国境内原油期货交易取得的所得(不含实物交割所得)，暂不征收企业所得税。

财政性资金：企业取得的来源于政府及其有关部门的财政补助、补贴、贷款贴息，以及其他各类财政专项资金，包括直接减免的增值税和即征即退、先征后退、先征后返的各种税收，但不包括企业按规定取得的出口退税款和增值税留抵退税款。

对境外经纪机构在境外为境外投资者提供中国境内原油期货经纪业务取得的佣金所得，不属于来源于中国境内的劳务所得，不征收企业所得税。

（二）免税收入

1. 国债利息收入 **新增**

（1）国债利息收入时间确认。

a. 企业取得的国债利息收入，以国债发行时约定应付利息的日期，确认利息收入的实现。

b. 企业转让国债，应在国债转让收入确认时确认利息收入的实现。

（2）国债利息收入计算。

国债利息收入=国债金额×(适用年利率÷365)×持有天数

（3）国债利息收入免税问题。

a. 企业从发行者直接投资购买的国债持有至到期，其从发行者取得的国债利息收入，全额免征企业所得税。

b. 企业到期前转让国债或从非发行者投资购买的国债，其按第(2)项计算的国债利息收入免征企业所得税。

（4）国债转让收入时间确认。

a. 企业转让国债应在转让国债合同、协议生效的日期，或者国债移交时确认转让收入的实现。

b. 企业投资购买国债，到期兑付的，应在国债发行时约定的应付利息的日期，确认国债转让收入的实现。

（5）国债转让收益(损失)计算。

企业转让或到期兑付国债取得的价款，减除其购买国债成本，并扣除其持有期间计算的国债利息收入以及交易过程中相关税费后的余额，为企业转让国债收益(损失)。

（6）国债转让收益(损失)征税问题。

企业转让国债，应作为转让财产，其取得的收益(损失)应作为企业应纳税所得额计算纳税。

【例题18·计算题】 某生产化工产品的公司，2024年将自发行者处购进的一笔三年期国债售出，取得收入117万元。售出时公司持有该国债恰满两年，该笔国债的买入价为100万元，年利率为5%，利息到期一次支付。该公司已将17万元计入投资收益。

要求：计算该业务应调整的应纳税所得额。

答案 国债利息收入免税，应予调减。

调减应纳税所得额=100×5%×2=10(万元)。

2. 符合条件的居民企业之间的股息、红利等权益性收益

提示 指居民企业直接投资于其他居民企业取得的投资收益。

【例题 19 · 计算题】某位于市区的冰箱生产企业为增值税一般纳税人，2024 年从境内 A 公司分回股息 20 万元，A 公司为小型微利企业，适用 20% 的企业所得税税率且其所得按优惠政策规定计入应纳税所得额。

要求：计算该业务应调整的应纳税所得额。

答案 ↘ 从 A 公司分回的股息免税，应调减应纳税所得额 20 万元。

3. 符合条件的非居民企业取得的权益性投资收益

在中国境内设立机构、场所的非居民企业从居民企业取得与该机构、场所有实际联系的股息、红利等权益性投资收益。

（1）居民企业和非居民企业取得的上述免税的投资收益都不包括连续持有居民企业公开发行并上市流通的股票不足 12 个月取得的投资收益。

（2）合格境外机构投资者（QFII）、人民币合格境外机构投资者（RQFII）取得来源于中国境内的股票等权益性投资资产转让所得，暂免征收企业所得税。 新增

（3）沪港股票市场交易互联互通机制试点税收政策：在个人所得税处总结性讲解！

4. 符合条件的非营利组织取得的收入

（1）符合条件的非营利组织是指：①依照国家有关法律法规设立或登记的事业单位、社会团体、基金会、社会服务机构、宗教活动场所、宗教院校以及财政部、税务总局认定的其他非营利组织；②从事公益性或者非营利性活动；③取得的收入除用于与该组织有关的、合理的支出外，全部用于登记核定或者章程规定的公益性或者非营利性事业；④财产及其利息不用于分配，但不包括合理的工资、薪金支出；⑤按照登记核定或者章程规定，该组织注销后的剩余财产用于公益性或者非营利性目的，或者由登记管理机关采取转赠给与该组织性质、宗旨相同的组织等处置方式，并向社会公告；⑥投入人对投入该组织的财产不保留或者享有任何财产权利，投入人是指除各级人民政府及其部门外的法人、自然人和其他组织；⑦工作人员工资福利开支控制在规定的比例内，不变相分配该组织的财产，其中，工作人员平均工资、薪金水平不得超过税务登记所在地的地市级（含地市级）以上地区的同行业同类组织平均工资水平的两倍，工作人员福利按照国家有关规定执行；⑧对取得的应纳税收入及其有关的成本、费用、损失应与免税收入及其有关的成本、费用、损失分别核算。

（2）符合条件的非营利组织的收入，不包括非营利组织从事营利性活动取得的收入，但国务院财政、税务主管部门另有规定的除外。

（3）非营利组织的下列收入为免税收入：①接受其他单位或者个人捐赠的收入；②除财政拨款以外的其他政府补助收入，但不包括因政府购买服务而取得的收入；③按照省级以上民政、财政部门规定收取的会费；④不征税收入和免税收入孳生的银行存款利息收入；⑤财政部、国家税务总局规定的

其他收入。

5. 其他免税收入

(1)对企业取得的2009年及以后年度发行的地方政府债券利息所得，免征企业所得税。

(2)对企业投资者持有2023—2027年发行的铁路债券取得的利息收入，减半征收企业所得税。

(3)自2020年1月1日起，跨境电子商务综合实验区内实行核定征收的跨境电子商务企业取得的收入属于规定的免税收入，可享受免税收入优惠政策。

【例题20·多选题】(2024年)下列属于不征税收入的有( )。

A. 财政拨款

B. 纳入财政管理的行政事业性收费

C. 社保基金取得的直接股权投资收益

D. 社保基金取得的股权投资基金收益

E. 地方政府债券利息收入

解析 选项E，属于免税收入。

(三)企业接收政府和股东划入资产的所得税处理

1. 企业接收政府划入资产的企业所得税处理

(1)县级以上人民政府(包括政府有关部门，下同)将国有资产明确以股权投资方式投入企业：作为国家资本金(包括资本公积)处理。

提示 该项资产如为非货币性资产的计税基础：政府确定的接收价值。

(2)县级以上人民政府将国有资产无偿划入企业，凡指定专门用途并按相关规定进行管理：作为不征税收入处理。

提示 该项资产属于非货币性资产的不征税收入：按政府确定的接收价值计算。

(3)上述以外情形：政府确定的接收价值计入当期收入总额计税。

提示 政府没有确定接收价值的，按资产的公允价值计算确定应税收入。

2. 企业接收股东划入资产的企业所得税处理

(1)企业接收股东划入资产(包括股东赠与资产、上市公司在股权分置改革过程中接收原非流通股股东和新非流通股股东赠与的资产、股东放弃本企业的股权，下同)，凡合同、协议约定作为资本金(包括资本公积)且在会计上已作实际处理的：不计入企业收入总额，企业应按公允价值确定该项资产的计税基础。

(2)企业接收股东划入资产，凡作为收入处理的：按公允价值计入收入总额，同时按公允价值确定该项资产的计税基础。

答案
例题20 | ABCD

考点五 税前扣除项目 ★★★ 一学多考 | 注

(一) 税前扣除项目的原则

(1) 权责发生制原则：属于当期的收入和费用，不论款项是否收付，均作为当期的收入和费用；不属于当期的收入和费用，即使款项已经在当期收付，均不作为当期的收入和费用。

(2) 配比原则：企业发生的费用应当与收入配比扣除。除特殊规定外，企业发生的费用不得提前或滞后申报扣除。

(3) 合理性原则：符合生产经营活动常规，应当计入当期损益或者有关资产成本的必要和正常的支出。

(二) 扣除项目的范围

1. 成本

成本是指企业在生产经营活动中发生的销售成本、销货成本、业务支出以及其他耗费。即企业销售商品（产品、材料、下脚料、废料、废旧物资等），提供劳务，转让固定资产、无形资产（包括技术转让）的成本。

2. 费用

费用是指企业在生产经营活动中发生的销售费用、管理费用和财务费用。已经计入成本的有关费用除外。

> **提示**
>
> (1) 销售佣金中能直接认定的进口佣金调整商品进价成本。
>
> (2) 企业当年度实际发生的相关成本、费用，由于各种原因未能及时取得该成本、费用的有效凭证，企业在预缴季度所得税时，可暂按账面发生金额进行核算；但在汇算清缴时，应补充提供该成本、费用的有效凭证。

3. 税金

税金是指企业发生的除企业所得税和允许抵扣的增值税以外的企业缴纳的各项税金及其附加。税金的扣除，见表1-8。

表1-8 税金的扣除

项目	内容
计入税金及附加	房产税、车船税、城镇土地使用税、印花税、消费税、城市维护建设税和教育费附加、地方教育附加、土地增值税
计入相关资产的成本	耕地占用税、车辆购置税、契税、不得抵扣的增值税
通过损失扣除	购进货物发生非正常损失的增值税进项税额转出
不得税前扣除的税金	企业所得税、允许抵扣的增值税、企业为职工负担的个人所得税

4. 损失

损失是指企业在生产经营活动中发生的固定资产和存货的盘亏、毁损、

报废损失、转让财产损失、呆账损失、坏账损失、自然灾害等不可抗力因素造成的损失以及其他损失。(净损失)

提示

(1)企业发生的损失,减除责任人赔偿和保险赔款后的余额按照规定扣除。
(2)已作损失处理的资产以后年度又全部或部分收回时,应计入当期收入。

【例题21·计算题】某外商投资者开办的摩托车生产企业,上月外购的原材料(已抵扣进项税额)发生非正常损失,成本为32万元(其中含运费2万元)。

要求:计算该企业资产损失金额。

答案 进项税额转出=(32-2)×13%+2×9%=4.08(万元)。
资产损失=32+4.08=36.08(万元)。

5.其他支出

其他支出是指除成本、费用、税金、损失外,企业在生产经营活动中发生的与生产经营活动有关的、合理的支出。

(三)扣除项目及其标准

税法对属于可以在税前扣除的成本、费用、税金和损失的某些特定项目,规定了扣除标准。这部分知识点是考试重点内容,要求熟练掌握。

1.工资、薪金支出

企业发生的合理的工资、薪金支出准予据实扣除。

提示 工资、薪金,是指企业每一纳税年度支付给在本企业任职或者与其有雇佣关系的员工的所有现金或者非现金形式的劳动报酬,包括基本工资、奖金、津贴、补贴、年终加薪、加班工资,以及与员工任职或者受雇有关的其他支出。

(1)"合理的工资、薪金",是指企业按照股东大会、董事会、薪酬委员会或相关管理机构制定的工资、薪金制度规定实际发放给员工的工资、薪金。税务机关在对工资、薪金进行合理性确认时,可按以下原则掌握:①企业制定了较为规范的员工工资、薪金制度;②企业所制定的工资、薪金制度符合行业及地区水平;③企业在一定时期所发放的工资、薪金是相对固定的,工资、薪金的调整是有序进行的;④企业对实际发放的工资、薪金,已依法履行了代扣代缴个人所得税义务;⑤有关工资、薪金的安排,不以减少或逃避税款为目的。

(2)属于国有性质的企业,其工资、薪金,不得超过政府有关部门给予的限定数额;超过部分,不得计入企业工资、薪金总额,也不得在计算企业应纳税所得额时扣除。

(3)企业因雇用其他人员所发生的费用的处理,见图1-1。

注意是"支出"!

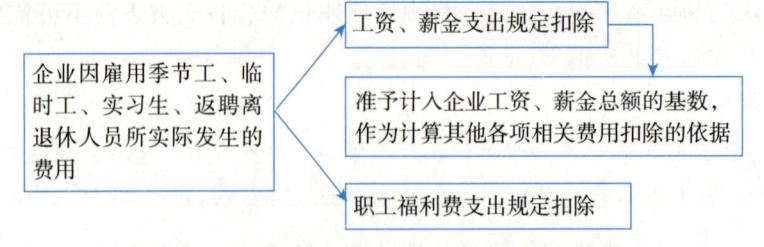

图 1-1　企业因雇用其他人员所发生的费用的处理

(4) 企业接受外部劳务派遣用工的费用的处理，见图 1-2。

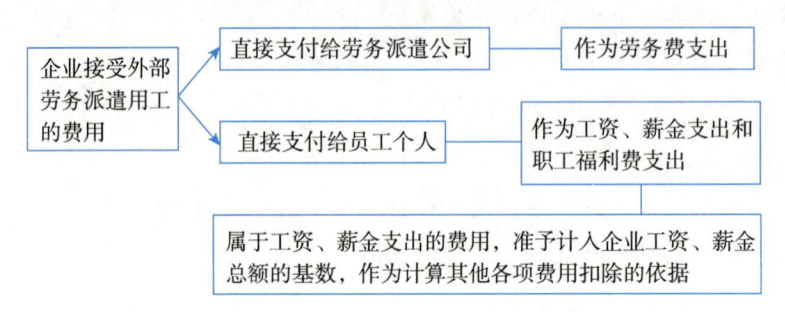

图 1-2　企业接受外部劳务派遣用工的费用的处理

提示　企业在年度汇算清缴结束前向员工实际支付的已预提汇缴年度工资、薪金，准予在汇缴年度按规定扣除。

(5) 列入企业员工工资、薪金制度，固定与工资、薪金一起发放的福利性补贴，符合"合理的工资、薪金"规定的，可作为企业发生的工资、薪金支出，按规定在税前扣除。**新增**

2. 居民企业实行股权激励计划的企业所得税处理

股权激励的扣除，见图 1-3。

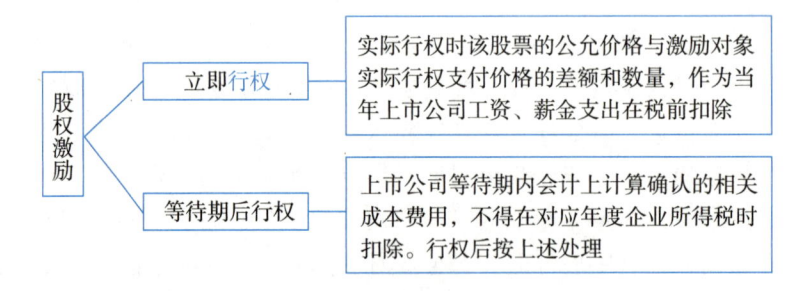

图 1-3　股权激励的扣除

提示

(1) 股权激励实行方式包括授予限制性股票、股票期权以及其他法律法规规定的方式。

(2) 股票实际行权时的公允价格，以实际行权日该股票的收盘价格确定。

3. 职工福利费、工会经费、职工教育经费

企业发生的职工福利费、职工教育经费按标准扣除，未超过规定标准的按实际数扣除，超过标准的当年只能按标准扣除，超出标准的部分不得扣除，除职工教育经费外，也不得在以后年度结转扣除。企业拨缴的工会经费，不超过标准的部分，准予扣除。

（1）企业发生的职工福利费支出，不超过工资、薪金总额14%的部分，准予扣除，超过的部分不得扣除。

（2）企业拨缴的工会经费，不超过工资、薪金总额2%的部分，准予扣除，超过的部分不得扣除。

（3）除国务院财政、税务主管部门另有规定外，企业发生的职工教育经费支出，不超过工资、薪金总额8%的部分，准予扣除；超过部分，准予在以后纳税年度结转扣除。

提示

（1）上述"工资、薪金总额"，是指企业按规定实际发放的工资、薪金总和，不包括企业的职工福利费、职工教育经费、工会经费以及养老保险费、医疗保险费、失业保险费、工伤保险费、生育保险费等社会保险费和住房公积金。

（2）企业职工福利费是指企业为职工提供的除职工工资、奖金、津贴、纳入工资总额管理的补贴、职工教育经费、社会保险费和补充养老保险费（年金）、补充医疗保险费及住房公积金以外的福利待遇支出，包括发放给职工或为职工支付的以下各项现金补贴和非货币性集体福利：①企业尚未分离的内设福利部门所发生的设备、设施和人员费用，包括职工食堂、职工浴室、理发室、医务所、托儿所、疗养院、集体宿舍等集体福利部门的设备、设施的折旧及维修保养费用和集体福利部门工作人员的工资、薪金，社会保险费，住房公积金，劳务费，等等；②为职工卫生保健、生活、住房、交通等所发放的各项补贴和非货币性福利，包括企业向职工发放的因公外地就医费用、未实行医疗统筹企业职工医疗费用、职工供养直系亲属医疗补贴、供暖费补贴、职工防暑降温费、职工困难补贴、救济费、职工食堂经费补贴、职工交通补贴等；③职工困难补助，或者企业统筹建立和管理的专门用于帮助、救济困难职工的基金支出；④按规定发生的其他职工福利费，包括丧葬补助费、抚恤费、安家费、探亲假路费等。

（3）职工教育经费相关规定：

集成电路设计企业和符合条件的软件企业职工教育经费中的职工培训费用，应单独进行核算并按实际发生额在计算应纳税所得额时扣除。企业应准确划分职工教育经费中的职工培训费支出，对于不能准确划分的，以及准确划分后职工教育经费中扣除职工培训费用的余额，一律按照工资、薪金总额8%的比例限额扣除。

（4）企业因接收学生实习所实际发生的与取得收入有关的合理支出，依

职工教育经费结转扣除的应试技巧见本书"业务招待费、广告费和业务宣传费"。

法在计算应纳税所得额时扣除。

(5)"三步法"应试流程。

第一步：实际发生额 A。

第二步：标准额 B(限额)。

第三步：比较确定 C(税前扣除额或纳税调整额)。

"三步法"，见表 1-9。

表 1-9 "三步法"

项目	第一步：实际发生额 A	第二步：标准额 B（限额）	第三步：比较确定 C 税前扣除额	纳税调整额
职工福利费	(1)已知条件中的金额；(2)需要调整的金额(个别题目)	工资、薪金总额×14%	比较原则：孰低。(1) A>B 时，税前扣除额=B，即扣除限额；(2) A<B 时，税前扣除额 = A，即实际发生全额扣	(1) A>B 时，调整增加额=A-B；(2) A<B 时，不调整
工会经费	已知条件中的金额	工资、薪金总额×2%		
职工教育经费	已知条件中的金额	工资、薪金总额×8%		

【例题 22·计算题】某企业 2024 年已计入成本、费用中的全年实发工资总额为 400 万元(属于合理限度的范围)，实际拨缴职工工会经费 6 万元；实际发生职工福利费 60 万元、职工教育经费 15 万元。

要求：请用"三步法"分别计算三项费用的税前扣除额和纳税调整额。

答案 ↘

(1)工会经费：实际拨缴 6 万元，扣除限额 = 400×2% = 8(万元)，税前扣除 6 万元，不需调整。

(2)职工福利费：实际发生 60 万元。扣除限额 = 400×14% = 56(万元)，税前扣除 56 万元，纳税调增 4 万元。

(3)职工教育经费：实际发生 15 万元，扣除限额 = 400×8% = 32(万元)，税前扣除 15 万元，不需调整。

考试中的常见问法：

(1)允许税前扣除的金额是多少？

答案 ↘ 允许扣除的金额 = 6+56+15 = 77(万元)。

(2)纳税调整的金额是多少？

答案 ↘ 纳税调增 4 万元。

(4)航空企业实际发生的飞行员养成费、飞行训练费、乘务训练费、空中保卫员训练费等空勤训练费用：作为航空企业运输成本在税前扣除。

(5)核力发电企业为培养核电厂操纵员发生的培养费用：作为企业的发电成本在税前扣除。

4. 保险费

保险费的税务处理，见表 1-10。

表 1-10 保险费的税务处理

分类		税务处理
人身保险	社会保险	依据规定范围和标准为职工缴纳的"五险一金"准予扣除 为全体员工支付的补充养老保险费、补充医疗保险费，分别不超过工资总额 5% 标准内部分准予扣除，超过部分，不予扣除。 应试流程："三步法"，其中第 2 步标准额=工资、薪金总额×5%
	商业保险	准予扣除： (1)依照规定为特殊工种职工支付的人身安全保险费和符合规定可以扣除的商业保险费。 (2)职工因公出差乘坐交通工具发生的人身意外保险费支出。 (3)企业参加雇主责任险、公众责任险等保险费 不得扣除：为投资者或者职工支付的商业保险费(另有规定除外)
财产保险		按照规定缴纳的保险费，准予扣除

提示 安置残疾人的机关事业单位以及由机关事业单位改制后的企业，为残疾人缴纳的机关事业单位养老保险，属于基本养老保险范围。

● **得分高手**（2022 年综合；2024 年综合）

注意补充养老保险费和补充医疗保险费"全体"和"分别"的区别！区分清楚什么情况下可以限额内扣除，什么情况下不允许扣除。

【例题 23·单选题】2024 年某软件生产企业发放的合理工资总额 200 万元；拨缴工会经费 3.5 万元，实际发生职工福利费用 35 万元、职工教育经费 8 万元(其中职工培训经费 4 万元)；另为全体职工支付补充养老保险费 12 万元、补充医疗保险费 8 万元。2024 年企业申报所得税时就上述费用应调增应纳税所得额(　　)万元。

A. 7　　　　B. 9　　　　C. 12　　　　D. 22

解析 补充养老保险费：实际发生 12 万元，扣除限额=200×5%=10(万元)，调增应纳税所得额 2 万元。

补充医疗保险费：实际发生 8 万元，扣除限额=200×5%=10(万元)，不需调整。

职工福利费：实际发生 35 万元，扣除限额=200×14%=28(万元)，调增应纳税所得额 7 万元。

职工教育经费：软件企业的职工培训费可以全额扣除，所以支付的 4 万元培训费可以全额扣除；实际发生 4 万元，职工教育经费扣除限额=200×8%=16(万元)，可以全额扣除。

答案
例题 23 | B

工会经费：实际拨缴3.5万元，扣除限额=200×2%=4（万元），可以全额扣除。

综上分析，上述费用应调增应纳税所得额9万元。

【例题24·计算题】（接上例）计算2024年企业申报所得税时，上述费用（不包括工资、薪金）可以扣除的金额。

答案 ➡ 可以扣除的金额=10+8+28+8+3.5=57.5（万元）。

【例题25·单选题】（2024年）企业发生的下列保险费，不允许在企业所得税税前扣除的是（　　）。

A. 为员工家属支付的商业保险　　B. 为因公出差员工购买的人身意外保险

C. 雇主责任险　　D. 公众责任险

解析 ➡ 选项B，企业职工因公出差乘坐交通工具发生的人身意外保险费准予税前扣除。选项C、D，企业参加雇主责任险、公众责任险等责任保险准予税前扣除。

5.借款费用(根据借款用途进行资本化或费用化处理)

(1)生产经营活动中发生的合理的不需要资本化的借款费用，准予扣除。

(2)购置、建造固定资产、无形资产和经过12个月以上的建造才能达到预定可销售状态的存货发生借款的，在有关资产购置、建造期间发生的合理的借款费用，应予以资本化，作为资本性支出计入有关资产的成本，有关资产交付使用后发生的借款利息，可在发生当期扣除。

(3)发行债券、取得贷款、吸收保户储金等方式融资发生的合理的费用支出符合资本化条件的，应计入相关资产成本；不符合资本化条件的，应作为财务费用，准予在企业所得税税前据实扣除。

6.利息费用(根据资金来源进行不同的税务处理)

(1)非金融企业向金融企业借款：利息支出可据实扣除。

提示

(1)包括金融企业各项存款利息支出和同业拆借利息支出、企业经批准发行债券的利息支出。

(2)金融企业，是指除中国人民银行以外的各类银行、保险公司及经中国人民银行批准从事金融业务的非银行金融企业。

(3)金融企业包括城市、农村信用社、各类财务公司以及其他从事信托投资、租赁等业务的专业和综合性非银行金融企业。

(4)非金融企业，是指除上述金融企业以外的所有企业、事业单位以及社会团体等企业或组织。

(2)非金融企业向非金融企业借款：

a.无关联关系的，不超过按照金融企业同期同类贷款利率计算的数额的部分可据实扣除，超过部分不许扣除。

借款是否资本化，一定要注意和借款期限的长短无关，重要的是根据用途区分是资本化还是费用化。另外要注意资本化是"购置、建造期间"合理的借款费用计入有关资产的成本，"期间"两个字很重要！

答案 ➡

例题25 | A

【例题26·单选题】2024年8月，甲公司向金融企业借入流动资金借款900万元，期限3个月，年利率为6%；向非关联企业乙公司借入同类借款1800万元，期限3个月，年利率为12%。计算甲公司2024年度企业所得税应纳税所得额时，准予扣除的利息费用为（　　）万元。

A. 54　　　　B. 67.5　　　　C. 13.5　　　　D. 40.5

解析 向金融企业借款的利息支出，准予据实扣除，可扣除金额=900×6%÷12×3=13.5（万元）；向非金融企业（非关联方）借款的利息支出，不超过同期同类贷款利率计算的数额的部分，准予在税前扣除，可扣除金额=1800×6%÷12×3=27（万元）。甲公司2024年度合计准予扣除的利息费用=13.5+27=40.5（万元）。

> **得分高手**（2020年单选）
>
> （1）应试记忆口诀：单制约，即只受利率制约。
> （2）计算技巧：结合"三步法"其中第二步标准额=借款金额×金融企业同期同类贷款利率÷12×借款期限。

b. 有关联关系的，企业实际支付给关联方的利息支出，不超过以下规定比例和《企业所得税法》及其实施条例有关规定计算的部分，准予扣除，超过的部分不得在发生当期和以后年度扣除。

关联方债权性投资与其权益性投资比例——金融企业，为5∶1；其他企业，为2∶1。

【例题27·计算题】甲公司投资注册乙公司（均为非金融企业），乙公司注册资本1000万元，甲公司持股比例为20%，乙公司向甲公司借款500万元（借款期限为1年），年利率为10%，乙公司实际税负高于甲公司且无法证明借款活动符合独立交易原则。已知：银行同期同类贷款年利率为8%。

要求：计算乙公司利息费用纳税调整金额。

答案 乙公司实际利息支出=500×10%=50（万元），甲公司对乙公司的权益性投资金额=1000×20%=200（万元），扣除标准=200×2×8%=32（万元），超过的18万元作纳税调整。

提示 能够证明相关交易活动符合独立交易原则的，或者该企业的实际税负不高于境内关联方的，其实际支付给境内关联方的利息支出，在计算应纳税所得额时准予扣除。

【例题28·计算题】甲公司投资注册乙公司（均为非金融企业），乙公司注册资本1000万元，甲公司持股比例为20%，乙公司向甲公司借款600万元（借款期限为1年），年利率为9%，可以提供税法规定的相关资料以证明其符合独立交易原则。已知：银行同期同类贷款年利率为8%。

要求：计算乙公司利息费用纳税调整金额。

> 老杨唠叨唠
>
> （1）应试记忆口诀：双制约，即利率制约+本金制约。
> （2）计算技巧：结合"三步法"，其中的第二步标准额=权益性投资×2（或者5）×金融企业同期同类贷款利率÷12×借款期限。
>
> **答案**
> 例题26｜D

答案 乙公司实际利息支出 = 600×9% = 54(万元)，扣除标准 = 600×8% = 48(万元)，超过的6万元作纳税调整。

提示

(1)企业自关联方取得的不符合规定的利息收入应按照有关规定缴纳企业所得税。

(2)企业在按照合同要求首次支付利息并进行税前扣除时，应提供"金融企业的同期同类贷款利率情况说明"，以证明其利息支出的合理性。

"金融企业的同期同类贷款利率情况说明"中，包括在签订该借款合同当时，本省任何一家金融企业提供同期同类贷款利率情况。该金融企业应为经政府有关部门批准成立的可以从事贷款业务的企业，包括银行、财务公司、信托公司等金融机构。

"同期同类贷款利率"是指在贷款期限、贷款金额、贷款担保以及企业信誉等条件基本相同时，金融企业提供贷款的利率。既可以是金融企业公布的同期同类平均利率，也可以是金融企业对某些企业提供的实际贷款利率。

(3)企业向自然人借款。

a. 向股东或关联自然人借款：处理原则同关联企业。

b. 向上述以外的内部职工或其他人员借款：符合条件只受利率制约。

提示 条件：借贷是真实、合法、有效的，并且不具有非法集资目的或其他违反法律、法规的行为；签订了借款合同。

(4)企业的投资者投资未到位发生利息支出的扣除问题。

a. 投资者在规定期限内未缴足其应缴资本额的，企业对外借款所发生的利息，相当于实缴资本额与在规定期限内应缴资本额的差额应计付的利息，不得在计算应纳税所得额时扣除。

b. 具体计算不得扣除的利息，应以企业一个年度内每一账面实收资本与借款余额保持不变的期间作为一个计算期，公式为：

企业每一计算期不得扣除的借款利息 = 该期间借款利息额×该期间未缴足注册资本额÷该期间借款额

企业一个年度内不得扣除的借款利息总额为该年度内每一计算期不得扣除的借款利息额之和。

【例题29·单选题】2024年1月1日某有限责任公司向银行借款2 800万元，期限1年；同时公司接受张某投资，约定张某于4月1日和7月1日各投入400万元；张某仅于10月1日投入600万元。银行贷款年利率为7%。该公司2024年企业所得税税前可以扣除的利息费用为(　　)万元。

A. 171.5　　　B. 178.5　　　C. 175　　　D. 196

解析 方法一：2024年企业所得税税前可以扣除的利息 = 2 800×7% - [2 800×7%×3÷12×400÷2 800 + 2 800×7%×3÷12×800÷2 800 + 2 800×7%×3÷12×200÷2 800] = 196 - 24.5 = 171.5(万元)。

方法二：2024年企业所得税税前可以扣除的利息 = 2 800×7%×3÷12 +

答案
例题29 | A

(2 800-400)×7%×3÷12+(2 800-800)×7%×3÷12+(2 800-200)×7%×3÷12=171.5(万元)。

7. 业务招待费、广告费和业务宣传费

(1)企业发生的与生产经营活动有关的业务招待费支出，按照发生额的60%扣除，但最高不得超过当年销售(营业)收入的5‰。

(2)企业每一纳税年度发生的符合条件的广告费和业务宣传费支出合并计算，除国务院财政、税务主管部门另有规定外，不超过当年销售(营业)收入15%的部分，准予扣除；超过部分，准予在以后纳税年度结转扣除。

(3)业务招待费、广告费和业务宣传费"三步法"，见表1-11。

表1-11 业务招待费、广告费和业务宣传费"三步法"

项目	第一步：实际发生额A	第二步：标准额B（限额）	第三步：比较确定C	
			税前扣除额	纳税调整额
业务招待费	已知条件中的金额	发生额×60% PK 销售收入×5‰ 取小	比较原则：孰低。(1)A＞B时，税前扣除额=B，即扣除限额；(2)A＜B时，税前扣除额=A，即实际发生全额扣	(1)A＞B时，调整增加额=A-B；(2)A＜B时，不调整
广告费和业务宣传费	已知条件中的金额	销售收入×15%/30%/0		

广告费和业务宣传费统一计算扣除标准，有时候考题中分别给出了二者的实际发生额，计算中要加在一块后使用"三步法"。

a. 业务招待费、广告费和业务宣传费计提的基数有两种确定方法。

方法一是从会计角度记忆计提基数，口诀是"三作三不作"，即主营业务收入、其他业务收入和所得税视同销售收入可作为基数，营业外收入、投资收益和资产处置损益不作为基数，该方法对同时考会计科目的你们来说也许更适合。

方法二和前面学习的所得税收入总额结合起来，可作为基数的包括一般收入9项中的销售货物收入、提供劳务收入、租金收入、特许权使用费收入这4项以及所得税视同销售收入，不包括的是转让财产收入、股息红利等权益性投资收益和接受捐赠收入，收入总额中的利息收入和其他收入考试中涉及的不多，应试可以忽略。

b. 广告费和业务宣传费超过限额部分，准予在以后纳税年度结转扣除(业务招待费不可以)。

【例题30·单选题】2024年甲企业实现销售收入3 000万元，当年发生广告费400万元，上年度结转未扣除广告费60万元。已知广告费不超过当年销售收入15%的部分，准予扣除。甲企业在计算2024年度企业所得税应纳税所得额时，准予扣除的广告费金额为(　　)万元。

A. 340　　　B. 510　　　C. 450　　　D. 460

答案
例题30丨C

解析 扣除限额=3 000×15%=450(万元)；本年实际发生400万元可以全额扣除，另外，还可以扣除上年度结转未扣除的广告费50万元，合计450万元。

c. 职工教育经费、广告费和业务宣传费可结转扣除应试流程总结：首先，不考虑以前年度的结转的金额，直接使用"三步法"计算。只有当"三步法"的第2步金额>第1步金额时，才需要计算考题中给出的以前年度可结转的金额中有多少是可以在当年扣除的金额，该金额=可结转金额PK("三步法"第2步金额-"三步法"第1步金额)二者较小的金额。在直接法的问法下，即税前扣除的金额=当年实际发生额+比较确定的可结转的金额；在间接法的问法下，即纳税调整额=比较确定可结转的金额，注意该金额纳税调减当年的应纳税所得额。上例中间接法下计算应纳税所得额时，纳税"调减"50万元。

(4)企业在筹建期间，发生的与筹办活动有关的业务招待费支出，可按实际发生额的60%计入企业筹办费，并按有关规定在税前扣除。

(5)企业在筹建期间，发生的广告费和业务宣传费，可按实际发生额计入企业筹办费，并按有关规定在税前扣除。

(6)对从事股权投资业务的企业(包括集团公司总部、创业投资企业等)，其从被投资企业所分配的股息、红利以及股权转让收入，可以按规定的比例计算业务招待费扣除限额。

(7)自2011年1月1日至2025年12月31日，对化妆品制造与销售、医药制造和饮料制造(不含酒类制造)企业发生的广告费和业务宣传费支出，不超过当年销售(营业)收入30%的部分，准予扣除；超过部分，准予在以后纳税年度结转扣除。

(8)烟草企业的烟草广告费和业务宣传费支出，一律不得在计算应纳税所得额时扣除。

(9)对签订广告费和业务宣传费分摊协议(以下简称分摊协议)的关联企业，其中一方发生的不超过当年销售(营业)收入税前扣除限额比例内的广告费和业务宣传费支出可以在本企业扣除，也可以将其中的部分或全部按照分摊协议归集至另一方扣除。

另一方在计算本企业广告费和业务宣传费支出企业所得税税前扣除限额时，可将按照上述办法归集至本企业的广告费和业务宣传费不计算在内。

【例题31·计算题】甲公司和杨氏公司为关联企业(均为酒类制造)，根据分摊协议，杨氏公司在2024年发生的符合条件的广告费和业务宣传费的扣除限额40%归集到甲公司扣除。假设2024年杨氏公司销售收入为3 000万元，当年实际发生的广告费和业务宣传费为600万元，假设以前年度无广告费结转扣除。

要求：请计算杨氏公司本年度税前扣除的广告费和业务宣传费和结转以后年度扣除的广告费和业务宣传费。

答案 税前扣除限额=3 000×15%=450(万元)。

转移到甲公司扣除额=450×40%=180(万元)。

杨氏公司税前扣除的广告费和业务宣传费=450-180=270(万元)。

结转以后扣除的广告费和业务宣传费=600-450=150(万元)。

8. 公益性捐赠支出

企业当年发生以及以前年度结转的公益性捐赠支出，不超过年度利润总额12%的部分，准予扣除。自2017年1月1日起，超过年度利润总额12%的部分，准予结转以后3年内在计算应纳税所得额时扣除。

提示

(1)公益性捐赠，是指企业通过公益性社会组织或者县级(含县级)以上人民政府及其部门等国家机关，用于符合法律规定的公益慈善事业捐赠支出。

公益性社会组织，包括依法设立或登记并按规定条件和程序取得公益性捐赠税前扣除资格的慈善组织、其他社会组织和群众团体。

(2)年度利润总额，是指企业依照国家统一会计制度的规定计算的年度会计利润(大于零的数额)。

(3)不符合条件的捐赠以及直接的捐赠，不得扣除。

(4)企业发生的公益性捐赠支出未在当年税前扣除的部分，准予向以后年度结转扣除，但结转年限自捐赠发生年度的次年起计算，最长不得超过3年。企业在对公益性捐赠支出计算扣除时，应先扣除以前年度结转的捐赠支出，再扣除当年发生的捐赠支出。

(5)股权捐赠企业所得税政策规定。**新增**

a. 企业向公益性社会团体实施的股权捐赠，应按规定视同转让股权，股权转让收入额以企业所捐赠股权取得时的历史成本确定。

上述股权，是指企业持有的其他企业的股权、上市公司股票等。

b. 企业实施股权捐赠后，以其股权历史成本为依据确定捐赠额，并依此按照企业所得税法有关规定在所得税税前予以扣除。公益性社会团体接受股权捐赠后，应按照捐赠企业提供的股权历史成本开具捐赠票据。

c. 上述公益性社会团体，是指注册在中国境内，以发展公益事业为宗旨且不以营利为目的，并经确定为具有接受捐赠税前扣除资格的基金会、慈善组织等公益性社会团体。

d. 上述股权捐赠行为，是指企业向中国境内公益性社会团体实施的股权捐赠行为。企业向中国境外的社会组织或团体实施的股权捐赠行为不适用以上规定。

(6)公益性捐赠扣除的应试流程。

公益性捐赠"三步法"，见表1-12。

表 1-12　公益性捐赠"三步法"

项目	第一步：实际发生额 A	第二步：标准额 B(限额)	第三步：比较确定 C 税前扣除额	第三步：比较确定 C 纳税调整额
无以前年度结转	当年支出(不含全额扣除金额和直接捐赠金额，下同)	年度利润总额×12%	比较原则：孰低。 (1) A>B 时，税前扣除额=B，即扣除限额； (2) A<B 时，税前扣除额=A，即实际发生全额扣	(1)分析确定； (2)+直接捐赠
有以前年度结转	未超 3 年的以前年度结转额+当年支出			

> **得分高手**（2020 年单选、综合；2022 年单选、综合；2024 年单选、综合）
>
> 公益性捐赠是考试的高频考点，经常以客观题或者综合分析题中的一个小问进行考查，需要注意：
> (1)公益性捐赠和职工教育经费、广宣费可结转扣除的区别。
> (2)考题中有直接捐赠项目时，直接法问法下的可扣除的捐赠金额="三步法"确定的税前扣除金额，间接法问法下纳税调整金额=直接捐赠金额+"三步法"确定的纳税调整额。

【例题 32·计算题】 某企业 2023 年结转以后年度扣除的公益性捐赠 30 万元，2024 年年度利润总额 1 000 万元，当年通过公益性社会团体对外捐赠 100 万元。

要求 1：请计算企业 2024 年可以税前扣除的捐赠金额。

答案 第一步：实际发生额(含以前年度结转额)=100+30=130(万元)；

第二步：标准额(限额)=1 000×12%=120(万元)；

第三步：税前扣除额为 120 万元，其中包含 2023 年结转的 30 万元和 2024 年 100 万元中的 90 万元，2024 年超过限额的 10 万元可以结转以后 3 个年度扣除。

要求 2：请计算企业 2024 年纳税调整金额。

答案 扣除以前年度结转的捐赠支出 30 万元，纳税调减 30 万元；2024 年超过限额的捐赠支出，纳税调增额=100-90=10(万元)。合计纳税调减额=30-10=20(万元)。

【例题 33·单选题】 2024 年度某公司利润总额 1 000 万元。当年发生公益性捐赠支出 200 万元，2023 年结转到 2024 年未扣完的公益性捐赠 30 万元，该公司 2024 年计算应纳税所得额时可扣除本年发生的公益性捐赠金额为（　　）万元。

A. 90　　　　B. 11　　　　C. 80　　　　D. 120

解析 2024 年公益性捐赠扣除限额=1 000×12%=120(万元)，2023 年

答案
例题 33 | A

结转的公益性捐赠 30 万元准予扣除，可扣除本年发生的公益性捐赠金额=120-30=90(万元)。

9. 手续费及佣金支出

(1)保险企业发生与其经营活动有关的手续费及佣金支出，不超过当年全部保费收入扣除退保金等后余额的 18%(含本数)的部分，在计算应纳税所得额时准予扣除；超过部分，允许结转以后年度扣除。

(2)电信企业：在发展客户、拓展业务等过程中，向经纪人、代办商支付手续费及佣金的，其实际发生的相关手续费及佣金支出，不超过企业当年收入总额 5%的部分，准予在企业所得税税前据实扣除。

电信企业手续费及佣金支出，仅限于电信企业在发展客户、拓展业务等过程中因委托销售电话入网卡、电话充值卡所发生的手续费及佣金支出。

(3)其他企业：按与具有合法经营资格中介服务机构或个人(不含交易双方及其雇员、代理人和代表人等)所签订服务协议或合同确认的收入金额的 5%计算限额。

(4)从事代理服务、主营业务收入为手续费、佣金的企业(如证券、期货、保险代理等企业)，其为取得该类收入而实际发生的营业成本(包括手续费及佣金支出)，准予在企业所得税税前据实扣除。

提示

(1)手续费及佣金"三步法"，见表 1-13。

表 1-13 手续费及佣金"三步法"

企业类型	扣除标准
保险企业	"三步法"，其中第二步标准额=(保费收入-退保金)×18%(超过部分可结转以后年度扣除)
代理服务、主营业务收入为手续费、佣金的企业(如证券、期货、保险代理等)	据实扣除
上述以外的其他企业	"三步法"，其中第二步标准额=协议或合同收入金额×5%

(2)理解"五不得"，注意文字性选择题。

a. 除委托个人代理外，企业以现金等非转账方式支付的手续费及佣金不得在税前扣除。

b. 企业不得将手续费及佣金支出计入回扣、业务提成、返利、进场费等费用。

c. 企业支付的手续费及佣金不得直接冲减服务协议或合同金额，并如实入账。

d. 企业已计入固定资产、无形资产等相关资产的手续费及佣金支出，应当通过折旧、摊销等方式分期扣除，不得在发生当期直接扣除。

e. 企业为发行权益性证券支付给有关证券承销机构的手续费及佣金不得在税前扣除。

10. 投资企业撤回或减少投资的处理

投资企业从被投资企业撤回或减少投资，其取得的资产中：

(1) 相当于初始出资的部分，应确认为投资收回。

(2) 相当于被投资企业累计未分配利润和累计盈余公积按减少实收资本比例计算的部分，应确认为股息所得。

(3) 其余部分确认为投资资产转让所得。

被投资企业发生的经营亏损，由被投资企业按规定结转弥补，投资企业不得调整减少其投资成本，也不得将其确认为投资损失。

【例题34·计算题】A公司于2024年7月向一服装公司投资500万元，成为该公司的股东，并持有该公司10%的股份。2025年A公司决定将持有该公司10%的股份进行撤资。撤资时服装公司账面累计未分配利润和累计盈余公积合计为1 600万元，A公司实际分回现金800万元。

要求：

(1) 计算A公司撤资应确定的应纳税所得额（问法1）。

(2) 计算A公司撤资应调整的应纳税所得额（问法2）。

答案 ➡ 投资收回金额为500万元。

股息所得＝1 600×10%＝160（万元）。

投资资产转让所得＝800－500－160＝140（万元）。

(1) 应确定的应纳税所得额为140万元（问法1）。

(2) 应调减应纳税所得额为160万元（问法2）。

11. 保险公司缴纳的保险保障基金

(1) 保险公司准予据实税前扣除的保险保障基金比例，见表1-14。

表1-14 保险公司准予据实税前扣除的保险保障基金比例

业务类别		相关规定
非投资型财产保险		不得超过保费收入的0.8%
投资型财产保险	有保证收益	不得超过业务收入的0.08%
	无保证收益	不得超过业务收入的0.05%
人寿保险业务	有保证收益	不得超过业务收入的0.15%
	无保证收益	不得超过业务收入的0.05%
短期健康保险		不得超过保费收入的0.8%
长期健康保险		不得超过保费收入的0.15%
非投资型意外伤害保险		不得超过保费收入的0.8%
投资型意外伤害保险	有保证收益	不得超过业务收入的0.08%
	无保证收益的	不得超过业务收入的0.05%

(2) 保险公司有下列情形之一的，其缴纳的保险保障基金不得在税前扣除：

本知识点的考试特点是"内容杂乱考频较低"，由于"记忆成本高，出题频率非常低"，本书只节选了部分具备可考性的知识点，考生从应试角度适当熟悉即可。

a. 财产保险公司的保险保障基金余额达到公司总资产6%的。

b. 人身保险公司的保险保障基金余额达到公司总资产1%的。

（3）保险公司按国务院财政部门的相关规定提取的未到期责任准备金、寿险责任准备金、长期健康险责任准备金、已发生已报案未决赔款准备金和已发生未报案未决赔款准备金，准予在税前扣除。

a. 未到期责任准备金、寿险责任准备金、长期健康险责任准备金依据经国家金融监督管理总局核准任职资格的精算师或出具专项审计报告的中介机构确定的金额提取。

b. 已发生已报案未决赔款准备金，按最高不超过当期已经提出的保险赔款或者给付金额的100%提取；已发生未报案未决赔款准备金按不超过当年实际赔款支出额的8%提取。

（4）保险公司实际发生的各种保险赔款、给付，应首先冲抵按规定提取的准备金，不足冲抵部分，准予在当年税前扣除。

12. 汇兑损失

除已计入有关资产成本以及与向所有者进行利润分配相关的部分外，准予扣除。

13. 环境保护专项资金

企业依照法律、行政法规有关规定提取的用于环境保护、生态恢复等方面的专项资金，准予扣除。该专项资金提取后改变用途的，不得扣除。

14. 租赁费

（1）经营租赁方式租入固定资产发生的租赁费支出，按照租赁期限均匀扣除。

（2）融资租赁方式租入固定资产发生的租赁费支出，按照规定构成融资租入固定资产价值的部分应当提取折旧费用，分期扣除。

15. 劳动保护费

（1）企业发生的合理的劳动保护支出准予扣除。

（2）企业根据其工作性质和特点，由企业统一制作并要求员工工作时统一着装所发生的工作服饰费用，可以作为企业合理的支出给予税前扣除。

16. 有关资产的费用

企业转让各类固定资产发生的费用，允许扣除。企业按规定计算的固定资产折旧费、无形资产摊销费，准予扣除。

17. 以前年度发生应扣未扣支出

（1）企业发现以前年度实际发生的、按照税收规定应在企业所得税税前扣除而未扣除或者少扣除的支出，企业作出专项申报及说明后，准予追补至该项目发生年度计算扣除，但追补确认期限不得超过5年。

（2）企业由于上述原因多缴的企业所得税税款，可在追补确认年度企业所得税应纳税款中抵扣，不足抵扣的，可以向以后年度递延抵扣或申请退税。

（3）亏损企业追补确认以前年度未在企业所得税税前扣除的支出，或盈利企业经过追补确认后出现亏损的，应首先调整该项支出所属年度的亏损额，然后再按照弥补亏损的原则计算以后年度多缴的企业所得税税款，并按前款规定处理。

18. 总机构分摊的费用

非居民企业在中国境内设立的机构、场所，就其中国境外总机构发生的与该机构、场所生产经营有关的费用，能够提供总机构出具的费用汇集范围、定额、分配依据和方法等证明文件，并合理分摊的，准予扣除。

19. 棚户区改造

企业参与政府统一组织的工矿棚户区改造、林区棚户区改造、垦区危房改造并同时符合一定条件的棚户区改造支出，准予在企业所得税税前扣除。

20. 其他

如会员费、合理的会议费、差旅费、违约金、诉讼费用等，准予在企业所得税税前扣除。

(四)税前扣除凭证管理

扣除凭证是指企业在计算企业所得税应纳税所得额时，证明与取得收入有关的、合理的支出实际发生，并据以税前扣除的各类凭证。

1. 遵循的原则

遵循真实性、合法性、关联性原则。

(1)真实性是指税前扣除凭证反映的经济业务真实，且支出已经实际发生。

(2)合法性是指税前扣除凭证的形式、来源符合国家法律、法规等相关规定。

(3)关联性是指税前扣除凭证与其反映的支出相关联且有证明力。

2. 时间要求

企业发生支出，应取得税前扣除凭证，作为计算企业所得税应纳税所得额时扣除相关支出的依据。企业应在当年度企业所得税法规定的汇算清缴期结束前取得税前扣除凭证。

3. 相关资料保管

企业应将与税前扣除凭证相关的资料，包括合同协议、支出依据、付款凭证等留存备查，以证实税前扣除凭证的真实性。（注：不属于税前扣除凭证。）

4. 税前扣除凭证类型

税前扣除凭证按照来源分为内部凭证和外部凭证。

提示

(1)内部凭证：企业自制用于成本、费用、损失和其他支出核算的会计原始凭证。内部凭证的填制和使用应当符合国家会计法律、法规等相关规定。

(2)外部凭证：企业发生经营活动和其他事项时，从其他单位、个人取得的用于证明其支出发生的凭证，包括但不限于发票(包括纸质发票和电子发票)、财政票据、完税凭证、收款凭证、分割单等。

5．境内、境外支出凭证

（1）企业在境内发生的支出项目属于增值税应税项目（以下简称应税项目）的，对方为已办理税务登记的增值税纳税人，其支出以发票（包括按照规定由税务机关代开的发票）作为税前扣除凭证；对方为依法无须办理税务登记的单位或者从事小额零星经营业务的个人，其支出以税务机关代开的发票或者收款凭证及内部凭证作为税前扣除凭证。

提示

（1）小额零星经营业务的判断标准是个人从事应税项目经营业务的销售额不超过增值税相关政策规定的起征点。

（2）收款凭证应载明收款单位名称、个人姓名及身份证号、支出项目、收款金额等相关信息。

（2）企业在境内发生的支出项目不属于应税项目的，对方为单位的，以对方开具的发票以外的其他外部凭证作为税前扣除凭证；对方为个人的，以内部凭证作为税前扣除凭证。

企业在境内发生的支出项目虽不属于应税项目，但按国家税务总局规定可以开具发票的，可以发票作为税前扣除凭证。

（3）企业从境外购进货物或者劳务发生的支出，以对方开具的发票或者具有发票性质的收款凭证、相关税费缴纳凭证作为税前扣除凭证。

6．不得作为税前扣除凭证的范围

企业取得私自印制、伪造、变造、作废、开票方非法取得、虚开、填写不规范等不符合规定的发票（以下简称不合规发票），以及取得不符合国家法律、法规等相关规定的其他外部凭证（以下简称不合规其他外部凭证），不得作为税前扣除凭证。

7．不合规票证的处理

（1）企业应当取得而未取得发票、其他外部凭证或者取得不合规发票、不合规其他外部凭证的，若支出真实且已实际发生，应当在当年度汇算清缴期结束前，要求对方补开、换开发票、其他外部凭证。补开、换开后的发票、其他外部凭证符合规定的，可以作为税前扣除凭证。

（2）企业在补开、换开发票、其他外部凭证过程中，因对方注销、撤销、依法被吊销营业执照、被税务机关认定为非正常户等特殊原因无法补开、换开发票、其他外部凭证的，可凭以下资料证实支出真实性后，其支出允许税前扣除：①无法补开、换开发票、其他外部凭证原因的证明资料（包括市场主体注销、机构撤销、列入非正常经营户、破产公告等证明资料）；②相关业务活动的合同或者协议；③采用非现金方式支付的付款凭证；④货物运输的证明资料；⑤货物入库、出库内部凭证；⑥企业会计核算记录以及其他资料。

第①项至第③项为必备资料。

（3）汇算清缴期结束后，税务机关发现企业应当取得而未取得发票、其他外部凭证或者取得不合规发票、不合规其他外部凭证并且告知企业的，企业应当自被告知之日起60日内补开、换开符合规定的发票、其他外部凭证。

其中，因对方特殊原因无法补开、换开发票、其他外部凭证的，企业应当按照上述第(2)条的规定，自被告知之日起60日内提供可以证实其支出真实性的相关资料。

(4)企业在规定的期限未能补开、换开符合规定的发票、其他外部凭证，并且未能按照上述第(2)条的规定提供相关资料证实其支出真实性的，相应支出不得在发生年度税前扣除。

(5)除发生上述第(3)条规定的情形外，企业以前年度应当取得而未取得发票、其他外部凭证，且相应支出在该年度没有税前扣除的，在以后年度取得符合规定的发票、其他外部凭证或者按照上述第(2)条的规定提供可以证实其支出真实性的相关资料，相应支出可以追补至该支出发生年度税前扣除，但<u>追补年限不得超过5年</u>。

8. 共同支出的规定

(1)企业与其他企业(包括关联企业)、个人在境内共同接受应纳增值税劳务(以下简称应税劳务)发生的支出，采取分摊方式的，应当按照独立交易原则进行分摊，企业以发票和分割单作为税前扣除凭证，共同接受应税劳务的其他企业以企业开具的分割单作为税前扣除凭证。

(2)企业与其他企业、个人在境内共同接受非应税劳务发生的支出，采取分摊方式的，企业以发票外的其他外部凭证和分割单作为税前扣除凭证，共同接受非应税劳务的其他企业以企业开具的分割单作为税前扣除凭证。

9. 分摊方式扣除的规定

企业租用(包括企业作为单一承租方租用)办公、生产用房等资产发生的水、电、燃气、冷气、暖气、通讯线路、有线电视、网络等费用，出租方作为应税项目开具发票的，企业以发票作为税前扣除凭证；出租方采取<u>分摊方式</u>的，企业以出租方开具的<u>其他外部凭证</u>作为税前扣除凭证。

【例题35·单选题】(2023年)下列文书或凭证，属于企业所得税税前扣除凭证的是( )。

A. 付款凭证　　　　　　B. 完税凭证
C. 裁决文书　　　　　　D. 合同协议

解析 选项A、C、D，不属于税前扣除凭证，属于与企业经营活动直接相关且能够证明税前扣除凭证真实性的资料。

(五)不得扣除的项目

在计算应纳税所得额时，下列支出不得扣除：

(1)向投资者支付的股息、红利等权益性投资收益款项。

(2)企业所得税税款。

(3)<u>税收滞纳金</u>，是指纳税人、扣缴义务人违反税收法律、法规，被税收征收管理机关加收的税收滞纳金。

答案
例题35 | B

（4）罚金、罚款和被没收财物的损失，是指纳税人违反国家有关法律、法规规定，被有关部门处以的罚款，罚金和被没收的财物。

（5）符合规定的公益性捐赠以外的捐赠支出。

（6）赞助支出，是指企业发生的与生产经营活动无关的各种非广告性质支出。

（7）未经核定的准备金支出，指不符合国务院财政、税务主管部门规定的各项资产减值准备、风险准备等准备金支出。

（8）企业之间支付的管理费、企业内营业机构之间支付的租金和特许权使用费，以及非银行企业内营业机构之间支付的利息，不得扣除。

（9）与取得收入无关的其他支出。

考点六 亏损弥补 ★★　　一学多考｜注

（1）企业某一纳税年度发生的亏损可以用下一年度的所得弥补，下一年度的所得不足以弥补的，可以逐年结转弥补，但结转年限最长不得超过5年。

a. 亏损不是企业财务报表中的亏损额，是税法调整后的金额。

b. 5 年弥补期是以亏损年度的次年作为第一年度算起，连续 5 年内不论是盈利或亏损，都作为实际弥补年限计算。

c. 连续发生年度亏损，必须从第一个亏损年度算起，先亏先补，后亏后补。

d. 企业在汇总计算缴纳企业所得税时其境外营业机构的亏损不得抵减境内营业机构的盈利。

【例题36·计算题】某企业近几年盈亏情况如下：

项目	2018 年	2019 年	2020 年	2021 年	2022 年	2023 年	2024 年
应纳税所得额	-90 万元	-60 万元	20 万元	30 万元	35 万元	-10 万元	100 万元

要求：计算该企业 2024 年应缴纳的企业所得税。（不考虑小型微利企业优惠）

答案 ➡ 应纳税额=（100-60-10）×25% =7.5（万元）。

（2）企业筹办期间不计算为亏损年度，企业开始生产经营的年度，为开始计算企业损益的年度。企业从事生产经营之前进行筹办活动期间发生筹办费用支出，不得计算为当期的亏损，企业可以在开始经营之日的当年一次性扣除，也可以按照税法有关长期待摊费用的处理规定处理，但一经选定，不得改变。

（3）税务机关对企业以前年度纳税情况进行检查时调增的应纳税所得额，凡企业以前年度发生亏损、且该亏损属于《企业所得税法》规定允许弥补的，应允许调增的应纳税所得额弥补该亏损。弥补该亏损后仍有余额的，按照《企业所得税法》规定计算缴纳企业所得税。

（4）受疫情影响较大的困难行业企业2020年度发生的亏损，最长结转年限由5年延长至8年。

困难行业企业，包括交通运输、餐饮、住宿、旅游（指旅行社及相关服务、游览景区管理两类）四大类，具体判断标准按照现行《国民经济行业分类》执行。

困难行业企业2020年度主营业务收入须占收入总额（剔除不征税收入和投资收益）的50%以上。

（5）对电影行业企业2020年度发生的亏损，最长结转年限由5年延长至8年。

电影行业企业限于电影制作、发行和放映等企业，不包括通过互联网、电信网、广播电视网等信息网络传播电影的企业。

（6）自2018年1月1日起，当年具备高新技术企业或科技型中小企业资格的企业，其具备资格年度之前5个年度发生的尚未弥补完的亏损，准予结转以后年度弥补，最长结转年限由5年延长至10年。

（7）自2020年1月1日起，国家鼓励的线宽小于130纳米（含）的集成电路生产企业，属于国家鼓励的集成电路生产企业清单年度之前5个纳税年度发生的尚未弥补完的亏损，准予向以后年度结转，总结转年限最长不得超过10年。国家鼓励的集成电路生产企业或项目清单由国家发展改革委、工业和信息化部会同财政部、税务总局等相关部门制定。

考点七 资产的所得税处理 ★★★ 一学多考|注

企业的各项资产，包括固定资产、生物资产、无形资产、长期待摊费用、投资资产、存货等，除盘盈固定资产外，均以历史成本为计税基础。

提 示

(1)历史成本指企业取得该项资产时实际发生的支出。

(2)企业持有各项资产期间资产增值或者减值，除国务院财政、税务主管部门规定可以确认损益外，不得调整该资产的计税基础。

（一）固定资产的税务处理

固定资产：企业为生产产品、提供劳务、出租或者经营管理而持有的、使用时间超过12个月的非货币性资产。

1. 计税基础

为提高备考效率，本书将固定资产、无形资产和生物资产的计税基础总结成一张表，以方便考生对比记忆。资产计税基础，见表1-15。

表 1-15　资产计税基础

项目	计税基础
外购	买价+税费+达到预定用途发生的其他支出[无形资产同；生物资产（买价+税费）]（购进固定资产的增值税符合规定的可以抵扣）
自行建造	竣工结算前发生的支出（自行开发无形资产：开发过程中资产符合资本化条件后至达到预定用途前发生的支出）
融资租入	(1)合同约定付款总额：约定付款总额+相关费用。 (2)合同未约定付款总额：资产公允价值+签订合同发生的相关费用
盘盈	同类固定资产的重置完全价值
捐赠、投资、非货币性资产交换、债务重组方式取得	公允价值+税费（无形资产、生物资产相同）
改建的固定资产	除已足额提取折旧的固定资产和租入的固定资产以外的其他固定资产，以改建过程中发生的改建支出增加计税基础
融资性售后回租	承租人出售前原账面价值（承租人出售资产的行为，不确认为销售收入）
固定资产投入使用后，由于工程款项尚未结清而未取得全额发票	暂按合同规定金额（待发票取得后进行调整，但该项调整应在固定资产投入使用后 12 个月内进行）
全民所有制企业改制为国有独资公司或者国有全资子公司属于规定的"企业发生其他法律形式简单改变"	按其原有计税基础确定（改制中资产评估增值不计入应纳税所得额；资产增值部分折旧或者摊销不得在税前扣除）
增值税一般纳税人转登记为小规模纳税人的企业，待抵扣进项税额余额在企业所得税税前扣除的规定	已按照规定由增值税一般纳税人转登记为小规模纳税人的企业，根据相关规定计入"应交税费——待抵扣进项税额"科目核算、截至 2022 年 3 月 31 日的待抵扣进项税额余额，在 2022 年度可分别计入固定资产、无形资产、投资资产、存货等相关科目，按规定在企业所得税税前扣除，对此前已税前扣除的折旧、摊销不再调整；对无法划分的部分，在 2022 年度可一次性在企业所得税税前扣除 新增

2. 固定资产折旧的范围

在计算应纳税所得额时，企业按照规定计算的固定资产折旧，准予扣除。下列固定资产不得计算折旧扣除：

(1) 房屋、建筑物以外未投入使用的固定资产。
(2) 以经营租赁方式租入的固定资产。
(3) 以融资租赁方式租出的固定资产。
(4) 已足额提取折旧仍继续使用的固定资产。
(5) 与经营活动无关的固定资产。
(6) 单独估价作为固定资产入账的土地。
(7) 其他不得计算折旧扣除的固定资产。

3. 固定资产折旧的计提方法

(1) 固定资产按照直线法(平均年限法)计算的折旧,准予扣除。

(2) 企业应当自固定资产投入使用月份的次月起计算折旧;停止使用的固定资产,应当自停止使用月份的次月起停止计算折旧。

(3) 企业应当根据固定资产的性质和使用情况,合理确定固定资产的预计净残值。固定资产的预计净残值一经确定,不得变更。

提示 固定资产折旧计提的最低年限,见表1-16。

表1-16 固定资产折旧计提的最低年限

分类	年限
房屋、建筑物	20年
飞机、火车、轮船、机器、机械和其他生产设备	10年
与生产经营活动有关的器具、工具、家具等	5年
飞机、火车、轮船以外的运输工具	4年
电子设备	3年

4. 房屋、建筑物固定资产改扩建的税务处理

(1) 如属于推倒重置的,该资产原值减除提取折旧后的净值,应并入重置后的固定资产计税成本,并在该固定资产投入使用后的次月起,按照税法规定的折旧年限,一并计提折旧。

(2) 如属于提升功能、增加面积的,该固定资产的改扩建支出,并入该固定资产计税基础,并从改扩建完工投入使用后的次月起,重新按税法规定的该固定资产折旧年限计提折旧,如该改扩建后的固定资产尚可使用的年限低于税法规定的最低年限,可以按尚可使用的年限计提折旧。

5. 折旧的所得税处理

(1) 企业固定资产会计折旧年限如果短于税法规定的最低折旧年限,其按会计折旧年限计提的折旧高于按税法规定的最低折旧年限计提的折旧部分,应调增当期应纳税所得额。

企业固定资产会计折旧年限已期满且会计折旧已提足,但税法规定的最低折旧年限尚未到期且税收折旧尚未足额扣除,其未足额扣除的部分准予在剩余的税收折旧年限继续按规定扣除。

（2）企业固定资产会计折旧年限如果长于税法规定的最低折旧年限，其折旧应按会计折旧年限计算扣除，税法另有规定的除外。❶

（3）企业按会计规定提取的固定资产减值准备，不得税前扣除，其折旧仍按税法确定的固定资产计税基础计算扣除。

（4）企业按税法规定实行加速折旧的，其按加速折旧办法计算的折旧额可全额在税前扣除。

【例题37·单选题】（2023年）下列关于固定资产税务处理的说法，符合企业所得税相关规定的是（　　）。

A．按会计准则提取的固定资产减值准备，不得在税前扣除

B．盘盈的固定资产，以同类固定资产的公允价值为计税基础

C．固定资产的预计净残值一经确定，1个年度内不得随意变更

D．未投入使用的固定资产，不得计算折旧在税前扣除

解析 选项B，盘盈的固定资产，以同类固定资产的重置完全价值为计税基础。选项C，固定资产的预计净残值一经确定，不得变更。选项D，房屋、建筑物以外未投入使用的固定资产，不得计提折旧扣除。

6．企业所得税核定征收改为查账征收后有关资产的税务处理问题

（1）企业能够提供资产购置发票的，以发票载明金额为计税基础；不能提供资产购置发票的，可以凭购置资产的合同（协议）、资金支付证明、会计核算资料等记载金额，作为计税基础。

（2）企业核定征税期间投入使用的资产，改为查账征税后，按照税法规定的折旧、摊销年限，扣除该资产投入使用年限后，就剩余年限继续计提折旧、摊销额并在税前扣除。

（二）长期待摊费用的税务处理

长期待摊费用是指企业发生的应在一个年度以上或几个年度进行摊销的费用。长期待摊费用尽管是一次性支出的，但与支出对应的受益期间较长，按照收入支出的配比原则，应该将该费用支出在企业的受益期间内平均摊销。

长期待摊费用的税务处理，见表1-17。

表1-17　长期待摊费用的税务处理

项目	税务处理
已足额提取折旧的固定资产的改建支出	按照固定资产预计尚可使用年限分期摊销
租入固定资产的改建支出	按照合同约定的剩余租赁期限分期摊销
固定资产的大修理支出❷	按照固定资产尚可使用年限分期摊销❸
其他应当作为长期待摊费用的支出	支出发生月份的次月起，分期摊销，摊销年限不得低于3年

固定资产会计折旧年限＞税法规定的最低折旧年限：折旧按会计折旧年限计算扣除。

大修理支出，是指同时符合下列条件的支出：①修理支出达到取得固定资产时的计税基础50%以上；②修理后使用年限延长2年以上。

注意企业的固定资产修理支出和大修理支出的税务处理差异，修理支出可在发生当期直接扣除。

答案
例题37｜A

【例题38·单选题】(2024年)某企业以经营租赁方式租入生产设备一台,一次性支付三年的不含税租赁费24万元,租赁期自2024年7月1日至2027年6月30日。该企业2024年允许在企业所得税税前扣除的租赁费为( )万元。

A. 6   B. 4   C. 24   D. 8

解析 该企业2024年允许在企业所得税税前扣除的租赁费=24÷3÷2=4(万元)。

(三)生物资产的税务处理

1. 生物资产分类

生物资产是指有生命的动物和植物。分为消耗性生物资产、生产性生物资产和公益性生物资产。

(1)生产性生物资产,是指为产出农产品、提供劳务或者出租等目的而持有的生物资产,包括经济林、薪炭林、产畜和役畜等。

(2)消耗性生物资产,是指为出售而持有的,或在将来收获为农产品的生物资产,包括生长中的大田作物、蔬菜、用材林以及存栏待售的牲畜等。

(3)公益性生物资产,是指以防护、环境保护为主要目的的生物资产,包括防风固沙林、水土保持林和水源涵养林等。

2. 生产性生物资产计算折旧的最低年限

(1)林木类生产性生物资产,为10年。

(2)畜类生产性生物资产,为3年。

(四)无形资产的税务处理

(1)无形资产是指企业长期使用但没有实物形态的资产,包括专利权、商标权、著作权、土地使用权、非专利技术、商誉等。

(2)下列无形资产不得计算摊销费用扣除:①自行开发的支出已在计算应纳税所得额时扣除的无形资产;②自创商誉;③与经营活动无关的无形资产;④其他不得计算摊销费用扣除的无形资产。

(3)外购商誉的支出,在企业整体转让或者清算时,准予扣除。

(4)无形资产的摊销方法为直线法,摊销年限一般情况不得低于10年。作为投资或者受让的无形资产,有关法律规定或者合同约定了使用年限的,可以按照规定或者约定的使用年限分期摊销。

(5)企业外购的软件,凡符合固定资产或无形资产确认条件的,可以按照固定资产或无形资产进行核算,其折旧或摊销年限可以适当缩短,最短可为2年(含)。

(6)无形资产摊销的起止时间:当月增加的无形资产,当月开始摊销;当月减少的无形资产,当月不再摊销。

答案
例题38 | B

【例题39·多选题】(2024年)下列关于无形资产的表述中，正确的有( )。

A. 符合条件的无形资产，采取直线法计算的摊销费用，准予税前扣除
B. 自创商誉不得计算摊销费用扣除
C. 无形资产的摊销年限一般情况不得低于5年
D. 外购的商誉支出，在企业整体转让或者清算时准予扣除
E. 企业外购作为无形资产核算的软件，可按2年摊销

解析 选项C，无形资产的摊销年限一般情况不得低于10年。

(五)存货的税务处理

存货是指企业持有以备出售的产品或者商品、处在生产过程中的在产品、在生产或者提供劳务过程中耗用的材料和物料等。

1. 存货的计税基础

存货按照以下方法确定成本：

(1)支付现金方式取得的存货，购买价款+相关税费为成本。

(2)支付现金以外的方式取得的存货，存货的公允价值+相关税费为成本。

(3)生产性生物资产收获的农产品，产出或者采收过程中发生的材料费、人工费和分摊的间接费用等必要支出。

2. 存货的成本计算方法

企业使用或者销售的存货的成本计算方法，可以在先进先出法、加权平均法、个别计价法中选用一种。计价方法一经选用，不得随意变更。

提示 无后进先出法。

(六)投资资产的税务处理

投资资产是指企业对外进行权益性投资和债权性投资而形成的资产。

1. 投资资产的成本

(1)支付现金方式取得的投资资产：购买价款为成本。

(2)支付现金以外的方式取得的投资资产：公允价值+相关税费为成本。

2. 投资资产成本的扣除方法

企业对外投资期间，投资资产的成本在计算应纳税所得额时不得扣除，企业在转让或者处置投资资产时，投资资产的成本准予扣除。

3. 文物、艺术品的税务处理

企业购买的文物、艺术品用于收藏、展示、保值增值的，作为投资资产进行税务处理。文物、艺术品资产在持有期间，计提的折旧、摊销费用，不得税前扣除。

4. 投资资产持有期间的税务处理

(1)成本的处理：企业对外投资期间，投资资产的成本在计算应纳税所

答案 例题39 | ABDE

得额时不得扣除。

（2）增值或者减值的处理：企业持有各项资产期间资产增值或者减值，除国务院财政、税务主管部门规定可以确认损益外，不得调整该资产的计税基础。

（3）收益的处理。

◆股息、红利等权益性投资收益：①除另有规定外，应以被投资企业股东会或股东大会作出利润分配或转股决定的日期，确认收入的实现；②被投资企业将股权（票）溢价所形成的资本公积转为股本的，不作为投资方企业的股息、红利收入，投资方企业也不得增加该项长期投资的计税基础。

◆利息收入：按照合同约定的债务人应付利息的日期确认收入的实现。

5. 考试中可能的纳税调整的事项

（1）国债利息收入：调减。

（2）符合条件的居民企业之间的股息、红利等权益性收益：调减。

（3）利息收入（按照票面约定的时间和金额确认的所得与会计确认的投资收益差异）：调增或调减。

（4）交易性金融资产初始投资成本调整：调增。

（5）按权益法核算长期股权投资对初始投资成本调整确认收益：调减。

提示 初始投资成本小于取得时应享有的被投资单位可辨认净资产公允价值份额的差额计入取得投资当期营业外收入的金额。

（七）非货币性资产投资企业所得税处理 ❶

（1）实行查账征收的企业以非货币性资产对外投资确认的非货币性资产转让所得，可在不超过5年期限内，分期均匀计入相应年度的应纳税所得额计算缴纳企业所得税。（递延纳税）❷

非货币性资产转让所得=非货币性资产评估后的公允价值-计税基础

提示

（1）非货币性资产指现金、银行存款、应收账款、应收票据以及准备持有至到期的债券投资等货币性资产以外的资产。

（2）非货币性资产投资，限于以非货币性资产出资设立新的居民企业，或将非货币性资产注入现存的居民企业。

（3）企业以非货币性资产对外投资，应于投资协议生效并办理股权登记手续时，确认非货币性资产转让收入的实现。

（4）关联企业之间发生的非货币性资产投资行为，投资协议生效后12个月内尚未完成股权变更登记手续的，于投资协议生效时，确认非货币性资产转让收入的实现。

（2）企业取得被投资企业的股权，应以非货币性资产的原计税成本为计税基础，加上每年确认的非货币性资产转让所得，逐年进行调整。（逐年调整）

老杨嘚啵嘚 ❶
递延纳税、逐年调整、一次到位。

老杨嘚啵嘚 ❷
注意在转让上述股权或投资收回时，纳税人需要计算两部分所得，一部分是递延期内尚未确认的非货币性资产转让所得，另一部分是股权转让所得。

被投资企业取得非货币性资产的计税基础,应按非货币性资产的公允价值确定。

(3)企业在对外投资 5 年内转让股权或投资收回的,停止递延纳税政策,将递延期内尚未确认的非货币性资产转让所得,在转让股权或投资收回当年的企业所得税年度汇算清缴时,一次性计算缴纳企业所得税。企业在计算股权转让所得时将股权的计税基础一次调整到位。(一次到位)

企业在以非货币性资产对外投资 5 年内注销的,应停止执行递延纳税政策,并就递延期内尚未确认的非货币性资产转让所得,在注销当年的企业所得税年度汇算清缴时,一次性计算缴纳企业所得税。

(4)企业发生非货币性资产投资,符合特殊性税务处理条件的,也可选择按特殊性税务处理规定执行。

(八)技术成果投资入股涉及的企业所得税处理规定 新增

(1)实行查账征收的企业以技术成果投资入股到境内居民企业,被投资企业支付的对价全部为股票(权)的,企业可选择继续按现行有关税收政策执行,也可选择适用递延纳税优惠政策。

(2)选择技术成果投资入股递延纳税政策的,经向主管税务机关备案,投资入股当期可暂不纳税,允许递延至转让股权时,按股权转让收入减去技术成果原值和合理税费后的差额计算缴纳企业所得税。

考点八 资产损失税前扣除的所得税处理 ★★

(一)资产损失的概念

1. 准予在企业所得税税前扣除的资产损失

(1)实际资产损失:企业在实际处置、转让资产过程中发生的合理损失。

(2)法定资产损失:企业虽未实际处置、转让资产,但按规定条件计算确认的损失。

2. 企业以前年度发生的资产损失税前扣除

企业以前年度发生的资产损失未能在当年税前扣除的,按规定向税务机关说明并进行专项申报扣除。其中:

(1)实际资产损失,准予追补至该项损失发生年度扣除,追补确认期限一般不超过 5 年,但因特殊原因(包括因计划经济体制转轨过程中遗留、企业重组上市过程中因权属不清出现争议而未能及时扣除、因承担国家政策性任务而形成的以及政策定性不明确)而形成的资产损失,经国家税务总局批准后可适当延长其追补确认期限。

(2)法定资产损失,应在申报年度扣除。

a. 企业因以前年度实际资产损失未在税前扣除而多缴的企业所得税税款,可在追补确认年度企业所得税应纳税款中予以抵扣,不足抵扣的,向以

注意实际资产损失和法定资产损失的区别。

后年度递延抵扣。

b. 企业实际资产损失发生年度扣除追补确认的损失后出现亏损的，应先调整资产损失发生年度的亏损额，再按弥补亏损的原则计算以后年度多缴的企业所得税税款，并进行相应的税务处理。

（二）资产损失扣除政策

（1）企业清查出的现金短缺减除责任人赔偿后的余额，作为现金损失在计算应纳税所得额时扣除。

（2）企业将货币性资金存入法定具有吸收存款职能的机构，因该机构依法破产、清算，或者政府责令停业、关闭等原因，确实不能收回的部分，作为存款损失在计算应纳税所得额时扣除。

（3）企业除贷款类债权外的应收、预付账款符合下列条件之一的，减除可收回金额后确认的无法收回的应收、预付款项，可以作为坏账损失在计算应纳税所得额时扣除：①债务人依法宣告破产、关闭、解散、被撤销，或者被依法注销、吊销营业执照，其清算财产不足清偿的；②债务人死亡，或者依法被宣告失踪、死亡，其财产或者遗产不足清偿的；③债务人逾期 3 年以上未清偿，且有确凿证据证明已无力清偿债务的；④与债务人达成债务重组协议或法院批准破产重整计划后，无法追偿的；⑤因自然灾害、战争等不可抗力导致无法收回的；⑥国务院财政、税务主管部门规定的其他条件。

提示 企业对外提供与本企业生产经营活动有关的担保，因被担保人不能按期偿还债务而承担连带责任，经追索，被担保人无偿还能力，对无法追回的金额，比照应收款项损失处理。

与本企业生产经营活动有关的担保是指企业对外提供的与本企业应税收入、投资、融资、材料采购、产品销售等生产经营活动相关的担保。

（4）企业经采取所有可能的措施和实施必要的程序之后，符合下列条件之一的贷款类债权，可以作为贷款损失在计算应纳税所得额时扣除。

a. 借款人和担保人依法宣告破产、关闭、解散、被撤销，并终止法人资格，或者已完全停止经营活动，被依法注销、吊销营业执照，对借款人和担保人进行追偿后，未能收回的债权。

b. 借款人死亡，或者依法被宣告失踪、死亡，依法对其财产或者遗产进行清偿，并对担保人进行追偿后，未能收回的债权。

c. 借款人遭受重大自然灾害或者意外事故，损失巨大且不能获得保险补偿，或者以保险赔偿后，确实无力偿还部分或者全部债务，对借款人财产进行清偿和对担保人进行追偿后，未能收回的债权。

d. 借款人触犯刑律，依法受到制裁，其财产不足归还所借债务，又无其他债务承担者，经追偿后确实无法收回的债权。

e. 由于借款人和担保人不能偿还到期债务，企业诉诸法律，经法院对借款人和担保人强制执行，借款人和担保人均无财产可执行，法院裁定执行程序终结或终止(中止)后,仍无法收回的债权。

f. 由于借款人和担保人不能偿还到期债务,企业诉诸法律后,经法院调解或经债权人会议通过,与借款人和担保人达成和解协议或重整协议,在借款人和担保人履行完还款义务后,无法追偿的剩余债权。

g. 由于上述 a 至 f 项原因借款人不能偿还到期债务,企业依法取得抵债资产,抵债金额小于贷款本息的差额,经追偿后仍无法收回的债权。

h. 开立信用证、办理承兑汇票、开具保函等发生垫款时,凡开证申请人和保证人由于上述 a 至 g 项原因,无法偿还垫款,金融企业经追偿后仍无法收回的垫款。

i. 银行卡持卡人和担保人由于上述 a 至 g 项原因,未能还清透支款项,金融企业经追偿后仍无法收回的透支款项。

j. 助学贷款逾期后,在金融企业确定的有效追索期限内,依法处置助学贷款抵押物(质押物),并向担保人追索连带责任后,仍无法收回的贷款。

k. 经国务院专案批准核销的贷款类债权。

l. 国务院财政、税务主管部门规定的其他条件。

(5)企业的股权投资符合下列条件之一的,减除可收回金额后确认的无法收回的股权投资,可以作为股权投资损失在计算应纳税所得额时扣除:①被投资方依法宣告破产、关闭、解散、被撤销,或者被依法注销、吊销营业执照的;②被投资方财务状况严重恶化,累计发生巨额亏损,已连续停止经营 3 年以上,且无重新恢复经营改组计划的;③对被投资方不具有控制权,投资期限届满或者投资期限已超过 10 年,且被投资单位因连续 3 年经营亏损导致资不抵债的;④被投资方财务状况严重恶化,累计发生巨额亏损,已完成清算或清算期超过 3 年的;⑤国务院财政、税务主管部门规定的其他条件。

(6)对企业盘亏的固定资产或存货,以该固定资产的账面净值或存货的成本减除责任人赔偿后的余额,作为固定资产或存货盘亏损失在计算应纳税所得额时扣除。

(7)对企业毁损、报废的固定资产或存货,以该固定资产的账面净值或存货的成本减除残值、保险赔款和责任人赔偿后的余额,作为固定资产或存货毁损、报废损失在计算应纳税所得额时扣除。

(8)对企业被盗的固定资产或存货,以该固定资产的账面净值或存货的成本减除保险赔款和责任人赔偿后的余额,作为固定资产或存货被盗损失在计算应纳税所得额时扣除。

(9)企业因存货盘亏、毁损、报废、被盗等原因不得从增值税销项税额中抵扣的进项税额,可以与存货损失一起在计算应纳税所得额时扣除。

【例题40·计算题】2024 年 12 月,某外商投资的摩托车生产企业的原材料毁损,上月外购的不含增值税的原材料的损失金额为 32.79 万元(其中含运费金额 2.79 万元)。已知:原材料进项税额已抵扣。

要求：计算允许企业所得税税前扣除的损失金额。

答案 进项税额转出 = (32.79-2.79)×13%+2.79×9% = 4.151 1（万元）。

企业所得税税前扣除的损失金额 = 32.79+4.151 1 = 36.941 1（万元）。

(10) 企业在计算应纳税所得额时已经扣除的资产损失，在以后纳税年度全部或者部分收回时，其收回部分应当作为 收入 计入收回 当期 的应纳税所得额。

(11) 企业境内、境外营业机构发生的资产损失应分开核算，对境外营业机构由于发生资产损失而产生的亏损，不得在计算境内应纳税所得额时扣除。

(12) 金融企业 涉农贷款和中小企业贷款损失准备金税前扣除政策。

a. 金融企业对涉农贷款和中小企业贷款进行风险分类后按比例计提的贷款损失准备金，准予在计算应纳税所得额时扣除。各类贷款损失准备金计提比例，见表1-18。

表1-18　各类贷款损失准备金计提比例

贷款分类	计提比例
关注类	2%
次级类	25%
可疑类	50%
损失类	100%

b. 金融企业发生的符合条件的涉农贷款和中小企业贷款损失，应先冲减已在税前扣除的贷款损失准备金，不足冲减部分可据实在计算应纳税所得额时扣除。

(13) 金融企业提取的贷款（涉农贷款和中小企业贷款除外）损失准备金的企业所得税税前扣除政策。

◆准予税前提取贷款损失准备金的贷款资产范围包括：

a. 贷款（含抵押、质押、保证、信用等贷款）。

b. 银行卡透支、贴现、信用垫款（含银行承兑汇票垫款、信用证垫款、担保垫款等）、进出口押汇、同业拆出、应收融资租赁款等具有贷款特征的风险资产。

c. 由金融企业转贷并承担对外还款责任的国外贷款，包括国际金融组织贷款、外国买方信贷、外国政府贷款、日本国际协力银行不附条件贷款和外国政府混合贷款等资产。

◆金融企业的委托贷款、代理贷款、国债投资、应收股利、上交央行准备金以及金融企业剥离的债权和股权、应收财政贴息、央行款项等不承担风险和损失的资产，以及除上述列举a~c项资产之外的其他风险资产，不得提取贷款损失准备金在税前扣除。

金融企业包括：政策性银行、商业银行、财务公司、城乡信用社和金融租赁公司等金融企业。

◆金融企业准予当年税前扣除的贷款损失准备金计算公式如下：

准予当年税前扣除的贷款损失准备金=本年末准予提取贷款损失准备金的贷款资产余额×1%-截至上年末已在税前扣除的贷款损失准备金的余额

金融企业按上述公式计算的数额如为负数，应当相应调增当年应纳税所得额。

◆金融企业发生的符合条件的贷款损失，应先冲减已在税前扣除的贷款损失准备金，不足冲减部分可据实在计算当年应纳税所得额时扣除。

◆小额贷款公司计提贷款损失准备金的规定。**新增**

2027年12月31日前，对经省级地方金融监督管理部门（省级金融办、局等）批准成立的小额贷款公司按年末贷款余额的1%计提的贷款损失准备金准予在企业所得税税前扣除。

【例题41·单选题】（2020年）某金融企业2024年年末，准予提取贷款损失准备金的贷款资产余额为10 000万元，截至2023年已在税前扣除的贷款损失准备金余额为60万元。该金融企业2024年准予税前扣除的贷款损失准备金为（　　）万元。

A. 40　　　　B. 100　　　　C. 140　　　　D. 240

解析 金融企业准予当年税前扣除的贷款损失准备金=本年末准予提取贷款损失准备金的贷款资产余额×1%-截至上年末已在税前扣除的贷款损失准备金的余额，该金融企业2024年准予税前扣除的贷款损失准备金=10 000×1%-60=40（万元）。

（三）资产损失税前扣除管理

1. 应以清单申报的方式申报扣除的情形

（1）企业在<u>正常</u>经营管理活动中，按照公允价格销售、转让、变卖非货币资产的损失。

（2）企业各项存货发生的<u>正常</u>损耗。

（3）企业固定资产达到或超过使用年限而<u>正常</u>报废清理的损失。

（4）企业生产性生物资产达到或超过使用年限而<u>正常</u>死亡发生的资产损失。

（5）企业按照市场公平交易原则，通过各种交易场所、市场等买卖债券、股票、期货、基金以及金融衍生产品等发生的损失。（公平第三方可以视同正常）

上述以外的资产损失，应以专项申报的方式向税务机关申报扣除。企业无法准确判别是否属于清单申报扣除的资产损失，可以采取专项申报的形式申报扣除。

2. 境内跨地区经营的汇总纳税企业资产损失申报扣除

（1）总机构及其分支机构发生的资产损失，除应按专项申报和清单申

记忆贴士：最美关键词"正常"！

答案
例题41 | A

的有关规定，各自向当地主管税务机关申报外，各分支机构同时还应上报总机构。

（2）总机构对各分支机构上报的资产损失，除税务机关另有规定外，应以清单申报的形式向当地主管税务机关进行申报。

（3）总机构将跨地区分支机构所属资产捆绑（打包）转让所发生的资产损失，由总机构向当地主管税务机关进行专项申报。

3．商业零售企业存货损失税前扣除规定

（1）商业零售企业存货因零星失窃、报废、废弃、过期、破损、腐败、鼠咬、顾客退换货等正常因素形成的损失，为存货正常损失，准予按会计科目进行归类、汇总，然后再将汇总数据以清单的形式进行企业所得税纳税申报，同时出具损失情况分析报告。

（2）商业零售企业存货因风、火、雷、震等自然灾害，仓储、运输失事，重大案件等非正常因素形成的损失，为存货非正常损失，应当以专项申报形式进行企业所得税纳税申报。

（3）存货单笔（单项）损失超过500万元的，无论何种因素形成的，均应以专项申报方式进行企业所得税纳税申报。

4．资产损失确认证据

资产损失确认证据，见表1-19。

表1-19　资产损失确认证据

外部证据	内部证据
（1）司法机关的判决或者裁定。 （2）公安机关的立案结案证明、回复。 （3）市场监管部门出具的注销、吊销及停业证明。 （4）企业的破产清算公告或清偿文件。 （5）行政机关的公文。 （6）专业技术部门的鉴定报告。 （7）具有法定资质的中介机构的经济鉴定证明。 （8）仲裁机构的仲裁文书。 （9）保险公司对投保资产出具的出险调查单、理赔计算单等保险单据	（1）有关会计核算资料和原始凭证。 （2）资产盘点表。 （3）相关经济行为的业务合同。 （4）企业内部技术鉴定部门的鉴定文件或资料。 （5）企业内部核批文件及有关情况说明。 （6）对责任人由于经营管理责任造成损失的责任认定及赔偿情况说明。 （7）法定代表人、企业负责人和企业财务负责人对特定事项真实性承担法律责任的声明

特别注意"相关经济行为的业务合同"！

【例题42·单选题】（2023年）依企业所得税相关规定，下列资料属于确认资产损失外部证据的是（　　）。

A．资产盘点表　　　　　　B．会计核算资料
C．经济行为业务合同　　　D．企业的破产清算公告

解析　选项A、B、C，属于企业内部证据。

答案
例题42 | D

(四)相关资产损失的确认

(1)企业逾期3年以上的应收款项在会计上已作为损失处理的,可以作为坏账损失,但应说明情况,并出具专项报告。

(2)企业逾期1年以上,单笔数额不超过5万元或者不超过企业年度收入总额万分之一的应收款项,会计上已经作为损失处理的,可以作为坏账损失,但应说明情况,并出具专项报告。

(3)存货报废、毁损或变质损失,该项损失数额较大的(指占企业该类资产计税成本10%以上,或减少当年应纳税所得、增加亏损10%以上),纳税人留存备查自行出具的有法定代表人、主要负责人和财务负责人签章证实有关损失的书面申明。

(4)下列股权和债权不得作为损失在税前扣除:①债务人或者担保人有经济偿还能力,未按期偿还的企业债权;②违反法律、法规的规定,以各种形式、借口逃废或悬空的企业债权;③行政干预逃废或悬空的企业债权;④企业未向债务人和担保人追偿的债权;⑤企业发生非经营活动的债权;⑥其他不应当核销的企业债权和股权。

(5)其他可以作为资产损失的确认情形:①企业将不同类别的资产捆绑(打包),以拍卖、询价、竞争性谈判、招标等市场方式出售,其出售价格低于计税成本的差额;②企业正常经营业务因内部控制制度不健全而出现操作不当、不规范或因业务创新但政策不明确、不配套等原因形成的资产损失,应由企业承担的金额;③企业因刑事案件原因形成的损失,应由企业承担的金额,或经公安机关立案侦查2年以上仍未追回的金额。

(6)从2017年度企业所得税汇算清缴开始,企业向税务机关申报扣除资产损失,仅需填报企业所得税年度纳税申报表《资产损失税前扣除及纳税调整明细表》,不再报送资产损失相关资料。相关资料由企业留存备查,同时,企业应当完整保存资产损失相关资料,保证资料的真实性、合法性。

考点九 企业重组的所得税处理 ★★★   一学多考|注

(一)企业重组的定义

企业重组:企业在日常经营活动以外发生的法律结构或经济结构重大改变的交易,包括企业法律形式改变、债务重组、股权收购、资产收购、合并、分立等。

股权支付:企业重组中购买、换取资产的一方支付的对价中,以本企业或其控股企业的股权、股份作为支付的形式。

非股权支付:以本企业的现金、银行存款、应收款项、本企业或其控股企业股权和股份以外的有价证券、存货、固定资产、其他资产以及承担债务等作为支付的形式。

(二)企业重组的一般性税务处理方法

1. 概述

企业由法人转变为个人独资企业、合伙企业等非法人组织,或将登记注册地转移至中华人民共和国境外(包括港、澳、台地区),应视同企业进行清算、分配,股东重新投资成立新企业。企业的全部资产以及股东投资的计税基础均应以公允价值为基础确定。

企业发生其他法律形式简单改变的,可直接变更税务登记,除另有规定外,有关企业所得税纳税事项(包括亏损结转、税收优惠等权益和义务)由变更后企业承继,但因住所发生变化而不符合税收优惠条件的除外。

2. 企业债务重组

(1)以非货币资产清偿债务,应当分解为转让相关非货币性资产、按非货币性资产公允价值清偿债务两项业务,确认相关资产的所得或损失。

【例题43·单选题】甲企业与乙企业达成债务重组协议,甲企业以一批库存商品抵偿所欠乙企业一年前发生的债务180.8万元,该批库存商品的账面成本为130万元,市场不含税销售价为140万元,该批商品的增值税税率为13%。假定甲企业适用企业所得税税率25%,城市维护建设税和教育费附加不予考虑。甲企业的该项重组业务应缴纳企业所得税(　　)万元。

A. 5.65　　　B. 8.15　　　C. 12.7　　　D. 16.76

解析 ➡ 资产转让收益(视同销售)=140-130=10(万元)。

债务重组收益=180.8-140-140×13%=22.6(万元)。

所以,该项重组业务应缴纳企业所得税=(10+22.6)×25%=8.15(万元)。

(2)发生债权转股权的,应当分解为债务清偿和股权投资两项业务,确认有关债务清偿所得或损失。

(3)债务人应当按照支付的债务清偿额低于债务计税基础的差额,确认债务重组所得;债权人应当按照收到的债务清偿额低于债权计税基础的差额,确认债务重组损失。

(4)债务人的相关所得税纳税事项原则上保持不变。

3. 股权收购、资产收购

(1)被收购方应确认股权、资产转让所得或损失。

(2)收购方取得股权或资产的计税基础应以公允价值为基础确定。

(3)被收购企业的相关所得税事项原则上保持不变。

4. 企业合并

(1)合并企业应按公允价值确定接受被合并企业各项资产和负债的计税基础。

(2)被合并企业及其股东都应按清算进行所得税处理。

(3)被合并企业的亏损不得在合并企业结转弥补。

答案 ➡
例题43 | B

5. 企业分立

(1) 被分立企业对分立出去的资产应按公允价值确认资产转让所得或损失。

(2) 分立企业应按公允价值确认接受资产的计税基础。

(3) 被分立企业继续存在时,其股东取得的对价应视同被分立企业分配进行处理。

(4) 被分立企业不再继续存在时,被分立企业及其股东都应按清算进行所得税处理。

(5) 企业分立相关企业的亏损不得相互结转弥补。

提示 股权收购、资产收购、合并、分立相关交易的一般性税务处理,建议总结其共同规律一并记忆。企业重组一般性税务处理,见表1-20。

表1-20 企业重组一般性税务处理

方式	支付对价方式	被收购方、被合并方、被分立方	收购方、合并方、分立方
一般性税务处理	—	确认所得和损失	公允价值作为计税基础

【例题44·计算题】甲公司持有全资子公司丙公司10 000万股股权,为了将来丙公司有更好的发展,甲公司将80%的股权让乙公司收购,使之成为乙公司的子公司。已知收购日丙公司每股资产计税基础为8元,每股资产公允价值为10元。在收购对价中,乙公司以银行存款支付8 000万元,以股权形式支付72 000万元。假设该交易采用一般性税务处理方法。

要求:计算甲公司资产转让所得或损失和乙公司收到股权的计税基础。

答案 甲公司资产转让所得=80 000-64 000=16 000(万元)。

乙公司收到股权的计税基础=10 000×80%×10=80 000(万元)。

【例题45·多选题】(2024年)下列关于企业分立一般性税务处理的说法,正确的有(   )。

A. 被分立企业不再继续存在时,被分立企业及其股东应按清算进行所得税处理

B. 被分立企业继续存在时,其股东取得的对价应视同被分立企业分配进行处理

C. 企业分立相关企业的亏损可以相互结转弥补

D. 分立企业应按公允价值确认接受资产的计税基础

E. 被分立企业对分立出去的资产应按公允价值确认资产转让所得或损失

解析 选项C,一般性税务处理下,企业分立相关的企业的亏损不得相互结转弥补。

(三)企业重组的特殊性税务处理方法

1. 适用特殊性税务处理的条件

企业重组同时符合下列条件的,适用特殊性税务处理规定:

答案
例题45 | ABDE

(1)具有合理的商业目的,且不以减少、免除或者推迟缴纳税款为主要目的。
(2)被收购、合并或分立部分的资产或股权比例符合规定的比例。
(3)企业重组后的连续12个月内不改变重组资产原来的实质性经营活动。
(4)重组交易对价中涉及股权支付金额符合规定比例。
(5)企业重组中取得股权支付的原主要股东,在重组后连续12个月内,不得转让所取得的股权。

2. 企业重组的特殊性税务处理

企业重组符合上述特殊性税务处理条件的,交易各方对其交易中的股权支付部分,可以按以下规定进行特殊性税务处理:

(1)企业债务重组确认的应纳税所得额占该企业当年应纳税所得额50%以上,可以在5个纳税年度的期间内,均匀计入各年度的应纳税所得额。

企业发生债权转股权业务,对债务清偿和股权投资两项业务暂不确认有关债务清偿所得或损失,股权投资的计税基础以原债权的计税基础确定。企业的其他相关所得税事项保持不变。

(2)股权收购。

收购企业购买的股权不低于被收购企业全部股权的50%,且收购企业在该股权收购发生时的股权支付金额不低于其交易支付总额的85%,可以选择按以下规定处理:

a. 被收购企业的股东取得收购企业股权的计税基础,以被收购股权的原有计税基础确定。

b. 收购企业取得被收购企业股权的计税基础,以被收购股权的原有计税基础确定。

c. 收购企业、被收购企业的原有各项资产和负债的计税基础和其他相关所得税事项保持不变。

(3)资产收购。

受让企业收购的资产不低于转让企业全部资产的50%,且受让企业在该资产收购发生时的股权支付金额不低于其交易支付总额的85%,可以选择按以下规定处理:

a. 转让企业取得受让企业股权的计税基础,以被转让资产的原有计税基础确定。

b. 受让企业取得转让企业资产的计税基础,以被转让资产的原有计税基础确定。

(4)企业合并。

企业股东在该企业合并发生时取得的股权支付金额不低于其交易支付总额的85%,以及同一控制下且不需要支付对价的企业合并,可以选择按以下规定处理:

a. 合并企业接受被合并企业资产和负债的计税基础,以被合并企业的原有计税基础确定。

b. 被合并企业合并前的相关所得税事项由合并企业承继。

c. 可由合并企业弥补的被合并企业亏损的限额=被合并企业净资产公允价值×截至合并业务发生当年年末国家发行的最长期限的国债利率

d. 被合并企业股东取得合并企业股权的计税基础，以其原持有的被合并企业股权的计税基础确定。

（5）企业分立。

被分立企业所有股东按原持股比例取得分立企业的股权，分立企业和被分立企业均不改变原来的实质经营活动，且被分立企业股东在该企业分立发生时取得的股权支付金额不低于其交易支付总额的85%，可以选择按以下规定处理：

a. 分立企业接受被分立企业资产和负债的计税基础，以被分立企业的原有计税基础确定。

b. 被分立企业已分立出去资产相应的所得税事项由分立企业承继。

c. 被分立企业未超过法定弥补期限的亏损额可按分立资产占全部资产的比例进行分配，由分立企业继续弥补。

d. 被分立企业的股东取得分立企业的股权（以下简称"新股"），如需部分或全部放弃原持有的被分立企业的股权（以下简称"旧股"），"新股"的计税基础应以放弃"旧股"的计税基础确定。如不需放弃"旧股"，则其取得"新股"的计税基础可从以下两种方法中选择确定：直接将"新股"的计税基础确定为零；或者以被分立企业分立出去的净资产占被分立企业全部净资产的比例先调减原持有的"旧股"的计税基础，再将调减的计税基础平均分配到"新股"上。

（6）重组交易各方按上述（1）至（5）项规定对交易中股权支付暂不确认有关资产的转让所得或损失的，其非股权支付仍应在交易当期确认相应的资产转让所得或损失，并调整相应资产的计税基础。其计算公式如下：

非股权支付对应的资产转让所得或损失=（被转让资产的公允价值-被转让资产的计税基础）×（非股权支付金额÷被转让资产的公允价值）

提示 股权收购、资产收购、合并、分立相关交易的特殊性税务处理可以总结在一块并和企业重组一般性税务处理对比记忆。企业重组一般性与特殊性税务处理对比，见表1-21。

表1-21 企业重组一般性与特殊性税务处理对比

方式	支付对价方式	被收购方、被合并方、被分立方	收购方、合并方、分立方
一般性税务处理	—	确认所得和损失	以公允价值作为计税基础
特殊性税务处理	股权支付	不确认所得和损失	原有计税基础确定
	非股权支付	确认所得和损失	以公允价值作为计税基础

【例题46·计算题】甲公司持有全资子公司丙公司10 000万股股权,为了将来丙公司有更好的发展,甲公司将80%的股权让乙公司收购,使之成为乙公司的子公司。假定收购日丙公司每股资产的计税基础为8元,每股资产的公允价值为10元。在收购对价中乙公司以股权形式支付80 000万元。

要求:按特殊性税务处理方法,计算甲公司资产转让所得或损失和乙公司收到股权的计税基础。

答案↘

(1)甲公司不确认资产转让所得。

(2)甲公司取得乙公司股权的计税基础=10 000×80%×8=64 000(万元)。(注:被收购企业的股东取得收购企业股权的计税基础,以被收购股权的原有计税基础确定。)

(3)乙公司收到丙公司股权的计税基础=10 000×80%×8=64 000(万元)。(注:收购企业取得被收购企业股权的计税基础,以被收购股权的原有计税基础确定。)

【例题47·计算题】甲公司持有全资子公司丙公司10 000万股股权,为了将来丙公司有更好的发展,甲公司将80%的股权让乙公司收购,使之成为乙公司的子公司。假定收购日丙公司每股资产的计税基础为8元,每股资产的公允价值为10元。在收购对价中乙公司以股权形式支付72 000万元,以银行存款支付8 000万元。

要求:按特殊性税务处理方法,计算甲公司资产转让所得或损失和乙公司收到股权的计税基础。

答案↘

(1)甲公司取得非股权支付额对应的资产转让所得=(被转让资产的公允价值-被转让资产的计税基础)×(非股权支付金额÷被转让资产的公允价值)=(10 000×80%×10-10 000×80%×8)×[8 000÷(72 000+8 000)]=1 600(万元)。

(2)甲公司取得乙公司股权的计税基础=10 000×80%×90%×8=57 600(万元)。(注:被收购企业的股东取得收购企业股权的计税基础,以被收购股权的原有计税基础确定。)

(3)乙公司收到股权的计税基础=10 000×80%×90%×8+8 000=65 600(万元)。(注:收购企业取得被收购企业股权的计税基础,以被收购股权的原有计税基础确定,其中非股权支付的部分要调整相应资产的计税基础。)

3. 其他相关规定

(1)企业发生涉及中国境内与境外之间(包括港、澳、台地区)的股权和资产收购交易,除应符合特殊性税务处理条件外,还应符合下列条件,才可选择适用特殊性税务处理规定:

a. 非居民企业向其100%直接控股的另一非居民企业转让其拥有的居民企业股权,没有因此造成以后该项股权转让所得预提税负担变化,且转让方非居民企业向主管税务机关书面承诺在 3 年(含 3 年)内不转让其拥有受让方非居民企业的股权。(由转让方向被转让企业所在地所得税主管税务机关备案)

b. 非居民企业向与其具有 100%直接控股关系的居民企业转让其拥有的另一居民企业股权。(由受让方向其所在地所得税主管税务机关备案)

c. 居民企业以其拥有的资产或股权向其 100%直接控股的非居民企业进行投资。(资产或股权转让收益如选择特殊性税务处理,可在 10 个纳税年度内均匀计入各年度应纳税所得额)

d. 财政部、国家税务总局核准的其他情形。

(2)合并分立后的税收优惠延续问题。

合并分立后的税收优惠延续问题,见表 1-22。

表 1-22 合并分立后的税收优惠延续问题

方式	前提	政策	优惠金额(亏损计为零)
吸收合并	存续企业性质及适用优惠的条件未发生改变	继续享受合并或分立前该企业剩余期限的优惠	存续企业合并前一年的应纳税所得额
存续分立			分立前一年的应纳税所得额×(分立后存续企业资产÷分立前该企业全部资产×100%)

(3)企业在重组发生前后连续 12 个月内分步对其资产、股权进行交易,应根据实质重于形式原则将上述交易作为一项企业重组交易进行处理。

(4)同一重组业务的当事各方应采取一致税务处理原则,即统一按一般性或特殊性税务处理。

(5)当事方的其中一方在规定时间内发生生产经营业务、公司性质、资产或股权结构等情况变化,致使重组业务不再符合特殊性税务处理条件的,发生变化的当事方应在情况发生变化的 30 天内书面通知其他所有当事方。

主导方在接到通知后 30 日内将有关变化通知其主管税务机关。

(四)股权、资产划转

(1)对 100%直接控制的居民企业之间,以及受同一或相同多家居民企业 100%直接控制的居民企业之间按账面净值划转股权或资产,凡具有合理商业目的、不以减少、免除或者推迟缴纳税款为主要目的,股权或资产划转后连续 12 个月内不改变被划转股权或资产原来实质性经营活动,且划出方企业和划入方企业均未在会计上确认损益的,可以选择按以下规定进行特殊性税务处理:①划出方企业和划入方企业均不确认所得;②划入方企业取得被划转股权或资产的计税基础,以被划转股权或资产的原账面净值确定;③划入方企业取得的被划转资产,应按其原账面净值计算折旧扣除。

(2)适用上述原则限于以下情形:

◆100%直接控制的母子公司之间。

a. 母公司向子公司按账面净值划转其持有的股权或资产，母公司获得子公司100%的股权支付。

母公司向子公司划转获得股权支付，见图1-4。

```
           账面净值划转股权或资产
    母公司 ──────────────────→ 子公司
           ←──────────────────
              100%股权支付
      │                              │
      ↓                              ↓
 按增加长期股权投资处理        按接受投资（包括资
                              本公积，下同）处理
```

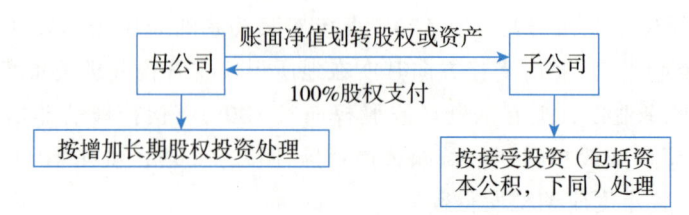

图1-4　母公司向子公司划转获得股权支付

b. 母公司向子公司按账面净值划转其持有的股权或资产，母公司没有获得任何股权或非股权支付。

母公司向子公司划转未获得股权或非股权支付，见图1-5。

```
           账面净值划转股权或资产
    母公司 ──────────────────→ 子公司
              无任何股权或非股权支付
      │                              │
      ↓                              ↓
 按冲减实收资本（包括资          按接受投资处理
 本公积，下同）处理
```

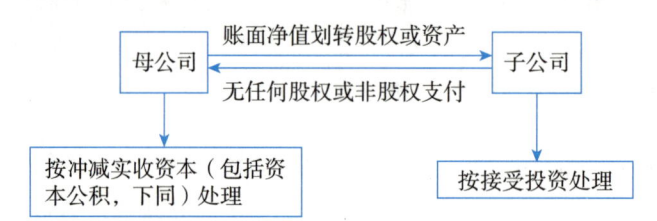

图1-5　母公司向子公司划转未获得股权或非股权支付

c. 子公司向母公司按账面净值划转其持有的股权或资产，子公司没有获得任何股权或非股权支付。

子公司向母公司划转未获得股权或非股权支付，见图1-6。

```
           账面净值划转股权或资产
    母公司 ←────────────────── 子公司
              无任何股权或非股权支付
      │                              │
      ↓                              ↓
 按收回投资处理，或按          按冲减实收资本处理
 受投资处理
```

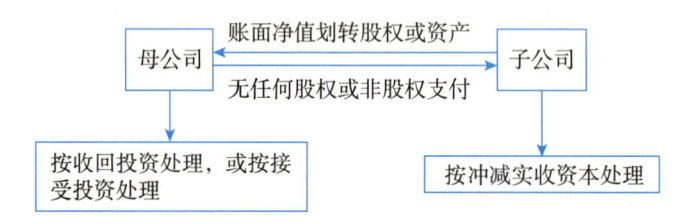

图1-6　子公司向母公司划转未获得股权或非股权支付

◆受同一或相同多家母公司100%直接控制的子公司之间划转。

受同一或相同多家母公司100%直接控制的子公司之间，在母公司主导下，一家子公司向另一家子公司按账面净值划转其持有的股权或资产，划出方没有获得任何股权或非股权支付。

子公司之间划转未获得股权或非股权支付，见图1-7。

```
          账面净值划转其持有的
              股权或资产
  子公司  ←——————————→  子公司
          无任何股权或非股权支付
     ↓                        ↓
  按冲减所有者权益处理        按接受投资处理
```

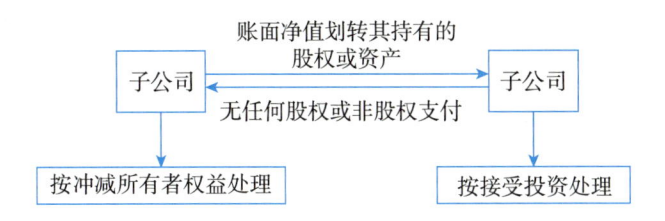

图 1-7　子公司之间划转未获得股权或非股权支付

（五）基础设施领域不动产投资信托基金（REITs）试点税收政策

（1）设立基础设施 REITs 前，原始权益人向项目公司划转基础设施资产相应取得项目公司股权，适用特殊性税务处理，即项目公司取得基础设施资产的计税基础，以基础设施资产的原计税基础确定；原始权益人取得项目公司股权的计税基础，以基础设施资产的原计税基础确定。原始权益人和项目公司不确认所得，不征收企业所得税。

（2）基础设施 REITs 设立阶段，原始权益人向基础设施 REITs 转让项目公司股权实现的资产转让评估增值，当期可暂不缴纳企业所得税，允许递延至基础设施 REITs 完成募资并支付股权转让价款后缴纳。其中，对原始权益人按照战略配售要求自持的基础设施 REITs 份额对应的资产转让评估增值，允许递延至实际转让时缴纳企业所得税。

原始权益人通过二级市场认购（增持）该基础设施 REITs 份额，按照先进先出原则认定优先处置战略配售份额。

（3）对基础设施 REITs 运营、分配等环节涉及的税收，按现行税收法律法规的规定执行。

考点十　房地产开发经营业务的所得税处理 ★★

（一）房地产开发经营业务的概念

房地产开发经营业务是指包括土地的开发，建造、销售住宅、商业用房以及其他建筑物、附着物、配套设施等开发产品的一系列经营活动。

在中国境内从事房地产开发经营业务的企业，除土地开发之外，其他开发产品符合下列条件之一的，应视为已经完工：

（1）开发产品竣工证明材料已报房地产管理部门备案。

（2）开发产品已开始投入使用。

（3）开发产品已取得了初始产权证明。

房地产开发企业建造、开发的开发产品无论工程质量是否通过验收合格，或是否办理完工（竣工）备案手续以及会计决算手续，当其开发产品开始投入使用时均应视为已经完工。

> 开发产品开始投入使用是指房地产开发企业开始办理开发产品交付手续（包括入住手续）或已开始实际投入使用。

（二）收入的税务处理

1. 开发产品销售收入

企业代有关部门、单位和企业收取的各种基金、费用和附加等，凡纳入开发产品价内或由企业开具发票的，应按规定全部确认为销售收入；未纳入开发产品价内并由企业之外的其他收取部门、单位开具发票的，可作为代收代缴款项进行管理。

2. 收入实现确认的具体规定

（1）一次性全额收款。

实际收讫价款或取得索取价款凭据（权利）之日。

（2）分期收款。

销售合同或协议约定的价款和付款日确认收入的实现。付款方提前付款的，在实际付款日确认收入的实现。

（3）银行按揭。

销售合同或协议约定的价款确定收入额，其首付款应于实际收到日确认收入的实现，余款在银行按揭贷款办理转账之日确认收入的实现。

（4）委托方式：确认时间均为收到清单时。

委托方式收入金额的确认，见表1-23。

表1-23 委托方式收入金额的确认

委托方式	合同协议签订情况	收入金额的确认
支付手续费	—	销售合同或协议中约定的价款
视同买断	企业与购买方签订销售合同或协议	销售合同或协议中约定的价格和买断价格中的较高者
	企业、受托方、购买方三方共同签订	
	受托方与购买方签订销售合同或协议	买断价格
基价（保底价）并实行超基价双方分成方式	企业与购买方签订销售合同或协议	销售合同或协议中约定的价格和基价中的较高者（支付受托方的分成额，不得直接从销售收入中减除）
	企业、受托方、购买方三方共同签订销售合同或协议	
	受托方与购买方直接签订销售合同	基价加上按规定取得的分成额
包销方式	包销期内可根据包销合同的有关约定，参照上述规定确认收入的实现；包销期满后尚未出售的开发产品，企业应根据包销合同或协议约定的价款和付款方式确认收入的实现	

3. 视同销售

企业将开发产品用于捐赠、赞助、职工福利、奖励、对外投资、分配给股东或投资人、抵偿债务、换取其他企事业单位和个人的非货币性资产等行为，应视同销售，于开发产品所有权或使用权转移，或于实际取得利益权利时确认收入（或利润）的实现。确认收入（或利润）的方法和顺序为：

（1）按本企业近期或本年度最近月份同类开发产品市场销售价格确定。

（2）由主管税务机关参照当地同类开发产品市场公允价值确定。

（3）按开发产品的成本利润率确定。开发产品的成本利润率不得低于15%，具体比例由主管税务机关确定。

4. 销售未完工开发产品所得额

企业销售未完工开发产品取得的收入，应先按预计计税毛利率分季（或月）计算出预计毛利额，计入当期应纳税所得额。

开发产品完工后，企业应及时结算其计税成本并计算此前销售收入的实际毛利额，同时将其实际毛利额与其对应的预计毛利额之间的差额，计入当年度企业本项目与其他项目合并计算的应纳税所得额。

5. 企业销售未完工开发产品的计税毛利率

（1）开发项目位于省、自治区、直辖市和计划单列市人民政府所在地城市城区和郊区的，不得低于15%。

（2）开发项目位于地级市城区及郊区的，不得低于10%。

（3）开发项目位于其他地区的，不得低于5%。

（4）属于经济适用房、限价房和危改房的，不得低于3%。

6. 未完工开发产品预租收入的确认

企业新建的开发产品在尚未完工或办理房地产初始登记、取得产权证前，与承租人签订租赁预约协议的，自开发产品交付承租人使用之日起，出租方取得的预租价款按租金确认收入的实现。

（三）成本、费用扣除的税务处理

1. 基本规定

（1）企业在进行成本、费用的核算与扣除时，必须按规定区分期间费用和开发产品计税成本、已销开发产品计税成本与未销开发产品计税成本。

（2）企业发生的期间费用、已销开发产品计税成本、税金及附加、土地增值税准予当期按规定扣除。

a. 已销开发产品的计税成本＝已实现销售的可售面积×可售面积单位工程成本

b. 可售面积单位工程成本＝成本对象总成本÷成本对象总可售面积

2. 强调事项

（1）企业对尚未出售的已完工开发产品和按照有关法律、法规或合同规定对已售开发产品(包括共用部位、共用设施设备)进行日常维护、保养、修理等实际发生的维修费用,准予在当期据实扣除。

(2)企业将已计入销售收入的共用部位、共用设施设备维修基金按规定移交给有关部门、单位的,应于移交时扣除。

(3)企业在开发区内建造的会所、物业管理场所、电站、热力站、水厂、文体场馆、幼儿园等配套设施:①属于非营利性且产权属于全体业主的,或无偿赠与地方政府、公用事业单位的,可将其视为公共配套设施,其建造费用按公共配套设施费的有关规定进行处理;②属于营利性的,或产权归企业所有的,或未明确产权归属的,或无偿赠与地方政府、公用事业单位以外其他单位的,应当单独核算其成本。除企业自用应按建造固定资产进行处理外,其他一律按建造开发产品进行处理。

(4)企业在房地产开发区内建造的邮电通讯、学校、医疗设施应单独核算成本,其中,由企业与国家有关业务管理部门、单位合资建设,完工后有偿移交的,国家有关业务管理部门、单位给予的经济补偿可直接抵扣该项目的建造成本,抵扣后的差额应调整当期应纳税所得额。

(5)企业单独建造的停车场所,应作为成本对象单独核算。利用地下基础设施形成的停车场所,作为公共配套设施进行处理。

(6)企业采取银行按揭方式销售开发产品,约定企业为购买方提供按揭贷款担保时向银行提供的保证金(担保金)不得从销售收入中减除,也不得作为费用在当期税前扣除,但实际发生损失时可据实扣除。

(7)企业委托境外机构销售开发产品的,其支付境外机构的销售费用(含佣金或手续费)不超过委托销售收入10%的部分,准予据实扣除。

(8)企业开发产品转为自用的,其实际使用时间累计未超过12个月又销售的,不得在税前扣除折旧。

(9)利息支出的处理规定:

a. 企业为建造开发产品借入资金而发生的符合税收规定的借款费用,可按企业会计准则的规定进行归集和分配,其中属于财务费用性质的借款费用,可直接在税前扣除。

b. 企业集团或其成员企业统一向金融机构借款分摊集团内部其他成员企业使用的,借入方凡能出具从金融机构取得借款的证明文件,可以在使用借款的企业间合理地分摊利息费用,使用借款的企业分摊的合理利息准予在税前扣除。

(10)企业因国家无偿收回土地使用权而形成的损失,可作为财产损失按有关规定在税前扣除。

(11)企业开发产品(以成本对象为计量单位)整体报废或毁损,其净损失按有关规定审核确认后准予在税前扣除。

(四)计税成本的核算方法

1. 计税成本对象的确定原则
(1)可否销售原则。
(2)功能区分原则。
(3)定价差异原则。
(4)成本差异原则。
(5)权益区分原则。

2. 开发产品计税成本支出的内容
(1)土地征用费及拆迁补偿费。包括契税、耕地占用税、土地使用费、土地闲置费等。
(2)前期工程费。
(3)建筑安装工程费。
(4)基础设施建设费。
(5)公共配套设施费,指开发项目内发生的、独立的、非营利性的,且产权属于全体业主的,或无偿赠与地方政府、政府公用事业单位的公共配套设施支出。
(6)开发间接费。

3. 成本计算方法
(1)企业开发、建造的开发产品应按制造成本法进行计量与核算。
(2)共同成本和不能分清负担对象的间接成本,应按受益的原则和配比的原则分配至各成本对象,具体分配方法可按以下规定选择其一:

◆占地面积法,指按已动工开发成本对象占地面积占开发用地总面积的比例进行分配。

a. 一次性开发的,按某一成本对象占地面积占全部成本对象占地总面积的比例进行分配。

b. 分期开发的,首先按本期全部成本对象占地面积占开发用地总面积的比例进行分配,然后再按某一成本对象占地面积占期内全部成本对象占地总面积的比例进行分配。

期内全部成本对象应负担的占地面积为期内开发用地占地面积减除应由各期成本对象共同负担的占地面积。

【例题48·计算题】某项目取得土地成本10 000万元,分2期开发。第1期项目占地面积2 000m^2,其中住宅占地面积1 500m^2;第2期项目占地面积3 000m^2。

要求:请按占地面积法计算第1期住宅分摊的土地成本。

答案 ↘ 第1期分摊土地成本=10 000÷(2 000+3 000)×2 000=4 000(万元)。

第1期住宅应分摊土地成本=4 000÷2 000×1 500=3 000(万元)。

◆建筑面积法，指按已动工开发成本对象建筑面积占开发用地总建筑面积的比例进行分配。

◆直接成本法，指按期内某一成本对象的直接开发成本占期内全部成本对象直接开发成本的比例进行分配。

◆预算造价法，指按期内某一成本对象预算造价占期内全部成本对象预算造价的比例进行分配。

4. 企业下列成本应按以下方法进行分配

（1）土地成本，一般按占地面积法进行分配。如果确需结合其他方法进行分配的，应商税务机关同意。

提示 土地开发同时联结房地产开发的，属于一次性取得土地分期开发房地产的情况，其土地开发成本经商税务机关同意后可先按土地整体预算成本进行分配，待土地整体开发完毕再行调整。

（2）单独作为过渡性成本对象核算的公共配套设施开发成本，应按建筑面积法进行分配。

（3）借款费用属于不同成本对象共同负担的，按直接成本法或按预算造价法进行分配。

（4）其他成本项目的分配法由本企业自行确定。

（五）非货币交易方式取得土地使用权的成本确定

非货币交易方式取得土地使用权的成本确定，见表1-24。

表1-24 非货币交易方式取得土地使用权的成本确定

方式		确认时点	确认金额
产品换地权	本土地开发的产品	接受土地使用权时暂不确认其成本，待首次分出开发产品时	分出（应付）产品的公允价值+土地使用权转移税费+应付补价－应收补价
	其他土地开发的产品	投资交易发生时	
股权换地权		投资交易发生时	该项土地使用权公允价值+土地使用权转移税费+应付补价－应收补价

（六）按预提（应付）费用确认成本

（1）出包工程未最终办理结算而未取得全额发票的，在证明资料充分的前提下，其发票不足金额可以预提，但最高不得超过合同总金额的10%。

（2）公共配套设施★尚未建造或尚未完工的，可按预算造价合理预提建造费用。

> 此类公共配套设施必须符合已在售房合同、协议或广告、模型中明确承诺建造且不可撤销，或按照法律、法规规定必须配套建造的条件。

（3）应向政府上缴但尚未上缴的报批报建费用、物业完善费用可以按规定预提。

提示 物业完善费用是指按规定应由企业承担的物业管理基金、公建维修基金或其他专项基金。

【例题 49·单选题】（2024 年）房地产开发企业的发包工程未最终办理结算而未取得全额发票的，在证明材料充分的前提下，可按发票不足金额的一定比例预提计税成本，但最高不得超过合同总金额的（　　）。

A．15%　　　B．5%　　　C．3%　　　D．10%

解析 房地产开发企业的发包工程未最终办理结算而未取得全额发票的，在证明材料充分的前提下，可按发票不足金额的一定比例预提计税成本，但最高不得超过合同总金额的 10%。

（七）特定事项的税务处理

（1）企业以本企业为主体联合其他企业、单位、个人合作或合资开发房地产项目，且该项目未成立独立法人公司的，按下列规定进行处理：**1**

a. 凡开发合同或协议中约定向投资各方分配开发产品的，企业在首次分配开发产品时，如该项目已经结算计税成本，其应分配给投资方开发产品的计税成本与其投资额之间的差额计入当期应纳税所得额；如未结算计税成本，则将投资方的投资额视同销售收入进行相关的税务处理。

b. 凡开发合同或协议中约定分配项目利润的，企业将该项目形成的营业利润额并入当期应纳税所得额统一申报缴纳企业所得税，不得在税前分配该项目利润，同时不能因接受投资方投资额而在成本中摊销或在税前扣除相关的利息支出；投资方取得该项目的营业利润应视同股息、红利进行相关税务处理。

（2）企业以换取开发产品为目的，将土地使用权投资其他企业房地产开发项目的，应在首次取得开发产品时，将其分解为转让土地使用权和购入开发产品两项经济业务进行所得税处理，并按应从该项目取得的开发产品（包括首次取得的和以后应取得的）的市场公允价值计算确认土地使用权转让所得或损失。**2**

（八）土地增值税清算涉及企业所得税退税问题处理

（1）企业按规定对开发项目进行土地增值税清算后，当年企业所得税汇算清缴出现亏损且有其他后续开发项目**3**的，该亏损应按照税法规定向以后年度结转，用以后年度所得弥补。

（2）企业按规定对开发项目进行土地增值税清算后，当年企业所得税汇算清缴出现亏损，且没有后续开发项目的，可以按照以下方法计算出该项目由于土地增值税原因导致的项目开发各年度多缴企业所得税税款，并申请

老杨 啤啵啤 1
分房同销售，已结成本算差额，未结成本算收入。分利同投资。

老杨 啤啵啤 2
投地换房视同卖地买房！

老杨 啤啵啤 3
后续开发项目，是指正在开发以及中标的项目。

答案
例题 49 | D

退税：

a. 该项目缴纳的土地增值税总额，应按照该项目开发各年度实现的项目销售收入占整个项目销售收入总额的比例，在项目开发各年度进行分摊，具体按以下公式计算。

各年度应分摊的土地增值税＝土地增值税总额×（项目年度销售收入÷整个项目销售收入总额）

公式中的销售收入包括视同销售房地产的收入，但不包括企业销售的增值额未超过扣除项目金额20%的普通标准住宅的销售收入。

b. 该项目开发各年度应分摊的土地增值税减去该年度已经在企业所得税税前扣除的土地增值税后，余额属于当年应补充扣除的土地增值税；企业应调整当年度的应纳税所得额，并按规定计算当年度应退的企业所得税税款；当年度已缴纳的企业所得税税款不足退税的，应作为亏损向以后年度结转，并调整以后年度的应纳税所得额。

c. 按照上述方法进行土地增值税分摊调整后，相应年度应纳税所得额为正数的，应按规定计算缴纳企业所得税。

d. 企业按上述方法计算的累计退税额，不得超过其在该项目开发各年度累计实际缴纳的企业所得税；超过部分作为项目清算年度产生的亏损，向以后年度结转。

【例题50·计算题】某房地产开发企业2022年1月开始开发某房地产项目，2024年10月项目全部竣工并销售完毕，12月进行土地增值税清算，整个项目共缴纳土地增值税1 100万元，其中2022—2024年预缴土地增值税分别为240万元、300万元、60万元；2024年清算后补缴土地增值税500万元。2022—2024年实现的项目销售收入分别为12 000万元、15 000万元、3 000万元，缴纳的企业所得税分别为45万元、310万元、0。该企业2024年度企业所得税汇算清缴出现亏损，应纳税所得额为－400万元。企业没有后续开发项目，拟申请退税，具体计算详见下表（单位：万元）。

项目	2022年	2023年	2024年
预缴土地增值税	240	300	60
补缴土地增值税	—	—	500
分摊土地增值税	1 100×12 000÷30 000＝440	1 100×15 000÷30 000＝550	1 100×3 000÷30 000＝110
应纳税所得额调整	240－440＝－200	300－550－20＝－270	60+500－110＝450
调整后应纳税所得额	—	—	－400+450＝50
应退企业所得税	200×25%＝50	270×25%＝67.5	—
已缴纳企业所得税	45	310	0
实退企业所得税	45	67.5	—

(续表)

项目	2022年	2023年	2024年
亏损结转(调整后)	(45−50)÷25%=−20	—	—
应补企业所得税	—	—	50×25%=12.5
累计退税额	45+67.5−12.5=100		

考点十一 减免税优惠 ★★★ 一学多考|注

企业的下列所得项目，可以免征、减征企业所得税；企业如果从事国家限制和禁止发展的项目，不得享受企业所得税优惠。

(一)从事农、林、牧、渔业项目的所得

1. 免征企业所得税

(1)蔬菜、谷物、薯类、油料、豆类、棉花、麻类、糖料、水果、坚果的种植。

(2)农作物新品种的选育。

(3)中药材的种植。

(4)林木的培育和种植。

(5)牲畜、家禽的饲养(含猪、兔的饲养及饲养牲畜、家禽产生的分泌物、排泄物)。

(6)林产品的采集。

(7)灌溉、农产品的初加工、兽医、农技推广、农机作业和维修等农、林、牧、渔服务业项目。

(8)远洋捕捞。

2. 减半征收企业所得税

(1)花卉、茶以及其他饮料作物(含观赏性作物的种植)和香料作物的种植。

(2)海水养殖、内陆养殖(含"牲畜、家禽的饲养"以外的生物养殖项目)。

3. 所得税优惠政策和征收管理规定

(1)企业从事农作物新品种选育的免税所得，是指企业对农作物进行品种和育种材料选育形成的成果，以及由这些成果形成的种子(苗)等繁殖材料的生产、初加工、销售一体化取得的所得。

(2)企业从事林木的培育和种植的免税所得，是指企业对树木、竹子的育种和育苗、抚育和管理以及规模造林活动取得的所得。

提示 包括企业通过拍卖或收购方式取得林木所有权并经过一定的生长周期，对林木进行再培育取得的所得。

(3)企业委托其他企业或个人从事规定的农、林、牧、渔业项目取得的所得，可享受相应的税收优惠政策。企业受托从事规定的农、林、牧、渔业项目取得的收入,比照委托方享受相应的税收优惠政策。

提示 企业根据委托合同,受托对符合规定的农产品进行初加工服务,其所收取的加工费,可以按照农产品初加工的免税项目处理。

(4)企业购入农产品进行再种植、养殖的税务处理:企业将购入的农、林、牧、渔产品,在自有或租用的场地进行育肥、育秧等再种植、养殖,经过一定的生长周期,使其生物形态发生变化,且并非由于本环节对农产品进行加工而明显增加了产品的使用价值的,可视为农产品的种植、养殖项目享受相应的税收优惠。

(5)企业同时从事适用不同企业所得税政策规定项目的,应分别核算,单独计算优惠项目的计税依据及优惠数额;分别核算不清的,可由主管税务机关按照比例分摊法或其他合理方法进行核定。

(6)企业购买农产品后直接进行销售的贸易活动产生的所得,不能享受农、林、牧、渔业项目的税收优惠政策。

(7)企业对外购茶叶进行筛选、分装、包装后进行销售的所得,不享受农产品初加工的优惠政策。

(二)从事国家重点扶持的公共基础设施项目投资经营的所得

(1)居民企业经有关部门批准,从事国家重点扶持的公共基础设施项目投资经营的所得,自项目取得第一笔生产经营收入所属纳税年度起,第1年至第3年免征企业所得税,第4年至第6年减半征收企业所得税。

提示

(1)国家重点扶持的公共基础设施项目,是指规定的港口码头、机场、铁路、公路、城市公共交通、电力、水利等项目。

(2)企业承包经营、承包建设和内部自建自用上述规定的项目,不得享受上述规定的企业所得税优惠。

(3)企业投资经营符合规定条件和标准的公共基础设施项目,采用一次核准、分批次(如码头、泊位、航站楼、跑道、路段、发电机组等)建设的,凡同时符合下列条件的,可按每一批次为单位计算所得,并享受企业所得税"三免三减半"优惠:①不同批次在空间上相互独立;②每一批次自身具备取得收入的功能;③以每一批次为单位进行会计核算,单独计算所得,并合理分摊期间费用。

(2)电网企业新建项目享受所得税优惠政策。

居民企业从事符合规定条件和标准的电网的新建项目,可依法享受"三免三减半"的优惠政策。

(3)对农村饮水安全工程运营管理单位从事《公共基础设施项目企业所得税优惠目录(2008年版)》规定的农村饮水安全工程新建项目投资经营的所得,自项目取得第一笔生产经营收入所属纳税年度起,第1年至第3年免征企业所得税,第4年至第6年减半征收企业所得税。

> **老杨啰啰嗦**
> 基于企业电网新建项目的核算特点,暂以资产比例法,即以企业新增输变电固定资产原值占企业总输变电固定资产原值的比例,合理计算电网新建项目的应纳税所得额,并据此享受"三免三减半"的优惠政策。

（4）第一笔生产经营收入，是指公共基础设施项目建成并投入运营（包括试运营）后所取得的第一笔主营业务收入。

（5）企业同时从事不在规定范围的生产经营项目取得的所得，应与享受优惠的公共基础设施项目经营所得分开核算，并合理分摊企业的期间共同费用。没有单独核算的，不得享受上述企业所得税优惠。

期间共同费用的合理分摊比例可以按照投资额、销售收入、资产额、人员工资等参数确定。上述比例一经确定，不得随意变更。凡特殊情况需要改变的，需报主管税务机关核准。

（6）企业在减免税期限内转让所享受减免税优惠的项目，受让方承续经营该项目的，可自受让之日起，在剩余优惠期限内享受规定的减免税优惠；减免税期限届满后转让的，受让方不得就该项目重复享受减免税优惠。

【例题51·多选题】（2022年）企业从事国家重点扶持的公共基础设施项目投资经营的所得，自项目取得第一笔经营收入所属纳税年度起，可享受第1年至第3年免征企业所得税优惠的有（   ）。

A. 公路投资　　　　　　B. 机场投资
C. 港口投资　　　　　　D. 仓储投资
E. 铁路投资

解析 税法所称国家重点扶持的公共基础设施项目，是指符合规定的港口码头、机场、铁路、公路、城市公共交通、电力、水利等项目。

（三）从事符合条件的环境保护、节能节水项目的所得

环境保护、节能节水项目的所得，自项目取得第一笔生产经营收入所属纳税年度起，第1年至第3年免征企业所得税，第4年至第6年减半征收企业所得税。（三免三减半）

提示

（1）符合条件的环境保护、节能节水项目包括公共污水和垃圾处理、沼气综合开发利用、节能减排技术改造、海水淡化等。

（2）以上规定享受减免税优惠的项目，在减免税期限内转让，受让方自受让之日起可以在剩余期限内享受规定的优惠；期满后转让的，受让方不得就该项目重复享受优惠政策。

（四）符合条件的技术转让所得

一个纳税年度内，居民企业技术转让所得不超过500万元的部分，免征企业所得税；超过500万元的部分，减半征收企业所得税。

1. 技术转让的概念

技术转让是指居民企业转让其拥有符合技术转让范围规定技术的所有权或5年以上（含5年）全球独占及非独占许可使用权的行为。

答案
例题51 | ABCE

2. 技术转让范围

技术转让的范围包括居民企业转让专利技术、计算机软件著作权、集成电路布图设计权、植物新品种、生物医药新品种、5年(含)以上非独占许可使用权,以及财政部和国家税务总局确定的其他技术。

提示 专利技术,是指法律授予独占权的发明、实用新型和非简单改变产品图案的外观设计。

3. 享受优惠的技术转让应符合的条件

(1)享受优惠的技术转让主体是企业所得税法规定的居民企业。
(2)技术转让属于财政部、国家税务总局规定的范围。
(3)境内技术转让经省级以上科技部门认定。
(4)向境外转让技术经省级以上商务部门认定。
(5)国务院税务主管部门规定的其他条件。

4. 不享受优惠政策的情形

(1)居民企业取得禁止出口和限制出口技术转让所得。
(2)居民企业从直接或间接持有股权之和达到100%的关联方取得的技术转让所得。
(3)要求单独计算技术转让所得,并合理分摊企业的期间费用;没有单独计算的,不得享受优惠。

5. 技术转让所得计算方法

技术转让所得=技术转让收入-技术转让成本-相关税费

符合条件的5年以上非独占许可使用权技术转让所得应按以下方法计算:

技术转让所得=技术转让收入-无形资产摊销费用-相关税费-应分摊期间费用

提示

(1)技术转让收入:当事人(转让方)履行技术转让合同后获得的价款,不包括销售或转让设备、仪器、零部件、原材料等非技术性收入。

(2)不属于与技术转让项目密不可分的技术咨询、技术服务、技术培训等收入,不得计入技术转让收入。

可以计入技术转让收入的技术咨询、技术服务、技术培训收入是指转让方为使受让方掌握所转让的技术投入使用、实现产业化而提供的必要的技术咨询、技术服务和技术培训所产生的收入,并应同时符合以下条件:①在技术转让合同中约定的与该技术转让相关的技术咨询、技术服务、技术培训;②技术咨询、技术服务、技术培训收入与该技术转让项目收入一并收取价款。

(3)技术转让成本(即无形资产的净值)=无形资产的计税基础-摊销扣除额。

(4)相关税费:包括除企业所得税和允许抵扣的增值税以外的各项税金及其附加、合同签订费用、律师费等相关费用及其他支出。

(5)无形资产摊销费用是指该无形资产按税法规定当年计算摊销的费用。

涉及自用和对外许可使用的，应按照受益原则合理划分。

（6）应分摊期间费用（不含无形资产摊销费用和相关税费）是指技术转让按照当年销售收入占比分摊的期间费用。

（五）铁路债券利息收入

对企业投资者持有 2023—2027 年发行的铁路债券取得的利息收入，减半征收企业所得税。

提示 铁路债券是指以中国国家铁路集团有限公司为发行和偿还主体的债券，包括中国铁路建设债券、中期票据、短期融资券等债务融资工具。

（六）内地与香港基金互认有关税收政策

对内地企业投资者通过基金互认买卖香港基金份额取得的转让差价所得，计入其收入总额，依法征收企业所得税。

对内地企业投资者通过基金互认从香港基金分配取得的收益，计入其收入总额，依法征收企业所得税。

交易型开放式基金（ETF）纳入内地与香港股票市场交易互联互通机制后，适用现行内地与香港基金互认有关税收政策。

（七）经营性文化事业单位转制为企业有关税收政策

（1）2027 年 12 月 31 日前，经营性文化事业单位转制为企业，自转制注册之日起 5 年内免征企业所得税。在 2027 年 12 月 31 日享受税收政策不满 5 年的，可继续享受至 5 年期满为止。

（2）经营性文化事业单位于 2022 年 12 月 31 日前转制为企业的，自转制注册之日起至 2027 年 12 月 31 日免征企业所得税。

（3）所称经营性文化事业单位，是指从事新闻出版、广播影视和文化艺术的事业单位。转制包括整体转制和剥离转制。

（八）重点群体创业就业有关税收政策

企业 2023—2027 年招用脱贫人口（含防止返贫监测对象），2019—2022 年招用建档立卡贫困人口，以及在人力资源和社会保障部门公共就业服务机构登记失业半年以上且持《就业创业证》或《就业失业登记证》（注明"企业吸纳税收政策"）的人员，与其签订 1 年以上期限劳动合同并依法缴纳社会保险费的，自签订劳动合同并缴纳社会保险当月起，在 3 年（36 个月）内按实际招用人数予以定额依次扣减增值税、城市维护建设税、教育费附加、地方教育附加和企业所得税优惠。

定额标准为每人每年 6 000 元，最高可上浮 30%（各省、自治区、直辖市人民政府确定），当年扣减不完的，不得结转下年使用。

(九)高新技术企业等低税率优惠

1. 国家需要重点扶持的高新技术企业

国家需要重点扶持的高新技术企业,减按15%的税率征收企业所得税。

提示

(1)高新技术企业:在国家重点支持的高新技术领域内,持续进行研究开发与技术成果转化,形成企业核心自主知识产权,并以此为基础开展经营活动,在中国境内(不包括港、澳、台地区)注册的居民企业。

(2)企业获得高新技术企业资格后,自高新技术企业证书颁发之日所在年度起享受税收优惠。

(3)科技部、财政部、国家税务总局负责全国高新技术企业认定工作的指导、管理和监督。负责将认定后的高新技术企业按要求报领导小组办公室备案,对通过备案的企业颁发高新技术企业证书。通过认定的高新技术企业,其资格自颁发证书之日起有效期为3年。

(1)认定为高新技术企业须同时满足的条件。

◆企业申请认定时须注册成立一年以上。(满1年)

◆企业通过自主研发、受让、受赠、并购等方式,获得对其主要产品(服务)在技术上发挥核心支持作用的知识产权的所有权。(自主研发、受让、受赠、并购)

◆对企业主要产品(服务)发挥核心支持作用的技术属于规定的范围。

◆企业从事研发和相关技术创新活动的科技人员占企业当年职工总数的比例不低于10%。(10%)

◆企业近3个会计年度(实际经营期不满3年的按实际经营时间计算)的研究开发费用总额占同期销售收入总额的比例符合如下要求:

a. 最近一年销售收入小于5 000万元(含)的企业,比例不低于5%。

b. 最近一年销售收入在5 000万元至2亿元(含)的企业,比例不低于4%。

c. 最近一年销售收入在2亿元以上的企业,比例不低于3%。

其中,在中国境内发生的研究开发费用总额占全部研究开发费用总额的比例不低于60%。

◆近一年高新技术产品(服务)收入占企业同期总收入的比例不低于60%。

◆企业创新能力评价应达到相应要求。

◆企业申请认定前一年内未发生重大安全、重大质量事故或严重环境违法行为。

(2)高新技术企业认定程序。

a. 企业申请:在"高新技术企业认定管理工作网"注册登记,提交认定申请材料(略)。

b. 专家评审。

c. 审查认定。企业获得高新技术企业资格后，应每年5月底前在"高新技术企业认定管理工作网"填报上一年度知识产权、科技人员、研发费用、经营收入等年度发展情况报表。

（3）监督管理。

◆高新技术企业发生更名或与认定条件有关的重大变化（如分立、合并、重组以及经营业务发生变化等）应在 3个月内 向认定机构报告。经认定机构审核符合认定条件的，其高新技术企业资格不变，对于企业更名的，重新核发认定证书，编号与有效期不变；不符合认定条件的，自更名或条件变化年度起取消其高新技术企业资格。

◆跨认定机构管理区域整体迁移的高新技术企业，在其高新技术企业资格有效期内完成迁移的，其资格继续有效；跨认定机构管理区域部分搬迁的，由迁入地认定机构按规定重新认定。

◆已认定的高新技术企业有下列行为之一的，由认定机构取消其高新技术企业资格：

a. 在申请认定过程中存在严重弄虚作假行为的。

b. 发生重大安全、重大质量事故或有严重环境违法行为的。

c. 未按期报告与认定条件有关重大变化情况或累计2年未填报年度发展情况报表的。

（4）已获得高新技术企业资格的企业后续管理及重新认定前的税收问题。

a. 企业获得高新技术企业资格后，自高新技术企业证书注明的发证时间所在年度起申报享受税收优惠，并按规定向主管税务机关办理备案手续。

b. 企业的高新技术企业资格期满当年，在通过重新认定前，其企业所得税暂按15%的税率预缴，在年底前仍未取得高新技术企业资格的，应按规定补缴相应期间的税款。

c. 对取得高新技术企业资格且享受税收优惠的高新技术企业，税务部门如在日常管理过程中发现其在高新技术企业认定过程中或享受优惠期间不符合规定的认定条件的，应提请认定机构复核。复核后确认不符合认定条件的，由认定机构取消其高新技术企业资格，并通知税务机关追缴其证书有效期内自不符合认定条件年度起已享受的税收优惠。

> 对被取消高新技术企业资格的企业，由认定机构通知税务机关按规定追缴其自发生上述行为之日所属年度起已享受的高新技术企业税收优惠。

【例题52·单选题】（2021年）下列说法，符合高新技术企业所得税涉税后续管理规定的是（　　）。

A. 企业的高新技术企业资格期满当年应按25%的税率预缴企业所得税
B. 企业自获得高新技术企业资格后应按规定向主管税务机关办理备案手续
C. 企业自获得高新技术企业资格次月起开始享受企业所得税优惠政策
D. 企业因重大安全事故被取消高新技术企业资格的，应追缴已享受的全部税收优惠

答案
例题52｜B

解析 选项 A，企业的高新技术企业资格期满当年，在通过重新认定前，其企业所得税暂按 15% 的税率预缴。选项 C，企业获得高新技术企业资格后，自高新技术企业证书颁发之日所在年度起享受税收优惠。选项 D，企业因重大安全事故被取消高新技术企业资格的，追缴其自发生规定行为之日所属年度起已享受的高新技术企业税收优惠。

2. 技术先进型服务企业所得税优惠

（1）自 2017 年 1 月 1 日起，对经认定的技术先进型服务企业，减按 15% 的税率征收企业所得税。

（2）自 2018 年 1 月 1 日起，对经认定的技术先进型服务企业（服务贸易类），减按 15% 的税率征收企业所得税。

提示 享受企业所得税优惠政策的技术先进型服务企业（含服务贸易类）必须同时符合以下条件：①在中国境内（不包括港、澳、台地区）注册的法人企业；②从事规定的一种或多种技术先进型服务业务，采用先进技术或具备较强的研发能力；③具有大专以上学历的员工占企业职工总数的 50% 以上；④从事规定的技术先进型服务业务取得的收入占企业当年总收入的 50% 以上；⑤从事离岸服务外包业务取得的收入不低于企业当年总收入的 35%。

（十）小型微利企业优惠

1. 优惠条件

按照现行税收政策，从事国家非限制和禁止行业，且同时符合年度应纳税所得额不超过 300 万元、从业人数不超过 300 人、资产总额不超过 5 000 万元三个条件的企业。

2. 优惠政策

自 2023 年 1 月 1 日至 2027 年 12 月 31 日，对小型微利企业减按 25% 计入应纳税所得额，减按 20% 的税率缴纳企业所得税。

【例题 53·计算题】假设某企业 2024 年度的应纳税所得额是 280 万元。

要求：计算在享受小型微利企业所得税优惠政策后，当年需缴纳的企业所得税。

答案 应缴纳的企业所得税 = 280×25%×20% = 14（万元）。

3. 其他相关事项

（1）从业人数，包括与企业建立劳动关系的职工人数和企业接受的劳务派遣用工人数。从业人数应当按照企业全年的季度平均额确定。计算公式如下：

季度平均值 =（季初值+季末值）÷2

全年季度平均值 = 全年各季度平均值之和÷4

年度中间开业或终止经营活动的，以其实际经营期作为一个纳税年度确定上述相关指标。

(2)资产总额,即企业拥有或控制的全部资产,在企业资产负债表的资产总计项显示。计算公式如下:

季度平均值=(季初值+季末值)÷2

全年季度平均值=全年各季度平均值之和÷4

年度中间开业或终止经营活动的,以其实际经营期作为一个纳税年度确定上述相关指标。

4. 征收管理

(1)小型微利企业,无论采取查账征收还是核定征收方式均可享受小型微利企业所得税优惠政策。

(2)小型微利企业优惠政策只适用于全部生产经营活动产生的所得均负有我国企业所得税纳税义务的企业。仅就来源于我国所得负有我国纳税义务的非居民企业,不适用上述规定。

(3)自2020年1月1日起,跨境电子商务综合试验区内实行核定征收的跨境电商企业符合小型微利企业优惠政策条件的,可享受小型微利企业所得税优惠政策。

(4)企业设立不具有法人资格分支机构的,应当汇总计算总机构及其各分支机构的从业人数、资产总额、年度应纳税所得额,依据合计数判断是否符合小型微利企业条件。

(5)企业预缴企业所得税时已享受小型微利企业所得税减免政策,汇算清缴企业所得税时不符合规定的,应当按照规定补缴企业所得税税款。

(6)小型微利企业所得税统一实行按季度预缴。

(7)小型微利企业预缴企业所得税时,从业人数、资产总额、年度应纳税所得额指标,暂按当年度截至本期预缴申报所属期末的情况进行判断。

(8)小型微利企业应准确填报基础信息,包括从业人数、资产总额、年度应纳税所得额、国家限制或禁止行业等,信息系统将为小型微利企业智能预填优惠项目、自动计算减免税额。

【例题54·计算题】甲公司从事国家非限制和禁止的行业,2024年第一季度期初从业人数为150人,期末从业人数为170人。

要求:该企业按季度预缴企业所得税,请计算确定2024年第一季度是否满足小型微利企业从业人数的条件。

答案 ↳ 第一季度从业人数平均值=(150+170)÷2=160(人),不超过300人,第一季度满足条件。

【例题55·单选题】(2024年)某企业2023年应纳税所得额为-40万元,2024年未弥补以前年度亏损的应纳税所得额为320万元,该企业的从业人数与资产总额指标均符合小型微利企业所得税优惠标准,2024年该企业应缴纳的企业所得税为( )万元。

A. 70　　　　B. 80　　　　C. 14　　　　D. 16

答案 ↳
例题55 | C

解析 2024年该企业应缴纳的企业所得税=(320-40)×25%×20%=14(万元)。

(十一)加计扣除优惠

1. 基本规定

(1)一般企业研究开发费用：自2023年1月1日起，适用研发费用加计扣除的企业开展研发活动中实际发生的研发费用，未形成无形资产计入当期损益的，在按规定据实扣除的基础上，再按照实际发生额的100%在税前加计扣除；形成无形资产的，按照无形资产成本的200%在税前摊销。

【例题56·计算题】 某电器生产企业为增值税一般纳税人，2024年度会计自行核算的管理费用为6 000万元，其中含新产品研究开发费用2 000万元。

要求：计算新产品研究开发费用应调整的应纳税所得额。

答案 新产品研究开发费用2 000万元可以加计扣除100%，应调减应纳税所得额=2 000×100%=2 000(万元)。

(2)集成电路企业和工业母机企业开展研发活动中实际发生的研发费用，未形成无形资产计入当期损益的，在按规定据实扣除的基础上，在2023年1月1日至2027年12月31日期间，再按照实际发生额的120%在税前扣除；形成无形资产的，在上述期间按照无形资产成本的220%在税前摊销。

集成电路企业是指国家鼓励的集成电路生产、设计、装备、材料、封装、测试企业。

工业母机企业是指生产销售符合《先进工业母机产品基本标准》产品的企业。

提示

(1)研发费用加计扣除适用于会计核算健全、实行查账征收并能够准确归集研发费用的居民企业。

(2)企业为获得创新性、创意性、突破性的产品进行创意设计活动而发生的相关费用，可按照规定进行税前加计扣除。

创意设计活动是指多媒体软件、动漫游戏软件开发，数字动漫、游戏设计制作；房屋建筑工程设计(绿色建筑评价标准为三星)、风景园林工程专项设计；工业设计、多媒体设计、动漫及衍生产品设计、模型设计；等等。

(3)安置残疾人员所支付的工资：支付给残疾职工工资据实扣除的基础上，按照支付给残疾职工工资的100%加计扣除。

(4)支持基础研究：自2022年1月1日起，企业出资给非营利性科学技术研究开发机构(科学技术研究开发机构以下简称科研机构)、高等学校和政府性自然科学基金用于基础研究的支出，在计算应纳税所得额时可按实际发生额在税前扣除，并可按100%在税前加计扣除。

提示

(1) 对非营利性科研机构、高等学校接收企业、个人和其他组织机构基础研究资金收入，免征企业所得税。

(2) 非营利性科研机构、高等学校包括国家设立的科研机构和高等学校、民办非营利性科研机构和高等学校。

(3) 基础研究不包括在境外开展的研究，也不包括社会科学、艺术或人文学方面的研究。

2. 企业享受安置残疾职工工资加计扣除应同时具备的条件

(1) 依法与安置的每位残疾人签订了1年以上（含1年）的劳动合同或服务协议，并且安置的每位残疾人在企业实际上岗工作。

(2) 为安置的每位残疾人按月足额缴纳了符合规定的基本养老保险、基本医疗保险、失业保险和工伤保险等社会保险。（仅指"职工基本养老保险和基本医疗保险"，不含"城镇居民养老保险和医疗保险""农村养老保险和合作医疗"）

(3) 定期通过银行等金融机构向安置的每位残疾人实际支付了不低于企业所在区、县适用的经省级人民政府批准的最低工资标准的工资。

(4) 具备安置残疾人上岗工作的基本设施。

3. 企业研究开发费用的具体规定

(1) 研发费用的具体范围。

a. 人员人工费用：包括直接从事研发活动人员的工资、薪金，基本养老保险费，基本医疗保险费，失业保险费，工伤保险费，生育保险费，住房公积金，以及外聘研发人员的劳务费用。

b. 直接投入费用：包括研发活动直接消耗的材料、燃料和动力费用；用于中间试验和产品试制的模具、工艺装备开发及制造费，不构成固定资产的样品、样机及一般测试手段购置费，试制产品的检验费；用于研发活动的仪器、设备的运行维护、调整、检验、维修等费用，以及通过经营租赁方式租入的用于研发活动的仪器、设备租赁费。

c. 折旧费用：包括用于研发活动的仪器、设备的折旧费。

d. 无形资产摊销：包括用于研发活动的软件、专利权、非专利技术（包括许可证、专有技术、设计和计算方法等）的摊销费用。

e. 新产品设计费、新工艺规程制定费、新药研制的临床试验费、勘探开发技术的现场试验费。（"三新一勘"）

f. 其他相关费用：包括与研发活动直接相关的其他费用，如技术图书资料费、资料翻译费、专家咨询费、高新科技研发保险费，研发成果的检索、分析、评议、论证、鉴定、评审、评估、验收费用，知识产权的申请费、注册费、代理费、差旅费、会议费、职工福利费、补充养老保险费和补充医疗保险费等。

提示

(1) 不包括工会经费、职工教育经费、业务招待费、通讯费等。

(2)此项费用总额不得超过可加计扣除研发费用总额的10%。

(3)企业在一个纳税年度内同时开展多项研发活动的,统一计算全部研发项目"其他相关费用"限额。(2021年开始)

全部研发项目其他相关费用限额=全部研发项目的人员人工等五项费用之和÷(1-10%)×10%

【例题57·计算题】某企业A项目发生的研发费用明细:人员人工费用44万元,直接投入费用33万元;折旧费用和无形资产摊销11万元,新产品设计费2万元,其他相关费用15万元。该企业研发费用加计扣除比例为100%。

要求:计算企业可加计扣除的研发费用总额。

答案▶ 其他相关费用限额=(44+33+11+2)÷(1-10%)×10%=10(万元)。

A项目限额调整后其他相关费用:实际金额15万元和限额10万元,孰低原则,允许加计扣除的其他相关费用为10万元。

A项目可加计扣除研发费用总额=(44+33+11+2+10)×100%=100(万元)。

【例题58·计算题】某企业2024年进行了两项研发活动A和B,A项目共发生研发费用90万元,其中与研发活动直接相关的其他相关费用10万元;B项目共发生研发费用100万元,其中与研发活动直接相关的其他相关费用12万元,假设研发活动均符合加计扣除相关规定。

要求:计算该企业研发费用中允许加计扣除的其他相关费用的金额。

答案▶ 两个项目其他相关费用限额=[(90-10)+(100-12)]÷(1-10%)×10%=18.67(万元)。

两个研发项目的其他相关费用=10+12=22(万元),可以加计扣除的其他相关费用为18.67万元和22万元孰小的金额,即18.67万元。

(2)企业委托境内外部机构或个人进行研发活动所发生的费用,按照费用实际发生额的80%计入委托方研发费用并计算加计扣除,受托方不得再进行加计扣除。委托外部研究开发费用实际发生额应按照独立交易原则确定。

(3)企业委托境外进行研发活动所发生的费用,按照费用实际发生额的80%计入委托方的委托境外研发费用。委托境外研发费用不超过境内符合条件的研发费用2/3的部分,可以按规定在企业所得税税前加计扣除。

提示

(1)委托境外进行研发活动不包括委托境外个人进行的研发活动。

(2)境内符合条件的研发费用中有委托境内机构或个人的研发费时,要按照费用实际发生额的80%计入。

境内符合条件的研发费用=境内研发费用+委托境内机构或个人进行研发活动所发生的费用×80%

> **得分高手**（2021年单选、计算；2022年多选；2023年单选）
>
> 研发费用加计扣除为高频考点，可以通过文字性选择题（主要涉及研发费用具体范围以及加计扣除的规定）、计算性题目进行考查。要掌握加计扣除的具体比例以及委托研发相关的规定。委外研发的应试流程如下：
>
> （1）第1步A——支付的境外委托研发费用×80%。
>
> （2）第2步B——符合条件境内研发费用×2/3。
>
> （3）第3步C——比较确定加计扣除额，A和B孰低的金额×加计扣除比例。

【例题59·计算题】某制造业企业2024年发生委托境外研发费用80万元，当年境内符合条件的研发费用为120万元。

要求：计算该企业委托境外研发费用加计扣除的金额。

答案 第1步A：80×80%=64（万元）。

第2步B：120×2/3=80（万元）。

第3步C：委托境外研发费用加计扣除的金额=64×100%=64（万元）。

提示 考题中的处理：本年研发费用加计扣除总额=[自主研发（其他相关费用经限额调整）+委托境内机构和个人的研发费×80%+允许加计扣除的委托境外机构研发发生的费用（"三步法"，孰低）]×加计扣除比例（纳税调减）

【例题60·单选题】（2023年）某小型微利企业，2024年委托境内外部机构研发费用为200万元，委托境外机构研发费用为100万元，委托境外个人研发费用为50万元，可以加计扣除合计数为（　　）万元。

A. 200　　　B. 240　　　C. 280　　　D. 300

解析 委托境外个人研发费用不享受加计扣除。委托境外机构研发费用实际发生额的80%=100×80%=80（万元）；境内符合条件的研发费用2/3的部分=200×80%×2/3=106.67（万元），按照孰小原则，委托境外机构加计扣除基数为80万元。可以加计扣除金额=200×80%×100%+80×100%=240（万元）。

（4）特别事项的处理。

◆委托方与受托方存在关联关系的，受托方应当向委托方提供研发项目费用支出明细情况。

◆合作研发：企业共同合作开发的项目，由合作各方就自身实际承担的研发费用**分别**计算加计扣除。

◆集中研发：企业集团根据实际情况，需要集中研发的项目，其实际发生的研发费用，可以按照权利和义务相一致、费用支出和收益分享相配比的原则，合理确定研发费用的分摊方法，在受益成员企业间进行分摊，由相关成员企业**分别**计算加计扣除。

◆企业应按照国家财务会计制度要求，对研发支出进行会计处理；同时，

答案
例题60 | B

对享受加计扣除的研发费用按研发项目设置辅助账，准确归集核算当年可加计扣除的各项研发费用实际发生额。

提示

(1)企业在一个纳税年度内进行多项研发活动的，应按照不同研发项目分别归集可加计扣除的研发费用。

(2)企业应对研发费用和生产经营费用分别核算，准确、合理归集各项费用支出，对划分不清的，不得实行加计扣除。

◆企业研发费用各项目的实际发生额归集不准确、汇总额计算不准确的，税务机关有权对其税前扣除额或加计扣除额进行合理调整。

◆企业符合规定的研发费用加计扣除条件而未及时享受该项税收优惠的，可以追溯享受并履行备案手续，追溯期限最长为3年。

◆企业取得作为不征税收入处理的财政性资金用于研发活动所形成的费用或无形资产，不得计算加计扣除或摊销。

◆法律、行政法规和国务院财税主管部门规定不允许企业所得税税前扣除的费用和支出项目不得计算加计扣除。

◆涉及委托、合作研究开发的合同需经科技主管部门登记，该资料需要留存备查。其中，发生委托境内研发活动的，由受托方到科技部门进行登记；委托境外进行研发活动应签订技术开发合同，并由委托方到科技行政主管部门进行登记。

(5)工业母机企业享受研发费用加计扣除政策的清单管理。**新增**

◆适用加计扣除的工业母机企业需同时符合以下条件：

a. 生产销售先进工业母机主机、关键功能部件、数控系统的工业母机企业。

b. 2024年度申请优惠政策的企业具有劳动合同关系或劳务派遣、聘用关系的先进工业母机产品研究开发人员月平均人数占企业月平均职工总数的比例不低于15%。

c. 2024年度申请优惠政策的企业研究开发费用总额占企业销售(营业)收入(主营业务收入与其他业务收入之和，下同)总额的比例不低于5%。

d. 2024年度申请优惠政策的企业生产销售规定的先进工业母机产品收入占企业销售(营业)收入总额的比例不低于60%，且企业收入总额不低于3 000万元(含)。

◆列入清单的企业在下一年度企业所得税预缴申报时，可自行判断是否符合条件，如符合条件，在预缴申报时可先行享受优惠；年度汇算清缴时，如未被列入2025年度清单，按规定补缴税款，依法不加收滞纳金。

【例题61·单选题】(2024年)下列关于企业所得税研发费用加计扣除的表述中，不符合税法规定的是(　　)。

A. 租赁和商务服务业不适用税前加计扣除政策

第一章 | 企业所得税

B. 企业委托境外进行研发活动所发生的费用，按照费用实际发生额的80%计入委托方的委托境外研发费用并计算加计扣除

C. 企业产品(服务)的常规性升级不适用税前加计扣除政策

D. 集成电路企业未形成无形资产计入当期损益的，在按规定据实扣除的基础上，再按照实际发生额的120%在税前扣除

解析 选项B，企业委托境外进行研发活动所发生的费用，按照费用实际发生额的80%计入委托方的委托境外研发费用。委托境外研发费用不超过境内符合条件的研发费用2/3的部分，可以按规定在企业所得税税前加计扣除。

【例题62·单选题】(2024年)企业研发费用符合加计扣除规定条件而未及时享受该项税收优惠的，可以追溯享受并履行备案手续的最长期限是( )。

A. 8年　　　B. 5年　　　C. 1年　　　D. 3年

解析 企业符合规定的研发费用加计扣除条件而未及时享受该项税收优惠的，可以追溯享受并履行备案手续，追溯期限最长为3年。

(十二)创业投资企业税收优惠

(1)创业投资企业采取股权投资方式投资于未上市的中小高新技术企业2年(24个月，下同)以上的，可按其投资额的70%在股权持有满2年的当年抵扣该创业投资企业的应纳税所得额；当年不足抵扣的，可在以后纳税年度结转抵扣。

提示

(1)创业投资企业是指依法在中国境内设立的专门从事创业投资活动的企业或其他经济组织。

(2)中小企业接受创业投资之后，经认定符合高新技术企业标准的，应自其被认定为高新技术企业年度起计算创业投资企业的投资期限。该期限内中小企业接受创业投资后，企业规模超过中小企业标准，但仍符合高新技术企业标准的，不影响创业投资企业享受优惠。

(2)公司制创业投资企业采取股权投资方式直接投资于符合条件的种子期、初创期科技型企业满2年的，可按其投资额的70%在股权持有满2年的当年抵扣该公司制创业投资企业的应纳税所得额，当年不足抵扣的，可以在以后纳税年度结转抵扣。

(3)有限合伙制创业投资企业采取股权投资方式直接投资于符合条件的种子期、初创期科技型企业满2年的，法人合伙人可按其投资额的70%抵扣该法人合伙人从该合伙创业投资企业分得的所得；当年不足抵扣的，可以在以后纳税年度结转抵扣。

(4)有限合伙制创业投资企业采取股权投资方式投资于未上市的中小高新技术企业满2年的，法人合伙人可按其投资额的70%抵扣该法人合伙人从该投资企业分得的应纳税所得额，当年不足抵扣的，可以在以后纳税年度结

答案
例题61 | B
例题62 | D

转抵扣。

> **提示**
> (1)种子期、初创期科技型企业(简称初创科技型企业),应同时符合以下条件:
> a. 在中国境内(不包括港、澳、台地区)注册成立、实行查账征收的居民企业。
> b. 接受投资时设立时间不超过5年(60个月)。
> c. 接受投资时以及接受投资后2年内未在境内外证券交易所上市。
> d. 接受投资时,从业人数不超过300人,其中具有大学本科以上学历的从业人数不低于30%。资产总额 和年销售收入均不超过5 000万元。
> e. 接受投资当年及下一纳税年度,研发费用总额占成本费用支出的比例不低于20%。
> (2)享受税收政策的投资,仅限于通过向被投资初创科技型企业直接支付现金方式取得的股权投资,不包括受让其他股东的存量股权。投资额按实缴投资额确定。

> *老杨唠啦唠*
> 从业人数和资产总额指标,按照企业接受投资前连续12个月的平均数计算。小型微利企业按季度平均额确定。

(十三)加速折旧优惠

1. 一般性加速折旧

企业的固定资产由于技术进步等原因,确需加速折旧的,可以缩短折旧年限或者采取加速折旧的方法。可以采取缩短折旧年限或者采取加速折旧的方法的固定资产,包括:

(1)由于技术进步,产品更新换代较快的固定资产。
(2)常年处于强震动、高腐蚀状态的固定资产。

a. 采取缩短折旧年限方法的,最低折旧年限不得低于规定折旧年限的60%。
b. 采取加速折旧方法的,可以采用双倍余额递减法或者年数总和法。加速折旧方法一经确定,一般不得变更。

2. 特殊性加速折旧

(1)一次性税前扣除政策:

企业在2018年1月1日至2027年12月31日期间新购进的设备、器具,单位价值不超过500万元的,允许一次性计入当期成本费用在计算应纳税所得额时扣除,不再分年度计算折旧。

a. 所称设备、器具,是指除房屋、建筑物以外的固定资产(以下简称固定资产)。
b. 所谓购进,包括以货币形式购进或自行建造,其中以货币形式购进的固定资产包括购进的使用过的固定资产;以货币形式购进的固定资产,以购买价款和支付的相关税费以及直接归属于使该资产达到预定用途发生的其他支出确定单位价值,自行建造的固定资产,以竣工结算前发生的支出确定单位价值。
c. 固定资产购进时点确认时间,见表1-25。

表 1-25　固定资产购进时点确认时间

购入方式	确认时间
货币形式购进的(除分期付款或赊销方式购进外)	发票开具时间确认
分期付款或赊销方式购进的	到货时间确认
自行建造的	竣工结算时间确认

d. 固定资产在投入使用月份的次月所属年度一次性税前扣除。

e. 企业选择享受一次性税前扣除政策的，其资产的税务处理可与会计处理不一致。

f. 企业根据自身生产经营核算需要，可自行选择享受一次性税前扣除政策。未选择享受一次性税前扣除政策的，以后年度不得再变更。

（2）所有行业企业持有的单位价值不超过 5 000 元的固定资产，允许一次性计入当期成本费用在计算应纳税所得额时扣除，不再分年度计算折旧。

（十四）减计收入优惠

（1）综合利用资源减按 90% 计入收入总额。

提示 综合利用资源是指企业以规定的资源作为主要原材料，生产国家非限制和禁止并符合国家和行业相关标准的产品取得的收入。

（2）自 2019 年 6 月 1 日至 2025 年 12 月 31 日，提供社区养老、托育、家政服务取得的收入，在计算应纳税所得额时，减按 90% 计入收入总额。

（3）对经省级地方金融监督管理部门批准成立的小额贷款公司取得的农户小额贷款利息收入，在计算应纳税所得额时，按 90% 计入收入总额。（执行至 2027 年 12 月 31 日）

（4）对金融机构农户小额贷款的利息收入，在计算应纳税所得额时，按 90% 计入收入总额。（执行至 2027 年 12 月 31 日）

（5）对保险公司为种植业、养殖业提供保险业务取得的保费收入，在计算应纳税所得额时，按 90% 计入收入总额。（执行至 2027 年 12 月 31 日）

【例题 63·多选题】（2023 年）依据企业所得税相关规定，下列收入免征企业所得税的有（　　）。

　A．非营利性科研机构接收个人的基础研究资金收入
　B．企业取得的地方政府债券利息收入
　C．非营利组织免税收入孳生的银行存款利息收入
　D．居民企业借款给其他居民企业取得的利息收入
　E．保险公司为种植业提供保险业务取得的保费收入

解析 选项 D，应按照规定计算缴纳企业所得税。选项 E，2027 年 12 月 31 日前，对保险公司为种植业、养殖业提供保险业务取得的保费收入，在计算应纳税所得额时，按 90% 计入收入总额。

例题 63 | ABC

(十五)境内税额抵免优惠 新增

(1)企业购置并实际使用规定的环境保护、节能节水、安全生产等专用设备的,该专用设备的投资额的 10%可以从企业当年的应纳税额中抵免;当年不足抵免的,可以在以后 5 个纳税年度结转抵免。

提示

(1)企业购置上述专用设备在 5 年内转让、出租的,应当停止享受企业所得税优惠,并补缴已经抵免的企业所得税税款。转让的受让方可以按照该专用设备投资额的 10%抵免当年企业所得税应纳税额;当年应纳税额不足抵免的,可以在以后 5 个纳税年度结转抵免。

(2)专用设备投资额,是指购买专用设备发票价税合计价格,但不包括按有关规定退还的增值税税款以及设备运输、安装和调试等费用。如增值税进项税额允许抵扣,其专用设备投资额不再包括增值税进项税额;如增值税进项税额不允许抵扣,其专用设备投资额应为增值税专用发票上注明的价税合计金额。

(3)当年应纳税额,是指企业当年的应纳税所得额乘以适用税率,扣除依照企业所得税法和国务院有关税收优惠规定以及税收过渡优惠规定减征、免征税额后的余额。

(4)企业利用自筹资金和银行贷款购置专用设备的投资额,可以按企业所得税法的规定抵免企业应纳所得税税额;企业利用财政拨款购置专用设备的投资额,不得抵免企业应纳所得税税额。

(2)企业在 2024 年 1 月 1 日至 2027 年 12 月 31 日期间发生的专用设备数字化、智能化改造投入,不超过该专用设备购置时原计税基础 50%的部分,可按照 10%比例抵免企业当年应纳税额。企业当年应纳税额不足抵免的,可以向以后年度结转,但结转年限最长不得超过 5 年。

提示

(1)专用设备,是指企业购置并实际使用列入优惠目录的专用设备。专用设备改造后仍应符合上述目录规定条件,不符合上述目录规定条件的不得享受优惠。上述目录如有更新,从其规定。

(2)改造投入,是指企业对专用设备数字化、智能化改造过程中发生的并形成该专用设备固定资产价值的支出,但不包括按有关规定退还的增值税税款以及专用设备运输、安装和调试等费用。

(3)应纳税额,是指企业当年的应纳税所得额乘以适用税率,扣除依照企业所得税法和有关税收优惠政策规定减征、免征税额后的余额。

(4)承租方企业以融资租赁方式租入的,并在融资租赁合同中约定租赁期届满时租赁设备所有权转移给承租方企业的专用设备,承租方企业发生的专用设备数字化、智能化改造投入,可按规定享受优惠。如融资租赁期届满后租赁设备所有权未转移至承租方企业的,承租方企业应停止享受优惠,并补缴已经抵免的企业所得税税款。

（5）享受税收优惠政策的企业，应当自身实际使用改造后的专用设备。企业在专用设备改造完成后5个纳税年度内转让、出租的，应在该专用设备停止使用当月停止享受优惠，并补缴已经抵免的企业所得税税款。

（6）企业利用财政拨款资金进行的专用设备数字化、智能化改造投入，不得抵免企业当年的企业所得税应纳税额。

（7）企业应对专用设备数字化、智能化改造投入进行单独核算，准确、合理归集各项支出；企业在一个纳税年度内对多个专用设备进行数字化、智能化改造的，应按照不同的专用设备分别归集相关支出。对相关支出划分不清的，不得享受规定的税收优惠政策。

【例题64·单选题】（2024年）某公司2024年应纳税所得额400万元，当年购置并实际投入使用符合规定的安全生产专用设备一台，取得的增值税专用发票上注明金额100万元、税额13万元。另外支付设备运输费用7万元(含税)，取得增值税普通发票。该公司2024年度应缴纳的企业所得税为（   ）万元。

A．88　　　　　B．88.7　　　　C．86.7　　　　D．90

解析 该公司2024年度应缴纳企业所得税＝400×25%－100×10%＝90（万元）。

（十六）非居民企业税收优惠

（1）在中国境内未设立机构、场所，或者虽设立机构、场所但取得的所得与其所设机构、场所没有实际联系的非居民企业减按10%的税率征税。

（2）上述非居民企业取得下列所得免征企业所得税：

a．外国政府向中国政府提供贷款取得的利息所得。

b．国际金融组织向中国政府和居民企业提供优惠贷款取得的利息所得。

c．经国务院批准的其他所得。

（十七）促进节能服务产业发展的优惠

（1）对符合条件(略)的节能服务公司实施合同能源管理项目，符合有关规定的，自项目取得第一笔生产经营收入所属纳税年度起，第1年至第3年免征企业所得税，第4年至第6年按照25%的法定税率减半征收企业所得税。

a．节能服务公司同时从事适用不同税收政策待遇项目的，其享受税收优惠项目应当单独计算收入、扣除，并合理分摊企业的期间费用；没有单独计算的，不得享受税收优惠政策。

b．如节能服务企业的分享型合同约定的效益分享期短于6年的，按实际分享期享受优惠。

例题64｜D

（2）对符合条件的节能服务公司，以及与其签订节能效益分享型合同的用能企业，实施合同能源管理项目有关资产的企业所得税税务处理按以下规定执行。

a. 用能企业按照能源管理合同实际支付给节能服务公司的合理支出，均可以在计算当期应纳税所得额时扣除，不再区分服务费用和资产价款进行税务处理。

b. 能源管理合同期满后，节能服务公司转让给用能企业的因实施合同能源管理项目形成的资产，按折旧或摊销期满的资产进行税务处理，用能企业从节能服务公司接受有关资产的计税基础也应按折旧或摊销期满的资产进行税务处理。

c. 能源管理合同期满后，节能服务公司与用能企业办理有关资产的权属转移时，用能企业已支付的资产价款，不再另行计入节能服务公司的收入。

（3）其他规定。

a. 节能服务企业享受优惠期限应连续计算。对在优惠期限内转让所享受优惠的项目给其他符合条件的节能服务企业，受让企业承续经营该项目的，可自项目受让之日起，在剩余期限内享受规定的优惠；优惠期限届满后转让的，受让企业不得就该项目重复享受优惠。

b. 节能服务企业投资项目所发生的支出，应按税法规定作资本化或费用化处理。形成的固定资产或无形资产，应按合同约定的效益分享期计提折旧或摊销。

c. 节能服务企业应分别核算各项目的成本费用支出额。对在合同约定的效益分享期内发生的期间费用划分不清的，应合理进行分摊，期间费用的分摊应按照项目投资额和销售（营业）收入额两个因素计算分摊比例，两个因素的权重各为50%。

（十八）关于促进集成电路产业和软件产业发展的优惠

（1）优惠政策总结性记忆（2020年1月1日起对国家鼓励企业适用，按25%的法定税率减半）。

促进集成电路产业和软件产业发展的优惠，见表1-26。

表1-26　促进集成电路产业和软件产业发展的优惠

优惠政策	适用范围
两免三减半	国家鼓励的集成电路设计、装备、材料、封装、测试企业和软件企业（自获利年度起）
	集成电路线宽小于130纳米（含），且经营期在10年以上的集成电路生产企业（获利年度起，下同）或项目（取得第一笔生产经营收入起，下同）

(续表)

优惠政策	适用范围
五免五减半	集成电路线宽小于65纳米（含），且经营期在15年以上的集成电路生产企业或项目
十免	集成电路线宽小于28纳米（含），且经营期在15年以上的集成电路生产企业或项目

（2）国家鼓励的线宽小于130纳米（含）的集成电路生产企业，属于国家鼓励的集成电路生产企业清单年度之前5个纳税年度发生的尚未弥补完的亏损，准予向以后年度结转，总结转年限最长不得超过10年。

（3）国家鼓励的重点集成电路设计企业和软件企业，自获利年度起，第1年至第5年免征企业所得税，接续年度减按10%的税率征收企业所得税。

（十九）关于鼓励证券投资基金发展的优惠政策

（1）对证券投资基金从证券市场中取得的收入，包括买卖股票、债券的差价收入，股权的股息、红利收入，债券的利息收入及其他收入，暂不征收企业所得税。

（2）对投资者从证券投资基金分配中取得的收入，暂不征收企业所得税。

（3）对证券投资基金管理人运用基金买卖股票、债券的差价收入，暂不征收企业所得税。

（二十）保险保障基金有关企业所得税优惠规定

自2018年1月1日至2027年12月31日，对中国保险保障基金有限责任公司根据《保险保障基金管理办法》取得的下列收入，免征企业所得税：

（1）境内保险公司依法缴纳的保险保障基金。

（2）依法从撤销或破产保险公司清算财产中获得的受偿收入和向有关责任方追偿所得，以及依法从保险公司风险处置中获得的财产转让所得。

（3）接受捐赠收入。

（4）银行存款利息收入。

（5）购买政府债券、中央银行、中央企业和中央级金融机构发行债券的利息收入。

（6）国务院批准的其他资金运用取得的收入。

（二十一）西部大开发税收优惠

自2021年1月1日至2030年12月31日，对设在西部地区的鼓励类产业企业减按15%的税率征收企业所得税。

提示

（1）鼓励类产业企业是指以《西部地区鼓励类产业目录》中规定的产业项

目为主营业务,且其主营业务收入占企业收入总额 60% 以上的企业。

(2)企业在优惠区域内、外分别设有机构的,仅就其设在优惠区域内的机构的所得确定适用 15% 的优惠税率。

(二十二)从事污染防治的第三方企业所得税优惠

(1)自 2019 年 1 月 1 日至 2027 年 12 月 31 日,对符合条件的从事污染防治的第三方企业(以下称第三方防治企业)减按 15% 的税率征收企业所得税。

> 老杨唠唠
> 第三方防治企业是指受排污企业或政府委托,负责环境污染治理设施(包括自动连续监测设施,下同)运营维护的企业。

(2)第三方防治企业应当同时符合以下条件:

a. 在中国境内(不包括港、澳、台地区)依法注册的居民企业。

b. 具有 1 年以上连续从事环境污染治理设施运营实践,且能够保证设施正常运行。

c. 具有至少 5 名从事本领域工作且具有环保相关专业中级及以上技术职称的技术人员,或者至少 2 名从事本领域工作且具有环保相关专业高级及以上技术职称的技术人员。

d. 从事环境保护设施运营服务的年度营业收入占总收入的比例不低于 60%。

e. 具备检验能力,拥有自有实验室,仪器配置可满足运行服务范围内常规污染物指标的检测需求。

f. 保证其运营的环境保护设施正常运行,使污染物排放指标能够连续稳定达到国家或者地方规定的排放标准要求。

g. 具有良好的纳税信用,近三年内纳税信用等级未被评定为 C 级或 D 级。

(二十三)永续债企业所得税处理

(1)永续债是指经国家发展和改革委员会、中国人民银行、中国银行保险监督管理委员会(现为国家金融监督管理总局)、中国证券监督管理委员会核准,或经中国银行间市场交易商协会注册、中国证券监督管理委员会授权的证券自律组织备案,依照法定程序发行、附赎回(续期)选择权或无明确到期日的债券,包括可续期企业债、可续期公司债、永续债务融资工具(含永续票据)、无固定期限资本债券等。

(2)企业发行的永续债,可以适用股息、红利企业所得税政策,即投资方取得的永续债利息收入属于股息、红利性质,按照现行企业所得税政策相关规定进行处理,其中,发行方和投资方均为居民企业的,永续债利息收入可以适用企业所得税法规定的居民企业之间的股息、红利等权益性投资收益免征企业所得税;同时发行方支付的永续债利息支出不得在企业所得税税前扣除。

(3)企业发行符合规定条件的永续债[见第(4)项],也可以按照债券利息适用企业所得税政策,即发行方支付的永续债利息支出准予在其企业所得税税前扣除；投资方取得的永续债利息收入应当依法纳税。

提示 发行永续债的企业对每一永续债产品的税收处理方法一经确定，不得变更。企业对永续债采取的税收处理办法与会计核算方式不一致的，发行方、投资方在进行税收处理时须作出相应纳税调整。

(4)符合规定条件的永续债，为符合下列条件中5条(含)以上的永续债。下列条件为：

a. 被投资企业对该项投资具有还本义务。

b. 有明确约定的利率和付息频率。

c. 有一定的投资期限。

d. 投资方对被投资企业净资产不拥有所有权。

e. 投资方不参与被投资企业日常生产经营活动。

f. 被投资企业可以赎回，或满足特定条件后可以赎回。

g. 被投资企业将该项投资计入负债。

h. 该项投资不承担被投资企业股东同等的经营风险。

i. 该项投资的清偿顺序位于被投资企业股东持有的股份之前。

(二十四)中国(上海)自贸试验区临港新片区企业所得税优惠 **新增**

(1)自2020年1月1日起，对中国(上海)自贸试验区临港新片区内从事集成电路、人工智能、生物医药、民用航空等关键领域核心环节相关产品(技术)业务，并开展实质性生产或研发活动的符合条件的法人企业，自设立之日起5年内减按15%的税率征收企业所得税。

(2)对上海市浦东新区特定区域内公司型创业投资企业，转让持有3年以上股权的所得占年度股权转让所得总额的比例超过50%的，按照年末个人股东持股比例减半征收当年企业所得税。

企业所得税免征额=年末个人股东持股比例×本年度企业所得税应纳税额÷2

转让持有5年以上股权的所得占年度股权转让所得总额的比例超过50%的，按照年末个人股东持股比例免征当年企业所得税。

企业所得税免征额=年末个人股东持股比例×本年度企业所得税应纳税额

(二十五)海南自由贸易港企业所得税优惠

(1)自2020年1月1日至2027年12月31日，对注册在海南自由贸易港并实质性运营的鼓励类产业企业，减按15%的税率征收企业所得税。

a. 所称鼓励类产业企业，是指以《海南自由贸易港鼓励类产业目录》中规定的产业项目为主营业务，且其主营业务收入占企业收入总额60%以上的企业。

b. 所称实质性运营，是指企业的实际管理机构设在海南自由贸易港，并对企业生产经营、人员、账务、财产等实施实质性全面管理和控制。对不符合实质性运营的企业，不得享受优惠。

c. 对总机构设在海南自由贸易港的符合条件的企业，仅就其设在海南自由贸易港的总机构和分支机构的所得，适用15%税率；对总机构设在海南自由贸易港以外的企业，仅就其设在海南自由贸易港内的符合条件的分支机构的所得，适用15%税率。

（2）自2020年1月1日至2027年12月31日，对在海南自由贸易港设立的旅游业、现代服务业、高新技术产业企业新增境外直接投资取得的所得，免征企业所得税。

所称新增境外直接投资所得应当符合以下条件：

a. 从境外新设分支机构取得的营业利润；或从持股比例超过20%（含）的境外子公司分回的，与新增境外直接投资相对应的股息所得。

b. 被投资国（地区）的企业所得税法定税率不低于5%。

（3）自2020年1月1日至2027年12月31日，对在海南自由贸易港设立的企业，新购置（含自建、自行开发）固定资产或无形资产，单位价值不超过500万元（含）的，允许一次性计入当期成本费用在计算应纳税所得额时扣除，不再分年度计算折旧和摊销；新购置（含自建、自行开发）固定资产或无形资产，单位价值超过500万元的，可以缩短折旧、摊销年限或采取加速折旧、摊销的方法。

所称固定资产，是指除房屋、建筑物以外的固定资产。

（二十六）生产和装配伤残人员专门用品的企业所得税政策

2027年12月31日前，对生产和装配伤残人员专门用品的企业免征企业所得税。

对符合下列条件的居民企业，免征企业所得税：

（1）生产和装配伤残人员专门用品，且在民政部发布的《中国伤残人员专门用品目录》范围之内。

（2）以销售本企业生产或者装配的伤残人员专门用品为主，其所取得的年度伤残人员专门用品销售收入（不含出口取得的收入）占企业收入总额60%以上。收入总额，是指《企业所得税法》第六条规定的收入总额。

（3）企业账证健全，能够准确、完整地向主管税务机关提供纳税资料，且本企业生产或者装配的伤残人员专门用品所取得的收入能够单独、准确核算。

（4）企业拥有假肢制作师、矫形器制作师资格证书的专业技术人员不得少于1人；其企业生产人员如超过20人，则其拥有假肢制作师、矫形器制作师资格证书的专业技术人员不得少于全部生产人员的1/6。

（5）具有与业务相适应的测量取型、模型加工、接受腔成型、打磨、对线组装、功能训练等生产装配专用设备和工具。

（6）具有独立的接待室、假肢或者矫形器（辅助器具）制作室和假肢功能训练室，使用面积不少于115平方米。

考点十二 应纳税额的计算 ★★★ 一学多考|注

（一）居民企业查账征收应纳税额的计算

应纳税额=应纳税所得额×适用税率-减免税额-抵免税额
其中，应纳税所得额的计算有两种方法。

1. 直接法
应纳税所得额=收入总额-不征税收入-免税收入-各项扣除金额-允许弥补的以前年度亏损

2. 间接法
应纳税所得额=会计利润总额±纳税调整项目金额

提示 符合规定范围的已在境外缴纳的企业所得税税额，可从其当期应纳税额中抵免，抵免限额为该项所得按规定计算的应纳税额；超过抵免限额的部分，可在以后5个年度内，用每年度抵免限额抵免当年应抵税额后的余额进行抵补。计算公式如下，详细内容见第三章。

企业实际应纳企业所得税税额=企业境内外所得应纳税总额-企业所得税减免、抵免优惠税额-境外所得税抵免额

（二）境外所得抵扣税额的计算（详细内容见第三章）

企业实际应纳所得税税额=企业境内外所得应纳税总额-企业所得税减免、抵免优惠税额-境外所得税抵免额

符合规定范围的已在境外缴纳的所得税税额，可从其当期应纳税额中抵免，抵免限额为该项所得按规定计算的应纳税额；超过抵免限额的部分，可在以后5个年度内，用每年度抵免限额抵免当年应抵税额后的余额进行抵补。

【"三步法"】

（1）实缴税额。

（2）抵免限额=中国境内、境外所得依照规定计算的应纳税总额×来源于某国（地区）的应纳税所得额÷中国境内、境外应纳税所得额总额；

简化形式：抵免限额=来源于某国（地区）的应纳税所得额（境外税前所得额）×25%（15%或12.5%）。

（3）比较确定。

（三）居民企业核定征收应纳税额的计算

1. 核定征收企业所得税的范围

居民企业纳税人具有下列情形之一的，核定征收企业所得税：

（1）依照法律、行政法规的规定可以不设置账簿的。

（2）依照法律、行政法规的规定应当设置但未设置账簿的。

（3）擅自销毁账簿或者拒不提供纳税资料的。

(4)虽设置账簿，但账目混乱或者成本资料、收入凭证、费用凭证残缺不全，难以查账的。

(5)发生纳税义务，未按照规定的期限办理纳税申报，经税务机关责令限期申报，逾期仍不申报的。

(6)申报的计税依据明显偏低，又无正当理由的。

提示 特殊行业、特殊类型的纳税人和一定规模以上的纳税人不适用核定征收办法，包括：

(1)享受优惠政策的企业(不包括仅享受前述免税收入优惠政策的企业、符合条件的小型微利企业)。

(2)汇总纳税企业。

(3)上市公司。

(4)银行、信用社、小额贷款公司、保险公司、证券公司、期货公司、信托投资公司、金融资产管理公司、融资租赁公司、担保公司、财务公司、典当公司等金融企业。

(5)会计、审计、资产评估、税务、房地产估价、土地估价、工程造价、律师、价格鉴证、公证机构、基层法律服务机构、专利代理、商标代理以及其他经济鉴证类社会中介机构。

(6)专门从事股权(股票)投资业务的企业。

(7)国家税务总局规定的其他企业。

2. 核定征收的办法

(1)具有下列情形之一的，核定其应税所得率：

a. 能正确核算(查实)收入总额，但不能正确核算(查实)成本费用总额的。

b. 能正确核算(查实)成本费用总额，但不能正确核算(查实)收入总额的。

c. 通过合理方法，能计算和推定纳税人收入总额或成本费用总额的。

提示 纳税人不属于以上情形的，核定其应纳所得税税额。

(2)税务机关采用下列方法核定征收企业所得税：①参照当地同类行业或者类似行业中经营规模和收入水平相近的纳税人的税负水平核定；②按照应税收入额或成本费用支出额定率核定；③按照耗用的原材料、燃料、动力等推算或测算核定；④按照其他合理方法核定。

提示 采用前款所列一种方法不足以正确核定应纳税所得额或应纳税额的，可以同时采用两种以上的方法核定。采用两种以上方法测算的应纳税额不一致时，可按测算的应纳税额从高核定。

(3)应税所得率方式核定企业所得税的计算。

应纳所得税税额=应纳税所得额×适用税率，其中：

应纳税所得额=应税收入额×应税所得率

或　应纳税所得额=成本(费用)支出额÷(1-应税所得率)×应税所得率

提示

(1) 应税收入额＝收入总额－不征税收入－免税收入。

(2) 实行应税所得率方式核定征收企业所得税的纳税人，经营多业的，无论其经营项目是否单独核算，均由税务机关根据其主营项目确定适用的应税所得率。

主营项目应为纳税人所有经营项目中，收入总额或者成本(费用)支出额或者耗用原材料、燃料、动力数量所占比重最大的项目。

(3) 纳税人的生产经营范围、主营业务发生重大变化，或者应纳税所得额或应纳税额增减变化达到20%的，应及时向税务机关申报调整已确定的应纳税额或应税所得率。

(4) 依法按核定应税所得率方式核定征收企业所得税的企业，取得的转让股权(股票)收入等转让财产收入，应全额计入应税收入额，按照主营项目(业务)确定适用的应税所得率计算征税；若主营项目(业务)发生变化，应在当年汇算清缴时，按照变化后的主营项目(业务)重新确定适用的应税所得率计算征税。

【例题65·单选题】(2024年)下列关于核定征收的说法中，符合企业所得税法规定的是(　　)。

A. 税务机关采取不同测算方法测算的应纳税额不一致时，可按测算的应纳税额从低核定

B. 汇总纳税企业适用核定征收企业所得税办法

C. 专门从事股权(股票)投资业务的企业，不得核定征收企业所得税

D. 担保公司适用核定征收企业所得税办法

解析 选项A，税务机关采用规定所列一种方法不足以正确核定应纳税所得额或应纳税额的，可以同时采用两种以上的方法核定。采用两种以上方法测算的应纳税额不一致时，可按测算的应纳税额从高核定。

【例题66·单选题】(2023年)某非小型微利企业2024年度自行申报的营业收入为780万元，从境内居民企业分回股息收入100万元，资产溢余收入为20万元，无法准确核算成本费用，其主管税务机关以收入为依据核定征收企业所得税，假定应税所得率为10%，该企业2024年应缴纳企业所得税(　　)万元。

A. 19.5　　B. 22　　C. 22.5　　D. 20

解析 该企业2024年应缴纳企业所得税＝(780＋20)×10%×25%＝20(万元)。

提示 采用应税所得率方式核定征收企业所得税的，"应税收入额"等于收入总额减去不征税收入和免税收入后的余额。

(四) 跨境电子商务综合试验区零售出口企业所得税核定征收规定

自2020年1月1日起，对跨境电子商务综合试验区(以下简称综试区)内

答案
例题65｜C
例题66｜D

的跨境电子商务零售出口企业(以下简称跨境电商企业)核定征收企业所得税。规定如下：

提示 上述所称综试区，是指经国务院批准的跨境电子商务综合试验区；上述所称跨境电商企业，是指自建跨境电子商务销售平台或利用第三方跨境电子商务平台开展电子商务出口的企业。

(1)综试区内的跨境电商企业，同时符合下列条件的，试行核定征收企业所得税办法。

a. 在综试区注册，并在注册地跨境电子商务线上综合服务平台登记出口货物日期、名称、计量单位、数量、单价、金额的。

b. 出口货物通过综试区所在地海关办理电子商务出口申报手续的。

c. 出口货物未取得有效进货凭证，其增值税、消费税享受免税政策的。

(2)综试区内核定征收的跨境电商企业应准确核算收入总额，并采用应税所得率方式核定征收企业所得税。应税所得率统一按照4%确定。

(3)综试区内实行核定征收的跨境电商企业符合小型微利企业优惠政策条件的，可享受小型微利企业所得税优惠政策；其取得的收入属于规定的免税收入的，可享受免税收入优惠政策。

(五)企业转让上市公司限售股有关所得税处理

1. 企业转让代个人持有的限售股征税处理

(1)转让限售股取得的收入，应作为企业应税收入计算纳税。

转让所得=转让收入−限售股原值−合理税费

企业未能提供完整、真实的限售股原值凭证，不能准确计算该限售股原值的，主管税务机关一律按该限售股转让收入的15%，核定为该限售股原值和合理税费。

依照规定完成纳税义务后的限售股转让收入余额转付给实际所有人时不再纳税。

(2)依法院判决、裁定等原因，通过证券登记结算公司，企业将其代持的个人限售股直接变更到实际所有人名下的，不视同转让限售股。

2. 企业在限售股解禁前转让限售股征税处理

企业在限售股解禁前将其持有的限售股转让给其他企业或个人(以下简称受让方)企业所得税按以下规定处理。

(1)企业应按减持在证券登记结算机构登记的限售股取得的全部收入，计入企业当年度应税收入计算纳税。

(2)企业持有的限售股在解禁前已签订协议转让给受让方，但未变更股权登记、仍由企业持有的，企业实际减持该限售股取得的收入，依照规定纳税后，其余额转付给受让方的，受让方不再纳税。

【例题67·计算题】某上市公司为生产节能环保设备的增值税一般纳税人。2024年9月12日，转让其代企业前三大自然人股东持有的因股权分置改革原因形成的限售股，取得收入240万元。但因历史原因，公司未能提供完整、真实的限售股原值凭证，且不能准确计算该部分限售股的原值，故已全额计入投资收益。

要求：计算转让代个人持有的限售股应调整的应纳税所得额。

答案 应调减应纳税所得额＝240×15%＝36（万元）。

考点十三 特别纳税调整 ★★   一学多考|注

（一）特别纳税调整的概念及关联申报管理

特别纳税调整是指企业与其关联方之间的业务往来，不符合独立交易原则而减少企业或者其关联方应纳税收入或者所得额的，税务机关有权按照合理方法调整。

1. 关联方

关联方是指与企业有下列关联关系之一的企业、其他组织或者个人，具体指：

（1）在资金、经营、购销等方面存在直接或者间接的控制关系。

（2）直接或者间接地同为第三者控制。

（3）在利益上具有相关联的其他关系。

2. 关联申报

实行查账征收的居民企业和在中国境内设立机构、场所并据实申报缴纳企业所得税的非居民企业向税务机关报送年度企业所得税纳税申报表时，应当就其与关联方之间的业务往来进行关联申报。

3. 关联关系的构成

企业与其他企业、组织或者个人具有下列关系之一的，构成关联关系。

（1）股权关系。

a. 一方直接或者间接持有另一方的股份总和达到25%以上。

b. 双方直接或者间接同为第三方所持有的股份达到25%以上。

c. 如果一方通过中间方对另一方间接持有股份，只要其对中间方持股比例达到25%以上，则其对另一方的持股比例按照中间方对另一方的持股比例计算。

d. 两个以上具有夫妻、直系血亲、兄弟姐妹以及其他抚养、赡养关系的自然人共同持有同一企业，在判定关联关系时按持股比例合并计算。

（2）资金借贷关系。

双方存在持股关系或者同为第三方持股，虽持股比例未达到上述第（1）项规定，但双方之间借贷资金总额占任一方实收资本比例达到50%以上，或者一方全部借贷资金总额的10%以上由另一方担保(与独立金融机构之间的借贷或者担保除外)。

借贷资金总额占实收资本比例=年度加权平均借贷资金÷年度加权平均实收资本，其中：

年度加权平均借贷资金=i笔借入或者贷出资金账面金额×i笔借入或者贷出资金年度实际占用天数÷365

年度加权平均实收资本=i笔实收资本账面金额×i笔实收资本年度实际占用天数÷365

【例题68·计算题】甲公司直接持有乙公司24%的股权。2024年，甲公司从乙公司借入3笔借款分别为3 000万元(使用50天)，2 000万元(使用60天)，1 000万元(使用30天)。假设甲公司2024年实收资本为3 000万元，且全年无变化。

要求：判断甲公司与乙公司是否构成关联关系。

答案▶甲乙双方年度借贷资金总额占甲公司实收资本比例=[(3 000×50+2 000×60+1 000×30)÷365]÷3 000=27.4%，从甲公司来看未达到50%以上，所以甲公司与乙公司不构成关联关系。

提示 如果乙公司2024年实收资本为1 500万元，且全年无变化，甲乙双方年度借贷资金总额占乙公司实收资本比例=[(3 000×50+2 000×60+1 000×30)÷365]÷1 500=54.79%，从乙公司来看，已经达到借贷资金关联关系的认定标准，因此可以认定甲乙双方构成关联关系。

(3)特许权关系。

双方存在持股关系或同为第三方持股，虽持股比例未达到上述第(1)项规定，但一方的生产经营活动必须由另一方提供专利权、非专利技术、商标权、著作权等特许权才能正常进行。

(4)购销和劳务关系。

双方存在持股关系或同为第三方持股，虽持股比例未达到上述第(1)项规定，但一方的购买、销售、接受劳务、提供劳务等经营活动由另一方控制。

控制是指一方有权决定另一方的财务和经营政策，并能据以从另一方的经营活动中获取利益。

(5)任命委派关系。

一方半数以上董事或半数以上高级管理人员(包括上市公司董事会秘书、经理、副经理、财务负责人和公司章程规定的其他人员)由另一方任命或委派，或同时担任另一方董事或高级管理人员；或双方各自半数以上董事或半数以上高级管理人员同为第三方任命或委派。

(6)亲属关系。

具有夫妻、直系血亲、兄弟姐妹以及其他抚养、赡养关系的两个自然人分别与双方具有上述第(1)至(5)项关系之一。

(7)实质关系。

双方在实质上具有其他共同利益。

提示

(1)仅因国家持股或者由国有资产管理部门委派董事、高级管理人员而存在上述第(1)至(5)项关系的,不构成关联关系。

(2)除上述第(2)项规定外,上述关联关系年度内发生变化的,关联关系按照实际存续期间认定。

(3)企业与其他企业、组织或者个人之间,一方通过合同或其他形式能够控制另一方的相关活动并因此享有回报的,双方构成关联关系,应当就其与关联方之间的业务往来进行关联申报。

【例题69·计算题】2024年1月1日至3月31日,A公司拥有B公司50%的股权,但A公司在2024年4月1日向C公司出售其拥有的B公司的30%的股权,C公司持有该股权至2024年12月31日。

在这种情况下,不考虑其他可能构成关联关系的情形,A公司与B公司在2024年1月1日至3月31日期间构成关联关系,C公司与B公司在2024年4月1日至2024年12月31日期间构成关联关系。

4.关联交易

关联交易主要包括:

(1)有形资产使用权或者所有权的转让。有形资产包括商品、产品、房屋建筑物、交通工具、机器设备、工具器具等。

(2)金融资产的转让。金融资产包括应收账款、应收票据、其他应收款项、股权投资、债权投资和衍生金融工具形成的资产等。

(3)无形资产使用权或者所有权的转让。无形资产包括专利权、非专利技术、商业秘密、商标权、品牌、客户名单、销售渠道、特许经营权、政府许可、著作权等。

(4)资金融通。资金包括各类长短期借贷资金(含集团资金池)、担保费、各类应计息预付款和延期收付款等。

(5)劳务交易。劳务包括市场调查、营销策划、代理、设计、咨询、行政管理、技术服务、合约研发、维修、法律服务、财务管理、审计、招聘、培训、集中采购等。

5.国别报告

国别报告主要披露最终控股企业所属跨国企业集团所有成员实体的全球所得、税收和业务活动的国别分布情况。

(1)存在下列情形之一的居民企业,应当在报送年度关联业务往来报告表时,填报国别报告:

◆该居民企业为跨国企业集团的最终控股企业,且其上一会计年度合并财务报表中的各类收入金额合计超过55亿元。

◆该居民企业被跨国企业集团指定为国别报告的报送企业。

a. 最终控股企业是指能够合并其所属跨国企业集团所有成员实体财务报表的，且不能被其他企业纳入合并财务报表的企业。

b. 成员实体应当包括：①实际已被纳入跨国企业集团合并财务报表的任一实体；②跨国企业集团持有该实体股权且按公开证券市场交易要求应被纳入但实际未被纳入跨国企业集团合并财务报表的任一实体；③仅由于业务规模或者重要性程度而未被纳入跨国企业集团合并财务报表的任一实体；④独立核算并编制财务报表的常设机构。

(2)企业虽不属于上述规定填报国别报告的范围，但其所属跨国企业集团按照其他国家有关规定应当准备国别报告，且符合下列条件之一的，税务机关可以在实施特别纳税调查时要求企业提供国别报告：

a. 跨国企业集团未向任何国家提供国别报告。

b. 虽然跨国企业集团已向其他国家提供国别报告，但我国与该国尚未建立国别报告信息交换机制。

c. 虽然跨国企业集团已向其他国家提供国别报告，且我国与该国已建立国别报告信息交换机制，但国别报告实际未成功交换至我国。

(3)最终控股企业为中国居民企业的跨国企业集团，其信息涉及国家安全的，可以按照国家有关规定，豁免填报部分或者全部国别报告。

6. 部分关联业务的税务处理

母子公司间提供服务支付费用有关企业所得税处理：

(1)母公司为其子公司提供各种服务而发生的费用，应按照独立企业之间公平交易原则确定服务的价格，作为企业正常的劳务费用进行税务处理。

母子公司未按照独立企业之间的业务往来收取价款的，税务机关有权予以调整。

(2)母公司向其多个子公司提供同类项服务，其收取的服务费可以采取分项签订合同或协议收取，也可以采取服务分摊协议的方式。即由母公司与各子公司签订服务费用分摊合同或协议，以母公司为其子公司提供服务所发生的实际费用并附加一定比例利润作为向子公司收取的总服务费，在各服务受益子公司之间按规定合理分摊。

(3)母公司以管理费形式向子公司提取费用，子公司因此支付给母公司的管理费，不得在税前扣除。

7. 特别纳税调整管理的主要内容

具体包括：①特别纳税调整监控管理；②预约定价安排管理；③成本分摊协议管理；④受控外国企业管理；⑤资本弱化管理；⑥一般反避税管理。

(二)同期资料管理

同期资料包括主体文档、本地文档和特殊事项文档。同期资料，见表1-27。

表 1-27 同期资料

类型	条件	备注
主体文档	(1)年度发生跨境关联交易且合并该企业财务报表的最终控股企业所属企业集团已准备主体文档。 (2)年度关联交易总额超过 10 亿元	集团最终控股企业年度终了之日起 12 个月内准备完毕
本地文档	(1)有形资产所有权转让金额超 2 亿元。 (2)金融资产转让金额超 1 亿元。 (3)无形资产所有权转让金额超 1 亿元。 (4)其他关联交易金额合计超 4 000 万元	(1)关联交易发生年度次年 6 月 30 日之前准备完毕。 (2)企业执行预约定价安排的涉及的关联交易金额不计入规定的关联交易金额范围
特殊事项文档包括成本分摊协议和资本弱化		
豁免情形	(1)企业仅与境内关联方发生关联交易可不准备主体文档、本地文档和特殊事项文档。 (2)企业执行预约定价安排的可不准备预约定价安排涉及关联交易的本地文档和特殊事项文档	

提示 其他要求。

(1)同期资料应当使用中文，并标明引用信息资料的出处来源。

(2)同期资料应当加盖企业印章，并由法定代表人或者法定代表人授权的代表签章。

(3)同期资料应当自税务机关要求的准备完毕之日起保存 10 年。

(4)企业合并、分立的，应当由合并、分立后的企业保存同期资料。

(5)同期资料应当自税务机关要求之日起 30 日内提供。

(6)企业依照有关规定进行关联申报、提供同期资料及有关资料的，税务机关实施特别纳税调查补征税款时，可以依据规定，按照税款所属纳税年度中国人民银行公布的与补税期间同期的人民币贷款基准利率加收利息。

【例题 70·多选题】(2024 年)依据同期资料的管理规定，企业发生下列年度关联交易，应当准备本地文档的有(　　)。

A. 有形资产所有权转让金额超过 2 亿元

B. 金融资产转让金额超过 1 亿元

C. 股权转让交易金额不超过 3 000 万元

D. 劳务关联交易金额合计超过 4 000 万元

E. 无形资产所有权转让金额超过 1 亿元

解析 年度关联交易金额符合下列条件之一的企业，应当准备本地文档：

(1)有形资产所有权转让金额(来料加工业务按照年度进出口报关价格计算)超过 2 亿元。

例题 70 | ABDE

(2)金融资产转让金额超过1亿元。
(3)无形资产所有权转让金额超过1亿元。
(4)其他关联交易金额合计超过4 000万元。

(三)特别纳税调整调查程序

1. 重点关注的企业

税务机关实施特别纳税调查,应当重点关注具有以下风险特征的企业:
(1)关联交易金额较大或者类型较多。
(2)存在长期亏损、微利或者跳跃性盈利。
(3)低于同行业利润水平。
(4)利润水平与其所承担的功能风险不相匹配,或者分享的收益与分摊的成本不相配比。
(5)与低税国家(地区)关联方发生关联交易。
(6)未按照规定进行关联申报或者准备同期资料。
(7)从其关联方接受的债权性投资与权益性投资的比例超过规定标准。
(8)由居民企业,或者由居民企业和中国居民控制的设立在实际税负低于12.5%的国家(地区)的企业,并非由于合理的经营需要而对利润不作分配或者减少分配。
(9)实施其他不具有合理商业目的的税收筹划或者安排。

2. 可比性分析

税务机关实施转让定价调查时,应当进行可比性分析,可比性分析一般包括以下五个方面:
(1)交易资产或者劳务特性。
(2)交易各方执行的功能、承担的风险和使用的资产。
(3)合同条款。
(4)经济环境。
(5)经营策略。

(四)特别纳税调整转让定价方法

1. 可比非受控价格法
(1)含义:以非关联方之间进行的与关联交易相同或者类似业务活动所收取的价格作为关联交易的公平成交价格。
(2)适用范围:所有类型的关联交易。

2. 再销售价格法
(1)含义:以关联方购进商品再销售给非关联方的价格减去可比非关联交易毛利后的金额作为关联方购进商品的公平成交价格。

公平成交价格=再销售给非关联方的价格×(1-可比非关联交易毛利率)

可比非关联交易毛利率＝可比非关联交易毛利÷可比非关联交易收入净额×100%

（2）适用范围：再销售者未对商品进行改变外形、性能、结构或者更换商标等实质性增值加工的简单加工或者单纯购销业务。

【例题71·计算题】 A公司从国外关联B公司以50万元价格购进货物后销售给C公司的价格为45万元。假设合理毛利率为20%，则税务机关可以调整A公司的进货价格，调整后进货价格＝45×（1-20%）＝36（万元）。

3. 成本加成法

（1）含义：以关联交易发生的合理成本加上可比非关联交易毛利后的金额作为关联交易的公平成交价格。

公平成交价格＝关联交易发生的合理成本×(1+可比非关联交易成本加成率)

可比非关联交易成本加成率＝可比非关联交易毛利÷可比非关联交易成本×100%

（2）适用范围：有形资产使用权或者所有权的转让、资金融通、劳务交易等关联交易。

4. 交易净利润法

（1）含义：以可比非关联交易的利润指标确定关联交易的利润。利润指标包括息税前利润率、完全成本加成率、资产收益率、贝里比率等。

息税前利润率＝息税前利润÷营业收入×100%

完全成本加成率＝息税前利润÷完全成本×100%

资产收益率＝息税前利润÷[（年初资产总额+年末资产总额）÷2]×100%

贝里比率＝毛利÷（营业费用+管理费用）×100%

（2）适用范围：不拥有重大价值无形资产企业的有形资产使用权或者所有权的转让和受让、无形资产使用权受让以及劳务交易等关联交易。

5. 利润分割法

（1）含义：根据企业与其关联方对关联交易合并利润（实际或者预计）的贡献计算各自应当分配的利润额。

利润分割法主要包括一般利润分割法和剩余利润分割法。

（2）适用范围：企业及其关联方均对利润创造具有独特贡献，业务高度整合且难以单独评估各方交易结果的关联交易。

6. 其他符合独立交易原则的方法

包括成本法、市场法和收益法等资产评估方法，以及其他能够反映利润与经济活动发生地和价值创造地相匹配原则的方法。

（1）成本法。

a. 含义：以替代或者重置原则为基础，通过在当前市场价格下创造一项相似资产所发生的支出确定评估标的价值的评估方法。

b. 适用范围：适用于能够被替代的资产价值评估。

(2)市场法。

a. 含义：利用市场上相同或者相似资产的近期交易价格，经过直接比较或者类比分析以确定评估标的价值的评估方法。

b. 适用范围：适用于在市场上能找到与评估标的相同或者相似的非关联可比交易信息时的资产价值评估。

(3)收益法。

a. 含义：通过评估标的未来预期收益现值来确定其价值的评估方法。

b. 适用范围：适用于企业整体资产和可预期未来收益的单项资产评估。

7. 其他规定

(1)税务机关分析评估被调查企业关联交易时，应当在分析评估交易各方功能风险的基础上，选择功能相对简单的一方作为被测试对象。

(2)税务机关在进行可比性分析时，优先使用公开信息，也可以使用非公开信息。

(3)税务机关分析评估被调查企业关联交易是否符合独立交易原则时，可以根据实际情况选择算术平均法、加权平均法或者四分位法等统计方法，逐年分别或者多年度平均计算可比企业利润或者价格的平均值或者四分位区间。

(4)税务机关应当按照可比利润水平或者可比价格对被调查企业各年度关联交易进行逐年测试调整。

(5)税务机关采用四分位法分析评估企业利润水平时，企业实际利润水平低于可比企业利润率区间中位值的，原则上应当按照不低于中位值进行调整。

(五)来料加工业务调整

(1)税务机关分析评估被调查企业为其关联方提供的来料加工业务，在可比企业不是相同业务模式，且业务模式的差异会对利润水平产生影响的情况下，应当对业务模式的差异进行调整，还原其不作价的来料和设备价值。企业提供真实完整的来料加工产品整体价值链相关资料，能够反映各关联方总体利润水平的，税务机关可以就被调查企业与可比企业因料件还原产生的资金占用差异进行可比性调整，利润水平调整幅度超过10%的，应当重新选择可比企业。

除上述规定外，对因营运资本占用不同产生的利润差异不作调整。

(2)企业为境外关联方从事来料加工或者进料加工等单一生产业务，或者从事分销、合约研发业务，原则上应当保持合理的利润水平。

上述企业如出现亏损，无论是否达到同期资料准备标准，均应当就亏损年度准备同期资料本地文档。税务机关应当重点审核上述企业的本地文档，加强监控管理。

(六)受让无形资产使用权调整

(1)企业仅拥有无形资产所有权而未对无形资产价值作出贡献的,不应当参与无形资产收益分配。

(2)无形资产形成和使用过程中,仅提供资金而未实际执行相关功能和承担相应风险的,应当仅获得合理的资金成本回报。

(3)企业与其关联方转让或者受让无形资产使用权而收取或者支付的特许权使用费,应当根据情形适时调整,未适时调整的,税务机关可以实施特别纳税调整。

(4)与经济利益不匹配而减少企业或者其关联方应纳税收入或者所得额的,税务机关可以实施特别纳税调整。未带来经济利益,且不符合独立交易原则的,税务机关可以按照已税前扣除的金额全额实施特别纳税调整。

(5)企业向仅拥有无形资产所有权而未对其价值创造作出贡献的关联方支付特许权使用费,不符合独立交易原则的,税务机关可以按照已税前扣除的金额全额实施特别纳税调整。

(6)企业以融资上市为主要目的在境外成立控股公司或者融资公司,仅因融资上市活动所产生的附带利益向境外关联方支付特许权使用费,不符合独立交易原则的,税务机关可以按照已税前扣除的金额全额实施特别纳税调整。

(七)非受益性劳务价款调整

企业与其关联方发生劳务交易支付或者收取价款不符合独立交易原则而减少企业或者其关联方应纳税收入或者所得额的,税务机关可以实施特别纳税调整。

符合独立交易原则的关联劳务交易应当是受益性劳务交易,并且按照非关联方在相同或者类似情形下的营业常规和公平成交价格进行定价。

受益性劳务是指能够为劳务接受方带来直接或者间接经济利益,且非关联方在相同或者类似情形下,愿意购买或者愿意自行实施的劳务活动。

企业向其关联方支付非受益性劳务的价款,税务机关可以按照已税前扣除的金额全额实施特别纳税调整。

(八)特别纳税调整程序实施

(1)企业向未执行功能、承担风险,无实质性经营活动的境外关联方支付费用,不符合独立交易原则的,税务机关可以按照已税前扣除的金额全额实施特别纳税调整。

(2)实际税负相同的境内关联方之间的交易,只要该交易没有直接或者间接导致国家总体税收收入的减少,原则上不作特别纳税调整。

(3)企业收到《特别纳税调查调整通知书》后有异议的,可以在依照《特别纳税调查调整通知书》缴纳或者解缴税款、利息、滞纳金或者提供相应的担保后，依法申请行政复议。

对行政复议决定不服的，可以依法向人民法院提起行政诉讼。

(4)税务机关对企业实施特别纳税调整，涉及企业向境外关联方支付利息、租金、特许权使用费的，除另有规定外，不调整已扣缴的税款。

(5)税务机关对企业实施特别纳税调整的，应当根据《企业所得税法》及其实施条例的有关规定对2008年1月1日以后发生交易补征的企业所得税按日加收利息。

特别纳税调查调整补缴的税款，应当按照应补缴税款所属年度的先后顺序确定补缴税款的所属年度，以入库日为截止日，分别计算应加收的利息额。

a. 企业在《特别纳税调查调整通知书》送达前缴纳或者送达后补缴税款的，应当自税款所属纳税年度的次年6月1日起至缴纳或者补缴税款之日止计算加收利息。

企业超过《特别纳税调查调整通知书》补缴税款期限仍未缴纳税款的，应当自补缴税款期限届满次日起按照《税收征管法》及其实施细则的有关规定加收滞纳金，在加收滞纳金期间不再加收利息。

b. 利息率按照税款所属纳税年度12月31日公布的与补税期间同期的中国人民银行人民币贷款基准利率加5个百分点计算，并按照一年365天折算日利息率。

c. 企业按照有关规定提供同期资料及有关资料的，或者按照有关规定不需要准备同期资料但根据税务机关要求提供其他相关资料的，可以只按照基准利率加收利息。

经税务机关调查，企业实际关联交易额达到准备同期资料标准，但未按照规定向税务机关提供同期资料的，税务机关补征税款加收利息，适用上述b. 的规定。

(6)被调查企业在税务机关实施特别纳税调查调整期间申请变更经营地址或者注销税务登记的，税务机关在调查结案前原则上不予办理税务变更、注销手续。

(九)特别纳税调整协商

根据我国对外签署的税收协定的有关规定，国家税务总局可以依据企业申请或者税收协定缔约对方税务主管当局请求启动相互协商程序，与税收协定缔约对方税务主管当局开展协商谈判，避免或者消除由特别纳税调整事项引起的国际重复征税。

1. 国家税务总局可以拒绝相互协商程序的情形

有下列情形之一的，国家税务总局可以拒绝企业申请或者税收协定缔约对方税务主管当局启动相互协商程序的请求：

(1)企业或者其关联方不属于税收协定任一缔约方的税收居民。

(2)申请或者请求不属于特别纳税调整事项。

(3)申请或者请求明显缺乏事实或者法律依据。

(4)申请不符合税收协定有关规定。

(5)特别纳税调整案件尚未结案或者虽然已经结案但是企业尚未缴纳应纳税款。

2. 国家税务总局可以暂停相互协商程序的情形

有下列情形之一的，国家税务总局可以暂停相互协商程序：

(1)企业申请暂停相互协商程序。

(2)税收协定缔约对方税务主管当局请求暂停相互协商程序。

(3)申请必须以另一被调查企业的调查调整结果为依据，而另一被调查企业尚未结束调查调整程序。

(4)其他导致相互协商程序暂停的情形。

3. 国家税务总局可以终止相互协商程序的情形

有下列情形之一的，国家税务总局可以终止相互协商程序：

(1)企业或者其关联方不提供与案件有关的必要资料，或者提供虚假、不完整资料，或者存在其他不配合的情形。

(2)企业申请撤回或者终止相互协商程序。

(3)税收协定缔约对方税务主管当局撤回或者终止相互协商程序。

(4)其他导致相互协商程序终止的情形。

【例题 72·多选题】(2023年)在特别纳税调整协商过程中，国家税务总局可以暂停相互协商程序的情形有( )。

A. 特别纳税调整案件尚未结案

B. 申请必须以另一被调查企业的调查调整结果为依据，而另一被调查企业尚未结束调查调整程序

C. 企业申请暂停相互协商程序

D. 税收协定缔约对方税务主管当局请求暂停相互协商程序

E. 企业或其关联方不提供与案件有关的必要资料

解析 选项 A，属于国家税务总局可以拒绝企业申请或者税收协定缔约对方税务主管当局启动相互协商程序的请求情形。选项 E，属于国家税务总局可以终止相互协商程序的情形。

(十)预约定价安排管理

预约定价安排概念：企业就其未来年度关联交易的定价原则和计算方法向税务机关提出申请，与税务机关按照独立交易原则协商、确认后达成的协议。

预约定价安排谈签与执行流程：预备会谈、谈签意向、分析评估、正式申请、协商签署和监控执行。

例题 72 | BCD

预约定价安排类型：单边、双边和多边。

1. 预约定价安排适用范围

（1）预约定价安排适用于主管税务机关向企业送达接收其谈签意向的《税务事项通知书》之日所属纳税年度起 3～5 个年度的关联交易。

（2）企业以前年度的关联交易与预约定价安排适用年度相同或者类似的，经企业申请，税务机关可以将预约定价安排确定的定价原则和计算方法追溯适用于以前年度该关联交易的评估和调整。追溯期最长为 10 年。

（3）预约定价安排一般适用于主管税务机关向企业送达接收其谈签意向的《税务事项通知书》之日所属纳税年度前 3 个年度，每年度发生的关联交易金额 4 000 万元人民币以上的企业。

2. 预约定价安排管理

（1）预约定价安排执行期满后自动失效，企业申请续签的，应当在预约定价安排执行期满之日前 90 日内向税务机关提出续签申请。

（2）预约定价安排执行期间，企业发生影响预约定价安排的实质性变化，应当在发生变化之日起 30 日内书面报告主管税务机关，详细说明该变化对执行预约定价安排的影响，并附送相关资料。

（3）预约定价安排执行期间，主管税务机关与企业发生分歧的，双方应当进行协商。协商不能解决的，可以报上一级税务机关协调；涉及双边或者多边预约定价安排的，必须层报国家税务总局协调。对上一级税务机关或者国家税务总局的决定，下一级税务机关应当予以执行。企业仍不能接受的，可以终止预约定价安排的执行。

（4）在预约定价安排签署前，税务机关和企业均可暂停、终止预约定价安排程序。

（5）没有按照规定的权限和程序签署预约定价安排，或者税务机关发现企业隐瞒事实的，应当认定预约定价安排自始无效。

（6）税务机关与企业不能达成预约定价安排的，税务机关在协商过程中所取得的有关企业的提议、推理、观念和判断等非事实性信息，不得用于对该预约定价安排涉及关联交易的特别纳税调查调整。

（7）有下列情形之一的，税务机关可以优先受理企业提交的申请：

a. 企业关联申报和同期资料完备合理，披露充分。

b. 企业纳税信用级别为 A 级。

c. 税务机关曾经对企业实施特别纳税调查调整，并已经结案。

d. 签署的预约定价安排执行期满，企业申请续签，且预约定价安排所述事实和经营环境没有发生实质性变化。

e. 企业提交的申请材料齐备，对价值链或者供应链的分析完整、清晰，充分考虑成本节约、市场溢价等地域特殊因素，拟采用的定价原则和计算方法合理。

f. 企业积极配合税务机关开展预约定价安排谈签工作。

g. 申请双边或者多边预约定价安排的，所涉及的税收协定缔约对方税务主管当局有较强的谈签意愿，对预约定价安排的重视程度较高。

h. 其他有利于预约定价安排谈签的因素。

3. 简易程序

（1）简易程序包括申请评估、协商签署和监控执行3个阶段。

（2）企业在主管税务机关向其送达受理申请的《税务事项通知书》之日所属纳税年度前3个年度，每年度发生的关联交易金额4 000万元人民币以上，并符合下列条件之一的，可以申请适用简易程序：

a. 已向主管税务机关提供拟提交申请所属年度前3个纳税年度的、符合规定的同期资料。

b. 自企业提交申请之日所属纳税年度前10个年度内，曾执行预约定价安排，且执行结果符合安排要求的。

c. 自企业提交申请之日所属纳税年度前10个年度内，曾受到税务机关特别纳税调查调整且结案的。

提示 同时涉及两个或者两个以上省、自治区、直辖市和计划单列市税务机关的单边预约定价安排，暂不适用简易程序。

（3）有下列情形之一的，主管税务机关不予受理企业提交的申请：

a. 税务机关已经对企业实施特别纳税调整立案调查或者其他涉税案件调查，且尚未结案。

b. 未按照有关规定填报年度关联业务往来报告表，且不按时更正。

c. 未按照有关规定准备、保存和提供同期资料。

d. 未按照要求提供相关资料或者提供的资料不符合税务机关要求，且不按时补正或者更正。

e. 拒不配合税务机关进行功能和风险实地访谈。

（4）主管税务机关收到企业申请后，应当开展分析评估，进行功能和风险实地访谈，并于收到企业申请之日起90日内向企业送达《税务事项通知书》，告知其是否受理；不予受理的，说明理由。

（5）主管税务机关受理企业申请后，应当与企业就其关联交易是否符合独立交易原则进行协商，并于向企业送达受理申请的《税务事项通知书》之日起6个月内协商完毕。协商期间，主管税务机关可以要求企业补充提交相关资料，企业补充提交资料时间不计入上述6个月内。

a. 主管税务机关与企业协商一致的，应当拟定单边预约定价安排文本。双方的法定代表人或法定代表人授权的代表签署单边预约定价安排。

b. 主管税务机关不能与企业协商一致的，应当向企业送达终止简易程序的《税务事项通知书》。企业可以按照规定重新申请单边预约定价安排。已经提交过的资料，无须重复提交。

（十一）成本分摊协议管理

（1）对于符合独立交易原则的成本分摊协议，有关税务处理如下：

a. 企业按照协议分摊的成本，应在协议规定的各年度税前扣除。

b. 涉及补偿调整的，应在补偿调整的年度计入应纳税所得额。

c. 涉及无形资产的成本分摊协议，加入支付、退出补偿或终止协议时对协议成果分配的，应按资产购置或处置的有关规定处理。

（2）成本分摊协议的参与方对开发、受让的无形资产或参与的劳务活动享有受益权，并承担相应的活动成本。关联方承担的成本应与非关联方在可比条件下为获得上述受益权而支付的成本相一致。

a. 参与方使用成本分摊协议所开发或受让的无形资产不需另支付特许权使用费。

b. 企业对成本分摊协议所涉及无形资产或劳务的受益权应有合理的、可计量的预期收益，且以合理商业假设和营业常规为基础。

c. 涉及劳务的成本分摊协议一般适用于集团采购和集团营销策划。

（3）企业与其关联方签署成本分摊协议，有下列情形之一的，其自行分摊的成本不得税前扣除：

a. 不具有合理商业目的和经济实质。

b. 不符合独立交易原则。

c. 没有遵循成本与收益配比原则。

d. 未按有关规定备案或准备、保存和提供有关成本分摊协议的同期资料。

e. 自签署成本分摊协议之日起经营期限少于 20 年。

【例题 73·多选题】（2024 年）企业与关联方签署成本分摊协议，发生特殊情形会导致其自行分配的成本不得税前扣除，这些情形包括(　　)。

A. 不具有合理商业目的和经济实质

B. 自签署成本分摊协议之日起，经营期限不少于 20 年

C. 没有遵循成本与收益配比原则

D. 未按照有关规定备案或准备、保存和提供有关成本分摊协议的同期资料

E. 不符合独立交易原则

解析　企业与其关联方签署成本分摊协议，有下列情形之一的，其自行分摊的成本不得税前扣除：

（1）不具有合理商业目的和经济实质。

（2）不符合独立交易原则。

（3）没有遵循成本与收益配比原则。

（4）未按有关规定备案或准备、保存和提供有关成本分摊协议的同期资料。

（5）自签署成本分摊协议之日起经营期限少于 20 年。

答案
例题 73 | ACDE

(十二)受控外国企业管理

受控外国企业是指由居民企业,或者由居民企业和中国居民控制的依照外国(地区)法律成立且实际管理机构不在中国境内的企业。

在判定控制时,多层间接持有股份按各层持股比例相乘计算,中间层持有股份超过50%的,按100%计算。

(1)受控外国企业应从以下两个方面进行判定:一是构成控制,控制标准包括股份控制和实质控制;二是外国企业,是指依照外国(地区)法律成立且实际管理机构不在中国境内的企业。

(2)受控外国企业设立在实际税负低于12.5%的国家(地区),并非由于合理的经营需要而对利润不作分配或者减少分配的,或者符合豁免情形的,税务机关可以按有关规定办理。

(3)计入中国居民企业股东当期的视同受控外国企业股息分配的所得,应按以下公式计算:

中国居民企业股东当期所得=视同股息分配额×实际持股天数÷受控外国企业纳税年度天数×股东持股比例

中国居民股东多层间接持有股份的,股东持股比例按各层持股比例相乘计算。

(4)中国居民企业股东能够提供资料证明其控制的外国企业满足以下条件之一的,可免予将外国企业不作分配或减少分配的利润视同股息分配额,计入中国居民企业股东的当期所得:

a. 设立在国家税务总局指定的非低税率国家(地区)。

b. 主要取得积极经营活动所得。

c. 年度利润总额低于500万元人民币。

(十三)资本弱化管理

(1)企业从其关联方接受的债权性投资与权益性投资的比例超过规定标准而发生的利息支出,不得在计算应纳税所得额时扣除。不得扣除的利息支出应按以下公式计算。

不得扣除利息支出=年度实际支付的全部关联方利息×(1-标准比例÷关联债资比例)

a. 标准比例——金融企业,为5∶1;其他企业,为2∶1。

b. 关联债资比例的具体计算方法如下:

关联债资比例=年度各月平均关联债权投资之和÷年度各月平均权益投资之和

各月平均关联债权投资=(关联债权投资月初账面余额+月末账面余额)÷2

各月平均权益投资=(权益投资月初账面余额+月末账面余额)÷2

提示 权益投资为企业资产负债表所列示的所有者权益金额。

(1)所有者权益<实收资本(股本)+资本公积,则权益投资=实收资本(股本)+资本公积。

(2)实收资本(股本)+资本公积<实收资本(股本)金额,则权益投资=实收资本(股本)金额。

(2)不得在计算应纳税所得额时扣除的利息支出,不得结转到以后纳税年度。

应按照实际支付给各关联方利息占关联方利息总额的比例,在各关联方之间进行分配,其中,分配给实际税负高于企业的境内关联方的利息准予扣除;直接或间接实际支付给境外关联方的利息应视同分配的股息,按照股息和利息分别适用的所得税税率差补征企业所得税,如已扣缴的所得税税款多于按股息计算应征所得税税款,多出的部分不予退税。

【例题74·计算题】 A、B、C是关联企业,2018年A投资C企业600万元,B投资C企业500万元。2024年1月1日,C从A借款2 000万元,期限3年,年利率5%,2024年7月1日,C从B借款1 000万元,期限2年,年利率4%。经计算,C企业2024年度各月平均关联债权投资之和2 500万元,年度各月平均权益投资之和950万元。假设该企业的关联借款利息率均不高于同期银行贷款利率,C企业实际税负不高于B企业。

要求:计算C企业2024年度不得税前扣除的利息支出金额。

答案

(1)C企业关联债资比例=2 500÷950=2.63。

(2)C企业2024年度实际支付的全部关联方利息=2 000×5%+1 000×4%×6÷12=120(万元)。

其中:

C企业支付给A企业的利息=2 000×5%=100(万元)。

C企业支付给B企业的利息=1 000×4%×6÷12=20(万元)。

(3)不得扣除的利息支出=120×(1-2÷2.63)=28.75(万元)。

(4)C企业支付给A企业的利息占全部关联利息的比重=100÷120×100%=83.33%,C企业支付给B企业的利息占全部关联利息的比重=20÷120×100%=16.67%。

由于B企业的实际税负高于C企业,所以C支付给B的利息全部可以扣除。

支付给A企业的不得扣除的利息=28.75×83.33%=23.96(万元),作纳税调整处理,也不得结转下年扣除。

提示 假设该企业向境外关联方甲企业借款折合人民币800万元,按15%的利息率支付一年利息120万元,该国与我国税收协定的利息预提所得税税率为7%,股息为10%,支付利息时已经扣除预提所得税8.4万元。

已知：假设按上题中的计算方法计算的支付给甲企业的不得扣除的利息支出的数额为80万元。根据规定，此部分视同股息，补征的所得税＝80×（10%－7%）＝2.4（万元）。

（十四）一般反避税管理

以下规定适用于税务机关按照《企业所得税法》及其实施条例规定，对企业实施的不具有合理商业目的而获取税收利益的避税安排，实施的特别纳税调整。税收利益是指减少、免除或者推迟缴纳企业所得税应纳税额。

1. 避税安排的特征

（1）以获取税收利益为唯一目的或者主要目的。

（2）以形式符合税法规定、但与其经济实质不符的方式获取税收利益。

2．不适用一般反避税规定的情形

（1）与跨境交易或者支付无关的安排。

（2）涉嫌逃避缴纳税款、逃避追缴欠税、骗税、抗税以及虚开发票等税收违法行为。

提示

（1）企业的安排属于转让定价、成本分摊、受控外国企业、资本弱化等其他特别纳税调整范围的，应当首先适用其他特别纳税调整相关规定。

（2）企业的安排属于受益所有人、利益限制等税收协定执行范围的，应当首先适用税收协定执行的相关规定。

3．特别纳税调整方法

税务机关对企业的避税安排应当以具有合理商业目的和经济实质的类似安排为基准，按照实质重于形式的原则实施特别纳税调整。调整方法包括：

（1）对安排的全部或者部分交易重新定性。

（2）在税收上否定交易方的存在，或者将该交易方与其他交易方视为同一实体。

（3）对相关所得、扣除、税收优惠、境外税收抵免等重新定性或者在交易各方间重新分配。

（4）其他合理方法。

4．反避税立案

（1）各级税务机关应当结合工作实际，应用各种数据资源，如企业所得税汇算清缴、纳税评估、同期资料管理、对外支付税务管理、股权转让交易管理、税收协定执行等，及时发现一般反避税案源。

（2）主管税务机关发现企业存在避税嫌疑的，层报省、自治区、直辖市和计划单列市（以下简称省）税务机关复核同意后，报国家税务总局申请立案。

（3）省税务机关应当将国家税务总局形成的立案申请审核意见转发主管税务机关。国家税务总局同意立案的，主管税务机关实施一般反避税调查。

5. 反避税调查

（1）主管税务机关实施一般反避税调查时，应当向被调查企业送达《税务检查通知书》。被调查企业认为其安排不属于避税安排的，应当自收到《税务检查通知书》之日起 60 日内提供相关资料。企业因特殊情况不能按期提供的，可书面申请延期但是最长不得超过 30 日。主管税务机关应当自收到企业延期申请之日起 15 日内书面回复。逾期未回复的，视同税务机关同意企业的延期申请。

（2）企业拒绝提供资料的，主管税务机关可按税收征管法规定进行核定。

6. 反避税争议处理

（1）被调查企业对主管税务机关作出的一般反避税调整决定不服的，可以按照有关法律法规的规定申请法律救济。

（2）被调查企业认为我国税务机关作出的一般反避税调整，导致国际双重征税或者不符合税收协定规定征税的，可以按照税收协定及其相关规定申请启动相互协商程序。

考点十四 征收管理 ★★ 一学多考 | 注

（一）纳税地点

纳税地点，见表 1-28。

表 1-28 纳税地点

纳税人		纳税地点
居民企业	登记注册地在境内的	登记注册地
	登记注册地在境外的	实际管理机构所在地
非居民企业	境内设立机构、场所	机构、场所所在地
	境内设立两个或两个以上机构、场所的	可以选择由其主要机构、场所汇总缴纳
	未设立机构、场所或虽设立但无实际联系的所得	扣缴义务人所在地

（二）非居民企业机构场所汇总缴纳企业所得税

在境内设立多个机构、场所的非居民企业依照规定，选择由其主要机构、场所汇总其他境内机构、场所（以下称被汇总机构、场所）缴纳企业所得税的，相关税务处理事项如下：

（1）汇总纳税的非居民企业应在汇总纳税的年度中持续符合下列所有条件。

a. 汇总纳税的各机构、场所已在所在地主管税务机关办理税务登记，并取得纳税人识别号。

b. 主要机构、场所符合企业所得税法规定，汇总纳税的各机构、场所不得采用核定方式计算缴纳企业所得税。

c. 汇总纳税的各机构、场所能够按照规定准确计算本机构、场所的税款分摊额，并按要求向所在地主管税务机关办理纳税申报。

（2）除下面第（3）项规定外，主要机构、场所比照居民企业总机构就地分摊缴纳企业所得税；被汇总机构、场所比照居民企业分支机构就地分摊缴纳企业所得税。

（3）符合上述第（1）项规定的机构、场所不具有主体生产经营职能，不从纳入汇总缴纳企业所得税的其他机构、场所之外取得营业收入，仅具有内部辅助管理或服务职能的，可以纳入汇总计算缴纳企业所得税的范围，但不就地分摊缴纳企业所得税。

（4）除国家税务总局另有规定外，汇总纳税的各机构、场所应按照规定，分季度预缴和年终汇算清缴企业所得税。

（5）主要机构、场所主管税务机关应在每季度终了和年度汇算清缴期满后 30 日内，将主要机构、场所申报信息传递给各被汇总机构、场所主管税务机关。各被汇总机构、场所主管税务机关应在每季度终了和年度汇算清缴期满后 30 日内，将本地被汇总纳税机构、场所申报信息传递给主要机构、场所主管税务机关。

a. 汇总纳税的各机构、场所主管税务机关不得对汇总纳税的各机构、场所同一税务处理事项作出不一致的处理决定。相关主管税务机关就有关处理事项不能达成一致的，报共同上级税务机关决定。

b. 主要机构、场所主管税务机关发现主要机构、场所不具备上述第（1）项规定条件的，在征得各被汇总机构、场所主管税务机关同意后，责令其限期改正，逾期不改正的，取消该非居民企业所有机构、场所相关年度企业所得税汇总缴纳方式，并通知各被汇总机构、场所主管税务机关。

c. 被汇总机构、场所主管税务机关发现被汇总机构、场所不具备上述第（1）项规定条件的，在征得主要机构、场所主管税务机关同意后，责令其限期改正，逾期不改正的，取消该被汇总机构、场所相关年度企业所得税汇总缴纳方式，并通知主要机构、场所及其他被汇总机构、场所主管税务机关。

（6）汇总纳税的各机构、场所全部处于同一省、自治区、直辖市或计划单列市税务机关（以下称省税务机关）管辖区域内的，该省税务机关在不改变上述第（1）项规定汇总纳税适用条件的前提下，可以按照不增加纳税义务，不减少办税便利的原则规定管理办法。

【例题 75·单选题】（2024 年）除税收法律、行政法规另有规定外，在我国境外登记注册的居民企业，其企业所得税纳税地点是（   ）。

A. 实际经营地　　　　　　　　B. 开户银行所在地
C. 控股企业所在地　　　　　　D. 实际管理机构所在地

例题 75 | D

解析 除税收法律、行政法规另有规定外，居民企业以企业登记注册地为纳税地点；但登记注册地在境外的，以实际管理机构所在地为纳税地点。企业注册登记地是指企业依照国家有关规定登记注册的住所地。

(三)纳税期限

企业所得税按纳税年度计算，分月或者分季预缴，年终汇算清缴，多退少补。

1. 纳税年度

(1)一般情况：自公历 1 月 1 日起至 12 月 31 日止。

(2)企业在一个纳税年度中间开业，或者由于合并、关闭等原因终止经营活动：实际经营期为 1 个纳税年度。

(3)企业清算：清算期间作为 1 个纳税年度，依法计算清算所得及其应纳企业所得税。

2. 汇算清缴

自年度终了之日起 5 个月内。

3. 终止清算

企业在年度中间终止经营活动的，应当自实际经营终了之日起 60 日内汇算清缴。

【例题 76·单选题】(2023 年)企业在年度中间终止经营活动，当期经营所得企业所得税汇算清缴的时间为(　　)。

A. 自实际经营活动终了之日起 30 日内
B. 自实际经营活动终了之日起 60 日内
C. 自实际经营活动终了之日起 2 个月内
D. 办理注销税务登记前 30 日内

解析 企业在年度中间终止经营活动的，应当自实际经营终了之日起 60 日内，向税务机关办理当期企业所得税汇算清缴。

(四)纳税申报

(1)月(季)度预缴：按月或按季预缴的，应当自月份或者季度终了之日起 15 日内，向税务机关报送预缴企业所得税纳税申报表，预缴税款。

自 2019 年起，小型微利企业所得税统一实行按季度预缴。

(2)企业在纳税年度内无论盈利还是亏损，都应当依照规定期限，向税务机关报送预缴企业所得税纳税申报表、年度企业所得税纳税申报表、财务会计报告和税务机关规定应当报送的其他有关资料。

(五)跨地区经营汇总纳税企业所得税征收管理

1. 基本原则和适用范围

(1)居民企业在中国境内跨地区(指跨省、自治区、直辖市和计划单列

学习这部分内容首先要知道为什么产生这个问题，根本上说是由于企业所得税作为法人所得税要汇总纳税，但汇总后的税额不能全部成为总机构的税源，要找到一个合理方法在总分机构间进行分配，这样就产生了我们将要学习的这个征收管理的规定。

答案
例题 76 | B

市，下同）设立不具有法人资格分支机构的，该居民企业为跨地区经营汇总纳税企业（以下简称汇总纳税企业），除另有规定外，其企业所得税征收管理适用以下规定。（部分企业全额上缴中央国库不适用以下规定）

（2）征收管理办法。

a. 统一计算，是指总机构统一计算包括汇总纳税企业所属各个不具有法人资格分支机构在内的全部应纳税所得额、应纳税额。

b. 分级管理，是指总机构、分支机构所在地的主管税务机关都有对当地机构进行企业所得税管理的责任，总机构和分支机构应分别接受机构所在地主管税务机关的管理。

c. 就地预缴，是指总机构、分支机构应按照规定，分月或分季分别向所在地主管税务机关申报预缴企业所得税。

d. 汇总清算，是指在年度终了后，总机构统一计算汇总纳税企业的年度应纳税所得额、应纳所得税税额，抵减总机构、分支机构当年已就地分期预缴的企业所得税税款后，多退少补。

e. 财政调库，是指财政部定期将缴入中央国库的汇总纳税企业所得税待分配收入，按照核定的系数调整至地方国库。

（3）适用范围，总机构和具有主体生产经营职能的二级分支机构，就地分摊缴纳企业所得税。以下二级分支机构不就地分摊缴纳企业所得税：

◆不具有主体生产经营职能，且在当地不缴纳增值税的产品售后服务、内部研发、仓储等汇总纳税企业内部辅助性的二级分支机构，不就地分摊缴纳企业所得税。

提示 总机构设立具有主体生产经营职能的部门（非上述二级分支机构），且该部门的营业收入、职工薪酬和资产总额与管理职能部门分开核算的，可将该部门视同一个二级分支机构，按规定计算分摊并就地缴纳企业所得税；不能分开核算的，该部门不得视同一个二级分支机构，不得计算分摊并就地缴纳企业所得税。

◆上年度认定为小型微利企业的，其二级分支机构不就地分摊缴纳企业所得税。

◆新设立的二级分支机构，设立当年不就地分摊缴纳企业所得税。

提示

（1）汇总纳税企业当年由于重组等原因从其他企业取得重组当年之前已存在的二级分支机构，并作为本企业二级分支机构管理的，该二级分支机构不视同当年新设立的二级分支机构，按规定计算分摊并就地缴纳企业所得税。

（2）汇总纳税企业内就地分摊缴纳企业所得税的总机构、二级分支机构之间，发生合并、分立、管理层级变更等形成的新设或存续的二级分支机构，不视同当年新设立的二级分支机构，按规定计算分摊并就地缴纳企业所得税。

◆当年撤销的二级分支机构，自办理注销税务登记之日所属企业所得税预缴期间起，不就地分摊缴纳企业所得税。

◆ 汇总纳税企业在中国境外设立的不具有法人资格的二级分支机构，不就地分摊缴纳企业所得税。

2. 税款预缴和汇算清缴

汇总纳税企业按规定汇总计算的企业所得税，包括预缴税款和汇算清缴应缴应退税款。50%在各分支机构间分摊，各分支机构根据分摊税款就地办理缴库或退库；50%由总机构分摊缴纳，其中25%就地办理缴库或退库，25%就地全额缴入中央国库或退库。❶

> **老杨啰嗦啰嗦 1**
> 形象地说就是一个"T"字形分配。

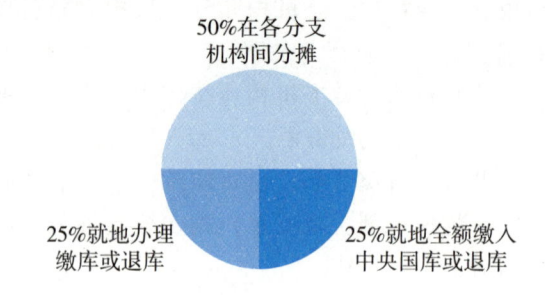

（图：50%在各分支机构间分摊；25%就地办理缴库或退库；25%就地全额缴入中央国库或退库）

提示

(1) 预缴时：汇总纳税企业应根据当期实际利润额，按照规定的预缴分摊方法计算总机构和分支机构的企业所得税预缴额，分别由总机构和分支机构就地预缴；在规定期限内按实际利润额预缴有困难的，也可以按照上一年度应纳税所得额的1/12或1/4，按照规定的预缴分摊方法计算总机构和分支机构的企业所得税预缴额，分别由总机构和分支机构就地预缴。预缴方法一经确定，当年度不得变更。（每月或季度终了后15日内预缴）

(2) 汇算清缴时：由总机构汇总计算企业年度应纳所得税税额，按照规定的税款分摊方法，计算总机构和分支机构的企业所得税应补退税款，分别由总机构和分支机构就地办理税款缴库或退库。自2024年度汇算清缴开始，分摊税款计算方法由"增量计算"调整为"存量计算"，企业先对全年应纳税款进行分摊，再由总、分机构分别抵减其已分摊预缴税款，并计算本年应补退税金额。❷

> **老杨啰嗦啰嗦 2**
> 原方法下，汇算清缴时，由总机构汇总计算年度应纳税额，扣除预缴税款后，计算出应缴应退税款，再分摊计算总分机构的应缴应退税款，分别办理税款缴库或退库。上述计算方法的变化主要解决预缴阶段分摊比例错误导致的税款偏差，实现多退少补。

3. 总分机构分摊税款的计算 **调整**

(1) 总机构实际应分摊所得税税额=（本年实际应纳所得税税额-总机构直接管理项目部预分所得税税额）×总机构分摊比例。

(2) 财政集中实际应分配所得税税额=（本年实际应纳所得税税额-总机构直接管理项目部预分所得税税额）×财政集中分配比例。

(3) 分支机构实际应分摊所得税税额=本年实际应纳所得税税额-总机构直接管理项目部预分所得税税额-总机构实际应分摊所得税税额-财政集中实际应分配所得税税额。

(4) 分支机构分摊比例=（该分支机构营业收入÷分支机构营业收入合计）×35%+（该分支机构职工薪酬÷分支机构职工薪酬合计）×35%+（该分支

构资产总额÷分支机构资产总额合计)×30%。

(5)实际应分摊所得税税额=分支机构实际应分摊所得税税额×分摊比例。

(6)分摊应补(退)所得税税额=实际应分摊所得税税额-累计已分摊所得税税额。

(7)实际分摊应补(退)所得税税额=分摊应补(退)所得税税额-民族自治地区企业所得税地方分享部分。

提示

(1)总机构应按照上年度分支机构的营业收入、职工薪酬和资产总额三个因素计算各分支机构分摊所得税款的比例。

上年度分支机构的营业收入、职工薪酬和资产总额,是指分支机构上年度全年的营业收入、职工薪酬数据和上年度12月31日的资产总额数据,是依照国家统一会计制度的规定核算的数据。

一个纳税年度内,总机构首次计算分摊税款时采用的分支机构营业收入、职工薪酬和资产总额数据,与此后经过中国注册会计师审计确认的数据不一致的,不作调整。

(2)三级及以下分支机构,其营业收入、职工薪酬和资产总额统一计入二级分支机构。

(3)对于按照税收法律、法规和其他规定,总机构和分支机构处于不同税率地区的,先由总机构统一计算全部应纳税所得额,然后按规定的比例和计算的分摊比例,计算划分不同税率地区机构的应纳税所得额,再分别按各自的适用税率计算应纳税额后加总计算出汇总纳税企业的应纳所得税总额,最后按规定的比例和按计算的分摊比例,向总机构和分支机构分摊就地缴纳的企业所得税税款。

【例题77·计算题】已知某公司2024年第一季度共计应预缴企业所得税2 000万元,投资分支机构和A、B两省的二级分支机构有关资料如下:

分支机构	营业收入/万元	职工薪酬/万元	资产总额/万元
投资分支机构	20 000	200	11 000
A省分支机构	40 000	500	15 000
B省分支机构	56 000	640	26 000
合计金额	116 000	1 340	52 000

要求:

(1)计算投资分支机构2024年第一季度的分摊比例。
(2)计算投资分支机构2024年第一季度预缴的企业所得税。
(3)计算总机构2024年第一季度就地预缴的企业所得税。
(4)计算总机构2024年第一季度预缴中央国库的企业所得税。

答案

(1)投资分支机构 2024 年第一季度的分摊比例 = 35%×(20 000÷116 000)+35%×(200÷1 340)+30%×(11 000÷52 000)= 17.60%。

(2)投资分支机构 2024 年第一季度预缴的企业所得税 = 2 000×50%×17.60% = 176(万元)。

提示 A、B省分支机构计算思路同投资分支机构。

(3)总机构 2024 年第一季度就地预缴的企业所得税 = 2 000×25% = 500(万元)。

提示 50%分摊给总机构缴纳,其中 25%就地办理缴库,25%就地全额缴入中央国库。

(4)总机构 2024 年第一季度预缴中央国库的企业所得税 = 2 000×25% = 500(万元)。

(8)由于总机构和分支机构处于不同税率地区,所以不能用前面提到的一般方法计算,但整体思路并没有什么不同,简单地说就是需要"二次分摊":第一次分摊前汇总的是所得额,然后用前述方法分摊,将分摊后的所得额乘以各自的税率后再行汇总,这样汇总后的就是税额了,最后再用同样的方法进行二次分摊。二次分摊,见图 1-8。

汇总所得额 → 分摊 → 汇总税额 → 分摊

图 1-8 二次分摊

4. 日常管理

(1)汇总纳税企业发生的资产损失,应按以下规定申报扣除:

a. 总机构及二级分支机构发生的资产损失,除应按专项申报和清单申报的有关规定各自向所在地主管税务机关申报外,二级分支机构还应同时上报总机构;三级及以下分支机构发生的资产损失不需向所在地主管税务机关申报,应并入二级分支机构,由二级分支机构统一申报。

b. 总机构对各分支机构上报的资产损失,除税务机关另有规定外,应以清单申报的形式向所在地主管税务机关申报。

c. 总机构将分支机构所属资产捆绑打包转让所发生的资产损失,由总机构向所在地主管税务机关专项申报。

(2)总机构应将查补所得税款(包括滞纳金、罚款)的 50%按照规定计算的分摊比例,分摊给各分支机构(不包括不就地分摊的分支机构)缴纳,各分支机构根据分摊查补税款就地办理缴库;50%分摊给总机构缴纳,其中 25%就地办理缴库,25%就地全额缴入中央国库。

(六)合伙企业所得税的征收管理

(1)合伙企业以每一个合伙人为纳税义务人。合伙人是自然人:个人所得税；合伙人是法人和其他组织：企业所得税。

（2）合伙企业生产经营所得和其他所得采取"先分后税"的原则。

（3）合伙企业的合伙人是法人和其他组织的，合伙人在计算其应缴纳的企业所得税时，不得用合伙企业的亏损抵减其盈利。

（4）合伙企业的合伙人按照下列原则确定应纳税所得额：

a. 合伙企业的合伙人以合伙企业的生产经营所得和其他所得，按照合伙协议约定的分配比例确定应纳税所得额。

b. 合伙协议未约定或者约定不明确的，以全部生产经营所得和其他所得，按照合伙人协商决定的分配比例确定应纳税所得额。

c. 协商不成的，以全部生产经营所得和其他所得，按照合伙人实缴出资比例确定应纳税所得额。

d. 无法确定出资比例的，以全部生产经营所得和其他所得，按照合伙人数量平均计算每个合伙人的应纳税所得额。

【例题78·计算题】 2024年，甲公司（持股比例60%）和乙个人（持股比例40%）成立合伙企业A，A合伙企业2024年经营所得为1 000万元。当年分配600万元。

要求：计算甲公司应调整的应纳税所得额。

答案 税法确认分红为600万元（1 000×60%），会计确认投资收益为360万元（600×60%），纳税调增240万元。

提示 从合伙企业分得的所得，不属于"符合条件的直接投资于居民企业而取得的股息红利所得"，不属于免税收入。

（七）境外注册中资控股居民企业所得税的管理

1. 相关概念

（1）境外注册中资控股企业（以下简称境外中资企业）是指由中国内地企业或者企业集团作为主要控股投资者，在中国内地以外国家或地区（含中国香港、澳门、台湾）注册成立的企业。

（2）境外注册中资控股居民企业（以下简称非境内注册居民企业）是指因实际管理机构在中国境内而被认定为中国居民企业的境外注册中资控股企业。

2. 居民身份认定管理

（1）境外中资企业居民身份的认定，采用企业自行判定提请税务机关认定和税务机关调查发现予以认定两种形式。

（2）非境内注册居民企业发生下列重大变化情形之一的，应当自变化之日起15日内报告主管税务机关，主管税务机关应当按照规定层报国家税务总局确定是否取消其居民身份：

a. 企业实际管理机构所在地变更为中国境外的。

b. 中方控股投资者转让企业股权，导致中资控股地位发生变化的。

(八)企业政策性搬迁所得税管理

1. 企业政策性搬迁

企业政策性搬迁,是指由于社会公共利益的需要,在政府主导下企业进行整体搬迁或部分搬迁。企业由于下列需要之一,提供相关文件证明资料的,属于政策性搬迁:

(1)国防和外交的需要。

(2)由政府组织实施的能源、交通、水利等基础设施的需要。

(3)由政府组织实施的科技、教育、文化、卫生、体育、环境和资源保护、防灾减灾、文物保护、社会福利、市政公用等公共事业的需要。

(4)由政府组织实施的保障性安居工程建设的需要。

(5)由政府依照有关规定组织实施的对危房集中、基础设施落后等地段进行旧城区改建的需要。

(6)法律、行政法规规定的其他公共利益的需要。

2. 搬迁收入

企业的搬迁收入,包括搬迁过程中从本企业以外(包括政府或其他单位)取得的搬迁补偿收入,以及本企业搬迁资产处置收入等。

(1)企业取得的搬迁补偿收入,是指企业由于搬迁取得的货币性和非货币性补偿收入。具体包括:

a. 对被征用资产价值的补偿。

b. 因搬迁、安置而给予的补偿。

c. 对停产停业形成的损失而给予的补偿。

d. 资产搬迁过程中遭到毁损而取得的保险赔款。

e. 其他补偿收入。

(2)企业搬迁资产处置收入,是指企业由于搬迁而处置企业各类资产所取得的收入。

提示 企业由于搬迁处置存货而取得的收入,应按正常经营活动取得的收入进行所得税处理,不作为企业搬迁收入。

3. 搬迁支出

企业的搬迁支出,包括搬迁费用支出以及由于搬迁所发生的企业资产处置支出。

(1)搬迁费用支出,是指企业搬迁期间所发生的各项费用,包括安置职工实际发生的费用、停工期间支付给职工的工资及福利费、临时存放搬迁资产而发生的费用、各类资产搬迁安装费用以及其他与搬迁相关的费用。

(2)资产处置支出,是指企业由于搬迁而处置各类资产所发生的支出,包括变卖及处置各类资产的净值、处置过程中所发生的税费等支出。

提示 企业由于搬迁而报废的资产,如无转让价值,其净值作为企业的资产处置支出。

4. 搬迁资产税务处理

（1）企业搬迁的资产，简单安装或不需要安装即可继续使用的，在该项资产重新投入使用后，就其净值按规定的该资产尚未折旧或摊销的年限，继续计提折旧或摊销。

（2）企业搬迁的资产，需要进行大修理后才能重新使用的，应就该资产的净值，加上大修理过程所发生的支出，为该资产的计税成本。在该项资产重新投入使用后，按该资产尚可使用的年限，计提折旧或摊销。

（3）企业搬迁中被征用的土地，采取土地置换的，换入土地的计税成本按被征用土地的净值，以及该换入土地投入使用前所发生的各项费用支出，为该换入土地的计税成本，在该换入土地投入使用后，按规定年限摊销。

（4）企业政策性搬迁被征用的资产，采取资产置换的，其换入资产的计税成本按被征用资产的净值，加上换入资产所支付的税费（涉及补价，还应加上补价款）计算确定。

（5）企业搬迁期间新购置的各类资产，按规定计算确定资产的计税成本及折旧或摊销年限。企业发生的购置资产支出，不得从搬迁收入中扣除。

5. 应税所得

企业在搬迁期间发生的搬迁收入和搬迁支出，可以暂不计入当期应纳税所得额，而在完成搬迁的年度，对搬迁收入和支出进行汇总清算。

（1）有下列情形之一的，为搬迁完成年度，企业应进行搬迁清算，计算搬迁所得：

a. 从搬迁开始，5 年内（包括搬迁当年度）任何一年完成搬迁的。

b. 从搬迁开始，搬迁时间满 5 年（包括搬迁当年度）的年度。

（2）企业同时符合下列条件的，视为已经完成搬迁：

a. 搬迁规划已基本完成。

b. 当年生产经营收入占规划搬迁前年度生产经营收入 50%以上。

（3）企业搬迁收入扣除搬迁支出后为负数的，应为搬迁损失。搬迁损失可在下列方法中选择其一进行税务处理：

a. 在搬迁完成年度，一次性作为损失进行扣除。

b. 自搬迁完成年度起分 3 个年度，均匀在税前扣除。

上述方法由企业自行选择，但一经选定，不得改变。

（4）企业边搬迁、边生产的，搬迁年度应从实际开始搬迁的年度计算。

（5）企业以前年度发生尚未弥补的亏损的，凡企业由于搬迁停止生产经营无所得的，从搬迁年度次年起，至搬迁完成年度前一年度止，可作为停止生产经营活动年度，从法定亏损结转弥补年限中减除。

提示 企业边搬迁、边生产的，其亏损结转年度应连续计算。

【例题 79·单选题】（2024 年）企业政策性搬迁被征用的资产，采取资产置换不涉及补价的，其换入资产的计税成本为（　　）。

A. 被征用资产的账面原值加上换入资产所支付的税费
B. 被征用资产的净值加上换入资产所支付的税费
C. 被征用资产的交易价格加上换出资产所支付的税费
D. 被征用资产的公允价值加上换出资产所支付的税费

解析 企业政策性搬迁被征用的资产，采取资产置换的，其换入资产的计税成本按被征用资产的净值，加上换入资产所支付的税费（涉及补价，还应加上补价款）计算确定。

(九) 居民企业报告境外投资和所得信息的管理

自2023年10月10日起，居民企业或其通过境内合伙企业，在一个纳税年度中的任何一天，直接或间接持有外国企业股份或有表决权股份达到10%（含）以上的，应当在办理该年度企业所得税年度申报时向主管税务机关报送简并后的《居民企业境外投资信息报告表》。

(十) 清算所得申报

企业清算的所得税处理，是指企业在不再持续经营，发生结束自身业务、处置资产、偿还债务以及向所有者分配剩余财产等经济行为时，对清算所得、清算所得税、股息分配等事项的处理。

1. 下列企业应进行清算的所得税处理
(1)按《公司法》《企业破产法》等规定需要进行清算的企业。
(2)企业重组中需要按清算处理的企业。

2. 清算所得
清算所得=全部资产可变现价值或交易价格-资产的计税基础-清算费用-相关税费+债务清偿损益
应纳税所得=清算所得-免税收入-不征税收入-亏损弥补
企业应当自清算结束之日起15日内，向主管税务机关报送企业清算所得税纳税申报表及其附表，结清税款。

3. 可分配的剩余资产
可向所有者分配的剩余资产=全部资产的可变现价值或交易价格-清算费用-职工的工资、社会保险费用和法定补偿金-结清清算所得税-以前年度欠税等税款-清偿企业债务

4. 被清算企业的股东分得的剩余资产的金额
股息所得=被清算企业累计未分配利润和累计盈余公积×股份比例
投资转让所得(损失)=剩余资产-股息所得-投资成本

【例题80·单选题】（2024年）被清算公司的法人股东甲，其原始投资成本20万元，股权占比20%；被清算公司累计未分配利润和累计盈余公积共计80万元。甲从被清算公司分得19万元的剩余资产，应确认的投资转让所得

答案
例题79 | B

为( )万元。

A. 3　　　　B. 19　　　　C. -1　　　　D. -17

解析 被清算企业的股东分得的剩余资产的金额，其中相当于被清算企业累计未分配利润和累计盈余公积中按该股东所占股份比例计算的部分，应确认为股息所得；剩余资产减除股息所得后的余额，超过或低于股东投资成本的部分，应确认为股东的投资转让所得或损失。因此，投资转让所得=19-80×20%-20=-17（万元）。

答案 例题80｜D

同步训练

关于"扫我做试题"，你需要知道

移动端操作：使用"正保会计网校"APP扫描"扫我做试题"二维码，即可同步在线做题。

电脑端操作：使用电脑浏览器登录正保会计网校（www.chinaacc.com），进入"我的网校我的家"，打开"我的图书"选择对应图书享受服务。

提示：首次使用需扫描封面防伪码激活服务。

考点一　纳税义务人、征税对象与税率

1. (单选题·2021年)内地居民张某是香港某公司的实际控制人，经常代表该公司签订合同。2024年1月代表该公司与内地企业签订采购代理合同，不含税代理费600万元，分3年等额收取。不考虑其他税费，下列关于2024年内地企业支付香港公司代理费的企业所得税处理的说法，正确的是( )。

   A. 香港公司在内地没有常设机构，内地企业无须履行代扣代缴义务
   B. 香港公司取得来源于内地的收入，内地企业应代扣代缴企业所得税6万元
   C. 张某已构成代理型常设机构，应自主申报缴纳企业所得税50万元
   D. 内地企业应按照劳务报酬所得，代扣代缴张某应缴纳的个人所得税20.08万元

2. (单选题)根据企业所得税法律制度的规定，下列属于非居民企业的是( )。

   A. 根据我国法律成立，实际管理机构在中国的丙公司
   B. 根据外国法律成立，实际管理机构在我国的甲公司
   C. 根据外国法律成立且实际管理机构在国外，在我国设立机构、场所的乙公司
   D. 根据我国法律成立，在国外设立机构、场所的丁公司

3. (单选题)在中国境内设立机构场所的非居民企业取得的下列所得，实际适用10%的企业所得税税率的是( )。

A. 与境内机构场所有实际联系的境内所得
B. 与境内机构场所有实际联系的境外所得
C. 与境内机构场所没有实际联系的境内所得
D. 与境内机构场所没有实际联系的境外所得

4. (单选题)依据企业所得税法的规定,下列各项中按负担、支付所得的企业或者机构、场所所在地确定所得来源地的是(　　)。
   A. 销售货物所得
   B. 股息、红利等权益性投资所得
   C. 动产转让所得
   D. 特许权使用费所得

5. (单选题)在中国境内未设立机构、场所的外国企业,取得的下列所得中,应按照我国税法缴纳企业所得税的是(　　)。
   A. 将财产出租给中国境内使用者取得的租金
   B. 转让在境外的房产取得的所得
   C. 直接设立在印度的境外分支机构取得的利息
   D. 从设立在法国的子公司取得的投资收益

6. (单选题)某日本企业(实际管理机构不在中国境内)在中国境内设立分支机构,2024年该机构在中国境内取得咨询收入500万元;在中国境内培训技术人员,取得日方支付的培训收入200万元;在香港取得与该分支机构有实际联系的所得80万元,2024年度该境内机构企业所得税的应纳税收入总额为(　　)万元。
   A. 500　　　　B. 580　　　　C. 700　　　　D. 780

7. (多选题·2019年)依据企业所得税的相关规定,下列企业中属于非居民企业的有(　　)。
   A. 实际管理机构在法国,由法国向中国境内企业销售机械的法国企业
   B. 实际管理机构在美国,在中国境内开采石油资源的美国企业
   C. 实际管理机构在韩国,在中国境内提供建筑劳务的韩国企业
   D. 实际管理机构在中国内地,在香港从事食品加工的香港企业
   E. 实际管理机构在英国,向中国境内提供专利使用权的英国企业

考点二 应纳税所得额的计算—考点三 收入总额

1. (单选题·2021年)下列收入实现确认时间的说法,符合企业所得税相关规定的是(　　)。
   A. 租金收入按承租人实际支付租金的日期确认收入的实现
   B. 利息收入按债权人实际收到利息的日期确认收入的实现
   C. 权益性投资收益按被投资方支付股息的日期确认收入的实现
   D. 接受捐赠收入按实际收到捐赠资产的日期确认收入的实现

2. (单选题)根据企业所得税的相关规定,下列关于可转换债券转换为股权投资的税务处理的说法,不正确的是(　　)。
   A. 购买方企业购买可转换债券,在其持有期间按照约定利率取得的利息收入,应当依法申报缴纳企业所得税

B. 购买方企业可转换债券转换为股票时，将应收未收利息一并转为股票的，该应收未收利息会计上未确认收入，税收上不需要作为当期利息收入申报纳税

C. 发行方企业发生的可转换债券的利息，按照规定在税前扣除

D. 发行方企业按照约定将购买方持有的可转换债券和应付未付利息一并转为股票的，其应付未付利息视同已支付，按照规定在税前扣除

3. (单选题)企业发生下列处置资产的情形中，应当视同销售确认企业所得税收入的是( )。

A. 将自产货物用于职工福利

B. 将开发产品转为固定资产

C. 将自产货物用于企业设备更新

D. 将自产货物在境内总、分支机构之间调拨

4. (单选题)下列关于企业所得税确认收入时间的说法，正确的是( )。

A. 广告制作，在广告出现于公众面前时确认收入

B. 采用支付手续费方式代销商品，在发出商品时确认收入

C. 为特定客户开发软件，根据开发软件的完工进度确认收入

D. 采取预收款方式销售商品，在收到预收款时确认收入

5. (单选题)甲公司2018年8月以800万元直接投资于乙公司，占有乙公司30%的股权。2024年12月，甲公司将全部股权转让，取得收入1 200万元，并完成股权变更手续。转让时乙公司账面累计未分配利润200万元。甲公司应确认股权转让的应纳税所得额为( )万元。

A. 400   B. 340   C. 900   D. 200

6. (单选题)2024年12月，甲饮料厂给职工发放自制果汁和当月外购的取暖器作为福利，其中果汁的成本为20万元，公允价值为25万元；取暖器的购进价格为8万元，公允价值为10万元。根据企业所得税相关规定，该厂发放上述福利应确认的收入为( )万元。

A. 10   B. 20   C. 30   D. 35

7. (单选题)2024年12月，甲公司向乙公司投资300万元，期限5年，每年年末收取固定利息。下列关于该投资业务的税务处理的说法中，正确的是( )。

A. 甲公司收到的固定利息为免税收入

B. 乙公司应于应付固定利息的日期确认支出

C. 乙公司支付的固定利息可以据实在税前扣除

D. 甲公司应于实际收到固定利息的日期确认收入的实现

8. (单选题)2024年年末，某造船厂拟对一艘在建远洋客轮按照完工进度法确认其提供劳务的收入。下列测算方法，不符合企业所得税相关规定的是( )。

A. 按照已完工作的测量确定

B. 按照发生成本占总成本的比例确定

C. 按照已提供劳务占劳务总量的比例确定

D. 按照已建造时间占合同约定时间的比例确定

9. (多选题·2022年)依据企业所得税规定,下列行为视同销售的有( )。
   A. 将资产用于职工奖励
   B. 将资产用于市场推广
   C. 将资产用于交际应酬
   D. 将资产用于生产另一产品
   E. 将资产用于股息分配

10. (多选题)根据企业所得税法律制度的规定,下列各项中,属于企业取得货币形式收入的有( )。
    A. 应收票据
    B. 应收账款
    C. 股权投资
    D. 银行存款
    E. 债务的豁免

11. (多选题)企业取得的下列收入,应一次性计入企业所得税所属纳税年度的有( )。
    A. 企业股权转让收入
    B. 接受捐赠收入
    C. 无法偿付的应付款收入
    D. 工期为两年的船舶制造收入
    E. 债务重组收入

12. (多选题)根据企业所得税的相关规定,下列关于收入确认时间的说法,不正确的有( )。
    A. 特许权使用费收入以实际取得收入的日期确认收入的实现
    B. 利息收入以合同约定的债务人应付利息的日期确认收入的实现
    C. 接受捐赠收入按照实际收到捐赠资产的日期确认收入的实现
    D. 作为商品销售附带条件的安装费收入在确认商品销售收入时实现
    E. 企业取得无法偿付的应付款收入,以货币形式体现的,除另有规定外,应一次性计入确认收入的年度计算缴纳企业所得税,以非货币形式体现的,由主管税务机关核定

13. (多选题)依据企业所得税的有关规定,下列行为应视同销售确认收入的有( )。
    A. 将自产货物用于职工奖励
    B. 将自建商品房转为固定资产
    C. 将自产货物用于职工宿舍建设
    D. 将外购货物用于交际应酬
    E. 将自产货物移送到境外分支机构

14. (多选题)根据企业所得税的相关规定,下列关于混合性投资业务相关的所得税处理,正确的有( )。
    A. 混合性投资业务是指兼具权益和债权双重特性的投资业务
    B. 投资企业对被投资企业净资产不拥有所有权
    C. 投资企业不具有选举权和被选举权但参与被投资企业日常生产经营活动
    D. 投资企业应于被投资企业应付利息的日期确认收入的实现并计入当期应纳税所得额
    E. 被投资企业赎回的投资,投资双方应于赎回时将赎价与投资成本之间的差额确认为债务重组损益,分别计入当期应纳税所得额

15. (多选题)企业提供的下列劳务中,按照完工进度确认企业所得税应税收入的

有( )。

A. 广告的制作　　　　　　　　B. 提供宴会招待

C. 提供艺术表演　　　　　　　D. 为特定客户开发软件

E. 作为商品销售附带条件的安装

16. (综合分析题)我国境内某生产企业为增值税一般纳税人,2024年度企业有关经营情况如下:

(1)全年取得销售电子产品的不含税收入7 200万元。

(2)全年购进与生产电子产品相关的原材料取得增值税专用发票,注明价款3 200万元、税额416万元,已申报抵扣进项税额;12月购进安全生产专用设备(属于企业所得税优惠目录的范围)取得增值税专用发票,注明价款50万元、税额6.5万元并在当月申报抵扣。

(3)全年发生与销售电子产品相关的销售成本4 150万元;全年发生销售费用1 400万元,其中含广告费1 100万元;全年发生管理费用600万元,其中含新技术研究开发费320万元、业务招待费75万元。

(4)计入成本、费用中的实发工资400万元、拨缴的工会经费支出9万元、发生职工福利费支出70万元、发生职工教育经费支出13万元。全年发生营业外支出300万元,其中包含支付合同违约金6万元。

(注:该企业适用增值税税率13%,城市维护建设税税率7%,教育费附加征收率3%,企业所得税税率25%,不考虑其他税费。)

要求:根据上述资料,回答下列问题。

(1)2024年度该企业应缴纳的增值税、城市维护建设税、教育费附加共计( )万元。

A. 564.85　　B. 410.6　　C. 412.25　　D. 21.6

(2)2024年度该企业实现的会计利润为( )万元。

A. 499.25　　B. 525.25　　C. 699.25　　D. 698.25

(3)计算2024年度企业所得税应纳税所得额时,下列各项支出可据实扣除的有( )。

A. 广告费　　　　　　　　　　B. 业务招待费

C. 合同违约金　　　　　　　　D. 教育费附加

E. 新技术研究开发费

(4)计算2024年度企业所得税应纳税所得额时,职工福利费、职工工会经费、职工教育经费共计应调整应纳税所得额( )万元。

A. 14　　B. 15　　C. 18　　D. 30

(5)2024年度该企业应纳税所得额为( )万元。

A. 453.25　　B. 472.25　　C. 452.65　　D. 482.65

(6)2024年度该企业应缴纳企业所得税( )万元。

A. 47.99　　B. 50.84　　C. 108.16　　D. 62.9

考点四 不征税收入和免税收入

1. (单选题·2023年)下列收入中,属于企业所得税不征税收入的是( )。
   A. 境外机构投资境内债券市场取得的企业债券利息收入
   B. 非营利组织为政府提供服务取得的收入
   C. 投资者从证券投资基金分配中取得的收入
   D. 社保基金取得的股权投资基金收益

2. (单选题·2022年)企业取得的下列款项中,应计算缴纳企业所得税的是( )。
   A. 未指定用途的账户奖励
   B. 国家投资款
   C. 增值税出口退税款
   D. 增值税留抵退税款

3. (单选题)根据企业所得税相关规定,下列收入属于居民企业不征税收入的是( )。
   A. 债务的豁免
   B. 接受企业的捐赠收入
   C. 取得的权益性投资收益
   D. 依法收取并纳入财政管理的行政事业性收费

4. (单选题)县级人民政府将国有非货币性资产明确以股权投资方式投入企业,企业应作为国家资本金处理,该非货币性资产的计税基础是( )。
   A. 市场公允价值
   B. 双方协商价值
   C. 该资产投入前的账面余值
   D. 政府确定的接收价值

5. (单选题)下列各项收入中,免征企业所得税的是( )。
   A. 转让国债取得的转让收入
   B. 非营利组织免税收入孳生的银行存款利息
   C. 国际金融组织向居民企业提供一般贷款的利息收入
   D. 种植观赏性作物并销售取得的收入

6. (单选题)根据企业所得税的相关规定,下列收入中,属于免税收入的是( )。
   A. 国债利息
   B. 存款利息
   C. 财政补贴
   D. 财政拨款

7. (单选题)符合条件的非营利组织取得下列收入,免征企业所得税的是( )。
   A. 从事营利活动取得的收入
   B. 因政府购买服务而取得的收入
   C. 不征税收入孳生的银行存款利息收入
   D. 按照县级民政部门规定收取的会费收入

8. (多选题)依据企业所得税的相关规定,企业取得的下列资金中,计入企业收入总额的有( )。
   A. 增加企业实收资本的国家投资
   B. 无法偿付的应付款项
   C. 按规定取得的增值税出口退税款
   D. 企业资产的溢余收入
   E. 企业使用后需归还财政的资金

9. (多选题)非营利组织取得的下列收入,为企业所得税免税收入的有( )。
   A. 因政府购买服务取得的收入
   B. 不征税收入孳生的利息收入
   C. 接受个人捐赠的收入
   D. 免税收入孳生的利息收入
   E. 接受其他单位捐赠的收入

考点五 税前扣除项目

1. (单选题)企业因下列行为发生的借款费用,不应当作为资本化支出核算的是( )。
   A. 企业因购置无形资产发生借款的,在购置期间发生的合理借款费用
   B. 企业因购置固定资产发生借款的,在购置期间发生的合理借款费用
   C. 企业因建造固定资产发生借款的,在建造期间发生的合理借款费用
   D. 为经过六个月建造才能达到预定可销售状态的存货发生借款的,在建造期间发生的合理借款费用

2. (单选题)下列关于企业从被投资单位撤回投资时取得资产的企业所得税税务处理中,说法正确的是( )。
   A. 相当于初始投资的部分应确认为股息所得
   B. 取得的全部资产应确认为股息所得
   C. 超过初始投资的部分应确认为投资资产转让所得
   D. 相当于被投资企业累计未分配利润和累计盈余公积按减少实收资本比例计算的部分,应确认为股息所得

3. (单选题)下列各项支出,允许在计算当年企业所得税应纳税所得额时据实扣除的是( )。
   A. 关联企业租赁设备支付的合理租金
   B. 企业内营业机构之间支付的租金
   C. 超过规定标准的捐赠支出
   D. 工商部门罚款

4. (单选题)下列各项支出,可在企业所得税税前扣除的是( )。
   A. 企业之间支付的管理费用
   B. 非银行企业内营业机构之间支付的利息
   C. 企业依据法律规定提取的环境保护专项资金
   D. 烟草企业的烟草广告费和烟草宣传费

5. (单选题)企业支付的下列保险费,不得在企业所得税税前扣除的是( )。
   A. 企业为投资者购买的商业保险
   B. 企业按规定为职工购买的工伤保险
   C. 企业为特殊工种职工购买的法定人身安全保险
   D. 企业为本单位车辆购买的交通事故责任强制保险

6. (单选题)某电子公司(企业所得税税率15%)2024年1月1日向母公司(企业所得税税率25%)借入1年期贷款5 000万元用于购置原材料,约定年利率为10%,银行同期同类贷款利率为7%。2024年电子公司企业所得税税前可扣除的该笔借款的利息费用为( )万元。

A. 1 000　　　　　B. 500　　　　　C. 350　　　　　D. 0

7. (单选题)某商贸公司2024年开始筹建，当年未取得收入，筹办期间发生业务招待费300万元、业务宣传费20万元、广告费用200万元。根据企业所得税相关规定，上述支出可计入企业筹办费并在税前扣除的金额为(　　)万元。

A. 200　　　　　B. 220　　　　　C. 400　　　　　D. 520

8. (单选题)2024年某软件生产企业发放的合理工资总额200万元；实际发生职工福利费用35万元、工会经费3.5万元、职工教育经费8万元(其中单独核算的职工培训经费4万元)；另为职工支付补充养老保险费12万元、补充医疗保险费8万元。2024年企业申报所得税时上述费用可在税前扣除的金额为(　　)万元。

A. 255.5　　　　B. 257.5　　　　C. 259.5　　　　D. 260

9. (单选题)2024年度，甲企业实现不含税销售收入3 000万元，当年发生广告费400万元，上年度结转未扣除广告费50万元。已知广告费不超过当年销售收入15%的部分，准予扣除。甲企业在计算2024年度企业所得税应纳税所得额时，纳税调整的广告费金额是(　　)。

A. 纳税调整增加50万元　　　　　B. 纳税调整增加60万元
C. 纳税调整减少50万元　　　　　D. 纳税调整减少60万元

10. (单选题)2024年某居民企业实现商品销售收入2 000万元，发生现金折扣100万元，接受捐赠收入100万元，转让无形资产所有权收入20万元。该企业当年实际发生业务招待费30万元，广告费240万元，业务宣传费80万元。2024年度该企业可税前扣除的业务招待费、广告费、业务宣传费合计(　　)万元。

A. 294.5　　　　B. 310　　　　　C. 325.5　　　　D. 330

11. (单选题)甲投资公司2016年10月将2 400万元投资于未公开上市的乙公司，取得乙公司40%的股权。2024年5月，甲公司撤回其在乙公司的全部投资，共计从乙公司收回4 000万元。撤资时乙公司的累计未分配利润为600万元，累计盈余公积为400万元。则甲公司撤资应确认的投资资产转让所得为(　　)万元。

A. 0　　　　　　B. 400　　　　　C. 1 200　　　　D. 1 600

12. (单选题)某国家重点扶持的高新技术企业，2024年主营业务收入4 000万元、国债利息收入40万元，与收入配比的成本2 100万元，全年发生管理费用200万元、销售费用500万元(其中包括广告费、业务宣传费支出300万元)、财务费用500万元，营业外支出40万元。上年未扣结转到本年度的广告费支出100万元。假设没有其他相关调整事项。2024年度该企业应缴纳企业所得税(　　)万元。

A. 84　　　　　　B. 90　　　　　C. 100　　　　　D. 52

13. (单选题)2024年某电信企业在委托销售电话入网卡的业务中，向经纪人和代办商支付手续费及佣金100万元，企业当年取得营业收入1 000万元，该企业在计算2024年企业所得税时，可以税前扣除的佣金和手续费为(　　)万元。

A. 0　　　　　　B. 50　　　　　C. 80　　　　　D. 100

14. (单选题)某公司2024年度"财务费用"账户中列支两笔利息费用：向银行借入生产用资金200万元，借用期限6个月，支付借款利息7万元；经过批准自5月

1日起向本企业职工借入资金60万元,用于建造厂房,在10月31日进行竣工结算,资金借用期限8个月,支付借款利息4.8万元。该公司2024年度可在税前扣除的财务费用为( )万元。

A. 7.7 B. 12.3 C. 8.75 D. 9.1

15. (多选题)下列关于手续费及佣金支出的企业所得税税务处理,正确的有( )。

A. 企业计入固定资产的手续费及佣金支出应通过折旧方式分期扣除

B. 电信企业按照企业当年收入总额的5%计算可扣除手续费及佣金限额

C. 保险企业按照当年全部保费收入的18%计算可扣除佣金限额

D. 保险企业超过规定标准的部分允许结转以后5个年度扣除

E. 企业经董事会批准可以将手续费及佣金直接冲减服务协议或合同金额

16. (多选题)下列各项属于企业所得税法规定的职工福利费支出的有( )。

A. 职工住房补贴
B. 职工交通补贴
C. 自办职工食堂经费补贴
D. 离退休人员工资
E. 职工疗养费用

17. (多选题)税务机关对工资、薪金进行合理性确认应遵循的原则有( )。

A. 企业在一定时期工资、薪金的调整是有序进行的

B. 企业所制定的工资、薪金制度符合行业及地区水平

C. 企业在3年内所发放的工资、薪金是相对固定的

D. 有关工资、薪金的安排,不以减少或逃避税款为目的

E. 企业对实际发放的工资、薪金,已依法履行了个人所得税代扣代缴义务

18. (多选题)下列支出中,准予在企业所得税税前全额扣除的有( )。

A. 企业按规定缴纳的财产保险费

B. 烟草企业实际发生的,不超过当年销售(营业)收入15%的广告费和业务宣传费

C. 工业企业向保险公司借入经营性资金的利息支出

D. 企业发生的合理的劳动保护支出

E. 企业发生的环境保护专项资金

19. (多选题)下列说法中,符合企业所得税相关规定的有( )。

A. 企业发生的职工教育经费超过扣除限额的,允许无限期结转到以后纳税年度扣除

B. 企业以前年度发生的符合确认条件的实际资产损失,在当年因某种原因未能扣除的,准予结转到以后年度扣除

C. 符合税收优惠条件的创业投资企业,投资额的70%可抵扣当年应纳税所得额,不足抵扣的,准予在以后5个纳税年度内抵扣

D. 饮料制造企业发生的广告费和业务宣传费支出,超过标准的部分,允许结转到以后纳税年度扣除

E. 企业购置符合规定的环境保护专用设备投资额的10%可以从当年应纳税额中抵免,不足抵免的,准予结转以后5个纳税年度抵免

20. (多选题)根据企业所得税法的规定,企业的下列各项支出,在计算应纳税所得额时,准予从收入总额中直接扣除的有(   )。
    A. 企业对外投资转让时投资资产的成本
    B. 转让固定资产发生的费用
    C. 非居民企业向总机构支付的合理费用
    D. 未经核定的固定资产减值准备
    E. 企业内营业机构之间支付的租金

21. (多选题)下列各项中,在计算企业所得税应纳税所得额时不得扣除的有(   )。
    A. 企业之间支付的管理费
    B. 企业内营业机构之间支付的租金
    C. 企业向投资者支付的股息
    D. 银行企业内营业机构之间支付的利息
    E. 非银行企业内营业机构之间支付的利息

22. (多选题)依据企业所得税的相关规定,企业发生的广告费和业务宣传费可按当年销售(营业)收入的30%的比例限额扣除的有(   )。
    A. 白酒制造企业   B. 饮料销售企业
    C. 医药制造企业   D. 化妆品制造企业
    E. 化妆品销售企业

23. (多选题)下列说法中,符合企业所得税相关规定的有(   )。
    A. 企业发生的公益性捐赠支出未在当年税前扣除的部分,准予向以后年度结转扣除,但结转年限自捐赠发生年度的次年起计算最长不得超过三年
    B. 企业发生的公益性捐赠支出未在当年税前扣除的部分,准予向以后年度结转扣除,但结转年限自捐赠发生年度的次年起计算最长不得超过五年
    C. 未到期责任准备金、寿险责任准备金、长期健康险责任准备金依据经中国保险监督管理委员会核准任职资格的精算师或出具专项审计报告的中介机构确定的金额提取
    D. 已发生已报案未决赔款准备金,按最高不超过当期已经提出的保险赔款或者给付金额的100%提取
    E. 已发生未报案未决赔款准备金,按不超过当年实际赔款支出额的8%提取

24. (多选题)企业所得税税前扣除凭证应遵循的原则有(   )。
    A. 真实性   B. 合法性
    C. 一致性   D. 可比性
    E. 关联性

25. (多选题)企业在补开、换开发票、其他外部凭证过程中,因对方注销、撤销、依法被吊销营业执照、被税务机关认定为非正常户等特殊原因无法补开、换开发票、其他外部凭证的,可凭资料证实支出真实性后,其支出允许税前扣除,下列资料为必备资料的有(   )。
    A. 无法补开、换开发票、其他外部凭证原因的证明资料

B. 货物运输的证明资料

C. 货物入库、出库内部凭证

D. 相关业务活动的合同或者协议

E. 采用非现金方式支付的付款凭证

考点六 亏损弥补

1. (单选题)根据企业所得税法的规定,某企业同时具有境内、境外业务(企业境外业务都在同一国家)时,下列关于盈亏弥补的说法中,正确的是( )。

   A. 境外盈亏可以互相弥补,对境外未弥补的亏损可以由境内盈利弥补
   B. 境外盈亏可以互相弥补,境外盈利可以弥补境内亏损
   C. 境外盈亏不得互相弥补,且境内外之间的盈亏也不得相互弥补
   D. 境外盈利不可以弥补企业当年的亏损

2. (单选题)下列关于企业筹建期间相关业务的税务处理,正确的是( )。

   A. 筹办期应确认为企业的亏损年度
   B. 筹办费应作为长期待摊费用在不低于2年的时间内进行摊销
   C. 筹建期发生的广告费和业务宣传费可按实际发生额计入筹办费
   D. 筹建期发生的业务招待费可按实际发生额计入筹办费

3. (单选题)2024年8月,甲企业以吸收方式合并乙企业,合并业务符合特殊性税务处理条件。合并时乙企业净资产账面价值1 100万元,市场公允价值1 300万元,弥补期限内的亏损70万元,年末国家发行的最长期限的国债利率为4.5%。2024年由甲企业弥补的乙企业的亏损额是( )万元。

   A. 3.15　　　　　　B. 49.5　　　　　　C. 58.5　　　　　　D. 70

4. (多选题)根据企业所得税相关规定,受疫情影响较大的困难行业企业2020年度发生的亏损,最长结转年限由5年延长至8年,下列属于困难行业的有( )。

   A. 交通运输　　　　　　　　　　B. 餐饮
   C. 旅游　　　　　　　　　　　　D. 住宿
   E. 建筑

5. (多选题)根据企业所得税相关规定,下列关于企业亏损弥补的说法,正确的有( )。

   A. 境外营业机构的亏损可以用境内营业机构的盈利弥补
   B. 一般性税务处理下被合并企业的亏损不得由合并企业弥补
   C. 一般性税务处理下被分立企业的亏损不得由分立企业弥补
   D. 除特殊企业外,亏损弥补的年限最长不得超过5年
   E. 境内营业机构的亏损可以用境外营业机构的盈利弥补

考点七 资产的所得税处理

1. (单选题·2023年)下列关于固定资产税务处理的说法,符合企业所得税相关规定的是( )。

   A. 按会计准则计提的固定资产减值准备,不得在税前扣除

B. 盘盈的固定资产，以同类固定资产的公允价值为计税基础

C. 固定资产的预计净残值一经确定，1个年度内不得随意变更

D. 未投入使用的固定资产，不得计提折旧在税前扣除

2. (单选题·2019年)依据企业所得税的相关规定，下列固定资产可以计提折旧的是(　　)。

A. 闲置未用的仓库和办公楼

B. 以经营租赁方式租入的生产设备

C. 单独估价作为固定资产入账的土地

D. 已提足折旧仍继续使用的运输工具

3. (单选题)企业盘盈的固定资产，其计税基础是(　　)。

A. 同类固定资产的评估价格　　　　B. 同类固定资产的重置完全价值

C. 该固定资产的公允价值　　　　　D. 该固定资产的可变现净值

4. (单选题)2024年1月，某公司购进一套价值60万元的管理软件，符合无形资产确认条件，当月投入使用，公司按照无形资产进行核算。根据企业所得税相关规定，2024年该公司计算应纳税所得额时摊销无形资产费用的最高金额为(　　)万元。

A. 6　　　　　B. 10　　　　　C. 30　　　　　D. 60

5. (单选题)某企业对原价1 200万元的房屋(使用年限20年，不考虑净残值)于2024年初进行推倒新建仓库(截止到2024年初该房屋已经使用12年)，2024年10月底仓库建造完工并投入使用，为新建仓库发生支出700万元。税法规定新建仓库折旧年限为20年。假设不考虑残值，2024年可以在企业所得税税前扣除的仓库折旧为(　　)万元。

A. 9.83　　　　B. 9.33　　　　C. 5.83　　　　D. 5.33

6. (单选题)2024年1月，实行查账征收的居民企业A股东会作出决定，用公司的库存商品投资居民企业B。该批商品的公允价值700万元，计税基础400万元，2025年2月初，A以1 350万元的价格转让B公司股权，假设不考虑其他税费，下列关于居民企业A上述业务的税务处理不正确的是(　　)。

A. 2024年度确认的应纳税所得额300万元

B. 2024年取得股权时计税基础为460万元

C. 2025年确认的非货币性资产转让所得为240万元

D. 2025年股权转让所得650万元

7. (多选题)下列关于资产的企业所得税税务处理的说法，正确的有(　　)。

A. 外购商誉的支出在企业整体转让时准予扣除

B. 租入固定资产的改建支出应作为长期待摊费用摊销扣除

C. 企业持有至到期投资成本按照预计持有期限分期摊销扣除

D. 固定资产大修理支出按照尚可使用年限分期摊销扣除

E. 外购固定资产以购买价款和支付的增值税作为计税基础

8. (多选题)在计算企业所得税应纳税所得额时，准予扣除企业按照规定计算的固定资产折旧。下列固定资产，不得计算折旧扣除的有(　　)。

A. 与经营活动无关的固定资产

B. 以经营租赁方式租出的固定资产

C. 以融资租赁方式租入的固定资产

D. 已足额提取折旧仍继续使用的固定资产

E. 房屋、建筑物以外未投入使用的固定资产

9. (多选题)在计算企业所得税应纳税所得额时,企业发生的下列支出,应作为长期待摊费用的有( )。

A. 固定资产的大修理支出

B. 租入固定资产的改建支出

C. 固定资产的日常修理支出

D. 外购的生产性生物资产支出

E. 已足额提取折旧的固定资产的改建支出

10. (多选题)依据企业所得税相关规定,固定资产大修理支出需要同时符合的条件有( )。

A. 修理后固定资产被用于新的或不同的用途

B. 修理后固定资产的使用年限延长2年以上

C. 修理后固定资产的使用年限延长1年以上

D. 修理支出达到取得固定资产时计税基础的50%以上

E. 修理支出达到取得固定资产时计税基础的20%以上

11. (多选题)下列各项中,不得在企业所得税税前扣除的有( )。

A. 自创商誉

B. 外购商誉的支出

C. 以融资租赁方式租入的固定资产计提的折旧

D. 单独估价作为固定资产入账的土地计提的折旧

E. 房屋、建筑物以外的未投入使用的固定资产计提的折旧

12. (多选题)下列关于资产的企业所得税税务处理的说法,正确的有( )。

A. 融资性售后回租业务中,承租人出售资产的行为,不确认为销售收入

B. 融资性售后回租业务中,对融资性租赁的资产按公允价值作为计税基础计提折旧

C. 企业固定资产投入使用后,由于工程款项尚未结清未取得全额发票的,可暂按合同规定的金额计入固定资产计税基础计提折旧,待发票取得后进行调整

D. 自行建造的固定资产,以竣工结算前发生的支出为计税基础

E. 融资租入的固定资产,租赁合同未约定付款总额的,以该资产的公允价值和承租人在签订租赁合同过程中发生的相关费用为计税基础

13. (多选题)全民所有制企业改制为国有独资公司或者国有全资子公司,属于规定的"企业发生其他法律形式简单改变"的,下列说法中,正确的有( )。

A. 改制中资产评估增值不计入应纳税所得额

B. 改制中资产评估增值计入应纳税所得额

C. 资产的计税基础按其原有计税基础确定

D. 资产的计税基础按其公允计税基础确定

E. 资产增值部分的折旧或者摊销不得在税前扣除

考点八 资产损失税前扣除的所得税处理

1. (单选题)下列各项债权，准予作为损失在企业所得税税前扣除的是(　　)。

   A. 行政干预逃废的企业债权

   B. 担保人有经济偿还能力，未按期偿还的企业债权

   C. 企业未向债务人追偿的债权

   D. 由国务院批准文件证明，经国务院专案批准核销的债权

2. (单选题)下列应收账款损失，如已说明情况出具专项报告并在会计上已作为损失处理的，可以在企业所得税税前扣除的是(　　)。

   A. 逾期3年的20万元应收账款损失

   B. 相当于企业年度收入千分之一的应收账款损失

   C. 逾期2年的10万元应收账款损失

   D. 逾期1年的10万元应收账款损失

3. (单选题)下列情形中，不能作为坏账损失在计算应纳税所得额时扣除的是(　　)。

   A. 因自然灾害导致无法收回的应收账款

   B. 债务人被依法注销，其清算财产不足以清偿的应收账款

   C. 债务人2年未偿清且有确凿证据证明无力偿还的应收账款

   D. 法院批准破产重组计划后无法追偿的应收账款

4. (单选题)依据企业所得税相关规定，发生下列情形，导致应收账款无法收回的部分，可以作为坏账损失在企业所得税税前扣除的是(　　)。

   A. 债务人死亡，遗产继承人拒绝偿还的

   B. 债务人解散，清算程序拖延达3年的

   C. 与债务人达成债务重组协议，无法追偿的

   D. 债务人4年未清偿，追偿成本超过应收账款的

5. (单选题)下列在会计上已作损失处理的除贷款类债权外的应收账款损失中，不能在计算企业所得税应纳税所得额时扣除的是(　　)。

   A. 债务人死亡后，其财产或遗产不足清偿的应收账款损失

   B. 债务人逾期1年未清偿，预计难以收回的应收账款损失

   C. 与债务人达成债务重组协议后，无法追偿的应收账款损失

   D. 债务人被依法吊销营业执照，其清算财产不足清偿的应收账款损失

6. (单选题)金融企业对涉农贷款和中小企业贷款进行风险分类后按比例计提的贷款损失准备金准予在计算应纳税所得额时扣除，对可疑类贷款计提比例是(　　)。

   A. 2%　　　B. 25%　　　C. 50%　　　D. 100%

7. (多选题)依据企业所得税的相关规定，下列资产损失应以清单申报的方式向税务机关申报扣除的有(　　)。

A. 企业被盗的固定资产或存货发生的净损失

B. 企业固定资产达到或超过使用年限而正常报废清理的损失

C. 企业生产性生物资产达到或超过使用年限而正常死亡发生的资产损失

D. 企业在正常经营管理活动中,按照公允价格销售、转让、变卖非货币资产的损失

E. 企业按照市场公平交易原则,通过各种交易场所、市场等买卖债券、股票、期货、基金以及金融衍生产品等发生的损失

8. (多选题)依据企业所得税的相关规定,企业申报扣除各项资产损失时,应提供能够证明资产损失确属实际发生的合法证据,下列各项中属于外部证据的有(　　)。

A. 具有法定资质的中介机构的经济鉴证证明

B. 司法机关的判决或者裁定

C. 相关经济行为的业务合同

D. 企业的破产清算公告或清偿文件

E. 仲裁机构的仲裁文书

9. (多选题)依据企业所得税的相关规定,金融企业准予税前提取贷款损失准备金的贷款有(　　)。

A. 担保贷款　　　　　　　　B. 委托贷款

C. 代理贷款　　　　　　　　D. 抵押贷款

E. 质押贷款

考点九　企业重组的所得税处理

1. (单选题·2023年)2024年6月,甲企业对乙企业进行企业合并,且为同一控制下不需要支付对价的企业合并,被合并乙企业以前年度未弥补的亏损为400万元,净资产的计税基础2 000万元、公允价值为4 000万元,截至合并业务发生当年年末国家发行的最长期限的国债利率为4%,该业务符合特殊性税务处理,则2024年合并企业可以弥补的被合并乙企业以前年度亏损的限额为(　　)万元。

A. 0　　　　B. 160　　　　C. 80　　　　D. 400

2. (单选题)根据企业所得税规定,下列关于企业合并实施一般性税务处理的说法,正确的是(　　)。

A. 被合并企业的亏损可按比例在合并企业结转弥补

B. 合并企业应按照账面净值确认被合并企业各项资产的计税基础

C. 被合并企业股东应按清算进行所得税处理

D. 合并企业应按协商价格确认被合并企业各项负债的计税基础

3. (单选题)根据基础设施领域不动产投资信托基金(REITs)试点税收政策的规定,原始权益人通过二级市场认购(增持)该基础设施REITs份额,认定优先处置战略配售份额适用的原则是(　　)。

A. 加权平均　　　B. 个别计价　　　C. 后进先出　　　D. 先进先出

4. (单选题)甲企业持有丙企业90%的股权,共计4 500万股,2024年2月,甲企业将其全部转让给乙企业。收购日丙企业每股资产的公允价值为14元,每股资产的

计税基础为12元。在收购对价中乙企业以股权形式支付55 440万元，以银行存款支付7 560万元。假定符合特殊性税务处理的其他条件，甲企业转让股权应缴纳企业所得税(　　)万元。

A. 250　　　　B. 270　　　　C. 280　　　　D. 300

5. (单选题)甲企业持有乙企业93%的股权，共计3 000万股。2024年8月丙企业决定收购甲企业所持有的乙企业全部股权，该股权每股计税基础为10元、收购日每股公允价值为12元。在收购中丙企业以公允价值为32 400万元的股权以及3 600万元银行存款作为支付对价，假定该收购行为符合且甲企业选择特殊性税务处理，则甲企业股权转让的应纳税所得额为(　　)万元。

A. 300　　　　B. 600　　　　C. 5 400　　　　D. 6 000

6. (多选题)2024年10月，甲公司购买乙公司的部分资产，该部分资产计税基础为6 000万元，公允价值为8 000万元；乙公司全部资产的公允价值为10 000万元。甲公司向乙公司支付一部分股权(计税基础为4 500万元，公允价值为7 000万元)以及1 000万元银行存款。假定符合资产收购特殊性税务处理的其他条件，且双方选择特殊性税务处理。下列说法正确的有(　　)。

A. 甲公司取得的乙公司资产的计税基础为6 250万元
B. 乙公司取得的甲公司股权的计税基础为6 000万元
C. 乙公司应确认资产转让所得250万元
D. 乙公司暂不确认资产转让所得
E. 甲公司应确认股权转让所得2 500万元

7. (多选题)下列关于资产收购企业所得税一般性税务处理的说法中，正确的有(　　)。

A. 被收购企业应确认资产转让所得或损失
B. 被收购企业不确认资产转让所得或损失
C. 被收购企业的相关所得税事项原则上应保持不变
D. 收购企业取得资产的计税基础应以公允价值为基础确定
E. 收购企业取得资产的计税基础应以被收购资产的原有计税基础确定

8. (多选题)企业发生的下列情形中，属于企业所得税法重组类型中，法律形式改变的有(　　)。

A. 经营范围的改变　　　　　　B. 管理人员的改变
C. 住所地址的改变　　　　　　D. 组织形式的改变
E. 注册名称的改变

考点十　房地产开发经营业务的所得税处理

1. (单选题·2020年)某房地产开发企业委托境外机构销售开发产品，实现销售收入10 000万元，支付境外机构的销售费用1 200万元。在计算应纳税所得额时可扣除的境外销售费用为(　　)万元。

A. 1 200　　　　B. 800　　　　C. 1 000　　　　D. 500

2. (单选题)下列关于房地产开发企业计税成本的税务处理,符合企业所得税相关规定的是( )。
   A. 单独建造且销售的停车场所,作为公共配套设施进行处理
   B. 利用地下基础设施形成的停车场所,作为成本对象单独核算
   C. 公共配套设施尚未建成或尚未完工的,可按预算造价合理预提建造费用
   D. 应向政府上缴,但尚未上缴的物业管理基金应按应缴金额50%计提

3. (单选题)房地产公司采用银行按揭方式销售开发产品,为购房者支付的按揭贷款担保金,正确的企业所得税处理是( )。
   A. 在实际发生损失的当期据实扣除
   B. 作为营业外支出在支付当期据实扣除
   C. 作为财务费用在支付当期据实扣除
   D. 作为销售费用在支付当期据实扣除

4. (单选题)依据企业所得税相关规定,房地产开发企业单独作为过渡性成本对象核算的公共配套设施开发成本,分配至各成本对象的方法是( )。
   A. 建筑面积法   B. 占地面积法
   C. 直接成本法   D. 预算造价法

5. (单选题)下列关于房地产开发企业预提(应付)费用的企业所得税处理,正确的是( )。
   A. 部分房屋未销售的,清算相关税款时可按计税成本预提费用
   B. 公共配套设施尚未建造或尚未完工的,可按预算造价合理预提费用
   C. 向其他单位分配的房产还未办理完手续的,可按预计利润率预提费用
   D. 出包工程未最终办理结算而未取得全额发票的,可按合同总金额的30%预提费用

6. (单选题)2024年10月,某房地产公司委托房产经纪公司销售房产,采取基价并实行超基价双方分成方式,约定经纪公司与购买方直接签订销售合同。12月31日,收到经纪公司的代销清单显示销售总金额8 000万元,其中基价为6 000万元,超基价部分应分给经纪公司400万元。根据企业所得税相关规定,房地产公司应确认销售收入( )万元。
   A. 6 000   B. 6 400   C. 7 600   D. 8 000

7. (多选题·2022年)在中国境内从事房地产开发经营业务的企业,除土地开发外,其他开发产品完工应具备的条件有( )。
   A. 开发产品竣工证明材料已报房地产管理部门备案
   B. 开发产品已经向客户收取预售款项
   C. 开发产品已经开始投入使用
   D. 开发产品已经对外签订预售合同
   E. 开发产品已取得初始产权证明

8. (多选题)下列关于房地产开发企业成本费用扣除的企业所得税处理中,正确的有( )。

A. 企业因国家无偿收回土地使用权形成的损失可按规定扣除

B. 企业利用地下基础设施建成的停车场应作为公共配套设施处理

C. 企业单独建造的停车场所应作为成本对象单独核算

D. 企业支付给境外销售机构的销售费用不超过委托销售收入20%的部分准予扣除

E. 企业在房地产开发区内建造的学校应单独核算成本

9. (多选题)根据房地产开发经营业务的所得税处理规定,下列属于计税成本对象确定原则的有( )。

A. 可否销售原则
B. 分类归集原则
C. 功能区分原则
D. 权益区分原则
E. 定价差异原则

10. (多选题)房地产开发企业以本企业为主体联合其他主体合作或合资开发房地产项目,且该项目未成立独立法人公司的,下列选项符合所得税相关规定的有( )。

A. 凡开发合同或协议中约定向投资各方分配开发产品的,企业在首次分配开发产品时,如果该项目已经结算计税成本,其应分配给投资方开发产品的计税成本与其投资额之间的差额计入当期应纳税所得额

B. 凡开发合同或协议中约定向投资各方分配开发产品的,企业在首次分配开发产品时,如未结算计税成本,则将投资方的投资额视同销售收入进行相关的税务处理

C. 凡开发合同或协议中约定向投资各方分配开发产品的,企业在首次分配开发产品时,如未结算计税成本,暂不进行相关的税务处理

D. 凡开发合同或协议中约定分配项目利润的,应将该项目形成的营业利润额并入当期应纳税所得额统一申报缴纳企业所得税,不得在税前分配该项目利润,同时不能因接受投资方投资额而在成本中摊销或在税前扣除相关的利息支出

E. 凡开发合同或协议中约定分配项目利润的,应将该项目形成的营业利润额并入当期应纳税所得额统一申报缴纳企业所得税,不得在税前分配该项目利润,但可以在成本中摊销或在税前扣除相关的利息支出

11. (计算题·2020年)某房地产开发公司2024年开发一栋写字楼,相关资料如下:

(1)取得土地使用权支付土地出让金4 000万元、市政配套设施费600万元,缴纳契税184万元。

(2)支付前期工程费、建筑安装工程费、基础设施工程费共计6 800万元,支付公共配套设施费400万元。

(3)写字楼地上建筑面积12 000平方米,地下配套车位不可售面积3 000平方米。

(4)公司采取基价并实行超基价五五分成方式委托代销写字楼面积80%,每平方米不含税基价1.9万元,剩余面积办公自用;公司、受托方、购买方三方共同签订销售合同,取得不含税收入19 200万元。

(5)取得地下车位临时停车费不含税收入18万元。

(6)发生期间费用1 500万元,缴纳城市维护建设税、教育费附加、城镇土地使用税、印花税、土地增值税等税金及附加共计2 100万元。

要求:根据上述资料,回答下列问题。

(1)该公司2024年企业所得税应税收入为( )万元。
A. 19 200　　　　B. 19 218　　　　C. 18 258　　　　D. 24 018

(2)该公司2024年企业所得税税前应扣除的土地成本(含契税)为( )万元。
A. 3 680　　　　B. 3 827.2　　　　C. 4 600　　　　D. 4 784

(3)该公司2024年企业所得税税前应扣除土地成本以外的开发成本为( )万元。
A. 5 440　　　　B. 5 760　　　　C. 6 800　　　　D. 7 200

(4)该公司2024年应缴纳企业所得税( )万元。
A. 1 184.5　　　　B. 1 284.5　　　　C. 1 507.7　　　　D. 1 707.7

考点十一 减免税优惠

1. (单选题·2023年)企业从事下列项目取得的所得,免征企业所得税的是( )。
   A. 黄鱼养殖　　　　　　　　　　B. 肉兔饲养
   C. 茶叶种植　　　　　　　　　　D. 牡丹种植

2. (单选题·2023年)某小型微利企业,2024年委托境内外部机构研发费用为200万元,委托境外机构研发费用为100万元,委托境外个人研发费用为50万元,可以加计扣除的合计数为( )万元。
   A. 200　　　　B. 240　　　　C. 280　　　　D. 300

3. (单选题·2021年)2023年11月,甲企业购进符合税法规定可享受税额抵免优惠政策的安全生产专用设备一台,增值税专用发票注明金额100万元、税额13万元。甲企业已申报抵扣进项税额,并享受了企业所得税抵免优惠。2024年11月甲企业将该设备转让给乙企业,下列税务处理正确的是( )。
   A. 乙企业不得享受企业所得税抵免优惠
   B. 甲企业转让设备后应补缴已抵免的企业所得税税款
   C. 甲企业转让设备可税前扣除的资产净值为113万元
   D. 甲企业转让设备时应转出已抵扣的进项税额

4. (单选题)某居民企业2024年9月对已投入使用的符合规定的安全生产专用设备进行数字化改造,发生改造支出100万元。已知该专用设备原计税基础为300万元,会计已经计入折旧120万元,税法在购入当期已一次性扣除。该笔改造支出应抵免当年企业所得税应纳税额( )万元。
   A. 0　　　　B. 9　　　　C. 10　　　　D. 15

5. (单选题·2021年)依据企业所得税相关规定,企业开展的下列活动适用研发费用加计扣除政策的是( )。
   A. 成本管理研究活动　　　　　　B. 新药配方研制活动
   C. 服务升级研究活动　　　　　　D. 社会科学研究活动

6. (单选题·2021年)下列说法，符合高新技术企业所得税涉税后续管理规定的是(　　)。
   A. 企业的高新技术企业资格期满当年应按25%的税率预缴企业所得税
   B. 企业自获得高新技术企业资格后，自高新技术企业证书颁发之日所在年度起享受税收优惠，应按规定向主管税务机关办理备案手续
   C. 企业自获得高新技术企业资格次月起开始享受企业所得税优惠政策
   D. 企业因重大安全事故被取消高新技术企业资格的，应追缴已享受的全部税收优惠

7. (单选题·2020年)企业从事下列项目的所得，免征企业所得税的是(　　)。
   A. 海水养殖　　　　　　　　B. 香料作物的种植
   C. 牲畜的饲养　　　　　　　D. 花卉的种植

8. (单选题)某企业成立于2024年5月，其财务人员2025年4月向聘请的注册会计师咨询可享受减免企业所得税优惠政策的小型微利企业认定标准。财务人员的下列表述中，符合税法规定的是(　　)。
   A. 小型微利企业优惠政策可适用于限制性行业
   B. 小型微利企业从业人数指标按企业全年的月度平均值确定
   C. 小型微利企业资产总额指标按年末账面价值确定
   D. 从业人数包括与企业建立劳动关系的职工人数和接受的劳务派遣用工人数

9. (单选题)甲公司经营符合《公共基础设施项目企业所得税优惠目录(2008年版)》规定的港口码头项目，2021年取得第一笔生产经营收入，2022年开始盈利，2024年甲公司将码头转让给乙投资公司经营，乙公司当年因码头项目取得应纳税所得额5 000万元。2024年乙公司就该项目所得应缴纳企业所得税(　　)万元。
   A. 1 250　　　B. 0　　　C. 750　　　D. 625

10. (单选题)2024年9月，某化肥厂购进一台污水处理设备并投入使用(该设备属于环境保护专用设备企业所得税优惠目录列举项目)，取得增值税专用发票注明设备价款100万元、税额13万元(购进当月已申报抵扣进项税额)。该厂可抵免企业所得税税额(　　)万元。
    A. 10　　　B. 11.3　　　C. 100　　　D. 113

11. (单选题)甲企业2021年开始从事符合税法"三免三减半"企业所得税优惠的公共污水处理项目，2022年取得第一笔收入，2023年开始盈利，2024年甲企业将该项目转让给乙企业，乙企业当年未取得项目收入。下列关于甲、乙企业享受税收优惠政策的说法正确的是(　　)。
    A. 乙企业自受让之日起在剩余期限内享受规定的减免税优惠
    B. 甲企业从2023年开始享受"三免三减半"优惠政策
    C. 甲企业转让项目时应补缴免征的企业所得税税款
    D. 乙企业以取得第一笔收入的年度作为"三免三减半"优惠政策的起始年度

12. (多选题)下列关于研究开发费用的说法中，符合企业所得税相关规定的有(　　)。

A. 研究开发费用中人员人工费用包括直接从事研发活动人员的工资、薪金,基本养老保险费,基本医疗保险费,失业保险费,工伤保险费,生育保险费,住房公积金,以及外聘研发人员的劳务费用
B. 研究开发费用中其他相关费用,总额不得超过可加计扣除研发费用总额的20%
C. 企业委托境外进行研发活动所发生的费用,按照费用实际发生额的80%计入委托方的委托境外研发费用,且不超过境内符合条件的研发费用1/3的部分,可以按规定在企业所得税税前加计扣除
D. 企业在商品化后为顾客提供的技术支持活动不适用研究开发费用的加计扣除政策
E. 对享受加计扣除的研发费用按研发项目设置专账,准确归集核算当年可加计扣除的各项研发费用实际发生额

13. (多选题)企业从事的下列项目所得,免征企业所得税的有(   )。
    A. 企业受托从事蔬菜种植   B. 企业委托个人饲养家禽
    C. 企业外购蔬菜分包后销售   D. 农机作业和维修
    E. 农产品初加工

14. (多选题)下列说法中,符合企业所得税相关规定的有(   )。
    A. 提供社区家政服务取得收入在计算应纳税所得额时减按90%计入收入总额
    B. 企业投资铁路建设债券取得的利息,减按90%计入收入总额
    C. 有限合伙制创业投资企业采取股权投资方式直接投资于初创科技型企业满2年的,该合伙创投企业的合伙人是法人合伙人的,可以按照对初创科技型企业投资额的70%抵扣法人合伙人从合伙创投企业分得的所得;当年不足抵扣的,可以在以后5个纳税年度结转抵扣
    D. 符合条件的从事污染防治的第三方企业减按15%的税率征收企业所得税
    E. 企业委托境外机构或个人进行研发活动所发生的费用,按照费用实际发生额的80%计入委托方的委托境外研发费用。委托境外研发费用不超过境内符合条件的研发费用2/3的部分,可以按规定在企业所得税税前加计扣除

15. (计算题·2021年)某药品生产企业2024年研发费用总计1 291万元,未形成无形资产。2025年3月企业自行进行企业所得税汇算清缴时计算加计扣除金额1 291万元,聘请税务师审核,发现如下事项:
    (1)2021年研发投入1 000万元并形成无形资产,无形资产摊销期10年,2024年摊销金额为100万元。
    (2)2024年自行研发投入594万元,相关明细如下表(单位:万元)。

项目	人员人工费用	直接投入费用	折旧费用	新产品设计费	其他相关费用
金额	200	120	140	80	54

(3)2024年委托境内关联企业进行应税药品研发,取得增值税专用发票注明研发费用金额220万元,税额13.2万元,该费用符合独立交易原则。

（4）委托境外机构进行研发，支付不含税研发费用477万元，该境外研发机构在我国境内未设立机构场所且无代理人。

要求：根据上述资料，回答下列问题。

(1)事项(1)中该企业2024年研发费用加计扣除的金额是(　　)万元。
A. 100　　　　B. 75　　　　C. 30　　　　D. 50

(2)事项(2)中该企业2024年研发费用加计扣除的金额是(　　)万元。
A. 297　　　　B. 300　　　　C. 445.5　　　　D. 594

(3)事项(3)中该企业2024年研发费用加计扣除的金额是(　　)万元。
A. 110　　　　B. 176　　　　C. 139.92　　　　D. 165

(4)事项(4)中该企业2024年研发费用加计扣除的金额是(　　)万元。
A. 286.2　　　　B. 381.6　　　　C. 388　　　　D. 477

考点十二 应纳税额的计算

1. （单选题·2022年）某运输公司为小型微利企业，2024年度自行申报的营业收入1 250万元、国债利息收入30万元、接受捐赠收入20万元，运营成本及税费等共计1 330万元，亏损30万元。该公司成本费用账目混乱，主管税务机关确定以收入为依据核定征收，核定应税所得率10%。该公司2024年应缴纳企业所得税(　　)万元。
A. 3　　　　B. 3.85　　　　C. 5.2　　　　D. 6.35

2. （单选题·2022年）某符合条件的小型微利企业2024年取得应税销售收入为1 600万元，发生符合税法规定条件的成本及税费等共计1 350万元，其中业务招待费20万元。该企业2024年应缴纳企业所得税(　　)万元。
A. 18.7　　　　B. 17.5　　　　C. 21.2　　　　D. 13.1

3. （单选题）某高新技术企业2024年8月，依照法院裁定将其代持有的面值为200万元的限售股，通过证券经纪公司变更到实际持有人名下，应缴纳的企业所得税为(　　)万元。
A. 30　　　　B. 50　　　　C. 25.5　　　　D. 0

4. （单选题）依据企业所得税法和税收征管法的相关规定，下列纳税人，适用核定征收企业所得税的是(　　)。
A. 停牌的上市公司　　　　B. 跨省界汇总纳税企业
C. 擅自销毁账簿的汽车修理厂　　　　D. 经营规模较小的税务师事务所

5. （单选题）某居民企业2024年取得产品销售收入6 800万元，直接扣除的成本及税金共计5 000万元；3月投资100万元购买B上市公司A股股票，12月以120万元转让，持股期间分红2万元；2024年取得国债利息收入5万元，地方政府债券利息收入3万元。2024年该企业应缴纳企业所得税(　　)万元。（企业所得税税率为25%，上述金额均不包含增值税）
A. 45　　　　B. 455　　　　C. 455.5　　　　D. 456.25

6. (单选题)某居民企业2024年实现会计利润总额1 200万元,在当年生产经营活动中发生了公益性捐赠支出200万元,购买了价值600万元的环境保护专用设备。假设当年无其他纳税调整项目,2024年该企业应缴纳企业所得税(   )万元。
   A. 194   B. 254   C. 300   D. 314

7. (计算题)某工业企业,从业人员280人,资产总额为4 800万元,2024年度相关生产经营业务如下:

   (1)当年销售产品取得不含税收入700万元,对外提供培训取得不含税收入120万元。国债利息收入250万元,取得对境内居民企业的投资收益220万元。

   (2)全年产品销售成本为550万元。

   (3)全年发生财务费用50万元,其中10万元为资本化的利息。

   (4)全年发生管理费用共计98万元,销售费用共计50万元,其中列支广告费、业务宣传费30万元。

   (5)营业外支出包括通过政府部门向贫困地区捐款40万元,税收罚款支出5万元,滞纳金2.73万元。

   (6)发生的税金及附加20万元。

   (7)上年广告宣传费超支结转到本年20万元。

   要求:根据上述资料,回答下列问题。

   (1)企业的收入总额为(   )万元。
   A. 820   B. 1 040   C. 1 070   D. 1 290

   (2)企业税前可扣除的财务费用和销售费用合计为(   )万元。
   A. 100   B. 120   C. 110   D. 90

   (3)企业税前可扣除的营业外支出为(   )万元。
   A. 23.72   B. 40   C. 15   D. 13.72

   (4)企业应缴纳的企业所得税为(   )万元。
   A. 6.1   B. 0.1   C. 12.2   D. 24.4

8. (综合分析题·2024年)甲企业属于国家鼓励的集成电路设计企业,2024年度取得主营业务收入12 000万元、营业外收入1 600万元、投资收益-200万元,发生的成本、费用、税金支出合计9 800万元,营业外支出600万元,甲企业自行核算的会计利润总额为3 000万元。

   2025年3月,经聘请的税务师事务所审核,发现2024年度甲企业核算中存在以下情况:

   (1)本年度实际支付工资总额500万元(含残疾人工资20万元),实际发生的职工福利费80万元、工会经费10万元、职工教育经费100万元(含职工培训费用40万元),为企业全体员工支付补充养老保险费30万元。为部分高管支付补充医疗保险费27万元。上述支出均已计入成本费用。

   (2)销售费用中含广告费600万元,管理费用中含业务招待费80万元,符合企业所得税法加计扣除规定的研发费用800万元。

   (3)营业外支出中含通过符合税法条件的公益性社会组织支付的公益性捐赠金

额 400 万元、支付非专利技术赔偿款 10 万元。

（4）投资收益包括国债利息收入 100 万元、依据被投资企业经营利润采取权益法核算所确认的投资损失 300 万元。

（注：甲企业经税务机关确认的获利年度是 2021 年，享受"两免三减半"企业所得税优惠待遇；企业符合安置残疾人员的相关条件；取得《工会经费收入专用收据》；2023 年尚未在税前扣除的广告费 100 万元。）

要求：根据上述资料，回答下列问题。

(1) 该企业 2024 年实际发生的职工福利费和职工教育经费，共计应调整应纳税所得额（　　）万元。

A. 30　　　　　　B. 80　　　　　　C. 25.6　　　　　　D. 65.6

(2) 该企业 2024 年实际支付的补充养老保险和补充医疗保险，共计应调增应纳税所得额（　　）万元。

A. 32　　　　　　B. 7　　　　　　C. 2　　　　　　D. 5

(3) 该企业 2024 年实际发生的广告费、业务招待费和研究开发费用，共计应调整应纳税所得额（　　）万元。

A. -1 040　　　　B. -1 028　　　　C. -880　　　　D. -868

(4) 该企业 2024 年下列业务的税务处理，符合企业所得税相关规定的有（　　）。

A. 安置残疾人工资支出加计扣除 20 万元

B. 非专利技术赔偿款 10 万元税前可以扣除

C. 采取权益法核算确认的投资损失 300 万元可以扣除

D. 国债利息收入 100 万元属于免税收入

E. 公益性捐赠纳税调增 40 万元

(5) 该企业 2024 年企业所得税应纳税所得额为（　　）万元。

A. 2 454　　　　B. 2 254　　　　C. 2 314　　　　D. 1 954

(6) 该企业 2024 年应缴纳企业所得税（　　）万元。

A. 169.05　　　　B. 225.40　　　　C. 281.75　　　　D. 289.25

9. （综合分析题·2023 年）2022 年注册成立的某机械制造企业，为国家重点支持的高新技术企业。2024 年，企业职工总人数 280 人（其中从事研发的科技人员 40 人，大专以上学历职工 140 人），营业收入 7 200 万元（其中高新技术产品销售收入 4 800 万元），销售成本 3 100 万元，税金及附加 70 万元，销售费用 1 850 万元，管理费用 730 万元，财务费用 280 万元，营业外收入 200 万元，企业自行核算的会计利润总额为 1 370 万元，拟以此为基础申报缴纳企业所得税。

2025 年 3 月，经聘请的税务师事务所审核，发现 2024 年度企业核算中存在以下情况，该企业未作企业所得税纳税调整：

（1）营业收入中含单独计算的转让 5 年全球独占许可使用权特许收入 1 280 万元（其中包括该独占许可使用权相关原材料转让收入 20 万元）。经确认准予扣除的与转让独占许可使用权收入相关的成本为 270 万元。相关税金及附加 30 万元，与转让原材料收入相关成本 10 万元。

(2)10月购置新燃油商用车一辆,支付不含税购置金额24万元,缴纳车辆购置税2.4万元,当月取得机动车销售统一发票并投入使用。该商用车2024年度既未计提折旧也未申报缴纳车船税。

(3)销售费用中含全年支出的广告费1 200万元,以及支付给合法中介机构高新技术产品推销佣金240万元(其中转账支付200万元,现金支付40万元),依据服务协议确认高新技术产品推销收入金额共计3 000万元。

(4)管理费用中含业务招待费80万元,符合企业所得税加计扣除规定的新产品境内研发费用430万元。

(5)计入成本费用中合理的实发工资总额450万元,拨缴职工工会经费8万元(已取得相关凭证),发生职工福利费75万元,职工教育经费46万元。

(注:燃油车用直线法计提折旧,折旧年限4年,无残值,车船税年税额1 200元。)

要求:根据上述资料,回答下列问题。
(1)下列判断符合高新技术企业认定条件的有( )。
A. 新产品研发费用430万元
B. 高新技术产品收入4 800万元
C. 科技人员40人
D. 注册成立时间3年
E. 大专以上学历职工140人
(2)该企业转让许可使用权业务,符合税法规定享有企业所得税优惠政策的技术转让所得是( )万元。
A. 970　　　　B. 960　　　　C. 950　　　　D. 980
(3)燃油车按规定计提折旧和申报缴纳车船税后,应调减应纳税所得额( )万元。
A. 1.03　　　　B. 1.12　　　　C. 1.02　　　　D. 1.13
(4)该企业实际支出的广告费和佣金应调增应纳税所得额( )万元。
A. 210　　　　B. 180　　　　C. 140　　　　D. 170
(5)该企业实际支出的业务招待费、研发费用、职工教育经费、职工福利费、工会经费应调整应纳税所得额( )万元。
A. -374　　　　B. -364　　　　C. -365　　　　D. -376
(6)该企业2024年度应纳企业所得税( )万元。
A. 95.73　　　　B. 72.73　　　　C. 107.4　　　　D. 107.23

10. (综合分析题·2022年)某市一家高新技术企业为增值税一般纳税人,车间和仓库共占地8万平方米,车间年初原值2 600万元,仓库年初原值100万元,主要生产销售打印纸。该产品以《资源综合利用企业所得税优惠目录》规定的资源为主要原材料。2024年企业自行核算会计利润1 304.9万元。经聘请税务师事务所审核,相关情况如下:

(1)销售打印纸取得不含税销售收入6 000万元。

(2)6月30日将仓库出租,合同约定租期为7月1日至12月31日,取得不含税租金收入20万元。

(3)9月购买节能节水专用设备(企业所得税优惠目录中的节能设备)并于当月投入使用，该设备不含税金额60万元，税额7.8万元。企业在会计处理上按5年直线法折旧，残值为0，在税法上选择一次性扣除。

(4)管理费用中含业务招待费60万元；销售费用中含广告性赞助支出350万元、业务宣传支出50万元；财务费用中含向独立非金融企业支付的借款年利息42万元，借款本金600万元。

(5)营业外支出中含固定资产毁损损失16.3万元，行政监管部门罚款3万元。

(6)转让一项专利技术所有权给100%控股的子公司，取得转让收入600万元，相关的成本费用100万元。

(注：金融企业同期同类贷款年利率为5%，当地省人民政府规定计算房产余值的扣除比例为30%，城镇土地使用税年税额6元/平方米。房产税和城镇土地使用税均已计入税金及附加。)

要求：根据上述资料，回答下列问题。

(1)企业应缴纳的房产税和城镇土地使用税合计(　　)万元。
A. 72.66　　　　B. 72.24　　　　C. 70.68　　　　D. 71.59

(2)下列关于该企业应纳税所得额调整的数额中，正确的有(　　)。
A. 利息支出应调增应纳税所得额12万元
B. 广告性赞助支出无须调整应纳税所得额
C. 业务招待费应调增应纳税所得额29.9万元
D. 业务宣传费应调增应纳税所得额50万元

(3)该企业允许在企业所得税税前扣除的营业外支出是(　　)万元。
A. 16.3　　　　B. 19.3　　　　C. 15　　　　D. 18

(4)该企业的企业所得税应纳税所得额是(　　)万元。
A. 692.8　　　　B. 182.4　　　　C. 735.8　　　　D. 192.8

(5)该企业应缴纳企业所得税(　　)万元。
A. 97.92　　　　B. 95.62　　　　C. 85.65　　　　D. 94.35

(6)该企业在享受高新技术企业优惠时，应妥善保管的资料有(　　)。
A. 年度计划和科技人员情况说明　　B. 前三个会计年度研发费用总额
C. 知识产权相关材料　　　　　　　D. 高新技术企业资格认定证书
E. 高新技术企业认定资料

11. (综合分析题·2022年)某科技型中小企业为增值税一般纳税人，2022年被认定为技术先进型服务企业。2024年取得主营业务收入6 000万元，其他业务收入600万元，营业外收入80万元，投资收益60万元，发生成本费用及营业外支出共6 060万元，缴纳税金及附加200万元，企业自行计算的会计利润为480万元。2025年3月经聘请的税务师事务所审核发现2024年度业务处理存在以下情况：

(1)6月购置列入环保专用设备企业所得税优惠目录的废气处理设备并于当月投入使用，设备不含税价款200万元，税额26万元。企业按10年直线法折旧，不考虑残值，经事务所建议企业选择了一次性税前扣除政策。

（2）11月购入新建办公楼，占地面积1 000平方米，支付不含税金额5 000万元，增值税450万元，已在当月底办齐权属登记并对外出租。年底取得本年不含税租金收入10万元，收入已入账。已按规定计提折旧，但未缴纳房产税和城镇土地使用税。

（3）计入成本费用合理的实发工资1 000万元，发生职工福利费支出160万元，职工教育经费支出60万元，拨缴工会经费20万元并取得专用收据。为全体员工支付补充养老保险70万元，补充医疗保险30万元。

（4）企业自主研发活动发生支出120万元，未形成无形资产，委托境内科研机构研发支付100万元。

（5）管理费用中发生业务招待费60万元，销售费用中发生广告费670万元，以前年度累计结转至本年的未扣除广告费30万元。

（6）营业外支出中通过县级人民政府向某老年大学捐赠60万元，直接向贫困地区捐赠30万元。非广告性质的赞助支出10万元。

（7）投资收益中含地方政府债券利息收入30万元，投资于A股上市公司股票取得的股息20万元，该股票持有6个月时卖出。

（注：该企业计算房产余值的扣除比例为30%，城镇土地使用税年税额24元/平方米。）

要求：根据上述资料，回答下列问题。

(1)该企业2024年购置办公楼合计应缴纳房产税和城镇土地使用税是（   ）万元。

A．3.8   B．3.6   C．1.4   D．0.3

(2)该企业2024年度发生的三项经费、补充养老保险、补充医疗保险应调整的应纳税所得额是（   ）万元。

A．40   B．75   C．20   D．0

(3)该企业2024年下列各项支出的纳税调整事项，符合企业所得税法相关规定的是（   ）。

A．委托境内机构进行的研发费用加计扣除金额为100万元

B．业务招待费调增应纳税所得额24万元

C．广告费和业务宣传费调减应纳税所得额30万元

D．自主进行研发活动的研发费用加计扣除金额为100万元

(4)该企业2024年的下列纳税调整事项，符合企业所得税法相关规定的有（   ）。

A．从居民企业取得的股息收入为免税收入，应调减应纳税所得额20万元

B．非广告性质的赞助支出，应调增应纳税所得额10万元

C．取得地方政府债券利息收入为免税收入，应调减应纳税所得额30万元

D．捐赠支出应调增应纳税所得额32.57万元

(5)该企业2024年应纳税所得额是(　　)万元。
A. 188.17　　　　B. 218.17　　　　C. 138.17　　　　D. 168.17
(6)该企业2024年应纳企业所得税(　　)万元。
A. 0.73　　　　　B. 5.23　　　　　C. 8.23　　　　　D. 12.73

12. (综合分析题·2020年改编)某工业母机企业(高新技术企业),2024年销售产品取得不含税收入15 000万元,应扣除的相关成本10 000万元;转让技术所有权取得不含税收入2 000万元,应扣除的相关成本、费用等600万元;从居民企业分回股息200万元;发生期间费用4 000万元,上缴的税金及附加300万元;企业自行计算的利润总额2 300万元。经聘请的税务师对其2024年度企业所得税进行审核,发现有关情况如下:

(1)投入研发支出1 000万元研发新产品和新工艺,其中600万元形成了无形资产,2024年4月1日取得专利证书并正式投入使用,该无形资产摊销期限为10年,当年未摊销费用;未形成无形资产的研发支出400万元已计入费用扣除。

(2)期间费用包含的广告费2 600万元,营业外支出包含因合同违约支付给其他企业的违约金20万元。

(3)外购商誉支出100万元,并在成本费用扣除了摊销费10万元。

(4)6月1日至6月30日对经营租入固定资产进行改建,发生改建支出432万元,一次性计入了当期费用中。该固定资产改建后从7月1日投入使用,合同约定的剩余租赁期三年。

要求:根据上述资料,回答下列问题。
(1)投入使用研发的无形资产当年应扣除的摊销费用是(　　)万元。
A. 87.5　　　　　B. 45　　　　　　C. 99　　　　　　D. 105
(2)广告费和违约金应调增应纳税所得额(　　)万元。
A. 350　　　　　B. 370　　　　　C. 320　　　　　D. 50
(3)外购商誉和经营性租入固定资产发生的费用,应调增应纳税所得额(　　)万元。
A. 360　　　　　B. 372　　　　　C. 370　　　　　D. 382
(4)下列关于该企业发生业务的税务处理,说法正确的有(　　)。
A. 从居民企业分回的股息应缴纳所得税
B. 未形成无形资产的研发费用可加计扣除120%
C. 外购商誉在企业破产整体清算时准予扣除
D. 因合同违约支付给其他企业的违约金准予在税前扣除
E. 转让技术所有权所得调减应纳税所得额1 400万元
(5)该企业2024年企业所得税的应纳税所得额是(　　)万元。
A. 1 291　　　　B. 1 581.25　　　C. 2 243.25　　　D. 2 133.25
(6)该企业2024年应缴纳企业所得税(　　)万元。
A. 238.65　　　　B. 282.81　　　　C. 448.31　　　　D. 420.81

13. (综合分析题)某市卷烟厂为增值税一般纳税人，2024年初企业拥有房产原值750万元，同年8月职工食堂建设完工，转入固定资产，确定房屋入账价值为50万元。2024年度有关生产经营情况为：

（1）当年销售卷烟，开具增值税专用发票，取得销售金额500万元，增值税税额65万元；开具普通发票，取得不含税销售收入20万元。

（2）7月购置并投入使用的安全生产专用设备，企业当年未计提折旧。取得购置设备增值税专用发票上注明价款70万元，税额9.1万元，预计使用10年，无残值，税法选择一次性税前扣除政策。

（3）当年卷烟销售成本共计为121万元，财务费用10万元。

（4）发生管理费用20.75万元（含业务招待费4万元）。

（5）发生销售费用10万元。

（6）当年向税务机关缴纳增值税81.46万元，缴纳消费税202.42万元，城市维护建设税和教育费附加28.39万元。

（7）营业外支出30万元，其中被工商部门行政罚款6万元，向本市养老院直接捐赠4万元，通过公益性社会团体向贫困地区捐赠20万元。

（8）"投资收益"账户表明有来源于境外A国的投资收益27万元，该境外所得在境外按照10%的税率已经缴纳了税款；购买国债利息收入20万元。

（9）2024年发现2023年有实际资产损失18万元符合当时税法规定扣除标准，但是企业当年未扣除，2023年应纳税所得额为10万元。

（注：房产税计算余值时的扣除比例为25%，不考虑地方教育附加。）

要求：根据上述资料，回答下列问题。

(1) 2024年应缴纳的房产税共计（　　）万元。
A. 7.79　　　　　B. 7.55　　　　　C. 7.69　　　　　D. 6.9

(2) 企业所得税税前准予扣除的税金及附加为（　　）万元。
A. 241.2　　　　B. 232.4　　　　C. 237.71　　　　D. 230.81

(3) 业务招待费应调整的应纳税所得额为（　　）万元。
A. +1.6　　　　B. -2.1　　　　C. -2.4　　　　D. +2.4

(4) 购置安全生产专用设备应调整的会计利润为（　　）万元。
A. -2.92　　　　B. +2.92　　　　C. +3.41　　　　D. -3.41

(5) 企业所得税税前准予扣除的公益性捐赠为（　　）万元。
A. 16.38　　　　B. 16.68　　　　C. 16.72　　　　D. 16.15

(6) 该卷烟厂应缴纳的企业所得税为（　　）万元。
A. 0　　　　　　B. 4.5　　　　　C. 4.71　　　　　D. 5.42

14. (综合分析题)位于市区的医药制造行业上市公司甲为增值税一般纳税人。2024年甲企业实现营业收入100 000万元、投资收益5 100万元；发生营业成本55 000万元、税金及附加4 200万元、管理费用5 600万元、销售费用26 000万元、财务费用2 200万元、营业外支出800万元。甲企业自行计算会计利润为11 300万元。

2025年2月甲企业进行2024年企业所得税汇算清缴时聘请了某税务师事务所进行审核，发现如下事项：

（1）5月接受母公司捐赠的原材料用于生产应税药品，取得增值税专用发票，注明价款1 000万元、税款130万元，进项税额已抵扣，企业将1 130万元计入资本公积，赠与双方无协议约定。

（2）投资收益中包含直接投资居民企业分回的股息4 000万元（持有期超过12个月），转让成本法核算的非上市公司股权的收益1 100万元。

（3）1月1日对甲企业50名高管授予限制性股票，约定服务期满两年后每人可按6元/股购买1 000股股票，授予日股票公允价值为10元/股。12月31日甲企业按照企业会计准则进行如下会计处理：

借：管理费用　　　　　　　　　　　　　　　　　200 000
　　贷：资本公积　　　　　　　　　　　　　　　　200 000

（4）成本费用中含实际发放员工工资25 000万元；另根据合同约定支付给劳务派遣公司800万元，由劳务派遣公司发放派遣人员工资。

（5）成本费用中含发生的职工福利费1 000万元、职工教育经费2 200万元、拨缴工会经费400万元，工会经费取得相关收据。

（6）境内自行研发产生的研发费用为2 400万元，委托境外企业进行研发，支付研发费用1 600万元，已经收到境外企业关于研发费用支出的明细报告。

（7）发生广告费和业务宣传费22 000万元，业务招待费600万元。

要求：根据上述资料，回答下列问题。

（1）该企业职工福利费、职工教育经费、工会经费应调整企业所得税应纳税所得额（　　）万元。

A．200　　　　　B．300　　　　　C．400　　　　　D．500

（2）该企业股权激励应调整企业所得税应纳税所得额（　　）万元。

A．0　　　　　　B．20　　　　　　C．30　　　　　　D．50

（3）该企业业务招待费应调整企业所得税应纳税所得额（　　）万元。

A．240　　　　　B．360　　　　　C．500　　　　　D．600

（4）该企业广告费和业务宣传费应调整企业所得税应纳税所得额（　　）万元。

A．0　　　　　　B．8 000　　　　C．7 000　　　　D．2 000

（5）该企业研发费用应调整企业所得税应纳税所得额（　　）万元。

A．1 280　　　　B．1 600　　　　C．2 400　　　　D．3 680

（6）该企业应缴纳企业所得税（　　）万元。

A．1 110　　　　B．1 242.5　　　C．1 252.5　　　D．1 302.5

15．（综合分析题）某市区企业（制造业企业）为增值税一般纳税人，2024年销售产品取得不含税收入6 500万元，另外取得投资收益320万元，全年发生产品销售成本和相关费用共计5 300万元。缴纳的税金及附加339万元，发生的营业外支出420万元，12月月末企业自行计算的全年会计利润总额761万元，预缴企业所得税96万元，无留抵增值税。

2025年1月经聘请的税务师事务所审核发现以下问题：

(1)8月中旬以预收款方式销售一批产品，收到预收账款含税金额226万元，并收存银行。12月下旬将该批产品发出，但未将预收款转作收入。

(2)9月上旬接受客户捐赠原材料一批，取得增值税专用发票，发票上注明金额10万元，税额1.3万元，企业将捐赠收入直接计入"资本公积"账户核算。

(3)10月购置并投入使用的安全生产专用设备(属于企业所得税优惠目录的范围)取得增值税专用发票，发票上注明金额18万元，税额2.34万元，企业将购置设备一次性计入了成本扣除。假定该设备会计折旧期限为10年，不考虑净残值，税法上选择一次性计入成本费用扣除。

(4)成本费用中包含业务招待费62万元，新产品研究开发费用78.81万元。

(5)投资收益中有12.6万元是从其他居民企业分回的股息，其余为股权转让收益，营业外支出中含通过公益性社会团体向贫困山区捐赠130万元，直接捐赠10万元。

(6)计入成本费用中的实发工资总额856万元，拨缴职工工会经费20万元，已取得工会组织开具的《工会经费收入专用收据》。职工福利费实际支出131万元，职工教育经费实际支出32万元。

(注：该企业适用增值税税率13%，城市维护建设税税率7%，教育费附加征收率3%，企业所得税税率25%，不考虑其他税费。)

要求：根据上述资料，回答下列问题。

(1)该企业应补缴的增值税及附加税费为(　　)万元。
A. 25.02　　　B. 26.38　　　C. 27.3　　　D. 28.6

(2)该企业2024年度经审核后的会计利润总额为(　　)万元。
A. 961　　　B. 972.7　　　C. 948.6　　　D. 987.4

(3)业务招待费和新产品研发费分别调整应纳税所得额(　　)万元。
A. 调增28.5　　B. 调增29.5　　C. 调增24.8　　D. 调减78.81

(4)投资收益和捐赠分别调整应纳税所得额(　　)万元。
A. 调增21.51　　B. 调增24.68　　C. 调减12.6　　D. 调增25.81

(5)职工教育经费、职工工会经费、职工福利费分别调整应纳税所得额(　　)万元。
A. 调增10.16　　B. 0　　C. 调增2.88　　D. 调增11.16

(6)2024年企业应补缴企业所得税(　　)万元。
A. 137.79　　B. 152.125　　C. 149.07　　D. 139.3

考点十三 特别纳税调整

1. (单选题·2021年)在资本弱化管理中，计算关联债资比例时，如果所有者权益小于实收资本与资本公积之和，则权益投资为(　　)。
A. 实收资本　　　　　　　　　B. 资本公积
C. 所有者权益　　　　　　　　D. 实收资本与资本公积之和

2. (单选题·2021年)下列关于母子公司间提供服务的税务处理,符合企业所得税相关规定的是( )。
   A. 母子公司均不能提供支付服务费用相关资料的,由税务机关核定扣除金额
   B. 母公司以管理费形式向子公司提取的费用,不得在子公司企业所得税税前扣除
   C. 子公司为其母公司提供服务发生的费用,不得在母公司企业所得税税前扣除
   D. 母公司与多个子公司签订服务费用分摊协议的,母公司以实际发生的费用申报纳税

3. (单选题)依据企业所得税相关规定,预约定价安排适用期限为( )。
   A. 企业提交正式书面申请年度的次年起3至5个连续年度
   B. 主管税务机关向企业送达接收其谈签意向的《税务事项通知书》之日所属纳税年度起3至5个年度的关联交易
   C. 税务机关与企业达成预约定价安排协议的次年起1至3个连续年度
   D. 税务机关与企业达成预约定价安排协议的次年起3至5个连续年度

4. (多选题·2020年)下列属于特别纳税调整转让定价方法中交易净利润法利润指标的有( )。
   A. 完全成本加成率
   B. 资产收益率
   C. 贝里比率
   D. 可比非关联交易比率
   E. 息税前利润率

5. (多选题·2020年)依据企业所得税同期资料管理规定,下列年度关联交易金额应当准备本地文档的有( )。
   A. 金融资产转让金额超过10 000万元
   B. 无形资产所有权转让金额超过10 000万元
   C. 有形资产所有权转让金额超过20 000万元
   D. 无形资产使用权转让金额未超过5 000万元
   E. 劳务关联交易金额合计超过4 000万元

6. (多选题)企业与关联方签署成本分摊协议,发生特殊情形会导致其自行分配的成本不得税前扣除,这些情况包括( )。
   A. 不具有合理商业目的和经济实质
   B. 自签署成本分摊协议之日起经营期限为25年
   C. 没有遵循成本与收益配比原则
   D. 未按照有关规定备案或准备有关成本分摊协议的同期资料
   E. 不符合独立交易原则

7. (多选题)依据企业所得税特别纳税调整的相关规定,转让定价的方法主要包括( )。
   A. 再销售价格法
   B. 现金与实物分配法
   C. 交易净利润法
   D. 可比非受控价格法
   E. 利润分割法

8. (多选题)单边预约定价安排的简易程序包含的阶段有(   )。
   A. 预备会谈 B. 申请评估
   C. 正式申请 D. 协商签署
   E. 监控执行

考点十四 征收管理

1. (单选题·2021年)总分机构汇总纳税时,一个纳税年度内总机构首次计算分摊税款时采用的分支机构营业收入、职工薪酬和资产总额数据与此后经过中国注册会计师审计确认的数据不一致时,正确的处理方法是(   )。
   A. 和中国注册会计师再次核对
   B. 总机构及时向主管税务机关报告
   C. 不作调整
   D. 总机构根据中国注册会计师确认的数据予以调整

2. (单选题·2021年)甲公司5年前以货币资金200万元投资乙公司,获得10%的股份。2024年乙公司因故被清算,甲公司分得剩余资产金额260万元,已知乙公司清算净资产总额中未分配利润占10%,盈余公积占5%。甲公司分得剩余资产应确认应纳税所得额(   )万元。
   A. 60   B. 47   C. 34   D. 21

3. (单选题)2024年8月,某商贸公司和张某、李某成立合伙企业。根据企业所得税和个人所得税相关规定,下列关于该合伙企业所得税征收管理的说法,错误的是(   )。
   A. 商贸公司需要就合伙所得缴纳企业所得税
   B. 商贸公司可使用合伙企业的亏损抵减其盈利
   C. 张某、李某需要就合伙所得缴纳个人所得税
   D. 合伙企业生产经营所得采取"先分后税"的原则

4. (单选题)关于企业政策性搬迁损失的所得税处理,下列说法正确的是(   )。
   A. 自搬迁完成年度起分2个纳税年度,均匀在税前扣除
   B. 自搬迁完成年度起分5个纳税年度,均匀在税前扣除
   C. 自搬迁完成年度起分4个纳税年度,均匀在税前扣除
   D. 自搬迁完成年度起分3个纳税年度,均匀在税前扣除

5. (单选题)依据企业所得税相关规定,下列各项收入,不属于搬迁收入的是(   )。
   A. 因搬迁安置而给予的补偿收入
   B. 由于搬迁处置存货而取得的收入
   C. 因搬迁停产停业形成的损失而给予的补偿收入
   D. 资产搬迁过程中遭到毁损而取得的保险赔款收入

6. (单选题)A公司(非小型微利企业)2024年8月终止经营,相关资料如下:全部资产的可变现价值为10 780万元,资产的计税基础为10 200万元。负债的计税基础为5 200万元,共偿还负债5 000万元,清算过程中支付相关税费120万元,支付

清算费用合计200万元。其清算所得应缴纳的企业所得税为(　　)万元。
A. 115　　　　B. 92.5　　　　C. 128　　　　D. 135.02

7. (多选题·2019年)企业取得的下列收入中,属于企业所得税政策性搬迁补偿收入的有(　　)。
   A. 由于搬迁处置存货而取得的处置收入
   B. 由于搬迁、安置而给予的补偿
   C. 搬迁过程中的资产毁损而取得的保险赔款
   D. 对被征用资产价值的补偿
   E. 对停产停业形成的损失而给予的补偿

8. (多选题)下列关于非居民企业所得税纳税地点的表述中,正确的有(　　)。
   A. 非居民企业在中国境内设立机构、场所的,应当就其所设机构、场所取得的来源于中国境内的所得,以及发生在中国境外但与其所设机构、场所有实际联系的所得,以机构、场所所在地为纳税地点
   B. 非居民企业在中国境内未设立机构、场所的,以扣缴义务人所在地为纳税地点
   C. 非居民企业在中国境内设立机构、场所,但取得的所得与其所设机构、场所没有实际联系的,以机构、场所所在地为纳税地点
   D. 非居民企业在中国境内设立两个或者两个以上机构、场所的,国家税务总局根据规定确定由其主要机构、场所汇总缴纳企业所得税
   E. 非居民企业在中国境内设立两个或者两个以上机构、场所的,符合国务院税务主管部门规定条件的,可以选择由其主要机构、场所汇总缴纳企业所得税

参考答案及解析

考点一 纳税义务人、征税对象与税率

1. C 【解析】非居民企业委托营业代理人在中国境内从事生产经营活动的,包括委托单位或者个人经常代其签订合同,或者储存、交付货物等,该营业代理人被视为非居民企业在中国境内设立的机构、场所。故张某构成代理型常设机构,应自主申报缴纳企业所得税,应缴纳的企业所得税 = 600÷3×25% = 50(万元)。

2. C 【解析】非居民企业,是指依照外国(地区)法律成立且实际管理机构不在中国境内,但在中国境内设立机构、场所的,或者在中国境内未设立机构、场所,但有来源于中国境内所得的企业。

3. C 【解析】非居民企业在中国境内未设立机构、场所的,从境内取得的所得,或者虽设立机构、场所,但从境内取得的与其所设机构、场所没有实际联系的所得,减按10%的税率征收企业所得税。

4. D 【解析】选项A,销售货物所得按交易活动发生地确定。选项B,股息、红利等权益性投资所得按分配所得的企业所在地确定。选项C,动产转让所得按转让动产的企业或机构、场所所在地确定。选项D,利息、租金和特许权使用费所得按负

担、支付所得的企业或者机构、场所所在地或个人住所地确定。

5. A 【解析】选项 A，中国境内使用者支付租金，所以支付租金的一方在我国境内，属于非居民企业取得来源于我国境内的所得，需要缴纳我国的企业所得税。选项 B，不动产所在地在我国境外，外国企业针对来源于我国境外的所得，不需要缴纳我国的企业所得税。选项 C、D，外国企业取得的所得均来自境外，不属于从我国境内取得的所得，不缴纳企业所得税。

6. D 【解析】在境内设有机构、场所的非居民企业取得境内所得和来源于境外但是与该机构、场所有实际联系的所得要在我国缴纳企业所得税。应纳税收入总额 = 500+200+80 = 780（万元）。

7. BCE 【解析】选项 A，销售货物所得按照交易活动发生地判定所得来源地，向中国境内企业销售机械，交易活动发生地在法国，不属于从中国境内取得的所得，不缴纳我国的企业所得税，不属于我国的非居民企业。选项 D，实际管理机构在境内，属于居民企业。

考点二 应纳税所得额的计算—考点三 收入总额

1. D 【解析】选项 A，租金收入，按照合同约定的承租人应付租金的日期确认收入的实现。选项 B，利息收入按照合同约定的债务人应付利息的日期确认收入的实现。选项 C，股息、红利等权益性投资收益，除国务院财政、税务主管部门另有规定外，应以被投资企业股东会或股东大会作出利润分配或转股决定的日期，确认收入的实现。

2. B 【解析】购买方企业可转换债券转换为股票时，将应收未收利息一并转为股票的，该应收未收利息即使会计上未确认收入，税收上也应当作为当期利息收入申报纳税；转换后以该债券购买价、应收未收利息和支付的相关税费为该股票投资成本。

3. A 【解析】选项 B、C、D，企业所得税不需要视同销售。

4. C 【解析】选项 A，宣传媒介的收费，应在相关的广告或商业行为出现于公众面前时确认收入。广告的制作费，应根据制作广告的完工进度确认收入。选项 B，销售商品采用支付手续费方式委托代销的，在收到代销清单时确认收入。选项 D，销售商品采取预收款方式的，在发出商品时确认收入。

5. A 【解析】转让股权收入扣除为取得该股权所发生的成本后，为股权转让所得。不得扣除被投资企业未分配利润等股东留存收益中该股权所可能分配的金额。股权转让的应纳税所得额 = 1 200-800 = 400（万元）。

6. D 【解析】企业所得税视同销售，除另有规定外，按被移送资产的公允价值确定销售收入。应确认的收入 = 25+10 = 35（万元）。

7. B 【解析】选项 A、D，符合条件的混合性投资业务，对于被投资企业支付的利息，投资企业应于被投资企业应付利息的日期，确认收入的实现并计入当期应纳税所得额。选项 B，被投资企业应于应付利息的日期，确认利息支出，并按规定，进行税前扣除。选项 C，乙公司支付的利息费用要考虑利率因素计算扣除，而不是据实扣除。

8. D 【解析】企业提供劳务完工进度的确定，可选用下列方法：①已完工作的测量；②已提供劳务占劳务总量的比例；③发生成本占总成本的比例。

9. ABCE 【解析】企业将资产移送他人的下列情形，因资产所有权属已发生改变而不属于内部处置资产，应按规定视同销售确定收入：①用于市场推广或销售；②用于交际应酬；③用于职工奖励或福利；④用于股息分配；⑤用于对外捐赠；⑥其他改变资产所有权属的用途。

10. ABDE 【解析】货币形式，包括现金、存款、应收账款、应收票据、准备持有至到期的债券以及债务的豁免等。非货币形式，包括固定资产、生物资产、无形资产、股权投资、存货、不准备持有至到期的债券投资、劳务以及有关权益等。非货币形式收入应当按照公允价值确定收入额。

11. ABCE 【解析】企业取得财产(包括各类资产、股权、债权等)转让收入、债务重组收入、接受捐赠收入、无法偿付的应付款收入等，不论是以货币形式还是非货币形式体现，除另有规定外，均应一次性计入确认收入的年度计算缴纳企业所得税。选项D，企业受托加工制造大型机械设备、船舶、飞机，以及从事建筑、安装、装配工程业务或者提供其他劳务等，持续时间超过12个月的，按照纳税年度内完工进度或者完成的工作量确认收入的实现。

12. AE 【解析】选项A，特许权使用费收入按照合同约定的特许权使用人应付特许权使用费的日期确认收入的实现。选项E，企业取得财产(包括各类资产、股权、债权等)转让收入、债务重组收入、接受捐赠收入、无法偿付的应付款收入等，不论是以货币形式还是非货币形式体现，除另有规定外，均应一次性计入确认收入的年度计算缴纳企业所得税。

13. ADE 【解析】选项B、C，均属于内部处置资产，不属于视同销售。选项E，境内和境外属于不同的税收管辖区域，移至境外，不是同一税收管辖区域，不属于内部处置资产，而是应视同销售确认收入。

14. ABDE 【解析】选项C，投资企业不参与被投资企业日常生产经营活动。

15. AD 【解析】选项B、C，提供宴会招待和提供艺术表演在相关活动发生时确认收入。选项E，安装工作是商品销售附带条件的，安装费在确认商品销售实现时确认收入。

16. (1) A 【解析】应缴纳增值税 = 7 200×13% − 416 − 6.5 = 513.5(万元)；
应缴纳城市维护建设税和教育费附加合计 = 513.5×(7% + 3%) = 51.35(万元)；
增值税、城市维护建设税、教育费附加共计 = 513.5 + 51.35 = 564.85(万元)。

(2) D 【解析】会计利润 = 7 200 − 4 150 − 1 400 − 600 − 51.35 − 300 = 698.65(万元)。

(3) CDE 【解析】广告费扣除限额 = 7 200×15% = 1 080(万元)，实际发生额为1 100万元，按限额扣除，不能据实扣除；业务招待费扣除限额 = 7 200×0.5% = 36(万元)，实际发生额的60% = 75×60% = 45(万元)，按限额扣除，不能据实扣除。

(4) B 【解析】工会经费扣除限额 = 400×2% = 8(万元)，实际发生额为9万元，需要调增 1 万元；职工福利费扣除限额 = 400×14% = 56(万元)，实际发生额为 70 万元，需要调增 14 万元；职工教育经费扣除限额 = 400×8% = 32(万元)，实际发生额为 13 万元，不需要调整。

合计调增应纳税所得额 15 万元。

（5）C 【解析】应纳税所得额 = 698.65 +（1 100 - 1 080）+（75 - 36）+ 15 - 320×100% = 452.65(万元)。

（6）C 【解析】应缴纳企业所得税 = 452.65×25% - 50×10% = 108.16(万元)。

考点四 不征税收入和免税收入

1. D 【解析】选项 A，暂免征收企业所得税。选项 B，属于企业所得税应税收入。选项 C，暂不征收企业所得税。

2. A 【解析】选项 B、C、D，不计入应纳税所得额计算缴纳企业所得税。

3. D 【解析】财政拨款、依法收取并纳入财政管理的行政事业性收费、政府性基金都属于不征税收入。

4. D 【解析】县级以上人民政府(包括政府有关部门)将国有资产明确以股权投资方式投入企业，企业应作为国家资本金(包括资本公积)处理。该项资产如为非货币性资产，应按政府确定的接收价值确定计税基础。

5. B 【解析】选项 A，国债利息收入免税，但国债转让所得不免企业所得税。选项 C，国际金融组织向中国政府和居民企业提供优惠贷款取得的利息所得免征企业所得税。选项 D，观赏性作物的种植，减半征收企业所得税。

6. A 【解析】选项 B，是应税收入。选项 C、D，是不征税收入。

7. C 【解析】符合条件的非营利组织的下列收入为免税收入：①接受其他单位或者个人捐赠的收入；②除财政拨款以外的其他政府补助收入，但不包括因政府购买服务而取得的收入；③按照省级以上民政、财政部门规定收取的会费；④不征税收入和免税收入孳生的银行存款利息收入；⑤财政部、国家税务总局规定的其他收入。

8. BD 【解析】选项 A，企业应作为国家资本金(包括资本公积)处理。选项 C，增值税出口退税款不通过损益类科目核算，当期应退税款通过"其他应收款"科目核算。选项 E，企业取得的各类财政性资金，除属于国家投资和资金使用后要求归还本金的以外，均计入当年收入总额。

9. BCDE 【解析】符合条件的非营利组织的下列收入为免税收入：①接受其他单位或者个人捐赠的收入；②除财政拨款以外的其他政府补助收入，但不包括因政府购买服务而取得的收入；③按照省级以上民政、财政部门规定收取的会费；④不征税收入和免税收入孳生的银行存款利息收入；⑤财政部、国家税务总局规定的其他收入。

考点五 税前扣除项目

1. D 【解析】企业为购置、建造固定资产、无形资产和经过 12 个月以上的建造才能达到预定可销售状态的存货发生借款的，在有关资产购置、建造期间发生的合理的借款费用，应予以资本化，作为资本性支出计入有关资产的成本；有关资产交付使用后发生的借款利息，可在发生当期扣除。

2．D 【解析】企业撤回或减少投资，其取得的资产中，相当于初始出资的部分，应确认为投资收回；相当于被投资企业累计未分配利润和累计盈余公积按减少实收资本比例计算的部分，应确认为股息所得；其余部分确认为投资资产转让所得。

3．A 【解析】选项B，企业之间支付的管理费、企业内营业机构之间支付的租金和特许权使用费，以及非银行企业内营业机构之间支付的利息，不得扣除。选项C，超过年度利润总额12%部分的公益性捐赠支出，当年不得扣除，结转以后3个年度扣除。选项D，罚金、罚款和被没收财物的损失不得扣除。

4．C 【解析】选项A，企业之间支付的管理费用不得税前扣除。选项B，非银行企业内营业机构之间支付的利息，不得税前扣除；银行企业内营业机构之间支付的利息，可以税前扣除。选项D，烟草企业的烟草广告费和烟草宣传费，不得税前扣除。

5．A 【解析】除企业依照国家有关规定为特殊工种职工支付的人身安全保险费和国务院财政、税务主管部门规定可以扣除的其他商业保险费外，企业为投资者或者职工支付的商业保险费，不得扣除。

6．C 【解析】电子公司的实际税负不高于境内关联方，不需要考虑债资比的限制，该笔借款税前可以扣除的利息金额为不超过金融机构同期同类贷款利率计算的数额。2024年电子公司企业所得税税前可扣除的利息费用＝5 000×7%＝350(万元)。

7．C 【解析】企业在筹办期间，发生的与筹办活动有关的业务招待费，可按实际发生额的60%计入企业筹办费；发生的广告费和业务宣传费，可按实际发生额计入企业筹办费，按有关规定税前扣除。可计入企业筹办费并税前扣除的金额＝300×60%＋20＋200＝400(万元)。

8．B 【解析】补充养老保险：实际发生12万元，扣除限额＝200×5%＝10(万元)，可扣除10万元；
补充医疗保险：实际发生8万元，扣除限额＝200×5%＝10(万元)，可扣除8万元；
职工福利费：实际发生35万元，扣除限额＝200×14%＝28(万元)，可扣除28万元；
职工教育经费：符合条件的软件企业单独核算的职工培训费可以全额扣除，所以4万元培训费可以全额扣除。扣除限额＝200×8%＝16(万元)，实际发生8－4＝4(万元)，可扣除4万元，共扣除4＋4＝8(万元)；
工会经费：实际发生3.5万元，扣除限额＝200×2%＝4(万元)，可扣除3.5万元。
合理工资总额200万元可以据实扣除。
综上分析，可税前扣除的金额＝200＋10＋8＋28＋8＋3.5＝257.5(万元)。

9．C 【解析】广告费扣除限额＝3 000×15%＝450(万元)；本年实际发生400万元可以全额扣除，另外，还可以扣除上年度结转未扣除的广告费50万元，纳税调减金额为50万元。

10．B 【解析】销售商品涉及现金折扣的，应当按扣除现金折扣前的金额确定销售商品收入金额。业务招待费扣除限额1=30×60%=18(万元);扣除限额2=2 000×0.5%=10(万元),按10万元扣除。广告费和业务宣传费:扣除限额=2 000×15%=300(万元),小于实际发生额320万元(240+80),按300万元扣除。合计扣除金额=10+300=310(万元)。

11. C 【解析】投资企业从被投资企业撤回或减少投资,其取得的资产中,相当于初始出资的部分,应确认为投资收回;相当于被投资企业累计未分配利润和累计盈余公积按减少实收资本比例计算的部分,应确认为股息所得;其余部分确认为投资资产转让所得。撤资应确认的投资资产转让所得=4 000-2 400-(600+400)×40%=1 200(万元)。

12. A 【解析】会计利润=4 000+40-2 100-200-500-500-40=700(万元)。
广告费、业务宣传费扣除限额=4 000×15%=600(万元),实际发生了300万元,准予全部扣除,上年结转的广告费支出100万元也允许扣除,纳税调减100万元。国债利息收入免征企业所得税,纳税调减40万元。
应纳企业所得税=(700-100-40)×15%=84(万元)。

13. B 【解析】电信企业在发展客户、拓展业务等过程中,需向经纪人、代办商支付手续费及佣金的,其实际发生的相关手续费及佣金支出,不超过企业当年收入总额5%的部分,准予在企业所得税税前据实扣除。可扣除的佣金和手续费=1 000×5%=50(万元)。

14. A 【解析】银行的年利率=(7×2)÷200=7%;自行建造的固定资产,以竣工结算前发生的支出为计税基础,因此5—10月的利息属于资本化的支出,可以税前扣除的职工借款利息(11—12月)=60×7%÷12×2=0.7(万元);可以扣除的财务费用=7+0.7=7.7(万元)。

15. AB 【解析】选项C,保险企业按照当年全部保费收入扣除退保金等后余额的18%计算可扣除佣金限额。选项D,保险企业超过规定标准的部分允许结转以后年度扣除,没有年限限制。选项E,企业不得将手续费及佣金直接冲减服务协议或合同金额,并如实入账。

16. ABCE 【解析】选项D,离退休人员工资与企业取得的收入无关,不得列入福利费支出在企业所得税税前扣除。

17. ABDE 【解析】税务机关在对工资、薪金进行合理性确认时,可按以下原则掌握:
(1)企业制定了较为规范的员工工资、薪金制度。
(2)企业所制定的工资、薪金制度符合行业及地区水平。
(3)企业在一定时期所发放的工资、薪金是相对固定的,工资、薪金的调整是有序进行的。
(4)企业对实际发放的工资、薪金,已依法履行了代扣代缴个人所得税义务。
(5)有关工资、薪金的安排,不以减少或逃避税款为目的。

18. ACDE 【解析】选项B,烟草企业的烟草广告费和业务宣传费支出,一律不得在计算应纳税所得额时扣除。

19. ADE 【解析】选项 B，企业以前年度发生的符合条件的实际资产损失，在当年因某种原因未能扣除的，准予追补至该项损失发生年度扣除。选项 C，没有年限的规定。

20. ABC 【解析】选项 D，未经核定的准备金支出不得在税前扣除。选项 E，企业内营业机构之间支付的租金不得扣除。

21. ABCE 【解析】选项 D，是允许税前扣除的。

22. CDE 【解析】对化妆品制造与销售、医药制造和饮料制造（不含酒类制造）企业发生的广告费和业务宣传费支出，不超过当年销售（营业）收入30%的部分，准予扣除；超过部分，准予在以后纳税年度结转扣除。

23. ACDE 【解析】选项 B，企业发生的公益性捐赠支出未在当年税前扣除的部分，准予向以后年度结转扣除，但结转年限自捐赠发生年度的次年起计算最长不得超过 3 年。

24. ABE 【解析】税前扣除凭证应遵循真实性、合法性、关联性原则。

25. ADE 【解析】企业在补开、换开发票、其他外部凭证过程中，因对方注销、撤销、依法被吊销营业执照、被税务机关认定为非正常户等特殊原因无法补开、换开发票、其他外部凭证的，可凭以下资料证实支出真实性后，其支出允许税前扣除：
（1）无法补开、换开发票、其他外部凭证原因的证明资料（包括市场主体注销、机构撤销、列入非正常经营户、破产公告等证明资料）。
（2）相关业务活动的合同或者协议。
（3）采用非现金方式支付的付款凭证。
（4）货物运输的证明资料。
（5）货物入库、出库内部凭证。
（6）企业会计核算记录以及其他资料。
第（1）项至第（3）项为必备资料。

考点六 亏损弥补

1. B 【解析】企业境外业务之间（企业境外业务在同一国家）的盈亏可以互相弥补，境内有亏损，境外有盈利的情况下，境外盈利可以弥补境内亏损。但境内所得不得弥补境外亏损。

2. C 【解析】选项 A，企业筹办期间不计算为亏损年度。选项 B，筹办费可以在开始经营之日的当年一次性扣除，也可以按照长期待摊费用在不低于 3 年的时间内进行摊销。选项 D，企业在筹建期间发生的与筹办活动有关的业务招待费支出，可按实际发生额的 60% 计入企业筹办费。

3. C 【解析】符合特殊性税务处理的条件，合并企业弥补的被合并企业的亏损限额为被合并企业净资产的公允价值乘以截止合并业务发生当年年末国家发行的最长期限的国债利率。2024 年甲企业弥补乙企业的亏损限额 = 1 300×4.5% = 58.5（万元）。乙企业弥补期内的亏损额为 70 万元，大于允许弥补的亏损限额 58.5 万元，则由甲企业弥补的乙企业的亏损额为 58.5 万元。

4．ABCD 【解析】困难行业企业，包括交通运输、餐饮、住宿、旅游（指旅行社及相关服务、游览景区管理两类）四大类。

5．BCDE 【解析】选项 A，境外营业机构亏损不得抵减境内营业机构盈利。

考点七 资产的所得税处理

1．A 【解析】选项 B，盘盈的固定资产，以同类固定资产的重置完全价值为计税基础。选项 C，固定资产的预计净残值一经确定，不得变更。选项 D，房屋、建筑物以外未投入使用的固定资产，不得计提折旧扣除。

2．A 【解析】不得计算折旧扣除的固定资产：
（1）房屋、建筑物以外未投入使用的固定资产。
（2）以经营租赁方式租入的固定资产。
（3）以融资租赁方式租出的固定资产。
（4）已足额提取折旧仍继续使用的固定资产。
（5）与经营活动无关的固定资产。
（6）单独估价作为固定资产入账的土地。
（7）其他不得计算折旧扣除的固定资产。
企业购买的文物、艺术品用于收藏、展示、保值增值的，作为投资资产进行税务处理。文物、艺术品资产在持有期间，计提的折旧、摊销费用，不得税前扣除。

3．B 【解析】盘盈的固定资产，以同类固定资产的重置完全价值为计税基础。

4．C 【解析】企业购进软件，凡符合固定资产或无形资产确认条件的，可以根据固定资产或无形资产进行摊销，其折旧或者摊销年限可以适当缩短，最短可为 2 年。无形资产摊销的起止时间：当月增加的无形资产，当月开始摊销；当月减少的无形资产，当月不再摊销。2024 年该公司计算应纳税所得额时摊销无形资产费用的最高金额 = 60÷2 = 30（万元）。

5．A 【解析】企业对房屋、建筑物固定资产在未足额提取折旧前进行改扩建的，如属于推倒重置的，该资产原值减除提取折旧后的净值，应并入重置后的固定资产计税成本，并在该固定资产投入使用后的次月起，按照税法规定的折旧年限，一并计提折旧。旧房屋净值 = 1 200 - 1 200÷20×12 = 480（万元）。2024 年计提的折旧额 = （700 + 480）÷20÷12×2 = 9.83（万元）。

6．A 【解析】选项 A，实行查账征收的企业以非货币性资产对外投资确认的非货币性资产转让所得，可在不超过 5 年期限内，分期均匀计入相应年度的应纳税所得额计算所得税，2024 年确认的应纳税所得额 = （700 - 400）÷5 = 60（万元）。选项 B，企业取得被投资企业的股权，应以非货币性资产的原计税成本为计税基础，加上每年确认的非货币性资产转让所得，逐年进行调整，所以取得时的股权计税基础 = 400 + 60 = 460（万元）。选项 C，2025 年转让股权，停止递延政策，递延期内尚未确认的非货币性资产转让所得 = 60×4 = 240（万元）。选项 D，居民企业 A 股权转让所得 = 1 350 - 700 = 650（万元）。

7. ABD 【解析】选项 C，企业对外投资期间，投资资产的成本在计算应纳税所得额时不得扣除。选项 E，外购的固定资产，以购买价款和支付的相关税费以及直接归属于使该资产达到预定用途发生的其他支出为计税基础。

8. ADE 【解析】选项 B、C，可以计提折旧在税前扣除。

9. ABE 【解析】选项 C，固定资产的日常修理支出，可在发生当期直接扣除。选项 D，外购的生产性生物资产支出，应计入生产性生物资产的成本中，通过折旧税前扣除。

10. BD 【解析】企业所得税法所指固定资产的大修理支出，是指同时符合下列条件的支出：①修理支出达到取得固定资产时的计税基础 50% 以上；②修理后固定资产的使用年限延长 2 年以上。

11. ADE 【解析】选项 B，外购商誉的支出，在企业整体转让或者清算时，准予扣除。选项 C，以融资租赁方式租入固定资产发生的租赁费支出，按照规定构成融资租入固定资产价值的部分应当提取折旧费用，分期扣除。

12. ACDE 【解析】选项 B，融资性售后回租业务中，融资性租赁的资产，按承租人出售前原账面价值作为计税基础计提折旧。

13. ACE 【解析】全民所有制企业改制为国有独资公司或者国有全资子公司，属于规定的"企业发生其他法律形式简单改变"的，改制中资产评估增值不计入应纳税所得额；资产的计税基础按其原有计税基础确定；资产增值部分的折旧或者摊销不得在税前扣除。

考点八 资产损失税前扣除的所得税处理

1. D 【解析】税法规定，以下股权和债权不得作为损失在税前扣除：
（1）债务人或者担保人有经济偿还能力，未按期偿还的企业债权。
（2）违反法律、法规的规定，以各种形式、借口逃废或悬空的企业债权。
（3）行政干预逃废或悬空的企业债权。
（4）企业未向债务人和担保人追偿的债权。
（5）企业发生非经营活动的债权。
（6）其他不应当核销的企业债权和股权。

2. A 【解析】企业逾期 3 年以上的应收款项在会计上已作为损失处理的，可以作为坏账损失，但应说明情况，并出具专项报告；企业逾期 1 年以上，单笔数额不超过 5 万元或者不超过企业年度收入总额万分之一的应收款项，会计上已经作为损失处理的，可以作为坏账损失，但应说明情况，并出具专项报告。

3. C 【解析】债务人逾期 3 年以上未偿清，且有确凿证据证明无力偿还的应收账款，可作为坏账损失在计算应纳税所得额时扣除。

4. C 【解析】企业除贷款类债权外的应收、预付账款符合下列条件之一的，减除可收回金额后确认的无法收回的应收、预付款项，可以作为坏账损失在计算应纳税所得额时扣除：
（1）债务人依法宣告破产、关闭、解散、被撤销，或者被依法注销、吊销营业执照，其清算财产不足清偿的。

（2）债务人死亡，或者依法被宣告失踪、死亡，其财产或者遗产不足清偿的。

（3）债务人逾期3年以上未清偿，且有确凿证据证明已无力清偿债务的。

（4）与债务人达成债务重组协议或法院批准破产重整计划后，无法追偿的。

（5）因自然灾害、战争等不可抗力导致无法收回的。

（6）国务院财政、税务主管部门规定的其他条件。

5．B　【解析】债务人逾期1年未清偿预计难以收回的应收账款损失，不得在计算企业所得税应纳税所得额时扣除。债务人逾期3年以上未清偿，且有确凿证据证明已无力清偿债务的，可以作为坏账损失在计算应纳税所得额时扣除。

6．C　【解析】不同风险计提贷款损失准备金比例如下：

贷款分类	计提比例
关注类	2%
次级类	25%
可疑类	50%
损失类	100%

7．BCDE　【解析】选项A，需要进行专项申报扣除。

8．ABDE　【解析】选项C，属于内部证据。

9．ADE　【解析】金融企业的委托贷款、代理贷款、国债投资、应收股利、上交央行准备金以及金融企业剥离的债权和股权、应收财政贴息、央行款项等不承担风险和损失的资产，以及除规定准予税前提取贷款损失准备金之外的其他风险资产，不得提取贷款损失准备金在税前扣除。

考点九　企业重组的所得税处理

1．B　【解析】可由合并企业弥补的被合并企业亏损的限额=4 000×4%=160(万元)。

2．C　【解析】选项A，一般性税务处理下，被合并企业的亏损不得在合并企业结转弥补。选项B、D，合并企业应按公允价值确定接受被合并企业各项资产和负债的计税基础。

3．D　【解析】原始权益人通过二级市场认购(增持)该基础设施REITs份额，按照先进先出原则认定优先处置战略配售份额。

4．B　【解析】甲企业转让股权的应纳税所得额=7 560-4 500×12×7 560÷(55 440+7 560)=1 080(万元)或转让股权的应纳税所得额=4 500×(14-12)×7 560÷(55 440+7 560)=1 080(万元)。

甲企业转让股权应缴纳企业所得税=1 080×25%=270(万元)。

5．B　【解析】对于被收购企业的股东取得的收购企业股权的计税基础，以被收购股权的原有计税基础确定。所以股权支付的部分不确认所得和损失，对于非股权支付的部分，要按照规定确认所得和损失，依法计算缴纳企业所得税。甲企业转让股权的应纳税所得额=(3 000×12-3 000×10)×3 600÷(32 400+3 600)=600

(万元)。

6. AC 【解析】选项 A,甲公司取得的乙公司资产的计税基础 = 6 000×(7 000÷8 000)+1 000 = 6 250(万元)。选项 B,转让企业取得受让企业股权的计税基础,以被转让资产的原有计税基础确定,所以乙公司取得的甲公司股权的计税基础 = 6 000×(7 000÷8 000) = 5 250(万元)。选项 C、D,乙公司取得非股权支付对应的资产转让所得 = (8 000-6 000)×(1 000÷8 000) = 250(万元)。选项 E,甲公司不确认股权转让所得。

7. ACD 【解析】一般性税务处理条件下,企业股权收购、资产收购重组交易,相关交易应按以下规定处理:①被收购方应确认股权、资产转让所得或损失;②收购方取得股权或资产的计税基础应以公允价值为基础确定;③被收购企业的相关所得税事项原则上保持不变。

8. CDE 【解析】企业法律形式改变,是指企业注册名称、住所以及企业组织形式等的简单改变,但符合规定的其他重组类型的除外。

考点十 房地产开发经营业务的所得税处理

1. C 【解析】房地产开发企业委托境外机构销售开发产品的,其支付境外机构的销售费用(含佣金或手续费)不超过委托销售收入 10% 的部分,准予据实扣除。可扣除的境外销售费用 = 10 000×10% = 1 000(万元)。

2. C 【解析】选项 A,房地产开发企业单独建造的停车场所,应作为成本对象单独核算。选项 B,利用地下基础设施形成的停车场所,作为公共配套设施进行处理。选项 D,应向政府上缴但尚未上缴的报批报建费用、物业完善费用可以按规定预提。

3. A 【解析】房地产开发企业采取银行按揭方式销售开发产品,凡约定企业为购买方的按揭贷款提供担保的,其销售开发产品时向银行提供的保证金(担保金)不得从销售收入中减除,也不得作为费用在当期税前扣除,但实际发生损失时可据实扣除。

4. A 【解析】单独作为过渡性成本对象核算的公共配套设施开发成本,应按建筑面积法进行分配。

5. B 【解析】除以下几项预提(应付)费用外,计税成本均应为实际发生的成本。
(1)出包工程未最终办理结算而未取得全额发票的,在证明资料充分的前提下,其发票不足金额可以预提,但最高不得超过合同总金额的10%。
(2)公共配套设施尚未建造或尚未完工的,可按预算造价合理预提建造费用。
(3)应向政府上缴但尚未上缴的报批报建费用、物业完善费用可以按规定预提。

6. C 【解析】基价并实行超基价双方分成方式,受托方与购买方直接签订合同的,房地产开发公司确认的销售收入为基价加上按规定取得的分成额 = 6 000+(8 000-6 000-400) = 7 600(万元)。

7. ACE 【解析】在中国境内从事房地产开发经营业务的企业,除土地开发之外,其他开发产品符合下列条件之一的,应视为已经完工:①开发产品竣工证明材料已报房地产管理部门备案;②开发产品已开始投入使用;③开发产品已取得了初始产权证明。

8. ABCE 【解析】选项D,房地产开发企业支付给境外销售机构的销售费用不超过委托销售收入10%的部分准予扣除。

9. ACDE 【解析】计税成本对象的确定原则包括:①可否销售原则;②功能区分原则;③定价差异原则;④成本差异原则;⑤权益区分原则。

10. ABD 【解析】房地产开发企业以本企业为主体联合其他企业、单位、个人合作或合资开发房地产项目,且该项目未成立独立法人公司的,按下列规定进行处理:

(1)凡开发合同或协议中约定向投资各方(即合作方、合资方,下同)分配开发产品的,企业在首次分配开发产品时,如该项目已经结算计税成本,其应分配给投资方开发产品的计税成本与其投资额之间的差额计入当期应纳税所得额;如未结算计税成本,则将投资方的投资额视同销售收入进行相关的税务处理。

(2)凡开发合同或协议中约定分配项目利润的,应按以下规定进行处理:①企业应将该项目形成的营业利润额并入当期应纳税所得额统一申报缴纳企业所得税,不得在税前分配该项目的利润。同时,不能因接受投资方投资额而在成本中摊销或在税前扣除相关的利息支出。②投资方取得该项目的营业利润应视同股息、红利进行相关的税务处理。

11. (1)B 【解析】基价=12 000×80%×1.9=18 240(万元),实际取得不含税收入19 200万元,大于基价,销售写字楼应税收入应为19 200万元。

该公司2024年企业所得税应税收入=销售写字楼收入+收取临时停车费收入=19 200+18=19 218(万元)。

提示 企业按规定支付受托方的分成额,不得直接从销售收入中减除。

(2)B 【解析】该公司2024年企业所得税税前应扣除土地成本=(4 000+600+184)×80%=3 827.2(万元)。

(3)B 【解析】应扣除土地成本以外的开发成本=(6 800+400)×80%=5 760(万元)。

(4)C 【解析】该公司2024年应缴纳企业所得税=(19 200+18-3 827.2-5 760-1 500-2 100)×25%=1 507.7(万元)。

考点十一 减免税优惠

1. B 【解析】选项A、C、D,减半征收企业所得税。

2. B 【解析】委托境外个人研发费用不享受加计扣除。委托境外机构研发费用实际发生额的80%=100×80%=80(万元);境内符合条件的研发费用2/3的部分=200×80%×2/3=106.67(万元),所以委托境外机构加计扣除基数为80万元。可以加计扣除金额=200×80%×100%+80×100%=240(万元)。

3. B 【解析】选项A,享受税额抵免企业所得税优惠的企业,自购置符合条件的专用设备在5年内转让、出租的,应当停止享受企业所得税优惠,并补缴已经抵免的企业所得税税款。转让的受让方可以按照该专用设备投资额的10%抵免当年企业所得税应纳税额；当年应纳税额不足抵免的，可以在以后5个纳税年度结转抵免。选项C，甲企业转让设备可税前扣除的资产净值为固定资产计税基础(100万元)减去计提的折旧等之后的余额。选项D，甲企业转让设备时，按照规定计算缴纳增值税，不需要转出已抵扣的进项税额。

4. C 【解析】企业在2024年1月1日至2027年12月31日期间发生的专用设备数字化、智能化改造投入，不超过该专用设备购置时原计税基础50%的部分，可按照10%比例抵免企业当年应纳税额。改造投资100万元，小于该专用设备购置时原计税基础的50%，即150万元(300×50%)，应抵免应纳税额=100×10%=10(万元)。

5. B 【解析】下列活动不适用企业所得税税前加计扣除政策：
(1)企业产品(服务)的常规性升级。
(2)对某项科研成果的直接应用，如直接采用公开的新工艺、材料、装置、产品、服务或知识等。
(3)企业在商品化后为顾客提供的技术支持活动。
(4)对现存产品、服务、技术、材料或工艺流程进行的重复或简单改变。
(5)市场调查研究、效率调查或管理研究。
(6)作为工业(服务)流程环节或常规的质量控制、测试分析、维修维护。
(7)社会科学、艺术或人文学方面的研究。

6. B 【解析】选项A，企业的高新技术企业资格期满当年，在通过重新认定前，其企业所得税暂按15%的税率预缴。选项C，企业获得高新技术企业资格后，自高新技术企业证书颁发之日所在年度起享受税收优惠。选项D，企业因重大事故被取消高新技术企业资格的，追缴其自发生重大事故行为之日所属年度起已享受的高新技术企业税收优惠。

7. C 【解析】选项A、B、D，属于减半征收企业所得税的项目。企业从事下列项目的所得，减半征收企业所得税：①花卉、茶以及其他饮料作物和香料作物的种植；②海水养殖、内陆养殖。

8. D 【解析】选项A，符合条件的小型微利企业是指全部生产经营活动产生的所得均负有我国企业所得税纳税义务且从事国家非限制和禁止行业的企业(包括采取查账征收方式和核定征收方式的企业)。选项B、C，从业人数和资产总额指标，应按企业全年的季度平均值确定。

9. D 【解析】企业从事国家重点扶持的公共基础设施项目的投资经营所得，自项目取得第一笔生产经营收入所属纳税年度起，第1年至第3年免征企业所得税，第4年至第6年减半征收企业所得税。企业在减免税期限内转让所享受减免税优惠的项目，受让方可自受让之日起，在剩余优惠期限内享受规定的减免税优惠。乙企业应缴纳的企业所得税=5 000×50%×25%=625(万元)。

10. A 【解析】企业购置并实际使用相关规定的环境保护、节能节水、安全生产等设备的，该设备的投资额的10%可以从企业当年的应纳税额中抵扣。该厂可抵免企业所得税税额=100×10%=10(万元)。

11. A　【解析】选项B，环境保护、节能节水项目的所得，自项目取得第一笔生产经营收入所属纳税年度起，第1年至第3年免征企业所得税，第4年至第6年减半征收企业所得税。选项C，享受减免税优惠的项目，在减免税期限内转让的，不涉及补缴企业所得税。选项D，企业享受"三免三减半"优惠政策的项目，在减免税期限内转让的，受让方自受让之日起，可以在剩余期限内享受规定的减免税优惠。

12. AD　【解析】选项B，研究开发费用中其他相关费用，总额不得超过可加计扣除研发费用总额的10%。选项C，企业委托境外进行研发活动所发生的费用，按照费用实际发生额的80%计入委托方的委托境外研发费用。委托境外研发费用不超过境内符合条件的研发费用2/3的部分，可以按规定在企业所得税税前加计扣除。选项E，企业应按照国家财务会计制度要求，对研发支出进行会计处理；同时，对享受加计扣除的研发费用按研发项目设置辅助账，准确归集核算当年可加计扣除的各项研发费用实际发生额。

13. ABDE　【解析】选项C，企业购买农产品后直接进行贸易销售活动产生的所得，不能享受农、林、牧、渔业项目的税收优惠政策。

14. AD　【解析】选项B，对企业投资者持有2023年至2027年发行的铁路债券取得的利息收入，减半征收企业所得税。选项C，没有结转抵扣年限的限制。选项E，委托境外进行研发活动加计扣除政策不包括委托境外个人进行的研发活动。

15. (1) A　【解析】自2023年1月1日起，企业开展研发活动中实际发生的研发费用，未形成无形资产计入当期损益的，在按规定据实扣除的基础上，再按照实际发生额的100%在税前加计扣除；形成无形资产的，按照无形资产成本的200%在税前摊销。研发费用加计扣除的金额=100×100%=100（万元）。

(2) D　【解析】其他相关费用总额不得超过可加计扣除研发费用总额的10%。应当按照以下公式计算：全部研发项目的其他相关费用限额=全部研发项目的人员人工等五项费用之和×10%÷(1-10%)。

其他相关费用扣除限额=(200+120+140+80)÷(1-10%)×10%=60（万元），大于实际发生额54万元，故研发费用加计扣除金额=594×100%=594（万元）。

(3) B　【解析】企业委托外部机构或个人开展研发活动发生的费用，可按规定税前扣除；加计扣除时按照研发活动发生费用的80%计入委托方研发费用，故加计扣除的金额=220×80%×100%=176（万元）。

(4) B　【解析】企业委托境外进行研发活动所发生的费用，按照费用实际发生额的80%计入委托方的委托境外研发费用。委托境外研发费用不超过境内符合条件的研发费用2/3的部分，可以按规定在企业所得税税前加计扣除。实际发生额的80%=477×80%=381.6（万元），小于境内符合条件的研发费用(594+220×80%)的2/3，故加计扣除金额=381.6×100%=381.6（万元）。

考点十二　应纳税额的计算

1. D　【解析】该公司2024年应纳税所得额=(1 250+20)×10%=127（万元）。

应缴纳的企业所得税=127×25%×20%=6.35(万元)。

2. D 【解析】营业收入的5‰=1 600×5‰=8(万元);业务招待费实际发生额的60%=20×60%=12(万元),按照孰小扣除原则,业务招待费可以税前扣除金额为8万元,业务招待费纳税调增20-8=12(万元)。

该企业2024年应纳税所得额=1 600-1 350+12=262(万元)。

应缴纳的企业所得税=262×25%×20%=13.1(万元)。

3. D 【解析】依法院判决、裁定等原因,通过证券登记结算公司,企业将其代持的个人限售股直接变更到实际所有人名下的,不视同转让限售股。

4. C 【解析】擅自销毁账簿的汽车修理厂适用核定征收企业所得税。

5. C 【解析】企业取得国债利息收入免征企业所得税;对企业取得的地方政府债券利息所得,免征企业所得税。购买境内上市公司股票,持有期间不足12个月,取得的分红不免企业所得税。2024年该企业应缴纳的企业所得税=(6 800-5 000+120-100+2)×25%=455.5(万元)。

6. B 【解析】公益性捐赠支出税前扣除限额=1 200×12%=144(万元),所以捐赠支出纳税调增额=200-144=56(万元),购买环境保护专用设备投资额的10%可以从企业当年的应纳税额中抵免。应缴纳企业所得税=(1 200+56)×25%-600×10%=254(万元)。

7. (1)D 【解析】收入总额=700+120+250+220=1 290(万元)。

(2)C 【解析】资本化的利息,通过摊销方式扣除,不得直接在财务费用中反映。
可扣除的财务费用=50-10=40(万元)。
营业收入=700+120=820(万元)。
广告宣传费扣除限额=820×15%=123(万元),实际列支30万元,上年超支20万元可结转在本年企业所得税税前扣除。
税前可扣除的销售费用=50+20=70(万元)。
税前可扣除的财务费用和销售费用合计=40+70=110(万元)。

(3)B 【解析】利润总额=1 290-20-550-(50-10)-98-50-(40+5+2.73)=484.27(万元)。
捐赠限额=484.27×12%=58.11(万元),实际捐赠为40万元,可据实扣除。税收罚款及滞纳金不允许税前扣除,可扣除的营业外支出为40万元。

(4)B 【解析】应纳税所得额=484.27-250-220-20+5+2.73=2(万元)。
该企业,从业人数不超过300人,资产总额不超过5 000万元,应纳税所得额不超过300万元,符合小型微利企业标准。
应纳所得税税额=2×25%×20%=0.1(万元)。

8. (1)A 【解析】合理的工资、薪金支出为500万元。
职工福利费扣除限额=500×14%=70(万元),实际发生额80万元,纳税调增10万元。
集成电路设计企业和符合条件的软件企业的职工培训费用,应单独进行核算并按实际发生额在计算应纳税所得额时扣除,职工培训费用40万元可以据实扣除。

扣除职工培训费用后的职工教育经费扣除限额=500×8%=40(万元)。

扣除职工培训费用后的职工教育经费实际发生60万元,超过限额,应调增应纳税所得额=60-40=20(万元)。

合计调增应纳税所得额=20+10=30(万元)。

(2)A 【解析】为部分高管支付的补充医疗保险费,不得扣除。应调增应纳税所得额=30-500×5%+27=32(万元)。

提示 企业根据国家有关政策规定,为在本企业任职或者受雇的全体员工支付的补充养老保险费、补充医疗保险费,分别在不超过职工工资总额5%标准内的部分,在计算应纳税所得额时准予扣除;超过的部分,不予扣除。

(3)B 【解析】广告费扣除限额=12 000×15%=1 800(万元)。

当年发生广告费600万元,可以全额扣除,同时可以扣除上年度结转未扣除的广告费100万元。广告费应调减应纳税所得额100万元。

业务招待费扣除限额1=12 000×5‰=60(万元);限额2=80×60%=48(万元)。

实际发生80万元,超过限额,应调增应纳税所得额=80-48=32(万元)。

集成电路企业研发费用加计扣除120%,应调减应纳税所得额=800×120%=960(万元)。

合计应调整应纳税所得额=32-100-960=-1 028(万元)。

(4)ABDE 【解析】选项C,被投资企业发生的经营亏损,由被投资企业按规定结转弥补;投资企业不得调整减少其投资成本,也不得将其确认为投资损失。采取权益法核算确认的投资损失300万元税前不可以扣除。选项E,公益性捐赠扣除限额=3 000×12%=360(万元),符合条件的公益性捐赠支出为400万元,超过限额,应纳税调增=400-360=40(万元)。

(5)B 【解析】应纳税所得额=3 000-20+30+32-1 028+40-100+300=2 254(万元)。

(6)C 【解析】甲企业经税务机关确认的获利年度是2021年,享受"两免三减半"企业所得税优惠待遇。2024年减半征收企业所得税,应纳企业所得税=2 254×25%×50%=281.75(万元)。

9.(1)ABCD 【解析】选项E,对职工学历无要求。

(2)B 【解析】技术转让收入不包含销售或转让设备、仪器、零部件、原材料等非技术性收入。技术转让收入=1 280-20=1 260(万元);技术转让所得=技术转让收入-技术转让成本-相关税费=1 260-270-30=960(万元)。

(3)D 【解析】应计提折旧金额=(24+2.4)÷4÷12×2=1.1(万元);应缴纳车船税金额=1 200÷12×3÷10 000=0.03(万元),合计应调减应纳税所得额=1.1+0.03=1.13(万元)。

(4)A 【解析】广宣费的扣除限额为销售收入的15%,扣除限额=7 200×15%=1 080(万元),实际发生额1 200万元,应纳税调增=1 200-1 080=120(万元);

发生的佣金扣除限额为合同收入金额的5%,则扣除限额=3 000×5%=150(万元),实际发生佣金支出240万元,其中现金转账部分不得税前扣除。

佣金支出应纳税调增=240-150=90(万元)。

广告费和佣金合计应纳税调增=120+90=210(万元)。

(5) B 【解析】销售(营业)收入的5‰=7 200×5‰=36(万元),实际发生额的60%=80×60%=48(万元),扣除限额为36万元,实际发生金额80万元,业务招待费应纳税调增=80-36=44(万元);

研发费用可以加计100%扣除,则研发费用应纳税调减430万元;

职工教育经费扣除限额=450×8%=36(万元),实际发生额46万元,应纳税调增46-36=10(万元);

职工福利费扣除限额=450×14%=63(万元),实际发生额75万元,应纳税调增75-63=12(万元);

工会经费扣除限额=450×2%=9(万元),实际拨缴8万元,未超过限额,无须纳税调整。

则合计应纳税调整金额=44-430+10+12=-364(万元)。

(6) A 【解析】应缴纳的企业所得税金额=(1 370-960-1.13+210-364)×15%+(960-500)×50%×25%=95.73(万元)。

10. (1) A 【解析】应纳房产税=2 600×(1-30%)×1.2%+100×(1-30%)×1.2%×6÷12+20×12%=24.66(万元),应纳城镇土地使用税=8×6=48(万元),合计=24.66+48=72.66(万元)。

(2) ABC 【解析】销售(营业)收入=6 000+20=6 020(万元),销售(营业)收入的5‰=6 020×5‰=30.1(万元);业务招待费实际发生额的60%=60×60%=36(万元),按照较小一方即30.1万元扣除,调增应纳税所得额=60-30.1=29.9(万元)。

广告性赞助支出按广告费处理,广告费和业务宣传费支出合计=350+50=400(万元)。广告费和业务宣传费扣除限额=6 020×15%=903(万元),可以全额扣除,无须纳税调整。

利息支出扣除限额=600×5%=30(万元),实际发生利息支出42万元,纳税调增42-30=12(万元)。

(3) A 【解析】固定资产毁损可以全额扣除。税前扣除的营业外支出为16.3万元。

(4) A 【解析】应纳税所得额=1 304.9-6 000×10%-(60-60÷5÷12×3)+29.9+12+3=692.8(万元)。

提示 资源综合利用<u>减按90%</u>计入收入总额。技术转让给100%控股子公司,不适用技术转让所得优惠。

(5) A 【解析】应纳企业所得税=692.8×15%-60×10%=97.92(万元)。

(6) CDE 【解析】享受税收优惠的高新技术企业,应妥善保管以下资料留存备查:①高新技术企业资格证书;②高新技术企业认定资料;③知识产权相关材料;④年度主要产品(服务)发挥核心支持作用的技术属于规定范围的说明,高新技术产品(服务)及对应收入资料;⑤年度职工和科技人员情况证明材料;⑥当年和前两个会计年度研发费用总额及占同期销售收入比例、研发费用管理资料以及研发费用辅助账,研发费用结构明细表;⑦省税务机关规定的其他资料。

11. （1）C 【解析】购置办公楼并于当月底对外出租应缴纳的房产税=10×12%=1.2（万元），购置办公楼应缴纳的城镇土地使用税=1 000×24÷12×1÷10 000=0.2（万元），合计缴纳房产税和城镇土地使用税=1.2+0.2=1.4（万元）。

（2）A 【解析】职工福利费扣除限额=1 000×14%=140（万元），实际发生额160万元，应调增应纳税所得额=160-140=20（万元）。

职工教育经费扣除限额=1 000×8%=80（万元），实际发生额60万元，未超标，无须纳税调整。

工会经费扣除限额=1 000×2%=20（万元），实际拨缴20万元，无须纳税调整。

补充养老保险的扣除限额=1 000×5%=50（万元），实际支出70万元，应调增应纳税所得额=70-50=20（万元）。

补充医疗保险的扣除限额=1 000×5%=50（万元），实际支出30万元，未超标，无须纳税调整。

三项经费、补充养老保险、补充医疗保险应调整的应纳税所得额=20+20=40（万元）。

（3）C 【解析】选项A，委托境内机构进行的研发费用加计扣除金额=100×80%×100%=80（万元）。选项B，业务招待费实际发生额的60%=60×60%=36（万元），销售（营业）收入的0.5%=（6 000+600）×0.5%=33（万元），业务招待费应调增应纳税所得额=60-33=27（万元）。选项C，广告费和业务宣传费扣除限额=（6 000+600）×15%=990（万元），当年实际发生额为670万元，可以据实扣除，还可以扣除以前年度累计结转至本年未扣除的广告费30万元，广告费和业务宣传费调减应纳税所得额30万元。选项D，自主进行研发活动的研发费用加计扣除金额=120×100%=120（万元）。

（4）BCD 【解析】选项A，从A股上市公司取得的股息红利，由于持股时间不足12个月，所以取得的股息收入不属于免税收入，无须纳税调整。选项B，非广告性质的赞助支出，不得税前扣除，应调增应纳税所得额10万元。选项C，企业取得的地方政府债券利息所得，免征企业所得税，应调减应纳税所得额30万元。选项D，直接向贫困地区捐赠支出，不得税前扣除，应调增应纳税所得额30万元；其他公益性捐赠支出扣除限额=（480-1.4）×12%=57.43（万元），通过县级人民政府向某老年大学捐赠应调增应纳税所得额=60-57.43=2.57（万元），捐赠支出应合计调增应纳税所得额=30+2.57=32.57（万元）。

（5）C 【解析】企业购置环保专用设备选择一次性税前扣除，纳税调减应纳税所得额=200-200÷10÷12×6=190（万元），该企业2024年应纳税所得额=480-1.4-190+40-（120+80）+27-30+10-30+32.57=138.17（万元）。

（6）A 【解析】该企业2024年应纳企业所得税=138.17×15%-200×10%=0.73（万元）。

12. （1）C 【解析】应扣除的摊销费用=600×220%÷10÷12×9=99（万元）。

（2）A 【解析】广告费扣除限额=15 000×15%=2 250（万元），实际发生广告费2 600万元，应纳税调增2 600-2 250=350（万元）。企业因合同违约支付的违约金可以税前扣除。

(3)C　【解析】外购商誉的支出，在企业整体转让或者清算时，准予扣除。外购商誉应纳税调增10万元。经营租入固定资产改建支出计入长期待摊费用，按照3年摊销。经营性租入固定资产发生的改建费用应纳税调增=432-432÷3÷12×6=360(万元)。

外购商誉和经营性租入固定资产发生的费用合计纳税调增370万元。

(4)BCD　【解析】选项A，从居民企业分回的股息属于免税收入，免征企业所得税。选项E，技术转让所得纳税调减=500+(2 000-600-500)×50%=950(万元)。

(5)A　【解析】股息所得纳税调减200万元；费用化研发支出加计扣除，纳税调减=400×120%=480(万元)；该企业2024年企业所得税的应纳税所得额=2 300-950-200-480-99+350+370=1 291(万元)。

(6)A　【解析】该企业2024年应缴纳企业所得税=1 291×15%+450×(25%-15%)=238.65(万元)或者2024年应缴纳企业所得税=(1 291-450)×15%+450×25%=238.65(万元)。

13.(1)D　【解析】应纳房产税=750×(1-25%)×1.2%+50×(1-25%)×1.2%×4÷12=6.9(万元)。

(2)C　【解析】企业所得税税前准予扣除的税金及附加=202.42+28.39+6.9=237.71(万元)。

(3)A　【解析】该企业销售收入总额=500+20=520(万元)。

业务招待费限额1=520×5‰=2.6(万元)，业务招待费限额2=4×60%=2.4(万元)，准予扣除2.4万元，实际发生4万元，应调增应纳税所得额=4-2.4=1.6(万元)。

(4)A　【解析】专用设备调减会计利润=70÷10÷12×5=2.92(万元)。

(5)D　【解析】会计利润总额=500+20-2.92-121-10-20.75-10-237.71-30+27+20=134.62(万元)。

捐赠扣除限额=134.62×12%=16.15(万元)，实际发生20万元，只能扣除16.15万元。

(6)B　【解析】2023年资产损失18万元追补确认期限未超过五年可以追补2023年度扣除，追补后2023年实际亏损=18-10=8(万元)。

税法规定，企业在2018年1月1日至2027年12月31日期间新购进的设备、器具，单位价值不超过500万元的，允许一次性计入当期成本费用在计算应纳税所得额时扣除，不再分年度计算折旧，所以会计核算未扣除的差额，调减应纳税所得额=70-70÷10÷12×5=67.08(万元)。

2024年该企业境内的应纳税所得额=134.62+1.6+6+4+(20-16.15)-27-20-8-67.08=27.99(万元)。

购置安全生产专用设备，该设备的投资额的10%可以从企业当年的应纳税额中抵免，当年不足抵免的，可以在以后5个纳税年度内结转抵免。

应缴纳企业所得税=27.99×25%+27÷(1-10%)×(25%-10%)-70×10%=4.50(万元)。

或者应缴纳企业所得税=[27.99+27÷(1-10%)]×25%-27÷(1-10%)×10%-70×10%=4.50(万元)。

14. (1)A 【解析】 职工福利费扣除限额=25 000×14%=3 500(万元),实际发生职工福利费1 000万元,可以全额扣除,无须纳税调整。

职工教育经费扣除限额=25 000×8%=2 000(万元),实际发生职工教育经费2 200万元,需纳税调增=2 200-2 000=200(万元)。

工会经费扣除限额=25 000×2%=500(万元),实际拨缴工会经费400万元,可以全额扣除,无须纳税调整。

职工福利费、职工教育经费、工会经费合计应调增应纳税所得额200万元。

(2)B 【解析】 股权激励应调增应纳税所得额20万元。

提示 对股权激励计划实行后,需待一定服务年限或者达到规定业绩条件(以下简称等待期)方可行权的,上市公司等待期内会计上计算确认的相关成本费用,不得在对应年度计算缴纳企业所得税时扣除。

(3)A 【解析】 实际发生的业务招待费的60%=600×60%=360(万元),业务招待费的扣除限额=100 000×0.5%=500(万元)。业务招待费税前扣除360万元,应纳税调增=600-360=240(万元)。

(4)A 【解析】 广告费和业务宣传费扣除限额=100 000×30%=30 000(万元),实际发生广告费和业务宣传费22 000万元,未超过限额,无须纳税调整。

提示 对化妆品制造与销售、医药制造和饮料制造(不含酒类制造)企业发生的广告费和业务宣传费支出,不超过当年销售(营业)收入30%的部分准予扣除;超过部分准予在以后纳税年度结转扣除。

(5)D 【解析】 企业委托境外的研发费用按照费用实际发生额的80%计入委托方的委托境外研发费用,不超过境内符合条件的研发费用2/3的部分,可以按规定在企业所得税税前加计扣除。境内研发支出的2/3=2 400×2/3=1 600(万元)大于1 600×80%=1 280(万元),研发费用应调减应纳税所得额=(2 400+1 600×80%)×100%=3 680(万元)。

(6)D 【解析】 企业接收股东划入资产(包括股东赠予资产),合同、协议未约定作为资本金处理的,应作为收入处理的,应按公允价值1 130万元计入收入总额,计算缴纳企业所得税。

投资收益中包含直接投资居民企业分回的股息4 000万元,属于免税收入,应调减应纳税所得额4 000万元。

应缴纳企业所得税=(11 300+1 130-4 000+20+200-3 680+240)×25%=1 302.5(万元)。

15. (1)D 【解析】 补缴增值税及附加税费=226÷(1+13%)×13%×(1+7%+3%)=28.6(万元)。

(2)D 【解析】 会计利润总额=761+226÷(1+13%)+(10+1.3)+(18-18÷10÷12×2)-226÷(1+13%)×13%×(7%+3%)=987.4(万元)。

(3) AD 【解析】业务招待费实际发生额的 60% = 62×60% = 37.2(万元),营业收入的 0.5% = [6 500+226÷(1+13%)]×0.5% = 33.5(万元),实际可以扣除 33.5 万元,纳税调增额 = 62-33.5 = 28.5(万元);新产品研发费用加计扣除:78.81×100% = 78.81(万元),纳税调减。

(4) AC 【解析】符合条件的居民企业之间的股息、红利等权益性投资免税。所以投资收益 12.6 万元应该纳税调减;公益性捐赠扣除限额 = 987.4×12% = 118.49(万元),实际发生额 130 万元,纳税调增 = 130-118.49 = 11.51(万元);直接捐赠 10 万元不允许扣除,应该调增,合计捐赠调增额 = 11.51+10 = 21.51(万元)。

(5) BCD 【解析】工会经费扣除限额 = 856×2% = 17.12(万元),实际拨缴 20 万元,纳税调增额 = 20-17.12 = 2.88(万元)。
职工教育经费扣除限额 = 856×8% = 68.48(万元),实际发生 32 万元,未超过限额,不需要调整。
职工福利费扣除限额 = 856×14% = 119.84(万元),实际发生 131 万元,纳税调增额 = 131-119.84 = 11.16(万元)。

(6) A 【解析】购置并投入使用的安全生产专用设备纳税调减 = 18-18÷10÷12×2 = 17.7(万元),应补缴企业所得税 = (987.4+28.5-78.81-12.6+21.51+2.88+11.16-17.7)×25%-18×10%-96 = 137.79(万元)。

提示 税法规定,企业在 2018 年 1 月 1 日至 2027 年 12 月 31 日期间新购进的设备、器具,单位价值不超过 500 万元的,允许一次性计入当期成本费用在计算应纳税所得额时扣除。

考点十三 特别纳税调整

1. D 【解析】如果所有者权益小于实收资本(股本)与资本公积之和,则权益投资为实收资本(股本)与资本公积之和。

2. B 【解析】选项 A,子公司申报税前扣除向母公司支付的服务费用,应向主管税务机关提供与母公司签订的服务合同或者协议等与税前扣除该项费用相关的材料,不能提供相关材料的,支付的服务费用不得税前扣除。选项 C,应按照独立企业之间公平交易原则确定服务的价格,作为企业正常的劳务费用进行税务处理。选项 D,母公司向其多个子公司提供同类项服务,其收取的服务费可以采取分项签订合同或协议收取;也可以采取服务分摊协议的方式,即由母公司与各子公司签订服务费用分摊合同或协议,以母公司为其子公司提供服务所发生的实际费用并附加一定比例利润作为向子公司收取的总服务费,在各服务受益子公司之间按规定合理分摊。

3. B 【解析】预约定价安排适用于主管税务机关向企业送达接收其谈签意向的《税务事项通知书》之日所属纳税年度起 3 至 5 个年度的关联交易。

4. ABCE 【解析】交易净利润法的利润指标包括息税前利润率、完全成本加成率、资产收益率、贝里比率等。

5. ABCE 【解析】年度关联交易金额符合下列条件之一的企业,应当准备本地文档：①有形资产所有权转让金额(来料加工业务按照年度进出口报关价格计算)超过2亿元；②金融资产转让金额超过1亿元；③无形资产所有权转让金额超过1亿元；④其他关联交易金额合计超过4 000万元。

6. ACDE 【解析】选项B,自签署成本分摊协议之日起经营期限少于20年,其自行分配的成本不得税前扣除。

7. ACDE 【解析】转让定价方法包括：可比非受控价格法、再销售价格法、成本加成法、交易净利润法、利润分割法和其他符合独立交易原则的方法。

8. BDE 【解析】简易程序包括申请评估、协商签署和监控执行3个阶段。

考点十四 征收管理

1. C 【解析】一个纳税年度内,总机构首次计算分摊税款时采用的分支机构营业收入、职工薪酬和资产总额数据,与此后经过中国注册会计师审计确认的数据不一致的,不作调整。

2. D 【解析】投资方企业从被清算企业分得的剩余资产,其中相当于从被清算企业累计未分配利润和累计盈余公积中按该股东所占股份比例计算的部分,应当确认为股息所得；剩余资产减除上述股息所得后的余额,超过或者低于投资成本的部分,应当确认为投资资产转让所得或者损失。应确认应纳税所得额 = 260 - 260 × (10% + 5%) - 200 = 21(万元)。

3. B 【解析】合伙企业的合伙人是法人和其他组织的,合伙人在计算其缴纳的企业所得税时,不得用合伙企业的亏损抵减其盈利。

4. D 【解析】企业搬迁收入扣除搬迁支出后为负数的,应为搬迁损失。搬迁损失可在下列方法中选择其一进行税务处理：①在搬迁完成年度,一次性作为损失进行扣除；②自搬迁完成年度起分3个年度,均匀在税前扣除。

5. B 【解析】企业由于搬迁处置存货而取得的收入,应按正常经营活动取得的收入进行所得税处理,不作为企业搬迁收入。

6. A 【解析】清算所得 = 全部资产可变现价值或交易价格 - 资产的计税基础 + 债务清偿损益 - 清算费用、相关税费 = 10 780 - 10 200 + (5 200 - 5 000) - 200 - 120 = 460(万元)。
应纳企业所得税 = 460×25% = 115(万元)。

7. BCDE 【解析】企业取得的搬迁补偿收入,是指企业由于搬迁取得的货币性和非货币性补偿收入。具体包括：
(1)对被征用资产价值的补偿。
(2)因搬迁、安置而给予的补偿。
(3)对停产停业形成的损失而给予的补偿。
(4)资产搬迁过程中遭到毁损而取得的保险赔款。
(5)其他补偿收入。

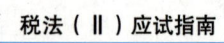

企业由于搬迁处置存货而取得的收入，应按正常经营活动取得的收入进行所得税处理，不作为企业搬迁收入。

8. ABE　【解析】选项 C，非居民企业在中国境内设立机构、场所，但取得的所得与其所设机构、场所没有实际联系的，以扣缴义务人所在地为纳税地点。选项 D，非居民企业在中国境内设立两个或者两个以上机构、场所的，符合国务院税务主管部门规定条件的，可以选择由其主要机构、场所汇总缴纳企业所得税。

亲爱的读者，你已完成本章14个考点的学习，本书知识点的学习进度已达19%。

第二章　个人所得税

重要程度：重点章节　　分值：36分左右

考试风向

考情速递

本章分值比重仅次于第一章企业所得税。历年考题中四种题型均涉及本章内容。本章主观题的主要题型有两类：一类为自然人的个人所得税计算，包括居民个人和非居民个人两类纳税人的计算；另一类为个体工商户、个人独资企业和合伙企业取得的"经营所得"的个人所得税计算。从考试出题频率看，第一类题型的出现频率高于第二类题型。

2025年考试变化

新增：(1)《国家税务总局关于印发〈广告市场个人所得税征收管理暂行办法〉的通知》相关规定。
(2)个人购买社会福利彩票和体育彩票，一次中奖收入不超过1万元的税收优惠。

调整：(1)股权激励分期纳税时间。
(2)综合所得汇算清缴管理办法（重新编写）。

脉络梳理

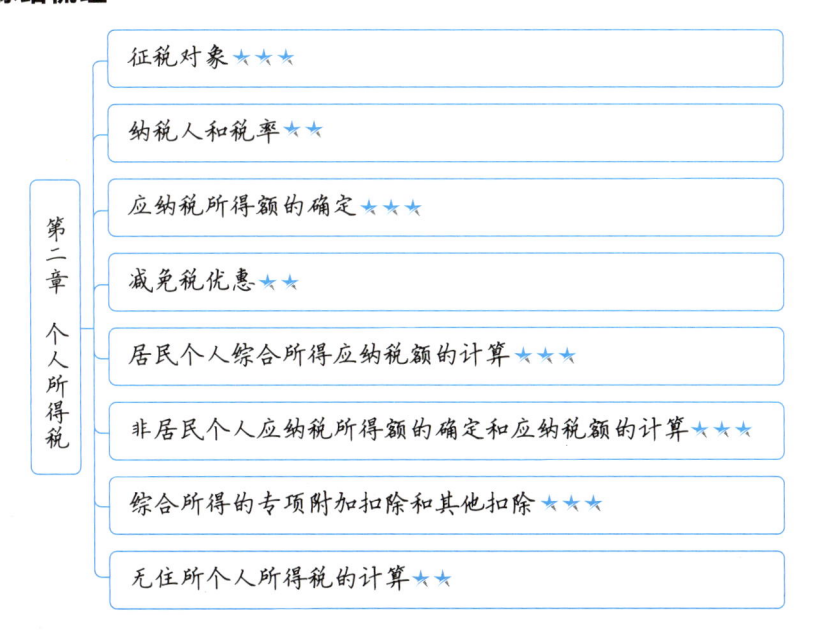

第二章　个人所得税
- 征税对象★★★
- 纳税人和税率★★
- 应纳税所得额的确定★★★
- 减免税优惠★★
- 居民个人综合所得应纳税额的计算★★★
- 非居民个人应纳税所得额的确定和应纳税额的计算★★★
- 综合所得的专项附加扣除和其他扣除★★★
- 无住所个人所得税的计算★★

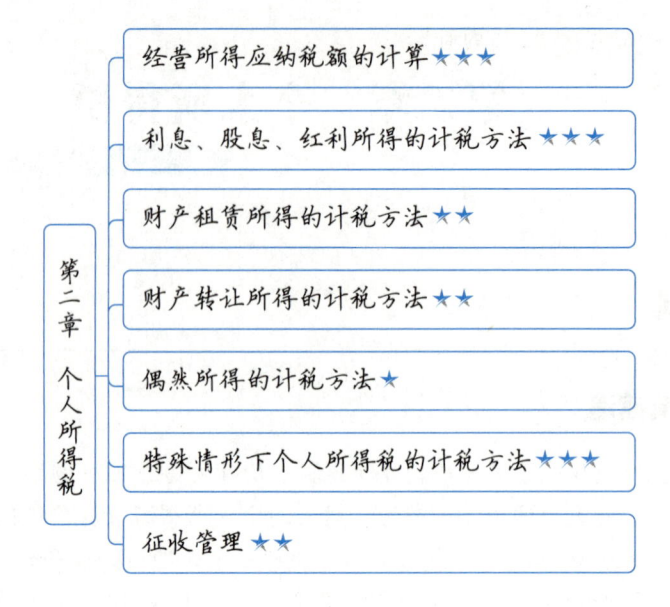

```
                    ┌─ 经营所得应纳税额的计算 ★★★
                    │
                    ├─ 利息、股息、红利所得的计税方法 ★★★
                    │
                    ├─ 财产租赁所得的计税方法 ★★
         第二章      │
         个人所得税 ─┼─ 财产转让所得的计税方法 ★★
                    │
                    ├─ 偶然所得的计税方法 ★
                    │
                    ├─ 特殊情形下个人所得税的计税方法 ★★★
                    │
                    └─ 征收管理 ★★
```

考点详解及精选例题

考点一 征税对象 ★★★ 一学多考 注

（一）工资、薪金所得

个人所得税法列举了9个应税项目，其中的工资、薪金所得，劳务报酬所得，稿酬所得，特许权使用费所得四项所得，非居民个人按月或者按次分项计税；居民个人的这四项所得统称为综合所得，取得时预扣预缴，年度终了合并计税，汇算清缴。纳税人取得其他五项所得，依照规定分别计税。

工资、薪金所得：个人因任职或者受雇而取得的工资、薪金、奖金、年终加薪、劳动分红、津贴、补贴以及与任职或者受雇有关的其他所得。

提 示

（1）工资、薪金所得属于非独立个人劳动所得，强调个人所从事的是由他人指定、安排并接受管理的劳动、工作，或服务于公司、工厂、行政、事业单位(私营企业除外)。

（2）年终加薪、劳动分红不分种类和取得情况，一律按"工资、薪金所得"课税；津贴、补贴等则有例外。

（3）不属于工资、薪金性质的补贴、津贴，不纳入个人所得税的项目：①独生子女补贴；②执行公务员工资制度未纳入基本工资总额的补贴、津贴差额和家属成员的副食品补贴；③托儿补助费；④差旅费津贴、误餐补助。

（4）"出租车"征税总结。（理解关键词"看车权"）

◆ "工资、薪金所得"（车权属于公司）：出租车公司对"的哥"采取单车

不属于工资、薪金性质的误餐补助，是指按财政部门规定，个人因公在城区、郊区工作，不能在工作单位或返回就餐，确实需要在外就餐的，根据实际误餐顿数，按规定的标准领取的误餐费。一些单位以误餐补助名义发给职工的补助、津贴不包括在内，应当并入当月工资、薪金所得计征个人所得税。

承包、承租方式运营的，"的哥"取得的客货营运收入。

◆"经营所得"(车权属于"的哥")：

a. 出租车属于个人所有，"的哥"向挂靠单位缴纳管理费，"的哥"取得的客货运营收入。

b. 出租公司将出租车所有权转移给"的哥"后，"的哥"取得的客货运营收入。

c. 从事个体出租车运营的"的哥"取得的收入。

(5)出租车的征税问题涉及"工资、薪金所得"和"经营所得"两个税目，判断标准总结就是看"车权"即出租车的所有权。"车权"归属于出租汽车经营单位，驾驶员就是为其打工的，所以按"工资、薪金所得"征税；"车权"归属于个人所有，实质就是"个体户"，所以按"经营所得"征税。无论是"误餐补助""劳动分红"还是"出租车"，我们回头看一看就会发现，在判断其税目时遵循了"实质课税"的税法基本原则，这点在个人所得税的学习中尤其重要，因为个人取得的收入形式多种多样，我们在判断其税目时不能望"字"生义，而是要根据其"实质"来确定某种收入的税目。

【例题1·单选题】(2023年)出租车驾驶员取得的下列收入，属于"工资、薪金所得"的是( )。

A．从出租车经营单位购买出租车，从事运营取得的收入

B．从出租车经营单位承租出租车，从事运营取得的收入

C．从事个体出租车运营取得的收入

D．以缴纳管理费的方式将本人出租车挂靠在出租车经营单位，从事运营取得的收入

解析 选项A、C、D，属于经营所得。

(6)自2004年1月20日起，对商品营销活动中，企业和单位对营销业绩突出的雇员以培训班、研讨会、工作考察等名义组织旅游活动，通过免收差旅费、旅游费对个人实行的营销业绩奖励(包括实物、有价证券等)，应根据所发生费用的全额并入营销人员当期的工资、薪金所得，按照"工资、薪金所得"项目征收个人所得税。

如果是非雇员，按照"劳务报酬所得"征税。

(7)个人因公务用车和通讯制度改革而取得的公务用车、通讯补贴收入，扣除一定标准的公务费用后，按照"工资、薪金所得"项目计征个人所得税。按月发放的，并入当月"工资、薪金所得"计征个人所得税；不按月发放的，分解到所属月份并与该月"工资、薪金所得"合并后计征个人所得税。

公务费用的扣除标准，由省级税务局根据纳税人公务交通、通讯费用的实际发生情况调查测算，报经省级人民政府批准后确定，并报国家税务总局备案。

(8)个人按照规定领取的税收递延型商业养老保险的养老金收入，其中25%部分予以免税，其余75%部分按照10%的比例税率计算缴纳个人所得

答案
例题1｜B

税，税款计入"工资、薪金所得"项目，由保险机构代扣代缴后，在个人购买税延养老保险的机构所在地办理全员全额扣缴申报，不需要并入综合所得进行年度汇算。

【例题 2·单选题】（2023 年）居民个人按规定一次性领取税收递延型商业养老保险的养老收入 20 000 元。保险机构应扣缴个人所得税（　　）元。

A. 1 500　　　　B. 500　　　　C. 1 800　　　　D. 450

解析 个人领取的税收递延型商业养老保险的养老金收入，其中 25% 部分予以免税，其余 75% 部分按照 10% 的比例税率计算缴纳个人所得税。保险机构应扣缴个人所得税 = 20 000×(1－25%)×10% = 1 500(元)。

（二）劳务报酬所得

劳务报酬所得，是指个人从事劳务取得的所得，包括从事设计、装潢、安装、制图、化验、测试、医疗、法律、会计、咨询、讲学、翻译、审稿、书画、雕刻、影视、录音、录像、演出、表演、广告、展览、技术服务、介绍服务、经纪服务、代办服务以及其他劳务取得的所得。

提示

(1) 董事费、监事费收入：

a. 个人担任公司董事、监事且不在公司任职、受雇的，按"劳务报酬所得"项目征税。

b. 个人在公司(包括关联公司)任职、受雇同时兼任董事、监事，按"工资、薪金所得"项目征税。

(2) 在校学生因参与勤工俭学活动(包括参与学校组织的勤工俭学活动)，按照"劳务报酬所得"征收个人所得税。

(3) 个人兼职取得的收入，按"劳务报酬所得"征税。

个人在广告设计、制作、发布过程中提供名义、形象而取得的所得，按照"劳务报酬所得"项目计算纳税；个人在广告设计、制作、发布过程中提供其他劳务取得的所得，视其情况分别按照税法规定的劳务报酬所得、稿酬所得、特许权使用费所得等应税项目计算纳税。提供名义、形象及劳务并取得所得的个人为个人所得税的纳税义务人；直接向上述个人支付所得的广告主、广告经营者、受托从事广告制作的单位和广告发布者为个人所得税的扣缴义务人。扣缴义务人的本单位人员在广告设计、制作、发布过程中取得的由本单位支付的所得，按"工资、薪金所得"项目计算纳税。**新增**

提示 对于不能准确提供或划分个人在广告设计、制作、发布过程中提供名义、形象及劳务而取得的所得的纳税人，主管税务机关可以根据支付总额等实际情况，参照同类广告活动名义、形象及其他劳务提供者的所得标准，核定其应纳税所得额，据以征税。

答案
例题 2 | A

得分高手（2020 年单选；2022 年多选；2023—2024 年单选）

考题中劳务报酬所得和工资、薪金所得的区分是高频考点，连续多年进行考查，经常出现在客观题中让考生进行分辨。

判断一项收入是劳务报酬所得还是工资、薪金所得，简单的判断是看是否有任职、受雇关系：①工资、薪金所得，个人从事非独立劳动取得的所得，个人与单位之间有任职、受雇关系。②劳务报酬所得，个人从事独立劳动取得的所得，个人与单位之间无任职、受雇关系。考生可以看"营销业绩奖励"和"董事费"两项收入的内容，做好区分，是不需要进行死记硬背的。

（三）稿酬所得

稿酬所得，是指个人因其作品以图书、报刊等形式出版、发表而取得的所得。

提示

（1）这里所说的作品，包括文学作品、书画作品、摄影作品以及其他作品。包括作者去世后，财产继承人取得的遗作稿酬。

（2）报纸、杂志、出版等单位的职员在本单位的刊物上发表作品、出版图书取得所得征税问题：

a. 任职、受雇于报纸、杂志等单位的记者、编辑等专业人员，因在本单位的报纸、杂志上发表作品取得的所得，属于因任职、受雇而取得的所得应与其当月工资收入合并，按"工资、薪金所得"项目征税。

除上述专业人员以外，其他人员在本单位的报纸、杂志上发表作品取得的所得，按"稿酬所得"项目征税。

b. 出版社的专业作者撰写、编写或翻译的作品，由本社以图书形式出版而取得的稿费收入，按"稿酬所得"项目征税。

> **老杨嘚啵嘚**
> 稿酬强调以图书、报刊形式"出版、发表"。不是以图书、报刊形式出版、发表的翻译、审稿、书画所得按"劳务报酬所得"项目计税。

（四）特许权使用费所得

特许权使用费所得，是指个人提供专利权、商标权、著作权、非专利技术以及其他特许权的使用权取得的所得；包括提供著作权的使用权取得的所得，不包括稿酬所得。

应按特许权使用费所得项目计征个人所得税的情形：

（1）作者将自己的文字作品手稿原件或复印件公开拍卖（竞价）取得的所得。

（2）个人取得特许权的经济赔偿收入。

（3）剧本作者从电影、电视剧的制作单位取得的剧本使用费。

【例题 3·单选题】（2024 年）个人取得的下列收入，按"劳务报酬所得"项目预缴个人所得税的是（　　）。

A. 遗作继承人取得文学遗作的出版收入

B. 个人受托翻译商事合同取得收入
C. 个人拍卖自己的文学作品手稿取得收入
D. 专业记者在本单位报刊发表文学作品取得的收入

解析 选项A，按"稿酬所得"项目预缴个人所得税。选项C，按"特许权使用费所得"项目预缴个人所得税。选项D，按"工资、薪金所得"项目预缴个人所得税。

(五) 经营所得

经营所得的范围如下：

(1) 个体工商户从事生产、经营活动取得的所得，个人独资企业投资人、合伙企业的个人合伙人来源于境内注册的个人独资企业、合伙企业生产、经营的所得。

(2) 个人依法从事办学、医疗、咨询以及其他有偿服务活动取得的所得。

(3) 个人对企业、事业单位承包经营、承租经营以及转包、转租取得的所得。

(4) 个人从事其他生产、经营活动取得的所得。

◆ 个人对企事业单位承包、承租经营后，市场主体登记改变为个体工商户的，这类承包、承租经营所得，实际上属于个体工商户的生产、经营所得，应按"个体工商户的生产、经营所得"项目计征个人所得税，不再征收企业所得税。

◆ 个人对企事业单位承包、承租经营后，市场主体登记仍为企业的，不论其分配方式如何，均应先按照企业所得税的有关规定缴纳企业所得税，然后根据承包、承租经营者按合同（协议）规定取得的所得，依照个人所得税法有关规定缴纳个人所得税。具体为：

a. 承包、承租人对企业经营成果不拥有所有权，仅按合同（协议）规定取得一定所得的，应按"工资、薪金所得"项目计征个人所得税。

b. 承包、承租人按合同（协议）规定只向发包方、出租人缴纳一定的费用，缴纳承包、承租费后的企业的经营成果归承包人、承租人所有的，其取得的所得，按"对企事业单位的承包经营、承租经营所得"项目计征个人所得税。

(六) 利息、股息、红利所得

利息、股息、红利所得，是指个人拥有债权、股权等而取得的利息、股息、红利所得。

提示

(1) 集体所有制企业在改制为股份合作制企业时，有关资产量化给职工个人的个人所得税处理：

a. 对职工个人以股份形式取得的仅作为分红依据，不拥有所有权的企业量化资产不征税。

答案
例题3 | B

b. 对职工个人以股份形式取得的拥有所有权的企业量化资产，暂缓征收个人所得税；待个人将股份转让时，就其转让收入额，减除个人取得该股份时实际支付的费用支出和合理转让费用后的余额，按"财产转让所得"项目计征个人所得税。

c. 对职工个人以股份形式取得的企业量化资产参与企业分配而获得的股息、红利，应按"利息、股息、红利所得"项目征收个人所得税。

（2）除个人独资企业、合伙企业以外的其他企业的个人投资者，以企业资金为本人、家庭成员及其相关人员支付与企业生产经营无关的消费性支出及购买汽车、住房等财产性支出，视为企业对个人投资者的红利分配，依照"利息、股息、红利所得"项目计征个人所得税。

（七）财产租赁所得

财产租赁所得，是指个人出租不动产、机器设备、车船以及其他财产取得的所得。

提示

（1）个人取得的财产转租收入，属于"财产租赁所得"。

（2）在确定纳税义务人时，应以产权凭证为依据，对无产权凭证的，由主管税务机关根据实际情况确定；产权所有人死亡，在未办理产权继承手续期间，该财产出租而有租金收入的，以领取租金的个人为纳税义务人。

（八）财产转让所得

财产转让所得，是指个人转让有价证券、股权、合伙企业中的财产份额、不动产、机器设备、车船以及其他财产取得的所得。（含土地使用权）

提示

（1）个人转让境内上市公司的股票转让所得暂不征收个人所得税。

（2）个人转让自用5年以上并且是家庭唯一生活用房取得的所得免征个人所得税。（满5唯一）

（九）偶然所得

偶然所得，是指个人得奖、中奖、中彩以及其他偶然性质的所得。

提示

（1）个人为单位或他人提供担保获得收入，按照"偶然所得"项目计算缴纳个人所得税。

（2）企业在业务宣传、广告等活动中，随机向本单位以外的个人赠送礼品（包括网络红包），以及企业在年会、座谈会、庆典以及其他活动中向本单位以外的个人赠送礼品，个人取得的礼品收入，按照"偶然所得"项目计算缴纳个人所得税，但企业赠送的具有价格折扣或折让性质的消费券、代金券、抵用券、优惠券等礼品除外。企业赠送的礼品是自产产品（服务）的，按该产品(服务)的市场销售价格确定个人的应税所得;是外购商品(服务)的,按该商品(服务)的实际购置价格确定个人的应税所得。

考点二 纳税人和税率 ★★ 一学多考|注

(一)纳税人的分类及纳税义务

个人所得税的纳税人包括中国公民、个体工商户、个人独资企业、合伙企业者、外籍个人(含无国籍个人),以及香港、澳门、台湾同胞等。上述纳税义务人依据住所和居住时间两个标准,区分为居民个人和非居民个人。

1. 居民个人

在中国境内有住所,或者无住所而一个纳税年度内在中国境内居住累计满183天的个人。

(1)住所:指因户籍、家庭、经济利益关系而在中国境内习惯性居住。

(2)一个纳税年度:指自公历1月1日起至12月31日止。

(3)居民个人就其来源于中国境内和境外的所得缴纳个人所得税。

2. 非居民个人

在中国境内无住所又不居住,或者无住所而一个纳税年度内在中国境内居住累计不满183天的个人。

(1)非居民个人只就其来源于中国境内的所得缴纳个人所得税。

(2)无住所个人一个纳税年度内在中国境内累计居住天数,按照个人在中国境内累计停留的天数计算。在中国境内停留的当天满24小时的,计入中国境内居住天数,在中国境内停留的当天不足24小时的,不计入中国境内居住天数。

(3)居住天数,判定无住所个人的居民身份,确定纳税义务时使用。

【例题4·计算题】李先生为香港居民,在深圳工作,每周一早上来深圳上班,周五晚上回香港。周一和周五当天停留都不足24小时,因此不计入境内居住天数,再加上周六、周日2天也不计入,这样,每周可计入的天数仅为3天,按全年52周计算,李先生全年在境内居住天数为156天,未超过183天,不构成居民个人。

3. 境内无住所个人的纳税义务

境内无住所个人的纳税义务,见表2-1。

表2-1 境内无住所个人的纳税义务

居住时间		境内所得		境外所得	
		境内支付	境外支付	境内支付	境外支付
不满183天	连续或累计不超过90天	√	免税	×(高管纳)	×
	90~183天之内	√	√	×(高管纳)	×

(续表)

居住时间		境内所得		境外所得	
		境内支付	境外支付	境内支付	境外支付
满183天（高管同）	累计满183天的年度连续不满6年	√	√	√	免税（备案）
	累计满183天的年度连续满6年	√	√	√	√

【说明】"√"表示征税，"×"表示不征税。

（1）高管是指在企业担任董事、监事、高层管理职务的人员。这里的高层管理职务包括企业正、副(总)经理、各职能总师、总监及其他类似公司管理层的职务。

（2）在中国境内居住累计满183天的任一年度中有一次离境超过30天的，其在中国境内居住累计满183天的年度的连续年限重新起算。

4. 所得来源地的确定

除国务院财政、税务主管部门另有规定外，下列所得，不论支付地点是否在中国境内，均为来源于中国境内的所得：

a. 因任职、受雇、履约等在中国境内提供劳务取得的所得。

b. 将财产出租给承租人在中国境内使用而取得的所得。

c. 许可各种特许权在中国境内使用而取得的所得。

d. 转让中国境内的不动产等财产或者在中国境内转让其他财产取得的所得。

e. 从中国境内企业、事业单位、其他组织以及居民个人取得的利息、股息、红利所得。

【例题5·单选题】（2021年）下列在中国境内无住所且不居住的个人中，应向我国缴纳个人所得税的是（　　）。

A. 为境内单位的境外派出机构修理机器设备取得所得的个人

B. 从境内的外商投资企业取得特许权使用费收入的个人

C. 将住房出租给境内公司在境外分支机构使用取得所得的个人

D. 担任境外企业的董事、监事和高级管理职务取得所得的个人

解析 选项B，许可各种特许权在中国境内使用而取得的所得，属于来源于中国境内的所得，应向我国缴纳个人所得税。选项A、C、D，属于来源于境外的所得，不需要向我国缴纳个人所得税。

5. 非居民个人和无住所居民个人有关个人所得税政策

（1）关于工资、薪金所得来源地的规定。

个人取得归属于中国境内工作期间的工资、薪金所得为来源于境内的工资、薪金所得。

境内工作期间按照个人在境内工作天数计算，包括其在境内的实际工作日以

答案
例题5 | B

及境内工作期间在境内、境外享受的公休假、个人休假、接受培训的天数。

提示

(1)在境内、境外单位同时担任职务或者仅在境外单位任职的个人,在境内停留的当天不足24小时的,按照半天计算境内工作天数。

(2)无住所个人在境内、境外单位同时担任职务或者仅在境外单位任职的,且当期同时在境内、境外工作的,按照工资、薪金所属境内、境外工作天数占当期公历天数的比例计算确定来源于境内、境外工资、薪金所得的收入额。境外工作天数按照当期公历天数减去当期境内工作天数计算。

(2)关于数月奖金以及股权激励所得来源地的规定。

无住所个人取得的数月奖金或者股权激励所得按照相关规定确定所得来源地的,无住所个人在境内履职或者执行职务时收到的数月奖金或者股权激励所得,归属于境外工作期间的部分,为来源于境外的工资、薪金所得;无住所个人停止在境内履约或者执行职务离境后收到的数月奖金或者股权激励所得,对属于境内工作期间的部分,为来源于境内的工资、薪金所得。

提示

(1)数月奖金是指一次取得归属于数月的奖金、年终加薪、分红等工资、薪金所得,不包括每月固定发放的奖金及一次性发放的数月工资。

(2)股权激励包括股票期权、股权期权、限制性股票、股票增值权、股权奖励以及其他因认购股票等有价证券而从雇主取得的折扣或者补贴。

(3)关于董事、监事及高层管理人员取得报酬所得来源地的规定。

对于担任境内居民企业的董事、监事及高层管理职务的个人,无论是否在境内履行职务,取得由境内居民企业支付或者负担的董事费,监事费,工资、薪金或者其他类似报酬(包含数月奖金和股权激励),属于来源于境内的所得。

提示 高管人员境内所得判定的规则与一般无住所雇员不同。高管人员参与公司决策和监督管理,工作地点流动性较大,不宜简单按照工作地点划分境内和境外所得,其取得由境内居民企业支付或负担的报酬,不论其是否在境内履行职务,均属于来源于境内的所得,应在境内缴税。对高管人员取得不是由境内居民企业支付或者负担的报酬,仍需按照任职、受雇、履约地点划分境内、境外所得。

(4)关于稿酬所得来源地的规定。

由境内企业、事业单位、其他组织支付或者负担的稿酬所得,为来源于境内的所得。(支付机构所在地)

(二)扣缴义务人

除"经营所得"税目外,扣缴义务人在向纳税人支付各项应纳税所得时,必须履行代扣代缴税款的义务。

老杨嘚啵嘚

看到"24小时",很多考生会和上述"(一)纳税人的分类及纳税义务"中提到的"24小时"搞混,老杨提示考生注意仔细阅读相关规定,理解"居住天数"和"工作天数"的区别,简单地说"居住天数"是判定纳税人身份时使用的标准,而"工作天数"是计算具体税额时使用的标准,由此可见二者并不是同一个概念。

(三)税率

(1)综合所得,适用3%~45%的七级超额累进税率。

(2)经营所得,适用5%~35%的五级超额累进税率。

(3)利息、股息、红利所得,财产租赁所得,财产转让所得和偶然所得,适用20%的比例税率。

(4)居民个人分月或分次取得工资、薪金所得,劳务报酬所得,稿酬所得,特许权使用费所得时,支付单位预扣预缴个人所得税的预扣率。

工资、薪金所得适用3%~45%的七级超额累进预扣率;劳务报酬所得适用20%~40%的三级超额累进预扣率;稿酬所得、特许权使用费所得适用20%的比例预扣率。

(5)非居民个人取得工资、薪金所得,劳务报酬所得,稿酬所得,特许权使用费所得,分所得项目按月或按次计算个人所得税,统一适用3%~45%的七级超额累进税率。

> 个人出租住房取得的所得暂减按10%的税率征收个人所得税。

考点三 应纳税所得额的确定 ★★★ 一学多考|注

(一)应纳税所得额的一般规定

应纳税所得额=各项收入-税法规定的扣除项目或扣除金额

1. 收入的形式

收入的形式包括现金、实物、有价证券和其他形式的经济利益。实物应当按照所取得的凭证上注明的价格计算应纳税所得额;无凭证的实物或凭证上所注明的价格明显偏低的,参照市场价格核定应纳税所得额;所得为有价证券的,根据票面价格和市场价格核定应纳税所得额;所得为其他形式的经济利益的,参照市场价格核定应纳税所得额。

2. 每次收入的确定

(1)劳务报酬所得、稿酬所得、特许权使用费所得,属于一次性收入的,以取得该项收入为一次;属于同一项目连续性收入的,以一个月内取得的收入为一次。

提示

(1)劳务报酬所得以纳税人每参与一项广告的设计、制作、发布所取得的所得为一次。

(2)稿酬所得以在图书、报刊上发布一项广告时使用其作品而取得的所得为一次。

(3)特许权使用费所得以提供一项特许权在一项广告的设计、制作、发布过程中使用而取得的所得为一次。

上述所得,采取分笔支付的,应合并为一次所得计算纳税。 新增

(2)财产租赁所得,以一个月内取得的收入为一次。

(3)利息、股息、红利所得,以支付利息、股息、红利时取得的收入为一次。

(4)偶然所得,以每次取得该项收入为一次。

3. 费用扣除的方法

费用扣除的方法,见表2-2。

表2-2 费用扣除的方法

扣除方法	应税项目
核算	(1)综合所得的汇算清缴。 (2)经营所得。 (3)财产转让所得
定额和定率扣除	(1)综合所得的预扣预缴。 (2)非居民的"四项所得"。 (3)财产租赁所得
无扣除	(1)利息、股息、红利所得。 (2)偶然所得

(二)应纳税所得额的特殊规定

(1)两个以上的个人共同取得同一项目收入的,应当对个人取得的收入分别按照个人所得税法的规定计算纳税。

(2)个人将其所得对教育、扶贫、济困等公益慈善事业进行捐赠,捐赠额未超过纳税人申报的应纳税所得额30%的部分,可以从其应纳税所得额中扣除;国务院规定对公益慈善事业捐赠实行全额税前扣除的,从其规定。

◆全额扣除的情形:①红十字事业;②福利性、非营利性老年服务机构;③教育事业;④公益性青少年活动场所;⑤农村义务教育;⑥宋庆龄基金会等六家;⑦中国医药卫生事业发展基金会、教育发展基金会、老龄事业发展基金会和中华健康快车基金会;⑧特定地震灾区。

◆应纳税所得额是指计算扣除捐赠额之前的应纳税所得额。

◆个人捐赠住房作为公共租赁住房,符合税收法律法规规定的,对其公益性捐赠支出未超过其申报的应纳税所得额30%的部分,准予从其应纳税所得额中扣除。

◆计算流程。

第一步:计算扣除捐赠前的应纳税所得额。

第二步:分析是否可以全额扣除,全额扣直接进入第五步,非全额扣进入下一步。

第三步:计算捐赠扣除限额,第一步结果×30%。

第四步:比较确定。

(1)实际捐赠额<捐赠扣除限额,允许扣除的捐赠额=实际捐赠额。

（2）实际捐赠额>捐赠扣除限额，允许扣除的捐赠额=捐赠扣除限额。

第五步：计算税额，应纳税额=（应纳税所得额-允许扣除的捐赠额或全额扣除的金额）×适用税率-速算扣除数。

【**例题6·单选题**】2024年12月，李某取得财产租赁收入80 000元，从中拿出20 000元通过国家机关捐赠给受灾地区。李某12月应纳个人所得税（　　）元。（不考虑其他税费）

A. 6 160　　　B. 6 272　　　C. 8 400　　　D. 8 960

解析 捐赠扣除限额=80 000×(1-20%)×30%=19 200（元），实际发生20 000元，应扣除19 200元。应纳个人所得税=[80 000×(1-20%)-19 200]×20%=8 960（元）。

考点四　减免税优惠 ★★　一学多考│注

（一）减免税基本优惠

（1）省级人民政府、国务院部委和中国人民解放军军以上单位，以及外国组织、国际组织颁发的科学、教育、技术、文化、卫生、体育、环境保护等方面的奖金。（级别、用途）

（2）国债和国家发行的金融债券利息。

a. 国债利息：指个人持有中华人民共和国财政部发行的债券而取得的利息。

b. 国家发行的金融债券利息：指个人持有经国务院批准发行的金融债券而取得的利息所得。

（3）按照国家统一规定发给的补贴、津贴。

提示 指按照国务院规定发给的政府特殊津贴、院士津贴，以及国务院规定免予缴纳个人所得税的其他补贴、津贴。

（4）福利费、抚恤金、救济金。

a. 福利费是指根据国家有关规定，从企业、事业单位、国家机关、社会组织提留的福利费或者从工会经费中支付给个人的生活补助费。

b. 救济金是指各级人民政府民政部门支付给个人的生活困难补助费。

（5）保险赔款。

（6）军人的转业费、复员费、退役金。

（7）按照国家统一规定发给干部、职工的安家费、退职费、基本养老金或者退休费、离休费、离休生活补助费。

（8）依照我国有关法律规定应予免税的各国驻华使馆、领事馆的外交代表、领事官员和其他人员的所得。

（9）中国政府参加的国际公约、签订的协议中规定免税的所得。

（10）经国务院财政部门批准免税的所得。

答案
例题6｜D

提示 该类免税规定，由国务院报全国人民代表大会常务委员会备案。

此外，有下列情形之一的，可以减征个人所得税，具体幅度和期限，由省、自治区、直辖市人民政府规定，并报同级人民代表大会常务委员会备案：

a. 残疾、孤老人员和烈属的所得。

b. 因自然灾害遭受重大损失的。

国务院可以规定其他减税情形，报全国人民代表大会常务委员会备案。

（二）减免税其他优惠

根据财政部、国家税务总局的若干规定，对个人下列所得免征或暂免征收个人所得税：

（1）外籍个人以非现金形式或实报实销形式取得的住房补贴、伙食补贴、搬迁费、洗衣费。

（2）外籍个人按合理标准取得的境内、境外出差补贴。

（3）外籍个人取得的探亲费、语言训练费、子女教育费等，经当地税务机关审核批准为合理的部分。

提示 符合居民个人条件的外籍个人，取得上述八项津补贴，可以选择享受个人所得税专项附加扣除，也可以选择享受津补贴免税优惠政策，但不得同时享受。一经选择，在一个纳税年度内不得变更。

（4）符合条件的外籍专家取得的工资、薪金所得，可免征个人所得税。

（5）个人举报、协查各种违法、犯罪行为而获得的奖金。

（6）个人办理代扣代缴税款手续，按规定取得的扣缴手续费。

（7）对个人购买社会福利彩票和体育彩票，一次中奖收入不超过1万元的暂免征收个人所得税，超过1万元的，全额征收个人所得税。

提示

（1）电脑彩票以同一人在同一期同一游戏中获得的全部奖金为一次中奖收入，其中全国联网单场竞猜游戏分别按照足球游戏、篮球游戏、冠军游戏和冠亚军游戏设期，以每张彩票涉及比赛场次中最晚的比赛编号日期为判定标准，相同的为同一期；海南视频电子即开游戏以同一场游戏奖金为一次中奖收入。即开型彩票以一张彩票奖金为一次中奖收入。

（2）彩票机构负责代扣代缴个人所得税，为电脑彩票和即开型彩票一次中奖收入超过1万元的个人办理纳税申报。

（8）达到离休、退休年龄，但确因工作需要，适当延长离休、退休年龄的高级专家(指享受国家发放的政府特殊津贴的专家、学者)，其在延长离休、退休期间的工资、薪金所得，视同离休费、退休费免征个人所得税。

（9）对个人取得的教育储蓄存款利息所得以及国务院财政部门确定的其他专项储蓄存款或储蓄型专项基金存款的利息所得，免征个人所得税。

（10）自2008年10月9日起，对居民个人储蓄存款利息所得和证券市场个人投资者取得的证券交易结算资金利息所得，暂免征收个人所得税。

个人在银行及其他储蓄机构开设的用于支付电话、水、电、煤气等有关费用，或者用于购买股票等方面的投资、生产经营业务往来结算以及其他用途的资金账户孳生的利息，属于储蓄存款利息所得性质，自 2008 年 10 月 9 日起，适用储蓄存款利息所得暂免征收个人所得税优惠政策。

（11）居民个人按照国家规定的范围和标准缴纳的基本养老保险、基本医疗保险、失业保险等社会保险费和住房公积金，允许在个人应纳税所得额中扣除，免于征收个人所得税。

（12）居民个人实际领（支）取原提存的基本养老保险金、基本医疗保险金、失业保险金和住房公积金时，免征个人所得税。

（13）生育妇女按照县级以上人民政府根据国家有关规定制定的生育保险办法，取得的生育津贴、生育医疗费或其他属于生育保险性质的津贴、补贴，免征个人所得税。

（14）对工伤职工及其近亲属按照规定取得的工伤保险待遇，免征个人所得税。

（15）对退役士兵按照规定，取得的一次性退役金以及地方政府发放的一次性经济补助，免征个人所得税。

（16）对个人取得的 2012 年及以后年度发行的地方政府债券利息收入，免征个人所得税。

（17）对个人投资者持有 2019—2027 年发行的铁路债券取得的利息收入，减按 50%计入应纳税所得额计算征收个人所得税。税款由兑付机构在向个人投资者兑付利息时代扣代缴。

（18）职工从依照国家有关法律规定宣告破产的企业取得的一次性安置费收入，免征个人所得税。

（19）对法律援助人员按照规定获得的法律援助补贴，免征个人所得税。

提示 法律援助机构向法律援助人员支付法律援助补贴时，应当为获得补贴的法律援助人员办理个人所得税劳务报酬所得免税申报。

（20）至 2027 年 12 月 31 日，对境外个人投资者投资经国务院批准对外开放的中国境内原油等货物期货品种取得的所得，暂免征收个人所得税。

考点五 居民个人综合所得应纳税额的计算 ★★★　一学多考｜注

居民个人取得综合所得，按年计算个人所得税；有扣缴义务人的，由扣缴义务人按月或者按次预扣预缴税款；需要办理汇算清缴的，应当在取得所得的次年 3 月 1 日至 6 月 30 日内办理汇算清缴。

（一）每月（次）扣缴义务人支付时的预扣预缴办法

1. 工资、薪金所得的预扣预缴办法

工资、薪金所得按照"累计预扣法"计算预扣税款，并按月办理全员全额扣缴申报。

> **提示**

(1)全日制学历教育的学生因实习取得的劳务报酬所得按此方法预扣预缴税款。

累计预扣预缴应纳税所得额=累计收入-累计免税收入-累计减除费用-累计专项扣除-累计专项附加扣除-累计依法确定的其他扣除

本期应预扣预缴税额=(累计预扣预缴应纳税所得额×预扣率-速算扣除数)-累计减免税额-累计已预扣预缴税额

(2)累计减除费用的规定总结。

a. 一般个人:5 000元/月×当年截至本月在本单位任职受雇月份数。

b. 首次取得"工资、薪金所得"个人:5 000元/月×当年截至本月月份数。

c. 符合条件个人:60 000元。(上一年都在这个单位且全年工资、薪金收入不超60 000元)

(3)专项扣除:包括居民个人按照国家规定的范围和标准缴纳的基本养老保险、基本医疗保险、失业保险等社会保险费和住房公积金等。(三险一金) ❶

(4)专项附加扣除:包括3岁以下婴幼儿照护、子女教育、继续教育、赡养老人、住房贷款利息或者住房租金、大病医疗支出。

a. 除大病医疗以外,3岁以下婴幼儿照护、子女教育、赡养老人、住房贷款利息、住房租金、继续教育,纳税人可以选择在单位发放工资、薪金时,按月享受专项附加扣除政策。

b. 一个纳税年度内,如果没有及时将扣除信息报送任职受雇单位,以致在单位预扣预缴工资、薪金所得时未享受扣除或未足额享受扣除的,可以在当年剩余月份内向单位申请补充扣除,也可以在次年3月1日至6月30日内,向汇缴地主管税务机关进行汇算清缴申报时办理扣除。

(5)其他扣除:包括个人缴付符合国家规定的企业年金、职业年金,个人购买符合国家规定的商业健康保险、税收递延型商业养老保险的支出,个人养老金支出,以及国务院规定可以扣除的其他项目。(具体规定后面讲)

(6)专项扣除、专项附加扣除和依法确定的其他扣除 ❷,以居民个人一个纳税年度的应纳税所得额为限额;一个纳税年度扣除不完的,不结转以后年度扣除。

2. 劳务报酬、稿酬和特许权使用费所得的预扣预缴办法

劳务报酬、稿酬和特许权使用费所得的预扣预缴办法,见表2-3。

老杨唠啵唠 ❶
单位超过规定比例和标准为个人缴付"三险一金"的,超过部分应并入个人当期的工资、薪金收入,计征个人所得税。

老杨唠啵唠 ❷
注意区分专项扣除、专项附加扣除和其他扣除的区别,其中专项附加扣除的具体规定见"考点七综合所得的专项附加扣除和其他扣除"。

表2-3 劳务报酬、稿酬和特许权使用费所得的预扣预缴办法

每次收入	预扣预缴税额		
	劳务报酬所得(3级累进)	稿酬所得	特许权使用费所得
不超过4 000元	(收入-800)×预扣率	(收入-800)×70%×20%	(收入-800)×20%
每次收入4 000元以上	收入×(1-20%)×预扣率-速算扣除数	收入×(1-20%)×70%×20%	收入×(1-20%)×20%

【例题7·单选题】(2022年)2024年3月张某和李某合作的教材发布,出版社的不含税稿酬是10 000元。分别给张某7 000元和李某3 000元。则出版社合计应扣缴个人所得税是( )元。

A. 1 092　　B. 1 120　　C. 1 560　　D. 1 600

解析 ↘ 需要扣缴的个人所得税 = 7 000×(1-20%)×70%×20%+(3 000-800)×70%×20% = 1 092(元)。

(二)全年综合所得汇算清缴的税务处理

应退或应补税额 = [(综合所得收入额-60 000元-"三险一金"等专项扣除-子女教育等专项附加扣除-依法确定的其他扣除-符合条件的公益慈善事业捐赠)×适用税率-速算扣除数]-减免税额-已预缴税额

(1)劳务报酬所得、稿酬所得、特许权使用费所得以收入减除20%的费用后的余额为收入额。稿酬所得的收入额减按70%计算❶。

(2)需要注意的是,2027年12月31日前,居民个人取得全年一次性奖金,可不并入当年综合所得,单独计算缴纳个人所得税。

【例题8·计算题】❷ 中国居民杨某,2023年入职甲公司,2024年前3个月每月应发工资均为30 000元,每月按照国家规定的范围和标准由甲公司为其代扣代缴的"三险一金"4 500元,每月按规定享受的3岁以下婴幼儿照护支出专项附加扣除共计2 000元,10月杨某分别取得劳务报酬和稿酬30 000元和20 000元,没有减免收入及减免税额等情况。(假设2024年每月应发工资均为30 000元)

要求:根据上述资料,回答下列问题。

(1)分别计算1—3月工资、薪金所得应预扣预缴的税额。
(2)计算全年工资、薪金所得累计预扣预缴税额。
(3)计算劳务报酬所得预扣预缴税额。
(4)计算稿酬所得预扣预缴税额。
(5)计算杨某2024年年终综合所得汇算清缴应补(退)税额。

答案 ↘

(1)1—3月工资、薪金所得应预扣预缴的税额:
1月,累计预扣预缴应纳税所得额 = 30 000-5 000-4 500-2 000 =

❶ 工资、薪金全额计入收入额;劳务、特许打8折计入收入额;稿酬折上折,实际打5.6折计入收入额。

❷ 例题看起来并不难,但后续做的很多计算题、综合分析题往往是在这个例题的基础上结合其他知识点的延伸,所以务必掌握本题的计算流程。

答案 ↘
例题7 | A

18 500(元)，本期应预扣预缴税额=18 500×3%-0=555(元)。

2月，累计预扣预缴应纳税所得额=30 000×2-5 000×2-4 500×2-2 000×2=37 000(元)，本期应预扣预缴税额=(37 000×10%-2 520)-555=625(元)。

3月，累计预扣预缴应纳税所得额=30 000×3-5 000×3-4 500×3-2 000×3=55 500(元)，本期应预扣预缴税额=(55 500×10%-2 520)-555-625=1 850(元)。

提示 4—12月当月应预扣预缴税额的计算思路相同。

(2)全年工资、薪金所得累计预扣预缴税额=(30 000×12-5 000×12-4 500×12-2 000×12)×20%-16 920=27 480(元)。

(3)劳务报酬所得应纳税所得额=收入×(1-20%)=30 000×(1-20%)=24 000(元)，应预扣预缴税额=24 000×30%-2 000=5 200(元)。

(4)稿酬所得应纳税所得额=收入×(1-20%)×70%=20 000×(1-20%)×70%=11 200(元)，应预扣预缴税额=11 200×20%=2 240(元)。

(5)全年收入额=30 000×12+30 000×(1-20%)+20 000×(1-20%)×70%=395 200(元)。

全年减除费用60 000元；专项扣除=4 500×12=54 000(元)；专项附加扣除=2 000×12=24 000(元)；扣除项合计=60 000+54 000+24 000=138 000(元)。

应纳税所得额=395 200-138 000=257 200(元)。

全年应纳个人所得税税额=257 200×20%-16 920=34 520(元)。

汇算清缴应补缴税额=34 520-27 480-5 200-2 240=-400(元)。应申请退税400元。

(3)"劳务报酬所得、稿酬所得、特许权使用费所得"预扣预缴和汇算清缴的差异性总结。

a. 收入额计算方法：年度汇算清缴时定率减除；预扣预缴时定率或定额减除。

b. 适用税率/预扣率：年度汇算清缴时适用综合所得税率表；预扣预缴时适用预扣率。

c. 可扣除的项目：年度汇算清缴时"四项所得"合计收入额可扣除的项目包括费用6万元以及专项扣除、专项附加扣除和其他扣除；而"三项所得"预扣预缴税款时不扣除上述费用。

考点六 非居民个人应纳税所得额的确定和应纳税额的计算 ★★★

非居民个人取得工资、薪金所得，劳务报酬所得，稿酬所得和特许权使用费所得，有扣缴义务人的，由扣缴义务人按月或者按次代扣代缴税款，不办理汇算清缴。

扣缴义务人向非居民个人支付工资、薪金所得，劳务报酬所得，稿酬所得和特许权使用费所得时，应当按照以下方法按月或者按次代扣代缴税款。

非居民个人"四项所得"应纳税额的计算，见表2-4。

表2-4 非居民个人"四项所得"应纳税额的计算

所得项目	应纳税额
工资、薪金所得	=（每月收入额-5 000）×税率-速算扣除数
劳务报酬所得	=收入×（1-20%）×税率-速算扣除数
稿酬所得	=收入×（1-20%）×70%×税率-速算扣除数
特许权使用费所得	=收入×（1-20%）×税率-速算扣除数

【例题9·计算题】假如某非居民个人取得劳务报酬所得20 000元，应扣缴税额=20 000×（1-20%）×20%-1 410=1 790（元）。

【例题10·计算题】假如某非居民个人取得稿酬所得10 000元。应扣缴税额=10 000×（1-20%）×70%×10%-210=350（元）。

考点七 综合所得的专项附加扣除和其他扣除 ★★★

（一）3岁以下婴幼儿照护

纳税人照护3岁以下婴幼儿子女的相关支出，按照每个婴幼儿每月2 000元的标准定额扣除。

提示

（1）父母可以选择由其中一方按扣除标准的100%扣除，也可以选择由双方分别按扣除标准的50%扣除，具体扣除方式在一个纳税年度内不能变更。

（2）扣除的计算时间为婴幼儿出生的当月至年满3周岁的前一个月。

（二）子女教育

纳税人的子女接受全日制学历教育的相关支出，按照每个子女每月2 000元的标准定额扣除。

提示

（1）子女，是指婚生子女、非婚生子女、继子女、养子女。父母之外的其他人担任未成年人的监护人的，比照本规定执行。

（2）学历教育包括义务教育（小学、初中教育）、高中阶段教育（普通高中、中等职业、技工教育）、高等教育（大学专科、大学本科、硕士研究生、博士研究生教育）。

（3）年满3岁至小学入学前处于学前教育阶段的子女，按本规定执行。

（4）父母可以选择由其中一方按扣除标准的100%扣除，也可以选择由双方分别按扣除标准的50%扣除，具体扣除方式在一个纳税年度内不能变更。

---

2 000元/月×人头，出生当月至年满3周岁的前一个月，父母分别各扣一半、约定一方可全扣。

记忆贴士：2 000元/月×人头，满3岁到博士，父母分别扣各一半、约定一方可全扣。

(5)纳税人子女在中国境外接受教育的,也可以扣除,纳税人应当留存境外学校录取通知书、留学签证等相关教育的证明资料备查。

(6)扣除计算时间:学前教育阶段,为子女年满3周岁当月至小学入学前一月。学历教育,为子女接受全日制学历教育入学的当月至全日制学历教育结束的当月。学历教育的期间包含因病或其他非主观原因休学但学籍继续保留的休学期间,以及施教机构按规定组织实施的寒暑假等假期。

(三)赡养老人 ❶

纳税人赡养一位及以上 ❷ 被赡养人的赡养支出,统一按照以下标准定额扣除:

(1)纳税人为独生子女的,按照每月3 000元的标准定额扣除。

(2)纳税人为非独生子女的,由其与兄弟姐妹分摊每月3 000元的扣除额度,每人分摊的额度不能超过每月1 500元。

提示

(1)可以由赡养人均摊或者约定分摊,也可以由被赡养人指定分摊。约定或者指定分摊的须签订书面分摊协议,指定分摊优先于约定分摊。具体分摊方式和额度在一个纳税年度内不能变更。

(2)被赡养人是指年满60岁的父母(指生父母、继父母、养父母),以及子女均已去世的年满60岁的祖父母、外祖父母 ❸。

(3)扣除计算时间:被赡养人年满60周岁的当月至赡养义务终止的年末 ❹。

(四)住房贷款利息 ❺

纳税人本人或者配偶单独或者共同使用商业银行或者住房公积金个人住房贷款为本人或者其配偶购买中国境内住房,发生的首套住房贷款利息支出 ❻,在实际发生贷款利息的年度,按照每月1 000元的标准定额扣除,扣除期限最长不超过240个月 ❼。

提示

(1)纳税人只能享有一次首套住房贷款的利息扣除。

(2)首套住房贷款是指购买住房享受首套住房贷款利率的住房贷款。

(3)经夫妻双方约定,可以选择由其中一方扣除,具体扣除方式在一个纳税年度内不能变更。

(4)夫妻双方婚前分别购买住房发生的首套住房贷款,其贷款利息支出,婚后可以选择其中一套购买的住房,由购买方按扣除标准的100%扣除,也可以由夫妻双方对各自购买的住房分别按扣除标准的50%扣除,具体扣除方式在一个纳税年度内不能变更。

---

❶ 记忆贴士:每月3 000元,满60岁,无子女隔辈可扣,独生独扣、非独分摊扣最高不过半。

❷ 注意一位以上即可扣除,也是定额扣,但不按"人头"扣。

❸ 注意不包括:①岳父母。②已经达到退休年龄但未满足"年满60岁"。

❹ 注意结束时间不是终止的"当月"而是"年末"。

❺ 记忆贴士:每月1 000元,20年,境内,首套,实际,婚前均有房婚后扣一套。

❻ 注意是境内住房的首套住房贷款利息,包括住房公积金贷款,也是定额扣。

❼ 注意最长不超过240个月,不是就按240个月扣除。

(5)纳税人应当留存住房贷款合同、贷款还款支出凭证备查。

(6)扣除计算时间:贷款合同约定开始还款的当月至贷款全部归还或贷款合同终止的当月。

(五)住房租金

纳税人在主要工作城市没有自有住房而发生的住房租金支出,按标准定额扣除。

住房租金定额扣除,见表2-5。

表2-5 住房租金定额扣除

适用范围和条件		扣除标准
直辖市、省会(首府)城市、计划单列市以及国务院确定的其他城市		1 500元/月
上述以外	市辖区户籍人口超过100万的城市	1 100元/月
	市辖区户籍人口不超过100万的城市	800元/月

记忆贴士:1 500元或1 100元或800元/月,无房,夫妻双方同城一方扣、不同城均无房分别扣,不与房贷同享。

提 示

(1)纳税人的配偶在纳税人的主要工作城市有自有住房的,视同纳税人在主要工作城市有自有住房。

(2)主要工作城市是指纳税人任职受雇的直辖市、计划单列市、副省级城市、地级市(地区、州、盟)全部行政区域范围;纳税人无任职受雇单位的,为受理其综合所得汇算清缴的税务机关所在城市。

(3)夫妻双方主要工作城市相同的,只能由一方扣除住房租金支出。

(4)住房租金支出由签订租赁住房合同的承租人扣除。

(5)纳税人及其配偶在一个纳税年度内不能同时分别享受住房贷款利息和住房租金专项附加扣除。

(6)纳税人应当留存住房租赁合同、协议等有关资料备查。

(7)扣除计算时间:租赁合同(协议)约定的房屋租赁期开始的当月至租赁期结束的当月。提前终止合同(协议)的,以实际租赁期限为准。

[例题11·单选题](2024年)漆某及配偶在工作的省会城市无自有住房。2024年2月签订的住房租赁合同约定每月租金2 000元,租期为2024年3月至2025年2月,其女儿2023年6月大学毕业后,一直在备考研究生,并于2024年9月入学读研,2024年漆某专项附加扣除的最高金额为( )元。

A. 28 000　　B. 24 500　　C. 39 000　　D. 23 000

解析 在主要工作城市没有自有住房而发生的租金支出,在直辖市、省会(首府)城市、计划单列市以及国务院确定的其他城市扣除标准为1 500元/月,子女接受全日制学历教育的相关支出,按每个子女每月2 000元的标准定额扣除。

答案
例题11 | D

漆某2024年可以扣除的住房租金=1 500×10=15 000(元);子女教育可以扣除=2 000×4=8 000(元),因此2024年漆某专项附加扣除的最高金额=15 000+8 000=23 000(元)。

(六)大病医疗❶

在一个纳税年度内,纳税人发生的与基本医保相关的医药费用支出,扣除医保报销后个人负担(指医保目录范围内的自付部分)累计超过15 000元的部分,由纳税人在办理年度汇算清缴时,在80 000元限额内据实扣除。

提示

(1)纳税人发生的医药费用支出可以选择由本人或者其配偶扣除;未成年子女发生的医药费用支出可以选择由其父母一方扣除。

(2)纳税人及其配偶、未成年子女发生的医药费用支出,按规定分别计算扣除额。

(3)纳税人应当留存医药服务收费及医保报销相关票据原件(或者复印件)等资料备查。医疗保障部门应当向患者提供在医疗保障信息系统记录的本人年度医药费用信息查询服务。

(4)扣除计算时间:医疗保障信息系统记录的医药费用实际支出的当年。

● **得分高手**(2021—2022年单选)

专项附加扣除为个人所得税中的高频考点,可以通过文字性客观题或者计算性题目进行综合性考查。其中大病医疗专项附加扣除要特别注意:医保目录范围内自付的部分也不是都可以扣除,自付的部分中超过1.5万元的部分在8万元限额内据实扣除。要特别注意是"限额扣除",要和其他专项附加扣除的"定额扣除"区分清楚。

【例题12·单选题】(2022年)邹某和10岁的儿子2024年发生医疗费用。扣除医疗报销后个人负担的费用分别是18 000元和23 000元,邹某实施综合所得汇算时,税前扣除的大病医疗的最高数额为( )元。

A. 41 000　　　B. 11 000　　　C. 3 000　　　D. 26 000

解析 税前扣除的大病医疗的最高数额=(18 000-15 000)+(23 000-15 000)=11 000(元)。

(七)继续教育❷

(1)纳税人在中国境内❸接受学历(学位)继续教育的支出,在学历(学位)教育期间按照每月400元定额扣除。同一学历(学位)继续教育的扣除期限不能超过48个月。

老杨哔啵哔❶
记忆贴士:80 000元限额/年,选择由本人扣或配偶扣,未成年子女选择由父母一方扣,并分别扣计算扣除额。

老杨哔啵哔❷
记忆贴士:每月400元,同一学历4年扣除期限;职业继续教育取证当年3 600元。

老杨哔啵哔❸
注意是"境内"。

答案
例题12 | B

(2)纳税人接受技能人员职业资格继续教育、专业技术人员职业资格继续教育的支出,在取得相关证书的当年❶,按照 3 600 元定额扣除。

提示

(1)个人接受本科及以下学历(学位)继续教育,符合规定扣除条件的,可以选择由其父母扣除,也可以选择由本人扣除。

(2)纳税人接受技能人员职业资格继续教育、专业技术人员职业资格继续教育的,应当留存相关证书等资料备查。

(3)扣除计算时间:学历(学位)继续教育,为在中国境内接受学历(学位)继续教育入学的当月至学历(学位)继续教育结束的当月。技能人员职业资格继续教育、专业技术人员职业资格继续教育,为取得相关证书的当年。学历(学位)继续教育的期间,包含因病或其他非主观原因休学但学籍继续保留的休学期间,以及施教机构按规定组织实施的寒暑假等假期。

注意是"当年"扣。

(八)专项附加扣除的其他规定

(1)纳税人同时从两处以上取得工资、薪金所得,并由扣缴义务人办理上述专项附加扣除的,对同一专项附加扣除项目,一个纳税年度内,纳税人只能选择从其中一处扣除。

(2)纳税人选择在扣缴义务人发放工资、薪金所得时享受专项附加扣除的,首次享受时应当填写并向扣缴义务人报送《个人所得税专项附加扣除信息表》;纳税年度中间相关信息发生变化的,纳税人应当更新《个人所得税专项附加扣除信息表》相应栏次,并及时报送给扣缴义务人。

更换工作单位,需要由新任职、受雇扣缴义务人办理专项附加扣除的,应在入职当月,填写并向扣缴义务人报送《个人所得税专项附加扣除信息表》。

(3)纳税人次年需要由扣缴义务人继续办理专项附加扣除的,应当于每年 12 月对次年享受专项附加扣除的内容进行确认,并报送至扣缴义务人。纳税人未及时确认的,扣缴义务人于次年 1 月起暂停扣除,待纳税人确认后再行办理专项附加扣除。

(4)纳税人应当将《个人所得税专项附加扣除信息表》及相关留存备查资料,自法定汇算清缴期结束后保存 5 年。

纳税人报送给扣缴义务人的《个人所得税专项附加扣除信息表》,扣缴义务人应当自预扣预缴年度的次年起留存 5 年。

(5)扣缴义务人应当及时按照纳税人提供的信息计算办理扣缴申报,不得擅自更改纳税人提供的相关信息。

扣缴义务人发现纳税人提供的信息与实际情况不符,可以要求纳税人修改。纳税人拒绝修改的,扣缴义务人应当向主管税务机关报告,税务机关应当及时处理。

除纳税人另有要求外,扣缴义务人应当于年度终了后两个月内,向纳税人提供已办理的专项附加扣除项目及金额等信息。

(6)纳税人有下列情形之一的,主管税务机关应当责令其改正;情形严重的,应当纳入有关信用信息系统,并按照国家有关规定实施联合惩戒;涉及违反税收征管法等法律法规的,税务机关依法进行处理:①报送虚假专项附加扣除信息;②重复享受专项附加扣除;③超范围或标准享受专项附加扣除;④拒不提供留存备查资料;⑤国家税务总局规定的其他情形。

(九)年金的个人所得税政策(EET 模式)

1. 缴费

(1)单位缴费部分计入个人账户时,暂不缴纳个人所得税。

(2)个人缴费部分在不超过本人缴费工资计税基数的 4%标准内的部分暂从应纳税所得额中扣除。

(3)超过规定的标准缴付的年金,单位缴费和个人缴费部分并入个人当期工资、薪金征税。

 a. 计税基数=本人上一年度月平均工资<工作所在地上一年度职工月平均工资×3

 b. 企业年金月平均工资按国家统计局规定列入工资总额统计的项目计算。

 c. 职业年金个人缴费工资计税基数为职工岗位工资和薪级工资之和。

【例题 13·计算题】 中国公民王某在国内一家企业工作,2024 年 1 月工资总额 19 300 元,含个人缴付的年金 500 元和按照规定缴付的"三险一金" 800 元。

(注:王某所在城市上一年度职工月平均工资为 3 500 元。王某本年度取得的工资与上年度相同,假设王某无其他扣除项目。)

要求:计算王某 1 月工资收入应预缴的个人所得税。

答案 王某所在地上一年度职工月平均工资的 3 倍=3 500×3=10 500(元);10 500×4%=420(元),小于 500 元,因此个人缴付的 500 元年金不可以全部在个人所得税税前扣除的。

1 月工资、薪金预扣预缴的个人所得税=(19 300-5 000-800-420)×3%=392.4(元)。

2. 运营

年金基金投资运营收益分配计入个人账户时,暂不缴纳个人所得税。

3. 领取

(1)个人达到国家规定的退休年龄领取年金,符合规定的不并入综合所得,全额单独计算应纳税款。

提示 按月领取的,适用月度税率表计算纳税;按季领取的,平均分摊计入各月,按每月领取额适用月度税率表计算纳税;按年领取的,适用综合所得税率表计算纳税。

(2)个人因出境定居而一次性领取的年金个人账户资金，或个人死亡后，其指定的受益人或法定继承人一次性领取的年金个人账户余额，适用综合所得税率表计算纳税。对个人除上述特殊原因外一次性领取年金个人账户资金或余额的，适用月度税率表计算纳税。

(3)本规定实施前缴费已纳的个人所得税，领取时可以扣除。

领取时税率表的运用，见表2-6。

表2-6 领取时税率表的运用

税率方式	适用情形
月度税率表	按月领取
	按季领取(平均分摊计入各月计算纳税)
	出境定居或个人死亡后以外的一次性领取
综合所得税率表	按年领取
	出境定居或个人死亡后指定受益人或法定继承人一次性领取

【例题14·单选题】(2023年)徐某达到法定退休年龄，按季度领取企业年金9 300元，应缴纳个人所得税( )元。

A. 129　　B. 300　　C. 27.9　　D. 720

解析 个人达到国家规定的退休年龄，领取的企业年金、职业年金，不并入综合所得，全额单独计算应纳税款。按季领取的，平均分摊计入各月，按每月领取额适用月度税率表计算纳税。应缴纳个人所得税=(9 300÷3×10%-210)×3=300(元)。

(十)商业健康保险个人所得税规定

对个人购买符合规定的商业健康保险产品的支出，允许在当年(月)计算应纳税所得额时予以税前扣除，扣除限额为2 400元/年(200元/月)。

单位统一为员工购买符合规定的商业健康保险产品的支出，应分别计入员工个人工资、薪金，视同个人购买，按上述限额予以扣除。

提示 适用商业健康保险税收优惠政策的纳税人，是指取得工资、薪金所得，连续性劳务报酬所得的个人，以及取得个体工商户生产经营所得、对企事业单位的承包承租经营所得的个体工商户业主、个人独资企业投资者、合伙企业合伙人和承包承租经营者。

(十一)个人养老金实施递延纳税优惠政策

(1)缴费环节：按照12 000元/年的限额标准，在综合所得或经营所得中据实扣除。

(2)投资环节：计入个人养老金资金账户的投资收益暂不征收个人所得税。

答案
例题14 | B

(3)领取环节:不并入综合所得,单独按照3%的税率计算缴纳个人所得税,其缴纳的税款计入"工资、薪金所得"项目。

考点八 无住所个人所得税的计算 ★★ 一学多考|注

(一)无住所个人工资、薪金所得收入额计算

1. 无住所个人为非居民个人的情形

非居民个人取得工资、薪金所得,除"无住所个人为高管人员的情形"规定以外,当月工资、薪金收入额分别按照以下两种情形计算。

(1)非居民个人境内居住时间累计不超过90天的情形。

◆纳税义务:在一个纳税年度内,在境内累计居住不超过90天的非居民个人,仅就归属于境内工作期间并由境内雇主支付或者负担的工资、薪金所得计算缴纳个人所得税。

【记忆口诀】境内所得境内支付缴。

◆计算公式:

当月工资、薪金收入额=当月境内外工资、薪金总额×(当月境内支付工资、薪金数额÷当月境内外工资、薪金总额)×(当月工资、薪金所属工作期间境内工作天数÷当月工资、薪金所属工作期间公历天数)(公式一)

【简化公式】当月应税收入额=当月境内支付工资、薪金数额×(当月工资、薪金所属工作期间境内工作天数÷当月工资、薪金所属工作期间公历天数)

【记忆口诀】当月应税收入额=内付×内天÷公天。

提示

(1)境内雇主包括雇佣员工的境内单位和个人以及境外单位或者个人在境内的机构、场所。

(2)凡境内雇主采取核定征收所得税或者无营业收入未征收所得税的,无住所个人为其工作取得工资、薪金所得,不论是否在该境内雇主会计账簿中记载,均视为由该境内雇主支付或者负担。

(3)当月境内外工资、薪金包含归属于不同期间的多笔工资、薪金的,应当先分别按照规定计算不同归属期间工资、薪金收入额,然后再加总计算当月工资、薪金收入额。

【例题15·计算题】约翰系A国公民,约翰2024年4月15日来北京工作,6月在中国工作了15天后回国。在中国工作期间,境内机构每月支付工资30 000元,A国公司每月支付工资折合人民币60 000元。

要求:计算2024年6月约翰当月应缴纳个人所得税的工资、薪金收入额。(不适用税收协定)

答案 当月工资、薪金收入额=90 000×(30 000÷90 000)×(15÷30)=15 000(元)。

简化公式验算：当月工资、薪金收入额＝30 000×(15÷30)＝15 000(元)。

(2)非居民个人境内居住时间累计超过90天不满183天的情形。

a.纳税义务：在一个纳税年度内，在境内累计居住超过90天但不满183天的非居民个人，取得归属于境内工作期间的工资、薪金所得，均应当计算缴纳个人所得税；其取得归属于境外工作期间的工资、薪金所得，不征收个人所得税。

【记忆口诀】境内所得缴。

b.计算公式：

当月工资、薪金收入额＝当月境内外工资、薪金总额×(当月工资、薪金所属工作期间境内工作天数÷当月工资、薪金所属工作期间公历天数)(公式二)

【记忆口诀】当月应税收入额＝内外付×内天÷公天。

【例题16·计算题】约翰是A国公民，约翰2024年2月15日来北京工作，6月在中国工作了15天后回国。在中国工作期间，境内机构每月支付工资30 000元，A国公司每月支付工资折合人民币60 000元。

要求：计算2024年6月约翰当月应缴纳个人所得税的工资、薪金收入额。(不适用税收协定)

答案 ↘ 当月工资、薪金收入额＝90 000×(15÷30)＝45 000(元)。

2.无住所个人为居民个人(非高管)的情形

在一个纳税年度内，在境内累计居住满183天的无住所居民个人取得工资、薪金所得，当月工资、薪金收入额按照以下规定计算。

(1)无住所居民个人在境内居住累计满183天的年度连续不满六年的情形。

a.纳税义务：在境内居住累计满183天的年度连续不满六年的无住所居民个人，经向主管税务机关备案，其取得的全部工资、薪金所得，除归属于境外工作期间且由境外单位或者个人支付的工资、薪金所得部分外，均应计算缴纳个人所得税。

【记忆口诀】境外所得境外支付不缴。

b.计算公式：

当月工资、薪金收入额＝当月境内外工资、薪金总额×[1-(当月境外支付工资、薪金数额÷当月境内外工资、薪金总额)×(当月工资、薪金所属工作期间境外工作天数÷当月工资、薪金所属工作期间公历天数)](公式三)

【简化公式】当月工资、薪金收入额＝当月境内外工资、薪金总额-当月境外支付工资、薪金数额×(当月工资、薪金所属工作期间境外工作天数÷当月工资、薪金所属工作期间公历天数)

【记忆口诀】当月应税收入额＝内外付-外付×外天÷公天。

【例题17·计算题】约翰是A国公民，约翰2024年2月15日来北京工作，11月在中国工作了15天后回国。在中国工作期间，境内机构每月支付工资 30 000 元，A 国公司每月支付工资折合人民币 60 000 元。

要求：计算 2024 年 11 月约翰当月应缴纳个人所得税的工资、薪金收入额。（不适用税收协定）

答案 当月工资、薪金收入额 = 90 000×[1-（60 000÷90 000）×（15÷30）]=60 000（元）。

简化公式验算：当月工资、薪金收入额 = 90 000-60 000×（15÷30）= 60 000（元）。

另一种思路：当月工资、薪金收入额 = 30 000+60 000×（15÷30）= 60 000（元）。

（2）无住所居民个人在境内居住累计满 183 天的年度连续满六年的情形。

在境内居住累计满 183 天的年度连续满六年后，其从境内、境外取得的全部工资、薪金所得均应计算缴纳个人所得税。

（二）无住所高管个人所得税计算总结

无住所高管个人所得税计算总结，见表 2-7。

表 2-7 无住所高管个人所得税计算总结

居住时间		当月工资、薪金收入额
不满 183 天	（1）累计不超过 90 天	境内支付金额
	（2）90～183 天之内	境内外支付总额-境外所得境外支付（同上述公式三：内外付-外付×外天÷公天）
满 183 天	（3）累计满 183 天的年度连续不满 6 年	
	（4）累计满 183 天的年度连续满 6 年	境内外支付总额

（三）无住所个人税款计算

1. 无住所居民个人税款计算的规定

无住所居民个人取得综合所得，年度终了后，应按年计算个人所得税；有扣缴义务人的，由扣缴义务人按月或者按次预扣预缴税款；需要办理汇算清缴的，按照规定办理汇算清缴，年度综合所得应纳税额计算公式如下：

年度综合所得应纳税额=（年度工资、薪金收入额+年度劳务报酬收入额+年度稿酬收入额+年度特许权使用费收入额-减除费用-专项扣除-专项附加扣除-依法确定的其他扣除）×适用税率-速算扣除数

提示 无住所居民个人在计算综合所得收入额时，可以享受专项附加扣除。其中，无住所居民个人为外籍个人的，2027 年 12 月 31 日前计算工资、薪金收入额时，可以选择享受住房补贴、子女教育费、语言训练费等津补贴免税优惠政策，也可以选择享受专项附加扣除政策，但二者不可同时享受。外籍个人一经选择，在一个纳税年度内不得变更。

2. 非居民个人税款计算的规定

(1)非居民个人当月取得工资、薪金所得,以按规定计算的当月收入额,减去税法规定的减除费用后的余额,为应纳税所得额,适用按月换算后的综合所得税率表计算应纳税额。

(2)非居民个人一个月内取得数月奖金,单独按上述规定计算当月收入额,不与当月其他工资、薪金合并,按6个月分摊计税,不减除费用,适用月度税率表计算应纳税额,在一个公历年度内,对每一个非居民个人,该计税办法只允许适用一次。计算公式如下:

当月数月奖金应纳税额=[(数月奖金收入额÷6)×适用税率-速算扣除数]×6

(3)非居民个人一个月内取得股权激励所得,单独按照规定计算当月收入额,不与当月其他工资、薪金合并,按6个月分摊计税(一个公历年度内的股权激励所得应合并计算),不减除费用,适用月度税率表计算应纳税额,计算公式如下:

当月股权激励所得应纳税额=[(本公历年度内股权激励所得合计额÷6)×适用税率-速算扣除数]×6-本公历年度内股权激励所得已纳税额

(4)非居民个人取得来源于境内的劳务报酬所得、稿酬所得、特许权使用费所得,以税法规定的每次收入额为应纳税所得额,适用月度税率表计算应纳税额。

(四)无住所个人适用税收协定

按照我国政府签订的税收协定居民条款规定为缔约对方税收居民的个人(以下称对方税收居民个人),可以按照税收协定及有关规定享受税收协定待遇,也可以选择不享受税收协定待遇计算纳税。

除税收协定及财政部、国家税务总局另有规定外,无住所个人适用税收协定的,按照以下规定执行:

1. 无住所个人适用受雇所得条款的规定

(1)无住所个人享受境外受雇所得协定待遇。

无住所个人为对方税收居民个人,其取得的工资、薪金所得可享受境外受雇所得协定待遇的,可不缴纳个人所得税。(计算适用公式二)

提示 境外受雇所得协定待遇 **1**,是指按照税收协定受雇所得条款规定,对方税收居民个人在境外从事受雇活动取得的受雇所得,可不缴纳个人所得税。

(2)无住所个人享受境内受雇所得协定待遇。

无住所个人为对方税收居民个人,其取得的工资、薪金所得可享受境内受雇所得协定待遇的,可不缴纳个人所得税。(计算适用公式一)

提示 境内受雇所得协定待遇 **2**,是指按照税收协定受雇所得条款规定,在税收协定规定的期间内境内停留天数不超过183天的对方税收居民个

1 >183天,境内所得缴!

2 ≤183天,不区分情况,境内所得境内支付缴!

人，在境内从事受雇活动取得受雇所得，不是由境内居民雇主支付或者代其支付的，也不是由雇主在境内常设机构负担的，可不缴纳个人所得税。

无住所个人工资、薪金所得收入额计算总结，见表2-8。

表2-8 无住所个人工资、薪金所得收入额计算总结

居住时间		一般规定	特殊规定	
		当月应税收入额	高管	协定
非居民个人	≤90天	=内付×内天÷公天	=内付	适用公式一
	>90且<183天	=内外付×内天÷公天	适用公式三	
无住所居民个人	≥183天且<6年	=内外付−外付×外天÷公天	适用公式三	适用公式二
	>6年（第7年≥183天）	内外付		

2. 无住所个人适用独立个人劳务或营业利润条款规定

无住所居民个人为对方税收居民个人，其取得的劳务报酬所得、稿酬所得可享受独立个人劳务或者营业利润协定待遇的，在预扣预缴和汇算清缴时，可不缴纳个人所得税。

非居民个人为对方税收居民个人，其取得的劳务报酬所得、稿酬所得可享受独立个人劳务或者营业利润协定待遇的，在取得所得时可不缴纳个人所得税。

提示 独立个人劳务或者营业利润协定待遇，是指按照税收协定独立个人劳务或者营业利润条款规定，对方税收居民个人取得的独立个人劳务所得或者营业利润符合税收协定规定条件的，可不缴纳个人所得税。

3. 无住所个人适用特许权使用费或技术服务费条款规定

无住所居民个人为对方税收居民个人，其取得的特许权使用费所得、稿酬所得或者劳务报酬所得可享受特许权使用费或者技术服务费协定待遇的，可不纳入综合所得，在取得当月按照税收协定规定的计税所得额和征税比例计算应纳税额，并预扣预缴税款。年度汇算清缴时，该个人取得的已享受特许权使用费或者技术服务费协定待遇的所得不纳入年度综合所得，单独按照税收协定规定的计税所得额和征税比例计算年度应纳税额及补退税额。

非居民个人为对方税收居民个人，其取得的特许权使用费所得、稿酬所得或者劳务报酬所得可享受特许权使用费或者技术服务费协定待遇的，可按照税收协定规定的计税所得额和征税比例计算应纳税额。

提示 特许权使用费或者技术服务费协定待遇，是指按照税收协定特许权使用费或者技术服务费条款规定，对方税收居民个人取得符合规定的特许权使用费或者技术服务费，可按照税收协定规定的计税所得额和征税比例计算纳税。

(五) 其他相关规定

1. 关于无住所个人预计境内居住时间的规定

无住所个人在一个纳税年度内首次申报时，应当根据合同约定等情况预

计一个纳税年度内境内居住天数以及在税收协定规定的期间内境内停留天数，按照预计情况计算缴纳税款。实际情况与预计情况不符的，分别按照以下规定处理：

（1）无住所个人预先判定为非居民个人，因延长居住天数达到居民个人条件的，一个纳税年度内税款扣缴方法保持不变，年度终了后按照居民个人有关规定办理汇算清缴，但该个人在当年离境且预计年度内不再入境的，可以选择在离境之前办理汇算清缴。

（2）无住所个人预先判定为居民个人，因缩短居住天数不能达到居民个人条件的，在不能达到居民个人条件之日起至年度终了15天内，应当向主管税务机关报告，按照非居民个人重新计算应纳税额，申报补缴税款，不加收税收滞纳金。需要退税的，按照规定办理。

（3）无住所个人预计一个纳税年度境内居住天数累计不超过90天，但实际累计居住天数超过90天的，或者对方税收居民个人预计在税收协定规定的期间内境内停留天数不超过183天，但实际停留天数超过183天的，待达到90天或者183天的月度终了后15天内，应当向主管税务机关报告，就以前月份工资、薪金所得重新计算应纳税款，并补缴税款，不加收税收滞纳金。

提示 居住天数、停留天数和工作天数，见表2-9。

表2-9 居住天数、停留天数和工作天数

类型	作用	计算方法
境内居住天数	判定是否非居民个人，确定纳税义务	在中国境内停留的当天满24小时的，计入中国境内居住天数，在中国境内停留的当天不足24小时的，不计入中国境内居住天数——往返当天不算1天
境内停留天数	判定对方税收居民个人能否享受境内受雇所得协定待遇	(1)停留天数包括抵、离日当日等不足一天的任何天数及周末、节假日，以及从事该项受雇活动之前、期间及以后在中国度过的假期等——往返当天均计算为1天。 (2)准予扣除离境的天数
境内工作天数	划分无住所个人归属于境内工作期间的工资、薪金所得，从而确定其当月工资、薪金收入额	(1)包括在境内的实际工作日以及境内工作期间在境内、境外享受的公休假、个人休假、接受培训的天数。 (2)在境内、境外单位同时担任职务或者仅在境外单位任职的个人，在境内停留的当天不足24小时的，按照半天计算境内工作天数——往返当天均计算为0.5天

2. 关于无住所个人境内雇主报告境外关联方支付工资、薪金所得的规定

无住所个人在境内任职、受雇取得来源于境内的工资、薪金所得，凡境内雇主与境外单位或者个人存在关联关系，将本应由境内雇主支付的工资、薪金所得，部分或者全部由境外关联方支付的，无住所个人可以自行申报缴纳税款，也可以委托境内雇主代为缴纳税款。

217

无住所个人未委托境内雇主代为缴纳税款的,境内雇主应当在相关所得支付当月终了后 15 天内向主管税务机关报告相关信息,包括境内雇主与境外关联方对无住所个人的工作安排、境外支付情况以及无住所个人的联系方式等信息。

考点九 经营所得应纳税额的计算 ★★★

一学多考|注

(一)个体工商户生产经营所得计税方法

应纳税所得额=收入总额-成本-费用-损失-税金-其他支出-允许弥补的以前年度亏损

(1)收入总额注意:

a. 包括销售货物收入、提供劳务收入、转让财产收入、利息收入、租金收入、接受捐赠收入、其他收入。

b. 不包括股息、红利等权益性投资收益和特许权使用费收入。

c. 其他收入包括逾期一年以上的未退包装物押金收入。

(2)纳税人在纳税年度同时取得综合所得和经营所得的,可在综合所得或经营所得中申报减除费用 6 万元、专项扣除、专项附加扣除以及依法确定的其他扣除,但不得重复申报减除。

(3)个体工商户下列支出不得扣除:①个人所得税税款;②税收滞纳金;③罚金、罚款和被没收财物的损失;④不符合扣除规定的捐赠支出;⑤赞助支出(指与生产经营活动无关的各种非广告性质支出);⑥用于个人和家庭的支出;⑦与取得生产经营收入无关的其他支出;⑧国家税务总局规定不准扣除的支出。

(4)个体工商户生产经营活动中,应当分别核算生产经营费用和个人、家庭费用。对于生产经营与个人、家庭生活混用难以分清的费用,其 40%视为与生产经营有关费用,准予扣除。

(5)个体工商户纳税年度发生的亏损,准予向以后年度结转,用以后年度的生产经营所得弥补,但结转年限最长不得超过 5 年。

提示 亏损指个体工商户依照本办法规定计算的应纳税所得额小于零的数额。

(6)应付职工薪酬等相关费用的扣除总结,见表 2-10。

表 2-10 应付职工薪酬等相关费用的扣除总结

分类	从业人员	业主
工资、薪金支出	实际支付的合理支出准予扣除	不得税前扣除(按 5 000 元/月标准扣除)
五险一金	规定的范围和标准缴纳准予扣除	

本税目的很多规定与第一章企业所得税的规定相同,为提高备考效率,相同的内容本书将不再提及,这就是"增量复习法",考生在复习时注意掌握下列与企业所得税的不同点,其他知识点在考题中遇到以企业所得税的规定为准即可。

(续表)

分类	从业人员	业主
补充养老保险费和补充医疗保险费	分别在不超过从业人员工资总额5%标准内的部分据实扣除；超过部分，不得扣除	当地（地级市）上年度社会平均工资的3倍为计算基数，分别在不超过该计算基数5%标准内的部分据实扣除；超过部分，不得扣除
商业保险	按规定为特殊工种从业人员支付的人身安全保险费和按规定可以扣除的其他商业保险费外，业主本人或为从业人员支付的商业保险费不得扣除	
工会经费、职工福利费和职工教育经费支出	工资、薪金总额的2%、14%和2.5%的标准内据实扣除	当地（地级市）上年度社会平均工资的3倍为计算基数，在规定比例内据实扣除

(7) 其他扣除规定。

a. 个体工商户按照规定缴纳的摊位费、行政性收费、协会会费等，按实际发生数额扣除。

b. 个体工商户自申请营业执照之日起至开始生产经营之日止所发生符合规定的费用，除为取得固定资产、无形资产的支出，以及应计入资产价值的汇兑损益、利息支出外，作为开办费，个体工商户可以选择在开始生产经营的当年一次性扣除，也可自生产经营月份起在不短于3年期限内摊销扣除，但一经选定，不得改变。

c. 个体工商户通过公益性社会团体或者县级以上人民政府及其部门，用于规定的公益事业的捐赠，捐赠额不超过其应纳税所得额30%的部分可以据实扣除。可以全额在税前扣除的捐赠支出项目按有关规定执行。个体工商户直接对受益人的捐赠不得扣除。

d. 个体工商户研究开发新产品、新技术、新工艺所发生的开发费用，以及研究开发新产品、新技术而购置单台价值在10万元以下的测试仪器和试验性装置的购置费准予直接扣除；单台价值在10万元以上（含10万元）的测试仪器和试验性装置，按固定资产管理，不得在当期直接扣除。

e. 个体工商户在货币交易中，以及纳税年度终了时将人民币以外的货币性资产、负债按照期末即期人民币汇率中间价折算为人民币时产生的汇兑损失，除已经计入有关资产成本部分外，准予扣除。

f. 个体工商户有两处或两处以上经营机构的，选择并固定向其中一处经营机构所在地主管税务机关申报缴纳个人所得税。

(8) 个体工商户个人所得税减半政策。

自2023年1月1日至2027年12月31日，对个体工商户年应纳税所得额不超过200万元的部分，减半征收个人所得税。

提示

（1）个体工商户在享受现行其他个人所得税优惠政策的基础上，可叠加享受本条优惠政策。

（2）个体工商户不区分征收方式，均可享受。

（3）个体工商户在预缴税款时即可享受，其年应纳税所得额暂按截至本期申报所属期末的情况进行判断，并在年度汇算清缴时按年计算、多退少补。若个体工商户从两处以上取得经营所得，需在办理年度汇总纳税申报时，合并个体工商户经营所得年应纳税所得额，重新计算减免税额，多退少补。

（4）个体工商户按照以下公式计算减免税额：

减免税额=（个体工商户经营所得应纳税所得额不超过200万元部分的应纳税额－其他政策减免税额×个体工商户经营所得应纳税所得额不超过200万元部分÷经营所得应纳税所得额）×50%

得分高手（2020年单选；2022年单选；2024年单选、综合）

> 生产经营所得是个人所得税中相对比较重要的考点，考查个体工商户的情况居多。会以选择题的形式考查扣除项目及扣除标准，综合题中也会涉及经营所得应纳税额的计算。关注扣除项目中生产经营与个人、家庭生活混用难以分清的费用，60%的部分不能扣除，只能扣40%的部分。同时也要关注个人独资企业和合伙企业相关的规定。

【例题18·计算题】纳税人李某经营个体工商户C，年应纳税所得额为80 000元（适用税率10%，速算扣除数1 500），同时可以享受残疾人政策减免税额2 000元，那么李某该项政策的减免税额=[（80 000×10%－1 500）－2 000]×50%＝2 250（元）。

【例题19·计算题】纳税人吴某经营个体工商户D，年应纳税所得额为2 500 000元（适用税率35%，速算扣除数65 500），同时可以享受残疾人政策减免税额6 000元，那么吴某该项政策的减免税额=[（2 000 000×35%－65 500）－6 000×2 000 000÷2 500 000]×50%＝314 850（元）。

【例题20·单选题】（2024年）在计算个体工商户应税经营所得时，下列支出准予在税前扣除的是（　　）。

A．生产经营活动中发生的固定资产报废损失

B．个体工商户业主为家人购买的商业保险

C．个体工商户缴纳的个人所得税税款

D．个体工商户代其从业人员负担的税额

解析 选项B，个体工商户用于个人和家庭的支出不得扣除。选项C，个体工商户缴纳的个人所得税税款不得税前扣除。选项D，个体工商户代其从业人员或者他人负担的税款不得税前扣除。

答案
例题20 | A

(二)个人独资企业和合伙企业投资者的计税方法

1. 纳税人

(1)个人独资企业：投资者。

(2)合伙企业：每一个合伙人。

2. 合伙企业合伙人应纳税所得额的确认原则

按协议约定→合伙人协商决定→出资比例确定→平均计算

(1)合伙协议不得约定将全部利润分配给部分合伙人。

(2)合伙人是法人和其他组织的，缴纳企业所得税。此类合伙人在计算缴纳企业所得税时，不得用合伙企业的亏损抵减其盈利。

3. 扣除项目

(1)投资者工资不得在税前扣除。投资者的费用扣除标准为5 000元/月。投资者兴办两个或两个以上企业的，其费用扣除标准由投资者选择在其中一个企业的生产经营所得中扣除。

(2)投资者及其家庭发生的生活费用不允许在税前扣除。生活费用与企业生产经营费用混合在一起难以划分的，全部视为生活费用，不允许税前扣除。

提示 个体工商户生产经营活动中，应当分别核算生产经营费用和个人、家庭费用。对于生产经营与个人、家庭生活混用难以分清的费用，其40%视为与生产经营有关费用，准予扣除。

(3)企业生产经营和投资者及其家庭生活共用的固定资产，难以划分的，由税务机关核定。

4. 应纳税额计算

(1)查账征收。

应纳税所得额=∑各个企业的经营所得(汇总确定税率)

应纳税额=应纳税所得额×税率-速算扣除数

本企业应纳税额=应纳税额×本企业的经营所得÷∑各个企业的经营所得

本企业应补缴的税额=本企业应纳税额-本企业预缴的税额

(2)核定征收。

包括定额征收、核定应税所得率征收和其他合理方法。

核定应税所得率征收方式的计算公式：

应纳所得税税额=应纳税所得额×适用税率

应纳税所得额=收入总额×应税所得率

=成本费用支出额÷(1-应税所得率)×应税所得率

提示 企业经营多业的，无论其经营项目是否单独核算，均应根据其主营项目确定其适用的应税所得率。

5. 亏损弥补

(1)投资者兴办两个或两个以上企业的，企业的年度经营亏损不能跨企业弥补。

(2)查账征税改为核定征税后，查账征税认定年度经营亏损未弥补完的部分不得再继续弥补。

6. 税收优惠

实行核定征税的投资者不得享受个人所得税的优惠政策。

7. 对外投资分回的利息或者股息、红利

对外投资分回的利息或者股息、红利单独计税。

8. 实际经营期不足1年的税务处理

个人独资企业和合伙企业因在纳税年度中间开业、合并、注销及其他原因，导致该纳税年度的实际经营期不足1年的，对个人独资企业投资者和合伙企业自然人合伙人的生产经营所得计算个人所得税时，以其实际经营期为1个纳税年度。

9. 关联交易管理

企业与其关联企业之间的业务往来，应当按照独立企业之间的业务往来收取或者支付价款、费用。不按照独立企业之间的业务往来收取或者支付价款、费用，而减少其应纳税所得额的，主管税务机关有权进行合理调整。

10. 权益性投资经营所得个人所得税征收管理

(1)持有股权、股票、合伙企业财产份额等权益性投资的个人独资企业、合伙企业（以下简称独资合伙企业），一律适用查账征收方式计征个人所得税。

(2)独资合伙企业应自持有上述权益性投资之日起30日内，主动向税务机关报送持有权益性投资的情况；2022年1月1日前独资合伙企业已持有权益性投资的，应当在2022年1月30日前向税务机关报送持有权益性投资的情况。税务机关接到核定征收独资合伙企业报送持有权益性投资情况的，调整其征收方式为查账征收。

【例题21·单选题】(2024年)个人投资者兴办两个以上的个人独资企业，其经营所得个人所得税处理正确的是(　　)。

A. 投资者可自行选择并固定向其中一处企业所在地主管税务机构申报纳税

B. 年度汇算清缴时，先汇总各企业的经营所得计算全年应纳税额，再根据各企业经营所得占比，计算各企业应纳税额

C. 投资者在每个企业分摊扣除本人的6万元费用

D. 投资者在每个企业均可以扣除本人的6万元费用

解析　选项A，投资者兴办两个或两个以上企业的，应分别向企业实际经营管理所在地主管税务机关预缴税款。选项B，投资者兴办两个或两个以上企业，并且企业性质全部是独资的，年度终了后汇算清缴时，应纳税款的计算方法为：①汇总其投资兴办的所有企业的经营所得作为应纳税所得额，以此确定适用税率，计算出全年经营所得的应纳税额；②再根据每个企业的

经营所得占所有企业经营所得的比例，分别计算出每个企业的应纳税额和应补缴税额。选项C、D，投资者兴办两个或两个以上企业的，其费用扣除标准由投资者选择在其中一个企业的生产经营所得中扣除。

(三)对企事业单位承包经营、承租经营所得的计税方法

应纳税所得额=个人承包、承租经营收入总额-每月费用扣除标准×实际承包或承租月数

其中：

收入总额=经营利润+工资、薪金性质所得

经营利润=会计利润-企业所得税-上缴的承包费

考点十 利息、股息、红利所得的计税方法 ★★★ 一学多考|注

(一)应纳税额的计算

应纳税额=应纳税所得额×适用税率=每次收入额×20%

提示 股份制企业以股票形式向股东个人支付应得的股息、红利时，应以派发红股的股票票面金额为收入额计税。

(二)上市公司股息红利差别化个人所得税政策

个人从公开发行和转让市场取得的上市公司股票，持股期限在1个月以内(含1个月)的，其股息红利所得全额计入应纳税所得额；持股期限在1个月以上至1年(含1年)的，暂减按50%计入应纳税所得额；持股期限超过1年的，暂免征收个人所得税。

提示

(1)全国中小企业股份转让系统("新三板")挂牌公司股息红利差别化个人所得税政策也按上述政策执行。

(2)上述所得统一适用20%的税率计征个人所得税。

(3)上市公司派发股息红利时，对个人持股1年以内(含)的，上市公司暂不扣缴个人所得税；待个人转让股票时，证券登记结算公司根据其持股期限计算应纳税额，由证券公司等股份托管机构从个人资金账户中扣收并划付证券登记结算公司，证券登记结算公司应于次月5个工作日内划付上市公司，上市公司在收到税款当月的法定申报期内向主管税务机关申报缴纳。

(4)个人转让股票时，按照先进先出的原则计算持股期限，即证券账户中先取得的股票视为先转让。

(5)个人持有的上市公司限售股，解禁后取得的股息红利，持股时间自解禁日起计算；解禁前取得的股息红利继续暂减按50%计入应纳税所得额，适用20%的税率计征个人所得税。

（6）证券投资基金从上市公司取得的股息红利所得，按照上述规定计征个人所得税。

(三)沪深港股票市场交易互联互通机制试点有关税收政策

沪深港股票市场交易互联互通机制试点有关税收政策总结，见表2-11。

表2-11　沪深港股票市场交易互联互通机制试点有关税收政策总结

项目	香港投资者投资A股		内地投资者投资联交所股票	
	企业	个人	企业	个人
股息红利所得	暂不执行按持股时间的差别化征税政策，由上市公司按10%税率代扣		计征企业所得税。其中，内地居民企业连续持有H股满12个月取得的股息红利所得免征	(1)上市H股，H股公司按20%税率代扣。(2)上市的非H股，由中国结算按20%税率代扣
转让差价所得	暂免征税		征收企业所得税	暂免征税

考点十一 财产租赁所得的计税方法 ★★ 　一学多考｜注

(一)应纳税额的计算

(1)应纳税额=应纳税所得额×适用税率。

(2)应纳税所得额的计算公式。

a. 每次(月)收入<u>不超过4 000元</u>：

应纳税所得额=每次(月)收入额-准予扣除项目-修缮费用(800元为限)-800元

b. 每次(月)收入<u>超过4 000元</u>：

应纳税所得额=[每次(月)收入额-准予扣除项目-修缮费用(800元为限)]×(1-20%)

(3)适用税率：20%。

个人按市场价出租居民住房，<u>税率10%</u>。

提示 财产租赁所得以<u>一个月内取得的收入</u>为一次。

(二)财产租赁收入计算个人所得税时依次扣除的费用

(1)财产租赁过程中缴纳的<u>税费</u>。

提示

(1)城市维护建设税(7%/5%/1%)、房产税(4%)、教育费附加(3%)、地方教育附加(2%)(符合条件的，可以享受"六税两费"减半优惠)。

(2)增值税：个人出租住房按5%的征收率减按1.5%计算应纳税额。(按现行增值税小规模纳税人税收优惠政策，月销售额不超过10万元的，

免征增值税)

(2)向出租方支付的租金。

(3)由纳税人负担的该财产租赁实际开支的修缮费用。(每次800元为限,一次扣不完的,可在以后期扣除)

(4)税法规定的费用扣除标准。(800元或20%)

【例题22·计算题】中国公民王某2024年1月1日起将其位于市区的一套公寓住房按市价出租,每月收取租金3 800元。1月因卫生间漏水发生修缮费用1 200元,已取得合法有效的支出凭证。不考虑其他税费。

要求:计算2024年前两个月的应纳个人所得税。

答案 应纳个人所得税=(3 800-800-800)×10%+(3 800-400-800)×10%=480(元)。

考点十二 财产转让所得的计税方法 ★★

(一)应纳税额的计算

应纳税额=(收入总额-财产原值-合理税费)×20%

(二)财产原值的确定

(1)有价证券,原值为买入价以及买入时按规定缴纳的有关费用。一般情况下,转让债券采用"加权平均法"确定其应予减除的财产原值和合理费用,计算公式如下:

每次卖出债券应纳个人所得税税额=(该次卖出该类债券收入-该次卖出该类债券允许扣除的买价和费用)×20%

一次卖出某一种类的债券允许扣除的买价和费用=购进该种债券买入价和买进过程中缴纳的税费总和÷购进该种类债券总数量×本次卖出的该种类债券数量+卖出的该种类债券过程中缴纳的税费

【例题23·单选题】2024年2月居民个人赵某买进某公司债券20 000份,每份买价8元,共支付手续费800元;11月卖出10 000份,每份卖价8.3元,共支付手续费415元;12月底其余债券到期,取得债券利息2 700元。赵某2024年以上收入应缴纳个人所得税( )元。

A. 977　　　　B. 940　　　　C. 697　　　　D. 437

解析 应缴纳个人所得税=(10 000×8.3-10 000×8-800÷2-415)×20%+2 700×20%=977(元)。

(2)建筑物,原值为建造费或者购进价格以及其他有关税费。

(3)土地使用权,原值为取得土地使用权所支付的金额、开发土地的费用以及其他有关费用。

例题23 | A

(4)机器设备、车船,原值为购进价格、运输费用、安装费以及其他相关费用。

(5)其他财产,参照前款规定的方法确定财产原值。

提示 纳税人未提供完整、准确的财产原值凭证,不能按照上述(1)~(4)项规定的方法确定财产原值的,由主管税务机关核定财产原值。

(三)个人因购买和处置债权的个人所得税政策

(1)个人通过招标、竞拍或其他方式购置债权以后,通过相关司法或行政程序主张债权而取得的所得,应按照"财产转让所得"项目缴纳个人所得税。

(2)个人通过上述方式取得"打包"债权,只处置部分债权的,其应纳税所得额按以下方式确定。

a.以每次处置部分债权的所得,作为一次财产转让所得征税。

b.其应税收入按照个人取得的货币资产和非货币资产的评估价值或市场价值的合计数确定。

c.所处置债权成本费用(即财产原值),按下列公式计算:

当次处置债权成本费用=个人购置"打包"债权实际支出×当次处置债权账面价值(或拍卖机构公布价值)÷"打包"债权账面价值(或拍卖机构公布价值)

d.个人购买和处置债权过程中发生的拍卖招标手续费、诉讼费、审计评估费以及缴纳的税金等合理税费,在计算个人所得税时允许扣除。

【例题24·计算题】2024年3月杨某以拍卖方式用100 000元购入大华公司"打包债权"200 000元,其中甲公司欠大华公司100 000元,乙公司欠大华公司60 000元,丙公司欠大华公司40 000元。4月杨某从乙公司债务人处追回款项50 000元,剩余10 000元的债权已无法追回。追回债权过程中发生有关税费3 000元。

要求:计算杨某处置债权应缴纳的个人所得税。

答案 处置债权成本费用=100 000×60 000÷200 000=30 000(元);应纳税额=(50 000-30 000-3 000)×20%=3 400(元)。

考点十三 偶然所得的计税方法 ★ 一学多考|注

(一)应纳税所得额的规定

偶然所得以个人每次取得的收入额为应纳税所得额,不扣除任何费用。除有特殊规定外,每次收入额就是应纳税所得额,以每次取得该项收入为一次。

(二)应纳税额的计算公式

应纳税额=应纳税所得额×适用税率=每次收入额×20%

考点十四 特殊情形下个人所得税的计税方法 ★★★ 一学多考|注

(一)居民个人全年一次性奖金的计税方法

(1)一次性奖金包括年终加薪、实行年薪制和绩效工资办法的单位根据考查情况兑现的年薪和绩效工资。

雇员取得除全年一次性奖金以外的其他各种名目奖金,如半年奖、季度奖、加班奖、先进奖、考勤奖等,一律与当月工资、薪金收入合并,按规定缴纳个人所得税。

(2)计算方法——分步法。

第一步:找税率,全年一次性奖金除以12个月,按其商数依据"按月换算后的综合所得税率表"确定适用税率和速算扣除数。

第二步:算税额,应纳税额=全年一次性奖金收入×适用税率-速算扣除数。

提示 该方法不是唯一选择,居民个人也可选择并入当年综合所得计算纳税,如果选择了上述方法,一个纳税年度内,对每一个纳税人该计税方法只允许采用一次。

【例题25·计算题】 假定居民个人张某2024年12月取得全年一次性奖金288 000元,选择单独计算个人所得税。

要求:计算张某2024年度全年一次性奖金应缴纳的个人所得税。

答案↘

(1)每月奖金=288 000÷12=24 000(元)。

适用税率为20%,速算扣除数为1 410元。

(2)全年一次性奖金应缴纳个人所得税=288 000×20%-1 410=56 190(元)。

(二)解除劳动关系一次性补偿收入的计税方法

个人与用人单位解除劳动关系取得一次性补偿收入(包括用人单位发放的经济补偿金、生活补助费和其他补助费),在当地上年职工平均工资3倍数额以内的部分,免征个人所得税;超过3倍数额的部分,不并入当年综合所得,单独适用综合所得税率表,计算纳税。

【例题26·计算题】 杨某2024年1月31日与企业解除劳动合同。其在企业工作年限为10年,领取经济补偿金80 000元,其所在地区上年职工平均工资为12 000元。

要求:计算杨某应缴纳的个人所得税。

答案 应税部分=80 000-3×12 000=44 000(元),应纳税额=44 000×10%-2 520=1 880(元)。

(三)提前退休一次性补偿收入的计税方法

个人办理提前退休手续而取得的一次性补贴收入,应按照办理提前退休手续至法定离退休年龄之间实际年度数平均分摊,确定适用税率和速算扣除数,单独适用综合所得税率表,计算纳税。计算公式:

应纳税额=〔〔(一次性补贴收入÷办理提前退休手续至法定退休年龄的实际年度数)-费用扣除标准〕×适用税率-速算扣除数〕×办理提前退休手续至法定退休年龄的实际年度数 ❶

(四)内部退养一次性补贴收入的计税方法

(1)实行内部退养的个人在办理内部退养手续后至法定退休年龄之间从原单位取得的工资、薪金,按"工资、薪金所得"项目征个人所得税。

(2)办理内部退养手续后至法定离退休年龄之间重新就业取得的"工资、薪金"所得,应与其从原任职单位取得的同一月份的"工资、薪金"合并,自行申报缴纳个人所得税。

(3)计算——分步法。(合并,减费)

第1步:找税率,从原任职单位取得的一次性收入❷,应按办理内部退养手续后至法定离退休年龄之间的所属月份进行平均,并与领取当月的"工资、薪金所得"合并后减除当月费用扣除标准,以余额为基数确定适用税率❸。

第2步:算税额,将当月工资、薪金加上取得的一次性收入,减去费用扣除标准,按适用税率计征个人所得税。

第3步:通过上述步骤计算后的税额再减除模拟当月(单月)工资收入应缴的税额,即为该项补贴收入应纳税额。

(五)单位低价向职工售房政策 ❹

单位按低于购置或建造成本价格出售住房给职工,职工因此而少支出的差价部分,符合规定的,不并入当年综合所得,以差价收入除以12个月得到的数额,按照月度税率表确定适用税率和速算扣除数,单独计算纳税❺。计算公式为:

应纳税额=职工实际支付的购房价款低于该房屋的购置或建造成本价格的差额×适用税率-速算扣除数

老杨嘚啵嘚 ❶ 分摊法,应纳税额=〔(一次补贴收入÷分摊系数-费用扣除标准)×税率-速算扣除数〕×分摊系数。

老杨嘚啵嘚 ❷ 一次性补贴收入,不需纳入综合所得进行年度汇算。发放一次性补贴收入的当月取得的工资收入,仍需要并入综合所得汇算清缴。

老杨嘚啵嘚 ❸ 适用月度税率表确定税率和速算扣除数。

老杨嘚啵嘚 ❹ 向职工出售公有住房,职工因支付的房改成本价格低于房屋建造成本价格或市场价格而取得的差价收益免征个人所得税。

老杨嘚啵嘚 ❺ 实质就是全年一次性奖金的"分步法"。

【例题27·多选题】(2023年)下列各项所得,按照月度税率表计算缴纳个人所得税的有(　　)。

A．居民个人单独计税的全年一次性奖金
B．居民个人退休后按月领取的企业年金
C．非居民个人的工资、薪金所得
D．居民个人提前退休一次性领取的补贴
E．非居民个人劳务报酬、稿酬所得和特许权使用费所得

解析 选项D,居民个人提前退休一次性领取的补贴,单独适用年度综合所得税率表。

(六)保险营销员、证券经纪人佣金收入政策

(1)保险营销员、证券经纪人取得的佣金收入,属于劳务报酬所得。
(2)不含增值税的收入×(1-20%)-展业成本-附加税费后,并入当年综合所得,计算缴纳个人所得税。

◆展业成本按照收入额的25%计算。
◆扣缴义务人支付佣金收入时,按规定的累计预扣法计算预扣税款。

【推荐——计算"三步法"】
第1步:收入额A=不含增值税的收入×(1-20%)。
第2步:展业成本B=A×25%。
第3步:A-B-附加税费,并入综合所得。

> 记忆贴士:不含增值税的收入×80%×75%-附加税费,并入综合所得!

【例题28·单选题】(2019年)2024年某保险营销员取得不含税佣金收入37.5万元,假定不考虑其他附加税费、专项扣除和专项附加扣除,当年该营销员应缴纳个人所得税(　　)元。

A．9 480　　B．16 080　　C．19 080　　D．28 080

解析 375 000×(1-20%)×75%=225 000(元),并入综合所得;应缴纳个人所得税=(225 000-60 000)×20%-16 920=16 080(元)。

(七)取得境外所得的个人所得税政策

(1)居民个人在一个纳税年度内来源于中国境外的所得,依照所得来源国家(地区)税收法律规定在中国境外已缴纳的所得税税额允许在抵免限额内从其该纳税年度应纳税额中抵免。

提示 来源于一国(地区)所得的抵免限额=来源于该国(地区)综合所得抵免限额+来源于该国(地区)经营所得抵免限额+来源于该国(地区)其他分类所得抵免限额,其中:

(1)来源于一国(地区)综合所得的抵免限额=中国境内和境外综合所得依照我国规定计算的综合所得应纳税额×来源于该国(地区)的综合所得收入额÷中国境内和境外综合所得收入额合计。

答案
例题27 | ABCE
例题28 | B

(2)来源于一国（地区）经营所得的抵免限额＝中国境内和境外经营所得依照我国规定计算的经营所得应纳税额×来源于该国（地区）的经营所得应纳税所得额÷中国境内和境外经营所得应纳税所得额合计。

(3)来源于一国（地区）其他分类所得的抵免限额＝该国（地区）的其他分类所得按我国规定计算的应纳税额。

(2)居民个人应当依照个人所得税法及其实施条例规定，按照以下方法计算当期境内和境外所得应纳税额。

a. 居民个人来源于中国境外的综合所得，应当与境内综合所得合并计算应纳税额。

b. 居民个人来源于中国境外的经营所得，应当与境内经营所得合并计算应纳税额。

居民个人来源于境外的经营所得，按照个人所得税法及其实施条例的有关规定计算的亏损，不得抵减其境内或他国（地区）的应纳税所得额，但可以用来源于同一国家（地区）以后年度的经营所得按中国税法规定弥补。

c. 居民个人来源于中国境外的利息、股息、红利所得，财产租赁所得，财产转让所得和偶然所得，不与境内所得合并，应当分别单独计算应纳税额。

(3)居民个人一个纳税年度内来源于一国（地区）的所得实际已经缴纳的所得税税额，低于依照规定计算出的来源于该国（地区）该纳税年度所得的抵免限额的，应以实际缴纳税额作为抵免额进行抵免；超过来源于该国（地区）该纳税年度所得的抵免限额的，应在限额内进行抵免，超过部分可以在以后5个纳税年度内结转抵免。

【推荐——计算"三步法"】

第1步：抵免限额＝综合所得抵免限额＋经营所得抵免限额＋其他所得项目抵免限额。

第2步：实缴税额，已在境外缴纳的所得税税额。（不包括的情形结合在国际税收介绍）

第3步：比较确定。有以下两种思路。

◆加法，比较原则。多不退，少要补。

a. 第1步>第2步，差额补税。

b. 第1步<第2步，本期不补税，差额部分可以在以后5个年度内，用每年抵免限额抵免当年应抵税额后的余额进行抵补。

◆减法，比较原则。第1步与第2步孰低。

【例题29·计算题】居民个人老杨2024年全年取得甲公司支付的工资、薪金收入240 000元，全年取得境外A国支付的劳务报酬100 000元，已按该国税法缴纳所得税25 000元；境外B国支付的稿酬60 000元，股息所得20 000元，两项所得已按该国税法缴纳所得税1 600元。境内工资、薪金已预扣预缴税款12 360元。已知老杨全年可扣除的符合规定的专项扣除和专项附加扣除合计33 600元，无其他扣除。

要求：计算老杨2024年全年汇算清缴应补(退)的个人所得税税额。

答案

(1) 计算抵免限额：

全年境内外综合收入额 = 240 000 + 100 000×(1 − 20%) + 60 000×(1 − 20%)×70% = 353 600(元)；全年境内外综合所得应纳税额 = (353 600 − 60 000 − 33 600)×20% − 16 920 = 35 080(元)。

提示 境内、境外全部综合所得应纳税额 = (境内外综合所得收入额 − 60 000 − 专项扣除 − 专项附加扣除 − 依法确定的其他扣除)×适用税率 − 速算扣除数

A国综合所得抵免限额 = 35 080×[100 000×(1 − 20%)]÷353 600 = 7 936.65(元)；

B国综合所得抵免限额 = 35 080×[60 000×(1 − 20%)×70%]÷353 600 = 3 333.39(元)；

B国其他所得抵免限额 = 20 000×20% = 4 000(元)；

B国抵免限额合计 = 3 333.39 + 4 000 = 7 333.39(元)。

(2) 实际缴纳税额：

A国实际缴纳税额为25 000元；

B国实际缴纳税额为1 600元。

(3) 比较确定：

应补(退)税额 = 35 080 + 20 000×20% − 7 936.65 − 1 600 − 12 360 = 17 183.35(元)。

(八) 股权激励个人所得税政策

居民个人取得股票期权、股票增值权、限制性股票、股权奖励等股权激励，符合规定的，在2027年12月31日前，不并入当年综合所得，全额单独适用综合所得税率表，计算纳税。

应纳税额 = 股权激励收入×适用税率 − 速算扣除数

提示

(1) 居民个人在一个纳税年度内取得两次以上(含两次)股票期权、股票增值权和限制性股票等所得，包括两次以上(含两次)取得同一种股权激励形式所得或者同时兼有不同股权激励形式所得的，上市公司应合并其纳税年度内各次股权激励所得，按上述规定计算纳税。

(2) 境内上市公司授予个人的股票期权、限制性股票和股权奖励，经向主管税务机关备案，个人可自股票期权行权、限制性股票解禁或取得股权奖励(以下简称行权)之日起，在不超过36个月的期限内缴纳个人所得税。纳税人在此期间内离职的，应在离职前缴清全部税款。

(1)企业员工股票期权(以下简称股票期权)是指上市公司按照规定的程序授予本公司及其控股企业员工的一项权利,该权利允许被授权员工在未来时间内以某一特定价格购买本公司一定数量的股票。

股票期权分为可公开交易股票期权和不可公开交易股票期权,在个人所得税的处理上有所不同。

股票期权的个人所得税处理,见表2-12。

表2-12 股票期权的个人所得税处理

类型		环节	纳税
股票期权是否可公开交易	不可公开交易	授权时	一般不征税
		行权时	工资、薪金所得
		行权后不转让而参与企业税后利润分配	利息、股息、红利所得
		行权后的股票再转让	财产转让所得。(境内上市公司股票转让所得,暂不征收个人所得税;境外上市公司的股票转让所得,依法纳税)
	可公开交易	授权时	按授权日股票期权的市场价格,作为员工授权日所在月份的工资、薪金所得
		行权前转让	财产转让所得
		行权时	不计算征税
		行权后的处理	同上

提示 不可公开交易的股票期权行权时,股票期权形式的工资、薪金应纳税所得额=(行权股票的每股市场价-员工取得该股票期权支付的每股施权价)×股票数量。

【例题30·单选题】(2024年)中国居民瞿某为境内上市公司核心技术骨干,2021年取得任职公司授予的不可公开交易的股票期权10 000股,每股施权价5元,授予日该公司股票收盘价为每股8元,2024年8月瞿某将其中7 000股股票期权行权,当日该公司股票收盘价为每股10元,瞿某股票期权行权应缴纳的个人所得税是( )元。

A. 840　　　　B. 1 050　　　　C. 420　　　　D. 4 480

解析 瞿某股票期权行权应缴纳的个人所得税=(10-5)×7 000×3%=1 050(元)。

(2)股票增值权所得和限制性股票所得的个人所得税规定总结,见表2-13。

答案
例题30 | B

表 2-13　股票增值权所得和限制性股票所得的个人所得税规定总结

项目	股票增值权	限制性股票
税目	工资、薪金所得	
应纳税所得额	(行权日股票价格－授权日股票价格)×行权股票份数	(股票登记日股票市价＋本批次解禁股票当日市价)÷2×本批次解禁股票份数－被激励对象实际支付的资金总额×(本批次解禁股票份数÷被激励对象获取的限制性股票总份数)
纳税义务时间	上市公司向被授权人兑现股票增值权所得的日期	每一批次限制性股票解禁的日期
税额	应纳税额＝股权激励收入×适用税率－速算扣除数	

(九) 建筑安装业从业人员的个人所得税政策

(1) 凡建筑安装业各项工程作业实行承包经营，对承包人取得的所得，分两种情况处理：

a. 对经营成果归承包人个人所有的所得，或按承包合同(协议)规定，将一部分经营成果留归承包人个人的所得，按对企事业单位的承包经营、承租经营所得项目征税。

b. 对承包人以其他方式取得的所得，按工资、薪金所得项目征税。

(2) 从事建筑安装业的个体工商户和未领取营业执照承揽建筑安装业工程作业的建筑安装队和个人，以及建筑安装企业实行个人承包后，市场主体登记改变为个体经济性质的，其从事建筑安装业取得的收入，应依照个体工商户的生产、经营所得项目计征个人所得税。

(3) 对从事建筑安装业工程作业的其他人员取得的所得，分别按照工资、薪金所得项目和劳务报酬所得项目计征个人所得税。

(4) 总承包企业、分承包企业派驻跨省异地工程项目的管理人员、技术人员和其他工作人员在异地工作期间的工资、薪金所得个人所得税，由总承包企业、分承包企业依法代扣代缴并向工程作业所在地税务机关申报缴纳。

总承包企业和分承包企业通过劳务派遣公司聘用劳务人员跨省异地工作期间的工资、薪金所得个人所得税，由劳务派遣公司依法代扣代缴并向工程作业所在地税务机关申报缴纳。

(十) 个人转让股权的所得税政策

股权是指自然人股东(以下简称个人)投资于在中国境内成立的企业或组织(不包括个人独资企业和合伙企业)的股权或股份。

个人在上海证券交易所、深圳证券交易所转让从上市公司公开发行和转让市场取得的上市公司股票，转让限售股，以及其他有特别规定的股权转让，不适用该政策。

（1）应纳税所得额=股权转让收入－股权原值和合理费用。

（2）股权转让是指个人将股权转让给其他个人或法人的行为，包括以下情形：①出售股权；②公司回购股权；③发行人首次公开发行新股时，被投资企业股东将其持有的股份以公开发行方式一并向投资者发售；④股权被司法或行政机关强制过户；⑤以股权对外投资或进行其他非货币性交易；⑥以股权抵偿债务；⑦其他股权转移行为。

（3）个人股权转让所得个人所得税，以股权转让方为纳税人，以受让方为扣缴义务人。

（4）扣缴义务人应于股权转让相关协议签订后 5 个工作日内，将股权转让的有关情况报告主管税务机关。

（5）转让方取得与股权转让相关的各种款项，包括违约金、补偿金以及其他名目的款项、资产、权益等，均应当并入股权转让收入。

（6）符合下列情形之一的，主管税务机关可以核定股权转让收入：

a. 申报的股权转让收入明显偏低且无正当理由的。

b. 未按照规定期限办理纳税申报，经税务机关责令限期申报，逾期仍不申报的。

c. 转让方无法提供或拒不提供股权转让收入的有关资料。

d. 其他应核定股权转让收入的情形。

（7）符合下列情形之一，视为股权转让收入明显偏低：

a. 申报的股权转让收入低于股权对应的净资产份额的。

提示 被投资企业拥有土地使用权、房屋、房地产企业未销售房产、知识产权、探矿权、采矿权、股权等资产的，申报的股权转让收入低于股权对应的净资产公允价值份额的。

b. 申报的股权转让收入低于初始投资成本或低于取得该股权所支付的价款及相关税费的。

c. 申报的股权转让收入低于相同或类似条件下同一企业同一股东或其他股东股权转让收入的。

d. 申报的股权转让收入低于相同或类似条件下同类行业的企业股权转让收入的。

e. 不具合理性的无偿让渡股权或股份。

f. 主管税务机关认定的其他情形。

（8）符合下列条件之一的股权转让收入明显偏低，视为有正当理由：

a. 能出具有效文件，证明被投资企业因国家政策调整，生产经营受到重大影响，导致低价转让股权。

b. 继承或将股权转让给其能提供具有法律效力身份关系证明的配偶、父母、子女、祖父母、外祖父母、孙子女、外孙子女、兄弟姐妹以及对转让人承担直接抚养或者赡养义务的抚养人或者赡养人。

c. 相关法律、政府文件或企业章程规定，并有相关资料充分证明转让价格合理且真实的本企业员工持有的不能对外转让股权的内部转让。

d. 股权转让双方能够提供有效证据证明其合理性的其他合理情形。

（9）主管税务机关应依次按照下列方法核定股权转让收入：

a. 净资产核定法。

股权转让收入按照每股净资产或股权对应的净资产份额核定。

被投资企业的土地使用权、房屋、房地产企业未销售房产、知识产权、探矿权、采矿权、股权等资产占企业总资产比例超过20%的，主管税务机关可参照纳税人提供的具有法定资质的中介机构出具的资产评估报告核定股权转让收入。

6个月内再次发生股权转让且被投资企业净资产未发生重大变化的，主管税务机关可参照上一次股权转让时被投资企业的资产评估报告核定此次股权转让收入。

b. 类比法。

参照相同或类似条件下同一企业同一股东或其他股东股权转让收入核定；参照相同或类似条件下同类行业企业股权转让收入核定。

c. 其他合理方法。

（10）股权的原值确认：

a. 以现金出资方式取得的股权，按照实际支付的价款与取得股权直接相关的合理税费之和确认股权原值。

b. 以非货币性资产出资方式取得的股权，按照税务机关认可或核定的投资入股时非货币性资产价格与取得股权直接相关的合理税费之和确认股权原值。

c. 通过无偿让渡方式取得股权，具备"继承或将股权转让给其能提供具有法律效力身份关系证明的配偶、父母、子女、祖父母、外祖父母、孙子女、外孙子女、兄弟姐妹以及对转让人承担直接抚养或者赡养义务的抚养人或者赡养人"情形的，按取得股权发生的合理税费与原持有人的股权原值之和确认股权原值。

d. 被投资企业以资本公积、盈余公积、未分配利润转增股本，个人股东已依法缴纳个人所得税的，以转增额和相关税费之和确认其新转增股本的股权原值。

e. 除以上情形外，由主管税务机关按照避免重复征收个人所得税的原则合理确认股权原值。

f. 股权转让人已被主管税务机关核定股权转让收入并依法征收个人所得税的，该股权受让人的股权原值以取得股权时发生的合理税费与股权转让人被主管税务机关核定的股权转让收入之和确认。

g. 对个人多次取得同一被投资企业股权，转让部分股权时，"加权平均法"确定股权原值。

(十一)个人收回转让股权的所得税政策

(1)股权转让合同履行完毕、股权已作变更登记,且所得已经实现的,转让人取得的股权转让收入应当依法缴纳个人所得税。转让行为结束后,当事人双方签订并执行解除原股权转让合同、退回股权的协议,是另一次股权转让行为,对前次转让行为征收的个人所得税款不予退回。

(2)股权转让合同未履行完毕,因执行仲裁委员会作出的解除股权转让合同及补充协议的裁决、停止执行原股权转让合同,并原价收回已转让股权的,纳税人不应缴纳个人所得税。

(十二)创业投资企业和天使投资个人的税收政策

(1)有限合伙制创投企业采取股权投资方式直接投资于初创科技型企业满2年(24个月,下同)的,该合伙创投企业的个人合伙人可以按照对初创科技型企业投资额的70%抵扣个人合伙人从合伙创投企业分得的经营所得;当年不足抵扣的,可以在以后纳税年度结转抵扣。

(2)天使投资个人采取股权投资方式直接投资于初创科技型企业满2年的,可以按照投资额的70%抵扣转让该初创科技型企业股权取得的应纳税所得额;当期不足抵扣的,可以在以后取得转让该初创科技型企业股权的应纳税所得额时结转抵扣。

天使投资个人投资多个初创科技型企业的,对其中办理注销清算的初创科技型企业,天使投资个人对其投资额的70%尚未抵扣完的,可自注销清算之日起36个月内抵扣天使投资个人转让其他初创科技型企业股权取得的应纳税所得额。

提示

(1)享受上述税收政策的投资,仅限于通过向被投资初创科技型企业直接支付现金方式取得的股权投资,不包括受让其他股东的存量股权。

(2)初创科技型企业接受天使投资个人投资满2年,在上海证券交易所、深圳证券交易所上市的,天使投资个人转让该企业股票时,按照现行限售股有关规定执行,其尚未抵扣的投资额,在税款清算时一并计算抵扣。

(十三)创业投资企业个人合伙人所得税政策

(1)创投企业可以选择按单一投资基金核算或者按创投企业年度所得整体核算两种方式之一,对其个人合伙人来源于创投企业的所得计算个人所得税应纳税额。(3年内不能变更)

(2)创投企业选择按单一投资基金核算的,其个人合伙人从该基金应分得的股权转让所得和股息红利所得,按照20%税率计算缴纳个人所得税。

(3)创投企业选择按年度所得整体核算的,其个人合伙人应从创投企业取得的所得,按照"经营所得"项目,适用5%~35%的超额累进税率计算缴纳个人所得税。

> **提示**

（1）单一投资基金的股权转让所得，按一个纳税年度内不同投资项目的所得和损失相互抵减后的余额计算，余额大于或等于零的，即确认为该基金的年度股权转让所得；余额小于零的，该基金年度股权转让所得按零计算且不能跨年结转。

（2）单一投资基金发生的包括投资基金管理人的管理费和业绩报酬在内的其他支出，不得在核算时扣除。

（3）单一投资基金核算方法仅适用于计算创投企业个人合伙人的应纳税额。

（4）创投企业选择按单一投资基金核算的，应当在按照规定完成创业投资企业(基金)备案的30日内，向主管税务机关进行核算方式备案；未按规定备案的，视同选择按创投企业年度所得整体核算。

（5）创投企业选择一种核算方式满3年需要调整的，应当在满3年的次年1月31日前，重新向主管税务机关备案。

（十四）个人转让上市公司限售股的所得税政策

应纳税所得额=限售股转让收入-(限售股原值+合理税费)

应纳税额=应纳税所得额×20%

如果纳税人未能提供完整、真实的限售股原值凭证的，不能准确计算限售股原值的，主管税务机关一律按限售股转让收入的15%核定限售股原值及合理税费。

> **提示**

（1）限售股所对应的公司在证券机构技术和制度准备完成前上市的：证券机构按照股改限售股股改复牌日收盘价，或新股限售股上市首日收盘价计算转让收入，按照计算出的转让收入的15%确定限售股原值和合理税费，以转让收入减去原值和合理税费后的余额，适用20%税率，计算预扣预缴个人所得税税额。

（2）在证券机构技术和制度准备完成后上市的：按照证券机构事先植入结算系统的限售股成本原值和发生的合理税费，以实际转让收入减去原值和合理税费后的余额，适用20%税率，计算直接扣缴个人所得税税额。

（3）个人通过证券交易所集中交易系统或大宗交易系统转让限售股，转让收入以转让当日该股份实际转让价格计算，证券公司在扣缴税款时，佣金支出统一按照证券主管部门规定的行业最高佣金费率计算。

（4）在证券机构技术和制度准备完成后形成的限售股，自股票上市首日至解禁日期间发生送、转、缩股的，证券登记结算公司应依据送、转、缩股比例对限售股成本原值进行调整；而对于其他权益分派的情形(如现金分红、配股等)，不对限售股的成本原值进行调整。

(5)对个人在上海证券交易所、深圳证券交易所转让从上市公司公开发行和转让市场取得的上市公司股票所得免征个人所得税。

(6)征收管理方式,见表2-14。

表2-14 征收管理方式

类型	纳税方式
(1)个人通过证券交易所集中交易系统或大宗交易系统转让限售股。 (2)个人用限售股认购或申购交易型开放式指数基金(ETF)份额。 (3)个人用限售股接受要约收购。 (4)个人行使现金选择权将限售股转让给提供现金选择权的第三方	证券机构预扣预缴、纳税人自行申报清算和证券机构直接扣缴相结合的方式征收。 【记忆小贴士】大宗交易、指数基金、要约收购、现金行权
(1)个人协议转让限售股。 (2)个人持有的限售股被司法扣划。 (3)个人因依法继承或家庭财产分割让渡限售股所有权。 (4)个人用限售股偿还上市公司股权分置改革中由大股东代其向流通股股东支付的对价	自行申报纳税方式。 【记忆小贴士】协议转让、司法扣划、家族让渡、支付对价

自2024年12月27日起,个人转让上市公司限售股所得个人所得税有关征管服务事项规定如下:

(1)个人转让上市公司限售股所得缴纳个人所得税时,纳税地点为发行限售股的上市公司所在地。

(2)个人股东开户的证券机构代扣代缴限售股转让所得个人所得税时,可优先通过自然人电子税务局网站、扣缴客户端远程办理申报,也可在证券机构所在地主管税务机关就近办理申报,税款在上市公司所在地解缴入库。

(3)纳税人需自行申报清算或纳税的,可优先通过自然人电子税务局网站远程办理申报,也可到上市公司所在地主管税务机关办理申报。

(4)上市公司所在地主管税务机关负责限售股转让所得个人所得税征收管理,证券机构所在地主管税务机关予以协同管理。

(十五)个人取得拍卖收入的所得税政策

(1)作者将自己的文字作品手稿原件或复印件拍卖取得的所得,按"特许权使用费所得"项目缴纳个人所得税。

(2)除文字作品原稿及复印件以外的其他财产拍卖,按照"财产转让所得"适用20%税率缴纳个人所得税。

(3)应纳税所得额=转让收入-财产原值-合理税费。

提示

(1)以该项财产最终拍卖成交价格为其转让收入额。

（2）财产原值，是指售出方个人取得该拍卖品的价格(以合法有效凭证为准)。具体为：①通过商店、画廊等途径购买的，为购买该拍卖品时实际支付的价款；②通过拍卖行拍得的，为拍得该拍卖品实际支付的价款及缴纳的相关税费；③通过祖传收藏的，为其收藏该拍卖品而发生的费用；④通过赠送取得的，为其受赠该拍卖品时发生的相关税费；⑤通过其他形式取得的，参照以上原则确定财产原值。

（3）有关合理费用，是指拍卖财产时纳税人按照规定实际支付的拍卖费（佣金）、鉴定费、评估费、图录费、证书费等费用。

（4）纳税人如不能提供合法、完整、准确的财产原值凭证，不能正确计算财产原值的，按转让收入额的3%征收率计算缴纳个人所得税；拍卖品为经文物部门认定是海外回流文物的，按转让收入额的2%征收率计算缴纳个人所得税。

（5）纳税人的财产原值凭证内容填写不规范，或者一份财产原值凭证包括多件拍卖品且无法确认每件拍卖品一一对应的原值的，不得将其作为扣除财产原值的计算依据，应视为不能提供合法、完整、准确的财产原值凭证，并按规定的征收率计算缴纳个人所得税。

（6）纳税人能够提供合法、完整、准确的财产原值凭证，但不能提供有关税费凭证的，不得按征收率计算纳税，应当就财产原值凭证上注明的金额据实扣除，并按照税法规定计算缴纳个人所得税。

【例题31·单选题】（2024年）下列关于拍卖物品原值的表述中，正确的是(　　)。

A. 从拍卖行拍得的物品，其原值为拍得该拍卖品实际支付的价款及缴纳的相关税费

B. 通过商店购买的物品，其原值为购买该拍卖品时实际支付的价款及缴纳的相关税费

C. 通过祖传收藏的物品，其原值为收藏该拍卖品市场售价及缴纳的相关税费

D. 通过赠送取得的物品，其原值为其市场售价及受赠该拍卖品时发生的相关税费

解析 选项B，通过商店、画廊等途径购买的，为购买该拍卖品时实际支付的价款。选项C，通过祖传收藏的，为其收藏该拍卖品而发生的费用。选项D，通过赠送取得的，为其受赠该拍卖品时发生的相关税费。

（十六）个人无偿受赠房屋产权的所得税政策

（1）以下情形的房屋产权无偿赠与，对当事双方不征收个人所得税：①房屋产权所有人将房屋产权无偿赠与配偶、父母、子女、祖父母、外祖父母、孙子女、外孙子女、兄弟姐妹；②房屋产权所有人将房屋产权无偿赠与

例题31 | A

对其承担直接抚养或者赡养义务的抚养人或者赡养人；③房屋产权所有人死亡，依法取得房屋产权的法定继承人、遗嘱继承人或者受遗赠人。

（2）除上述规定情形以外，房屋产权所有人将房屋产权无偿赠与他人的，受赠人因无偿受赠房屋取得的受赠所得，按照"偶然所得"项目缴纳个人所得税，税率为20%。

（3）对受赠人无偿受赠房屋计征个人所得税时：应纳税所得额=房地产赠与合同上标明的赠与房屋价值-赠与过程中受赠人支付的相关税费。

（4）受赠人转让受赠房屋的：应纳税所得额=转让受赠房屋的收入-原捐赠人取得该房屋的实际购置成本-赠与和转让过程中受赠人支付的相关税费。

（十七）个人转让离婚析产房屋的所得税政策

（1）通过离婚析产的方式分割房屋产权是夫妻双方对共同共有财产的处置，个人因离婚办理房屋产权过户手续分得的房屋，不征收个人所得税。

（2）个人转让离婚析产房屋所取得的收入，允许扣除其相应的财产原值和合理费用后，余额按照规定的税率缴纳个人所得税；其相应的财产原值，为房屋初次购置全部原值和相关税费之和乘以转让者占房屋所有权的比例。

（3）个人转让离婚析产房屋所取得的收入，符合家庭生活自用5年以上唯一住房的，可以申请免征个人所得税。

（十八）律师事务所从业人员个人所得税的计算方法

（1）律师个人出资兴办的独资和合伙性质的律师事务所，比照"个体工商户的生产、经营所得"应税项目征收个人所得税。计算其经营所得时，出资律师本人的工资、薪金不得扣除。

合伙制律师事务所应将年度经营所得全额作为基数，按出资比例或者事先约定的比例计算各合伙人应分配的所得征税。

（2）律师事务所支付给雇员（不包括律师事务所的投资者）的所得，按"工资、薪金所得"项目缴纳个人所得税。

（3）作为律师事务所雇员的律师与律师事务所按规定的比例对收入进行分成的，律师事务所不负担律师办理案件支出的费用（如交通费、资料费、通讯费及聘请人员等费用），律师当月的分成收入按规定扣除办案支出的费用后，余额与律师事务所发给的工资合并，按"工资、薪金所得"项目征税。

律师从其分成收入中扣除办理案件支出费用的扣除标准，由各省级税务局根据当地律师办理案件费用支出的一般情况、律师与律师事务所之间的收入分成比例及其他相关参考因素，在律师当月分成收入的30%比例内确定。

（4）兼职律师从律师事务所取得工资、薪金性质的所得，律师事务所在代扣代缴其个人所得税时，不再减除规定的费用扣除标准，以收入全额（取得分成收入的为扣除办理案件支出费用后的余额）直接确定适用的税率，计算扣缴个人所得税。

兼职律师应于次月7日内自行向主管税务机关申报两处或两处以上取得的工资、薪金所得，合并计算缴纳个人所得税。

（5）律师以个人名义再聘请其他人员为其工作而支付的报酬，应由该律师按"劳务报酬所得"应税项目负责代扣代缴个人所得税。

（6）律师从接受法律事务服务的当事人处取得法律顾问费或其他酬金等收入，应并入其从律师所取得的其他收入计算缴纳个人所得税。

（7）律师个人承担的按照律师协会规定参加的业务培训费用，可据实扣除。

（十九）个人投资者收购企业股权后将原盈余积累转增股本的所得税政策

一名或多名个人投资者以股权收购方式取得被收购企业100%股权，股权收购前，被收购企业原账面金额中的"资本公积、盈余公积、未分配利润"等盈余积累未转增股本，而在股权交易时将其一并计入股权转让价格并履行了所得税纳税义务。股权收购后，企业将原账面金额中的盈余积累向个人投资者（新股东，下同）转增股本，有关个人所得税问题区分以下情形处理：

（1）新股东以不低于净资产价格收购股权的，企业原盈余积累已全部计入股权交易价格，新股东取得盈余积累转增股本的部分，不征收个人所得税。

（2）新股东以低于净资产价格收购股权的，企业原盈余积累中，对于股权收购价格减去原股本的差额部分已经计入股权交易价格，新股东取得盈余积累转增股本的部分，不征收个人所得税；对于股权收购价格低于原所有者权益的差额部分未计入股权交易价格，新股东取得盈余积累转增股本的部分，应按照"利息、股息、红利所得"项目征收个人所得税。

提示 收购价格和净资产比较，见图2-1。

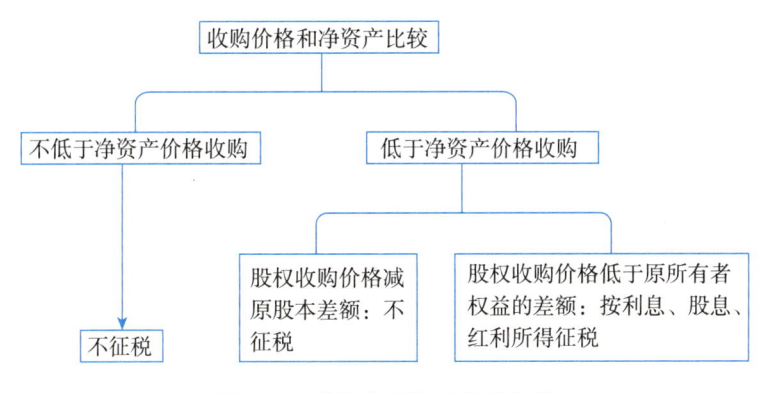

图 2-1　收购价格和净资产比较

【例题32·综合分析题】 甲企业原账面资产总额8 000万元，负债3 000万元，所有者权益5 000万元，其中：实收资本（股本）1 000万元，资本公积、盈余公积、未分配利润等盈余积累合计4 000万元。假定多名自然人投资者(新股东)向甲企业原股东购买该企业100%股权，股权收购价4 500万元，新股东收购企业后，甲企业将资本公积、盈余公积、未分配利润等盈余积累4 000万元向新股东转增实收资本。

要求：分析新股东收购企业股权后，甲企业将原盈余积累转增资本个人所得税的处理。

答案 新股东以低于净资产5 000万元的价格4 500万元收购该企业股权，因此收购价格4 500万元减原股本1 000万元的差额3 500万元不征税，股权收购价格4 500万元低于原所有者权益500万元的部分按"利息、股息、红利所得"项目征收个人所得税。

(二十) 企业转增股本的个人所得税政策

企业向个人转增股本，根据规定有3种不同情况的征税规则：

(1) 个人取得上市(含"新三板"，下同)企业转增的股本(不含以股票发行溢价形成的资本公积转增股本——不征)，执行股息红利差别化税收政策。

(2) 个人取得非上市或没有在"新三板"挂牌交易的中小高新技术企业转增股本，并符合条件的，可在5年内分期纳税。

(3) 个人从非上市其他企业转增股本，应一次性按"利息、股息、红利所得"计缴税款。

◆股息红利差别化个人所得税政策。

a. 持股期限超过1年的，股息红利所得暂免征收个人所得税。

b. 持股期限在1个月以内(含)的，其股息红利所得全额计入应纳税所得额。

c. 持股期限在1个月以上至1年(含)的，暂减按50%计入应纳税所得额。

◆中小高新技术企业，是指注册在中国境内实行查账征收的、经认定取得高新技术企业资格，且年销售额和资产总额均不超过2亿元、从业人数不超过500人的企业。

(二十一) 个人以非货币性资产投资的所得税政策

个人以非货币性资产投资，属于个人转让非货币性资产和投资同时发生。

对个人转让非货币性资产的所得，应按照"财产转让所得"项目，依法计算缴纳个人所得税。

提示

(1) 非货币性资产：现金、银行存款等货币性资产以外的资产，包括股权、不动产、技术发明成果以及其他形式的非货币性资产。

(2) 非货币性资产投资：包括以非货币性资产出资设立新的企业，以及以非货币性资产出资参与企业增资扩股、定向增发股票、股权置换、重组改制等投资行为。

（3）应纳税所得额=非货币性资产转让收入-资产原值-合理税费，其中，非货币性资产转让收入按照评估后的公允价值确认。

（4）个人以非货币性资产投资，应于非货币性资产转让、取得被投资企业股权时，确认非货币性资产转让收入的实现。

（5）个人应在发生上述应税行为的次月15日内向主管税务机关申报纳税。纳税人一次性缴税有困难的，可合理确定分期缴纳计划并报主管税务机关备案后，自发生上述应税行为之日起不超过 5个公历年度内（含）分期缴纳个人所得税。

（6）个人以非货币性资产投资交易过程中取得现金补价的，现金部分应优先用于缴税；现金不足以缴纳的部分，可分期缴纳。

个人在分期缴税期间转让其持有的上述全部或部分股权，并取得现金收入的，该现金收入应优先用于缴纳尚未缴清的税款。

（二十二）非上市公司股权激励的所得税政策

对符合条件的非上市公司股票期权、股权期权、限制性股票和股权奖励实行递延纳税政策。

非上市公司授予本公司员工的股票期权、股权期权、限制性股票和股权奖励，符合规定条件的，经向主管税务机关备案，可实行递延纳税政策，即员工在取得股权激励时可暂不纳税，递延至转让该股权时适用"财产转让所得"项目，按照20%的税率计算缴纳个人所得税。

提示

（1）股权转让所得额=股权转让收入-股权取得成本-合理税费。

（2）股权取得成本：①股票（权）期权按行权价确定；②限制性股票按实际出资额确定；③股权奖励为零。

（3）享受递延纳税政策的非上市公司股权激励（包括股票期权、股权期权、限制性股票和股权奖励）须同时满足以下条件：

a. 属于境内居民企业的股权激励计划。

b. 股权激励计划经公司董事会、股东（大）会审议通过。

未设股东（大）会的国有单位，经上级主管部门审核批准。股权激励计划应列明激励目的、对象、标的、有效期、各类价格的确定方法、激励对象获取权益的条件、程序等。

c. 激励标的应为境内居民企业的本公司股权。股权奖励的标的可以是技术成果投资入股到其他境内居民企业所取得的股权。激励标的股票（权）包括通过增发、大股东直接让渡以及法律法规允许的其他合理方式授予激励对象的股票（权）。

d. 激励对象应为公司董事会或股东（大）会决定的技术骨干和高级管理人员，激励对象人数累计不得超过本公司最近 6个月 在职职工平均人数的 30%。

e. 股票(权)期权自授予日起应持有满 3 年,且自行权日起持有满 1 年;限制性股票自授予日起应持有满 3 年,且解禁后持有满 1 年;股权奖励自获得奖励之日起应持有满 3 年。上述时间条件须在股权激励计划中列明。

f. 股票(权)期权自授予日至行权日的时间不得超过 10 年。

g. 实施股权奖励的公司及其奖励股权标的公司所属行业均不属于《股权奖励税收优惠政策限制性行业目录》范围。公司所属行业按公司上一纳税年度主营业务收入占比最高的行业确定。

(二十三)对技术成果投资入股的个人所得税政策

企业或个人以技术成果投资入股到境内居民企业,被投资企业支付的对价全部为股票(权)的,企业或个人可选择继续按现行有关税收政策执行,也可选择适用递延纳税优惠政策。

选择技术成果投资入股递延纳税政策的,经向主管税务机关备案,投资入股当期可暂不纳税,允许递延至转让股权时,按股权转让收入减去技术成果原值和合理税费后的差额计算缴纳所得税。

提示

(1)技术成果是指专利技术(含国防专利)、计算机软件著作权、集成电路布图设计专有权、植物新品种权、生物医药新品种,以及科技部、财政部、国家税务总局确定的其他技术成果。

(2)企业或个人选择适用上述任一项政策,均允许被投资企业按技术成果投资入股时的评估值入账并在企业所得税税前摊销扣除。

【例题 33·多选题】(2024 年)居民个人以自有专利技术投资入股境内居民企业,其专利技术转让所得符合个人所得税规定的有(   )。

A. 纳税人一次性缴税有困难的,可合理确定分期缴纳计划并报主管税务机关备案后,自发生应税行为之日起不超过 8 个公历年度内(含)分期缴纳个人所得税

B. 纳税人一次性缴税有困难的,可合理确定分期缴纳计划并报主管税务机关备案后,自发生应税行为之日起不超过 12 个月分期缴纳个人所得税

C. 纳税人一次性缴税有困难的,可合理确定分期缴纳计划并报主管税务机关备案后,自发生应税行为之日起不超过 2 个公历年度内(含)分期缴纳个人所得税

D. 纳税人一次性缴税有困难的,可合理确定分期缴纳计划并报主管税务机关备案后,自发生应税行为之日起不超过 5 个公历年度内(含)分期缴纳个人所得税

E. 递延至股权转让时缴纳个人所得税

答案
例题 33 | DE

解析 选项D，对个人转让非货币性资产的所得，应按照"财产转让所得"项目，依法计算缴纳个人所得税。纳税人一次性缴税有困难的，可合理确定分期缴纳计划并报主管税务机关备案后，自发生上述应税行为之日起不超过5个公历年度内(含)分期缴纳个人所得税。选项E，企业或个人以技术成果投资入股到境内居民企业，被投资企业支付的对价全部为股票(权)的，企业或个人可选择继续按现行有关税收政策(不超过5个公历年度内分期缴纳)执行，也可选择适用递延纳税优惠政策。选择技术成果投资入股递延纳税政策的，经向主管税务机关备案，投资入股当期可暂不纳税，允许递延至转让股权时，按股权转让收入减去技术成果原值和合理税费后的差额计算缴纳所得税。

(二十四) 促进科技成果转化取得股权奖励的个人所得税政策

(1) 科研机构、高等学校转化职务科技成果以股份或出资比例等股权形式给予科技人员个人奖励，获奖人在取得股份、出资比例时，暂不征收个人所得税。

在获奖人按股份、出资比例获得分红时，对其所得按"利息、股息、红利所得"应税项目征收个人所得税。

获奖人转让股权、出资比例时，对其所得按"财产转让所得"应税项目征收个人所得税，计算财产转让所得的财产原值为零。

提示 享受上述优惠政策的科技人员必须是科研机构和高等学校的在编正式职工。

(2) 自2016年1月1日起，全国范围内的高新技术企业转化科技成果，给予本企业相关技术人员的股权奖励，个人一次缴纳个人所得税有困难的可根据实际情况在不超过5个公历年度内(含)分期缴纳。

a. 个人获得股权奖励时，按"工资、薪金所得"项目，在2027年12月31日前，该部分收入不并入当年综合所得，全额单独适用综合所得税率表。即应纳税额=股权激励收入×适用税率-速算扣除数。

b. 技术人员转让奖励的股权(含奖励股权孳生的送、转股)并取得现金收入的，该现金收入应优先用于缴纳尚未缴清的税款。

c. 技术人员在转让奖励的股权之前企业依法宣告破产，技术人员进行相关权益处置后没有取得收益或资产，或取得的收益和资产不足以缴纳其取得股权尚未缴纳的应纳税款的部分，税务机关可不予追征。

提示 相关技术人员指经公司董事会和股东大会决议批准获得股权奖励的以下两类人员：①对企业科技成果研发和产业化作出突出贡献的技术人员，包括企业内关键职务科技成果的主要完成人、重大开发项目的负责人、对主导产品或者核心技术、工艺流程作出重大创新或者改进的主要技术人员；②对企业发展作出突出贡献的经营管理人员，包括主持企业全面生产经营工作的高级管理人员,负责企业主要产品(服务)生产经营合计占主营业务收入(或者主营业务利润)50%以上的中、高级经营管理人员。

d. 企业面向全体员工实施的股权奖励不适用上述规定。

(二十五)科技人员取得职务科技成果转化现金奖励的个人所得税政策

依法批准设立的非营利性研究开发机构和高等学校(以下简称非营利性科研机构和高校)根据规定,从职务科技成果转化收入中给予科技人员的现金奖励,可减按 50% 计入科技人员当月"工资、薪金所得",依法缴纳个人所得税。

提示 非营利性科研机构和高校包括国家设立的科研机构和高校、民办非营利性科研机构和高校。

【例题 34·多选题】(2024 年)个人从任职单位取得的下列收入,应并入综合所得计征个人所得税的有(　　)。

A. 监事费收入　　　　　　B. 午餐补贴
C. 差旅费津贴　　　　　　D. 劳动分红
E. 科技成果转化现金奖励

解析 不征个人所得税的项目有:①独生子女补贴;②执行公务员工资制度未纳入基本工资总额的补贴、津贴差额和家属成员的副食品补贴;③托儿补助费;④差旅费津贴、误餐补助。

(二十六)远洋船员的个人所得税政策

自 2019 年 1 月 1 日至 2027 年 12 月 31 日,一个纳税年度内在船航行时间累计满 183 天的远洋船员,其取得的工资、薪金收入减按 50% 计入应纳税所得额,依法缴纳个人所得税。

提示

(1)远洋船员是指在海事管理部门依法登记注册的国际航行船舶船员和在渔业管理部门依法登记注册的远洋渔业船员。在船航行时间是指远洋船员在国际航行或作业船舶和远洋渔业船舶上的工作天数。

(2)一个纳税年度内的在船航行时间为一个纳税年度内在船航行时间的累计天数。

(3)远洋船员可选择在当年预扣预缴税款或者次年个人所得税汇算清缴时享受上述减征优惠政策。

(二十七)公益慈善事业捐赠的个人所得税政策

1. 公益捐赠扣除

个人通过境内公益性社会组织、县级以上人民政府及其部门等国家机关,向教育、扶贫、济困等公益慈善事业的捐赠(以下简称公益捐赠),发

答案
例题 34 | ABDE

生的公益捐赠支出，可以按照个人所得税法有关规定在计算应纳税所得额时扣除。

提示 境内公益性社会组织，包括依法设立或登记并按规定条件和程序取得公益性捐赠税前扣除资格的慈善组织、其他社会组织和群众团体。

2. 个人发生公益捐赠支出金额的确定

（1）捐赠货币性资产的，按照实际捐赠金额确定。

（2）捐赠股权、房产的，按照个人持有股权、房产的财产原值确定。

（3）捐赠除股权、房产以外的其他非货币性资产的，按照非货币性资产的市场价格确定。

【例题35·单选题】（2024年）2024年居民个人颜某向符合全额税前扣除规定的某公益组织捐赠原值200万元，市场价格350万元的房产一套；以及原值19万元，市场价格10万元的小汽车一辆。按照个人所得税相关规定，颜某的公益捐赠支出金额为（　　）万元。

A. 219　　B. 210　　C. 369　　D. 360

解析 个人发生的公益捐赠支出金额，按照以下规定确定：

（1）捐赠货币性资产的，按照实际捐赠金额确定。

（2）捐赠股权、房产的，按照个人持有股权、房产的财产原值确定。

（3）捐赠除股权、房产以外的其他非货币性资产的，按照非货币性资产的市场价格确定。

因此，颜某的公益性捐赠支出金额＝200＋10＝210（万元）。

【例题36·单选题】（2023年）下列关于个人发生的公益捐赠支出金额的说法，符合个人所得税相关规定的是（　　）。

A. 捐赠的车辆，按照该车辆的净值确定

B. 捐赠的股权，按照个人持有该股权的原有价值确定

C. 捐赠的专利技术，按照合同约定的捐赠金额确定

D. 捐赠的房产，按照该房产的市场价格确定

解析 个人发生的公益捐赠支出金额，按照以下规定确定：①捐赠货币性资产的，按照实际捐赠金额确定；②捐赠股权、房产的，按照个人持有股权、房产的财产原值确定；③捐赠除股权、房产以外的其他非货币性资产的，按照非货币性资产的市场价格确定。

3. 居民个人扣除公益捐赠支出的规定

（1）居民个人发生的公益捐赠支出可以在财产租赁所得、财产转让所得、利息股息红利所得、偶然所得（以下统称分类所得）、综合所得或者经营所得中扣除。

在综合所得、经营所得中扣除的，扣除限额分别为当年综合所得、当年经营所得应纳税所得额的30%。

在分类所得中扣除的，扣除限额为当月分类所得应纳税所得额的30%。

答案
例题35｜B
例题36｜B

> **提示**
> （1）居民个人根据各项所得的收入、公益捐赠支出、适用税率等情况，自行决定在综合所得、分类所得、经营所得中扣除的公益捐赠支出的顺序。
> （2）在当期一个所得项目扣除不完的公益捐赠支出，可以按规定在其他所得项目中继续扣除。

（2）居民个人在综合所得中扣除公益捐赠支出的，应按照以下规定处理：

◆居民个人取得工资、薪金所得的，可以选择在预扣预缴时扣除，也可以选择在年度汇算清缴时扣除。

> **提示**
> （1）居民个人选择在预扣预缴时扣除的，应按照累计预扣法计算扣除限额，其捐赠当月的扣除限额为截至当月累计应纳税所得额的30%（全额扣除的从其规定，下同）。
> （2）个人从两处以上取得工资、薪金所得，选择其中一处扣除，选择后当年不得变更。

◆居民个人取得劳务报酬所得、稿酬所得、特许权使用费所得的，预扣预缴时不扣除公益捐赠支出，统一在汇算清缴时扣除。

◆居民个人取得全年一次性奖金、股权激励等所得，且按规定采取不并入综合所得而单独计税方式处理的，公益捐赠支出扣除比照分类所得的扣除规定处理。

（3）居民个人发生的公益捐赠支出，可在捐赠当月取得的分类所得中扣除。当月分类所得应扣除未扣除的公益捐赠支出，可以按照以下规定追补扣除。分类所得应扣除未扣除的公益捐赠支出，见表2-15。

表2-15 分类所得应扣除未扣除的公益捐赠支出

情形	税务处理
扣缴义务人已经代扣但尚未解缴税款的	可以向扣缴义务人提出追补扣除申请，退还已扣税款
扣缴义务人已经代扣且解缴税款的	可以在公益捐赠之日起90日内提请扣缴义务人向征收税款的税务机关办理更正申报追补扣除，税务机关和扣缴义务人应当予以办理
居民个人自行申报纳税的	可以在公益捐赠之日起90日内向主管税务机关办理更正申报追补扣除

> **提示** 居民个人捐赠当月有多项多次分类所得的，应先在其中一项一次分类所得中扣除。已经在分类所得中扣除的公益捐赠支出，不再调整到其他所得中扣除。

（4）在经营所得中扣除公益捐赠支出，应按以下规定处理。

a.个体工商户发生的公益捐赠支出，在其经营所得中扣除。

b. 个人独资企业、合伙企业发生的公益捐赠支出，其个人投资者应当按照捐赠年度合伙企业的分配比例（个人独资企业分配比例为100%），计算归属于每一个人投资者的公益捐赠支出，个人投资者应将其归属的个人独资企业、合伙企业公益捐赠支出和本人需要在经营所得扣除的其他公益捐赠支出合并，在其经营所得中扣除。

c. 在经营所得中扣除公益捐赠支出的，可以选择在预缴税款时扣除，也可以选择在汇算清缴时扣除。

（5）经营所得采取核定征收方式的，不扣除公益捐赠支出。

4. 非居民个人扣除公益捐赠支出的规定

非居民个人发生的公益捐赠支出，未超过其在公益捐赠支出发生的当月应纳税所得额30%的部分，可以从其应纳税所得额中扣除。扣除不完的公益捐赠支出，可以在经营所得中继续扣除。

提示 非居民个人按规定可以在应纳税所得额中扣除公益捐赠支出而未实际扣除的，可按规定追补扣除。

5. 相关规定

（1）国务院规定对公益捐赠全额税前扣除的，按照规定执行。个人同时发生按30%扣除和全额扣除的公益捐赠支出，自行选择扣除次序。

（2）公益性社会组织、国家机关在接受个人捐赠时，应当按照规定开具捐赠票据；个人索取捐赠票据的，应予以开具。

提示

（1）个人发生公益捐赠时不能及时取得捐赠票据的，可以暂时凭公益捐赠银行支付凭证扣除，并向扣缴义务人提供公益捐赠银行支付凭证复印件。个人应在捐赠之日起90日内向扣缴义务人补充提供捐赠票据，如果个人未按规定提供捐赠票据的，扣缴义务人应在30日内向主管税务机关报告。

（2）机关、企事业单位统一组织员工开展公益捐赠的，纳税人可以凭汇总开具的捐赠票据和员工明细单扣除。

（3）个人通过扣缴义务人享受公益捐赠扣除政策，应当告知扣缴义务人符合条件可扣除的公益捐赠支出金额，并提供捐赠票据的复印件，其中捐赠股权、房产的还应出示财产原值证明。扣缴义务人应当按照规定在预扣预缴、代扣代缴税款时予扣除，并将公益捐赠扣除金额告知纳税人。

（4）个人应留存捐赠票据，留存期限为5年。

【例题37·多选题】（2023年）关于居民个人发生公益捐赠支出税前扣除时间和方式的说法，符合个人所得税相关规定的有（　　）。

A. 可选择在捐赠发生当月计算分类所得应纳税所得额时扣除
B. 可选择在计算工资、薪金所得预扣预缴税款或年度汇算清缴时扣除
C. 同时发生按限额扣除和全额扣除的，应按先全额扣除后限额扣除的顺序扣除

D. 可选择在捐赠发生当月计算稿酬所得预扣预缴税款时扣除

E. 可选择在计算个人经营所得预缴税款或年度汇算清缴时扣除

解析 选项 C，同时发生按 30% 限额扣除和全额扣除的公益捐赠支出，自行选择扣除次序。选项 D，居民个人取得劳务报酬所得、稿酬所得、特许权使用费所得的，预扣预缴时不扣除公益捐赠支出，统一在汇算清缴时扣除。

【例题 38·计算题】 2024 年居民老杨取得下列收入：

(1) 在甲公司任职，全年共取得扣缴"三险一金"后的工资、薪金收入 180 000 元，无专项附加扣除和其他扣除项目。

(2) 9 月取得稿酬所得 30 000 元。

(3) 10 月取得利息所得 40 000 元。

(4) 10 月通过人民政府对公益慈善事业捐赠 20 000 元。

假如老杨根据各项所得的收入、公益捐赠支出、适用税率等情况，自行选择先在分类所得中扣除，后在综合所得中扣除公益捐赠支出的顺序。

要求：计算老杨 2024 年应纳的个人所得税的税额。

答案 利息所得：

(1) 捐赠限额 = 40 000×30% = 12 000（元），实际捐赠额 20 000 元大于捐赠限额只能扣除 12 000 元。

(2) 应纳税额 = (40 000 - 12 000)×20% = 5 600（元）。

(3) 未扣完捐赠余额 = 20 000 - 12 000 = 8 000（元）。

综合所得：

(1) 扣除捐赠前年度应纳税所得额 = 180 000 + 30 000×(1 - 20%)×70% - 60 000 = 136 800（元）。

(2) 捐赠扣除限额 = 136 800×30% = 41 040（元），大于未扣完的公益慈善捐赠余额 8 000 元，8 000 元可以扣除。

(3) 应纳税额 = (136 800 - 8 000)×10% - 2 520 = 10 360（元）。

(二十八) 以企业资金为个人购置财产的个人所得税政策

(1) 个人投资者以企业（个人独资企业、合伙企业和其他企业）资金为本人、家庭成员及其相关人员购买汽车、住房等财产性支出，视为企业对个人投资者的利润或红利分配，个人独资企业和合伙企业投资者依照"经营所得"项目计征个人所得税；其他企业的个人投资者依照"利息、股息、红利所得"项目计征个人所得税。

(2) 企业出资购买房屋及其他财产，将所有权登记为投资者个人、投资者家庭成员或企业其他人员的，不论所有权人是否将财产无偿或有偿交付企业使用，其实质均为企业对个人进行了实物性质的分配。个人独资企业、合伙企业的个人投资者或其家庭成员取得的上述所得，视为企业对个人投资者

答案
例题 37 | ABE

的利润分配,按照"经营所得"项目计征个人所得税;对除个人独资企业、合伙企业之外的其他企业的个人投资者或其家庭成员取得的上述所得,视为企业对个人投资者的红利分配,按照"利息、股息、红利所得"项目计征个人所得税;对企业其他人员取得的上述所得,按照"工资、薪金所得"项目计征个人所得税。

提示 企业资金为个人购置财产的个人所得税政策总结,见表2-16。

表2-16　企业资金为个人购置财产的个人所得税政策总结

取得人员	税务处理
个人独资企业、合伙企业的个人投资者或其家庭成员取得的	经营所得
对除个人独资企业、合伙企业以外其他企业的个人投资者或其家庭成员取得的	利息、股息、红利所得
其他人员取得的	工资、薪金所得

(二十九)个人终止投资经营收回款项的税收政策

(1)个人因各种原因终止投资、联营、经营合作等行为,从被投资企业或合作项目、被投资企业的其他投资者以及合作项目的经营合作人取得股权转让收入、违约金、补偿金、赔偿金及以其他名目收回的款项等,均属于个人所得税应税收入,应按照"财产转让所得"项目适用的规定计算缴纳个人所得税。

(2)计算公式:

应纳税所得额=个人取得的股权转让收入、违约金、补偿金、赔偿金及以其他名目收回款项合计数−原实际出资额(投入额)及相关税费

(三十)个人转让"新三板"挂牌公司股票的所得税政策

(1)自2018年11月1日(含)起,对个人转让"新三板"挂牌公司非原始股取得的所得,暂免征收个人所得税。

提示 非原始股是指个人在"新三板"挂牌公司挂牌后取得的股票,以及由上述股票孳生的送、转股。

(2)对个人转让"新三板"挂牌公司原始股取得的所得,按照"财产转让所得",适用20%的比例税率征收个人所得税。

提示 原始股是指个人在"新三板"挂牌公司挂牌前取得的股票,以及在该公司挂牌前和挂牌后由上述股票孳生的送、转股。

(3)"新三板"精选层公司转为北交所上市公司,以及创新层挂牌公司通过公开发行股票进入北交所上市后,投资北交所上市公司涉及的个人所得税政策,暂按照现行"新三板"适用的税收规定执行。

(三十一) 个人住房转让的所得税政策

(1) 以实际成交价格为转让收入。纳税人申报的住房成交价格明显低于市场价格且无正当理由的,征收机关依法有权根据有关信息核定其转让收入。

(2) 纳税人可凭原购房合同、发票等有效凭证,经税务机关审核后,允许从其转让收入中减除房屋原值、转让住房过程中缴纳的税金及有关合理费用。

◆ 房屋原值。

商品房:购置该房屋时实际支付的房价款及缴纳的相关税费。

自建住房:实际发生的建造费用及建造和取得产权时实际缴纳的相关税费。

经济适用房(含集资合作建房、安居工程住房):原购房人实际支付的房价款及相关税费,以及按规定缴纳的土地出让金。

◆ 转让住房过程中缴纳的税金是指纳税人在转让住房时实际缴纳的城市维护建设税、教育费附加、土地增值税、印花税等税金。

◆ 合理费用指纳税人按照规定实际支付的住房装修费用(有扣除限额)、住房贷款利息、手续费、公证费等费用。

提示

(1) 住房装修费用:已购公有住房、经济适用房最高扣除限额为房屋原值的15%;商品房及其他住房最高扣除限额为房屋原值的10%。纳税人原购房为装修房,不得再重复扣除装修费用。

(2) 纳税人未提供完整、准确的房屋原值凭证,不能正确计算房屋原值和应纳税额的,税务机关可根据税收征管法规定,对其实行核定征税,即按纳税人住房转让收入的一定比例核定应纳个人所得税税额。具体比例由省级税务局或者省级税务局授权的地市级税务局根据纳税人出售住房的所处区域、地理位置、建造时间、房屋类型、住房平均价格水平等因素,在住房转让收入1%~3%的幅度内确定。

(三十二) 居民换购住房个人所得税规定

(1) 自2024年1月1日至2025年12月31日,纳税人出售自有住房并在现住房出售后1年内,在同一城市重新购买住房的,可按规定申请退还其出售现住房已缴纳的个人所得税。

(2) 纳税人换购住房个人所得税退税额的计算公式。

a. 新购住房金额大于或等于现住房转让金额的:

退税金额 = 现住房转让时缴纳的个人所得税

b. 新购住房金额小于现住房转让金额的:

退税金额 = (新购住房金额÷现住房转让金额)×现住房转让时缴纳的个人所得税

提示 现住房转让金额和新购住房金额均不含增值税。

（3）纳税人享受上述规定优惠政策须同时满足以下条件：①纳税人出售和重新购买的住房应在同一城市范围内。同一城市范围是指同一直辖市、副省级城市、地级市（地区、州、盟）所辖全部行政区划范围；②出售自有住房的纳税人与新购住房之间须直接相关，应为新购住房产权人或产权人之一。

（三十三）创新企业境内发行存托凭证试点阶段有关税收政策

创新企业 CDR，是指符合《国务院办公厅转发证监会关于开展创新企业境内发行股票或存托凭证试点若干意见的通知》（国办发〔2018〕21 号）规定的试点企业，以境外股票为基础证券，由存托人签发并在中国境内发行，代表境外基础证券权益的证券。

（1）自 2023 年 9 月 21 日至 2025 年 12 月 31 日，对个人投资者转让创新企业 CDR 取得的差价所得，暂免征收个人所得税。

（2）自 2023 年 9 月 21 日至 2025 年 12 月 31 日，对个人投资者持有创新企业 CDR 取得的股息红利所得，实施股息红利差别化个人所得税政策，具体参照相关规定执行。

提示
（1）由创新企业在其境内的存托机构代扣代缴税款，并向存托机构所在地税务机关办理全员全额明细申报。

（2）对于个人投资者取得的股息红利在境外已缴纳的税款，可按照个人所得税法以及双边税收协定（安排）的相关规定予以抵免。

（3）企业所得税政策：

a. 对企业投资者转让创新企业 CDR 取得的差价所得和持有创新企业 CDR 取得的股息红利所得，按转让股票差价所得和持有股票的股息红利所得政策规定征免企业所得税。

b. 对公募证券投资基金（封闭式证券投资基金、开放式证券投资基金）转让创新企业 CDR 取得的差价所得和持有创新企业 CDR 取得的股息红利所得，按公募证券投资基金税收政策规定暂不征收企业所得税。

c. 对合格境外机构投资者（QFII）、人民币合格境外机构投资者（RQFII）转让创新企业 CDR 取得的差价所得和持有创新企业 CDR 取得的股息红利所得，视同转让或持有据以发行创新企业 CDR 的基础股票取得的权益性资产转让所得和股息红利所得征免企业所得税。

考点十五 征收管理 ★★ 一学多考｜注

（一）扣缴申报管理办法

个人所得税以所得人为纳税人，以支付所得的单位或者个人为扣缴义务人。扣缴义务人向个人支付应税款项时，应当依照个人所得税法规定预扣或者代扣税款，按时缴库，并专项记载备查。上述所称支付，包括现金支付、汇拨支付、转账支付和以有价证券、实物以及其他形式的支付。

1. 全员全额扣缴申报的处理

实行全员全额扣缴申报的应税所得范围按照《个人所得税法》规定，扣缴义务人应当按照国家规定办理全员全额扣缴申报，并向纳税人提供其个人所得和已扣缴税款等信息。

全员全额扣缴申报，是指扣缴义务人应当在代扣税款的次月 15 日内，向主管税务机关报送其支付所得的所有个人的有关信息、支付所得数额、扣除事项和数额、扣缴税款的具体数额和总额以及其他相关涉税信息资料。

实行个人所得税全员全额扣缴申报的应税所得包括：除了"经营所得"外的其他 8 项所得。

【例题 39 · 多选题】（2023 年）依据个人所得税相关规定，个人的下列应税所得中，实行全员全额扣缴申报的有(　　)。
A. 经营所得　　　　　　　B. 劳务报酬所得
C. 财产转让所得　　　　　D. 财产租赁所得
E. 特许权使用费所得

解析 ▶ 实行个人所得税全员全额扣缴申报的应税所得包括：①工资、薪金所得；②劳务报酬所得；③稿酬所得；④特许权使用费所得；⑤利息、股息、红利所得；⑥财产租赁所得；⑦财产转让所得；⑧偶然所得。

2. 扣缴义务人的法定义务

(1)扣缴义务人每月或者每次预扣、代扣的税款，应当在次月 15 日内缴入国库，并向税务机关报送《个人所得税扣缴申报表》。

(2)扣缴义务人首次向纳税人支付所得时，应当按照纳税人提供的纳税人识别号等基础信息，填写《个人所得税基础信息表（A 表）》，并于次月扣缴申报时向税务机关报送。

扣缴义务人对纳税人向其报告的相关基础信息变化情况，应当于次月扣缴申报时向税务机关报送。

(3)支付工资、薪金所得的扣缴义务人应当于年度终了后 2 个月内，向纳税人提供其个人所得和已扣缴税款等信息。纳税人年度中间需要提供上述信息的，扣缴义务人应当提供。

3. 代扣代缴税款的手续费

税务机关对扣缴义务人按照规定扣缴的税款(不包括税务机关、司法机关等查补或者责令补扣的税款)，按年付给 2% 的手续费，扣缴义务人领取的扣缴手续费可用于提升办税能力、奖励办税人员。

答案 ▶
例题 39 | BCDE

(二)自行申报纳税管理

1. 应办理纳税申报的情形

应办理纳税申报的情形：①取得综合所得需要办理汇算清缴；②取得应税所得没有扣缴义务人；③取得应税所得，扣缴义务人未扣缴税款；④取得境外所得；⑤因移居境外注销中国户籍；⑥非居民个人在中国境内从两处以上取得工资、薪金所得；⑦国务院规定的其他情形。

2. 取得经营所得的纳税申报

实行查账征收和核定征收的个体工商户业主、个人独资企业投资者、合伙企业个人合伙人、承包承租经营者个人以及其他从事生产、经营活动的个人取得经营所得，按年计算个人所得税，由纳税人在月度或季度终了后15日内，向经营管理所在地主管税务机关办理预缴纳税申报。在取得所得的次年3月31日前，向经营管理所在地主管税务机关办理汇算清缴。

提示 从两处以上取得经营所得的，选择向其中一处经营管理所在地主管税务机关办理年度汇总申报。

3. 取得应税所得，扣缴义务人未扣缴税款的纳税申报

纳税人取得应税所得，扣缴义务人未扣缴税款的，应当区别以下情形办理纳税申报：

（1）居民个人取得综合所得的，按照"取得综合所得需要办理年度汇算清缴的纳税申报"相关规定办理。

（2）非居民个人取得工资、薪金所得，劳务报酬所得，稿酬所得，特许权使用费所得的，应当在取得所得的次年6月30日前，向扣缴义务人所在地主管税务机关办理纳税申报。

提示

（1）有两个以上扣缴义务人均未扣缴税款的，选择向其中一处扣缴义务人所在地主管税务机关办理纳税申报。

（2）非居民个人在次年6月30日前离境(临时离境除外)的，应当在离境前办理纳税申报。

（3）纳税人取得利息、股息、红利所得，财产租赁所得，财产转让所得和偶然所得的，应当在取得所得的次年6月30日前，按相关规定向主管税务机关办理纳税申报。税务机关通知限期缴纳的，纳税人应当按照期限缴纳税款。

4. 取得境外所得的纳税申报

（1）居民个人从中国境外取得所得的，应当在取得所得的次年3月1日至6月30日内，向中国境内任职、受雇单位所在地主管税务机关办理纳税申报；有两处及以上任职受雇单位的，可自主选择向其中一处申报。

（2）居民个人被境内企业、单位、其他组织(以下称派出单位)派往境外工作，取得的工资、薪金所得或者劳务报酬所得，由派出单位或者其他境内单位支付或负担的，派出单位或者其他境内单位应按照《个人所得税法》及其

实施条例规定预扣预缴税款。

居民个人被派出单位派往境外工作，取得的工资、薪金所得或者劳务报酬所得，由境外单位支付或负担的，如果境外单位为境外任职、受雇的中方机构(以下简称中方机构)的，可以由境外任职、受雇的中方机构预扣税款，并委托派出单位向主管税务机关申报纳税。中方机构未预扣税款的或者境外单位不是中方机构的，派出单位应当于次年2月28日前向其主管税务机关报送外派人员情况，包括：外派人员的姓名、身份证件类型及身份证件号码、职务、派往国家和地区、境外工作单位名称和地址、派遣期限、境内外收入及缴税情况等。

(3)纳税人和扣缴义务人未按规定申报缴纳、扣缴境外所得个人所得税以及报送资料的，按照《税收征管法》和《个人所得税法》及其实施条例等有关规定处理，并按规定纳入个人纳税信用管理。

5. 因移居境外注销中国户籍的纳税申报

纳税人因移居境外注销中国户籍的，应当在申请注销中国户籍前，向户籍所在地主管税务机关办理纳税申报，进行税款清算。

6. 非居民个人取得工资、薪金所得的纳税申报

非居民个人在中国境内从两处以上取得工资、薪金所得的，应当在取得所得的次月15日内，向其中一处任职、受雇单位所在地主管税务机关办理纳税申报。

7. 纳税申报方式

纳税人可以采用远程办税端、邮寄等方式申报，也可以直接到主管税务机关申报。

(三)反避税规定

1. 税务机关有权进行纳税调整的情形

有下列情形之一的，税务机关有权按照合理方法进行纳税调整：

(1)个人与其关联方之间的业务往来不符合独立交易原则而减少本人或者其关联方应纳税额，且无正当理由。

(2)居民个人控制的，或者居民个人和居民企业共同控制的设立在实际税负明显偏低的国家(地区)的企业，无合理经营需要，对应当归属于居民个人的利润不作分配或者减少分配。

(3)个人实施其他不具有合理商业目的的安排而获取不当税收利益。

2. 反避税措施

针对上述情形，税务机关依照规定作出纳税调整，需要补征税款的，应当补征税款，并依法加收利息。

依法加收的利息，应当按照税款所属纳税申报期最后一日中国人民银行公布的与补税期间同期的人民币贷款基准利率计算，自税款纳税申报期满次日起至补缴税款期限届满之日止按日加收。纳税人在补缴税款期限届满前补缴税款的，利息加收至补缴税款之日。

(四)综合所得汇算清缴管理办法 调整

1. 汇算清缴计算公式

应退或应补税额=[(综合所得收入额-60 000元-"三险一金"等专项扣除-子女教育等专项附加扣除-依法确定的其他扣除-符合条件的公益慈善事业捐赠)×适用税率-速算扣除数]-减免税额-已预缴税额

纳税人取得境外所得,应当按照有关规定据实申报。

2. 无须办理汇算清缴的情形

纳税人取得综合所得时已依法预缴个人所得税且符合下列情形之一的,无须办理汇算清缴:

(1)汇算清缴需补税但综合所得收入全年不超过规定金额(2027年12月31日前为12万元)的。

(2)汇算清缴需补税但不超过规定金额(2027年12月31日前为400元)的。

(3)已预缴税额与汇算清缴实际应纳税额一致的。

(4)符合汇算清缴退税条件但不申请退税的。

3. 需要办理汇算清缴的情形

纳税人取得综合所得并且符合下列情形之一的,需要办理汇算清缴:

(1)已预缴税额大于汇算清缴实际应纳税额且申请退税的。

(2)已预缴税额小于汇算清缴实际应纳税额且不符合无须办理汇算清缴规定情形的。

(3)因适用所得项目错误、扣缴义务人未依法履行扣缴义务、取得综合所得无扣缴义务人,造成纳税年度少申报或者未申报综合所得的。

4. 可享受的税前扣除

纳税人可以在汇算清缴时填报或补充下列扣除:

(1)减除费用6万元。

(2)符合条件的基本养老保险、基本医疗保险、失业保险等社会保险费和住房公积金等专项扣除。

(3)符合条件的3岁以下婴幼儿照护、子女教育、继续教育、大病医疗、住房贷款利息或者住房租金、赡养老人等专项附加扣除。

(4)符合条件的企业年金和职业年金、商业健康保险、个人养老金等其他扣除。

(5)符合条件的公益慈善事业捐赠。

5. 办理时间

(1)纳税人应当在取得综合所得的纳税年度的次年3月1日至6月30日办理汇算清缴。在中国境内无住所的纳税人在汇算清缴开始前离境的,可以在离境前办理。

(2)纳税人不能按期办理汇算清缴需要延期的,应当在汇算清缴期结束前向税务机关提出延期申请，经税务机关核准后，可以延期办理；但应在汇算清缴期内按照上一汇算清缴期实际缴纳的税额或者税务机关核定的税额预缴税款，并在核准的延期内完成汇算清缴。

6. 办理方式

纳税人可选择下列方式办理汇算清缴：

(1)自行办理。

(2)通过任职受雇单位(含按累计预扣法预扣预缴其劳务报酬所得个人所得税的单位，以下统称单位)代为办理；纳税人提出代办要求的，单位应当代为办理或者培训、辅导纳税人完成申报和退(补)税；由单位代为办理的，纳税人应当与单位以书面或者电子等方式进行确认，纳税人未与单位确认的，单位不得代为办理。

(3)委托涉税专业服务机构或者其他单位及个人办理。纳税人应当与受托人签订授权书。

纳税人、代为办理汇算清缴的单位，需将全部综合所得、相关扣除、享受税收优惠等信息资料自汇算清缴期结束之日起留存5年。

7. 办理渠道

纳税人优先通过个税APP、网站办理汇算清缴，也可以通过邮寄方式或到办税服务厅办理。选择邮寄方式办理的，纳税人应当将申报表寄送至主管税务机关所在省、自治区、直辖市和计划单列市税务局公告的地址。

8. 办理税务机关

(1)在汇算清缴期内纳税人自行办理或者委托受托人办理的，向纳税人任职受雇单位的主管税务机关申报；有两处及以上任职受雇单位的，可自主选择向其中一处主管税务机关申报。由单位代为办理汇算清缴的，向单位的主管税务机关申报。

(2)纳税人没有任职受雇单位的，向其主要收入来源地、户籍所在地或者经常居住地的主管税务机关申报。主要收入来源地，是指纳税人年度向纳税人累计发放劳务报酬、稿酬及特许权使用费金额最大的扣缴义务人所在地。

(3)汇算清缴期结束后，税务部门为尚未办理汇算清缴的纳税人确定其主管税务机关。

(4)除特殊规定外，纳税人一个纳税年度的汇算清缴主管税务机关一经确定不得变更。

9. 年度汇算清缴的退税、补税

(1)办理退税。

a. 纳税人申请汇算清缴退税，应当提供其在中国境内开设的符合条件的银行账户。税务机关按规定审核后办理税款退库。

b. 纳税人未提供本人有效银行账户或者提供的账户信息有误的，按规定更正后申请退税。

(2)办理补税。

a. 纳税人办理汇算清缴补税的，可以通过网上银行、办税服务厅、银行柜台、非银行支付机构等渠道缴纳税款。

b. 选择邮寄方式办理汇算清缴补税的，纳税人应当通过个税 APP、网站或者主管税务机关确认汇算清缴进度并及时缴纳税款。

（五）个人财产对外转移提交税收证明的规定

（1）申请人拟转移的财产已取得完税凭证的，可直接向外汇管理部门提供完税凭证，无须向税务机关另外申请税收证明。

（2）申请人拟转移的财产总价值在人民币 15 万元以下的，无须向税务机关申请税收证明。

（3）申请人申请领取税收证明的程序如下：

a. 申请人按规定提交相关资料，按财产类别和来源地，分别向税务机关申请开具税收证明。开具税收证明的税务机关为县级或者县级以上税务机关。

b. 申请人资料齐全的，税务机关应当在 15 日内开具税收证明；申请人提供资料不全的，可要求其补全，待补全后开具。

c. 申请人有未完税事项的，允许补办申报纳税后开具税收证明。

d. 税务机关有根据认为申请人有偷税、骗税等情形，需要立案稽查的，在稽查结案并完税后可开具税收证明。

同步训练

考点一 征税对象

1. (单选题) 下列所得，不属于个人所得税"工资、薪金所得"应税项目的是(　　)。
   A. 个人兼职取得的所得
   B. 退休人员再任职取得的所得
   C. 任职于杂志社的记者在本单位杂志上发表作品取得的所得
   D. 个人在公司任职并兼任董事取得的董事费所得

2. (单选题) 某高校教师取得的下列收入中，应计算缴纳个人所得税的是(　　)。
   A. 国债利息收入
   B. 任职高校发放的误餐补助
   C. 为某企业开设讲座取得的酬金
   D. 任职高校为其缴付的住房公积金

3. (多选题·2022 年) 个人取得的下列收入中，应按照"劳务报酬所得"项目缴纳个人所得税的有(　　)。
   A. 演员参加综艺活动取得的收入
   B. 学生勤工俭学取得的收入
   C. 个人工作室取得的收入
   D. 个人兼职取得的收入

E. 教师参加校外社会讲座取得的收入

4. (多选题·2022年)个人取得的下列所得,应按照"特许权使用费所得"缴纳个人所得税的有( )。

   A. 作者将自己文学作品著作权提供他人使用取得的所得
   B. 摄影爱好者在任职杂志上发表摄影作品取得的收入
   C. 财产继承人取得的遗作稿酬收入
   D. 作者将自己文学作品手稿复印件公开拍卖取得的所得
   E. 作者将自己文学作品手稿原件公开拍卖取得的所得

5. (多选题·2022年)下列情形中,应按照"利息、股息、红利所得"缴纳个人所得税的有( )。

   A. 合伙企业以企业资金支付合伙人的消费性支出
   B. 个人从任职的上市公司取得股票期权
   C. 股份制企业用盈余公积对个人派发红股
   D. 私营企业购买汽车并将其所有权办到股东名下
   E. 个体工商户对外投资取得的股息、红利

6. (多选题)某出版社要出版作家的一本小说,由作家提供书稿,然后出版社委托翻译人员来翻译,整理成中英文对照版出版发行,出版社与作家和翻译人员达成协定,小说出版后作者署名,译者没有署名,出版社支付给作者10万元,支付给译者2万元,则下列说法正确的有( )。

   A. 该作者的所得应当按照"稿酬所得"缴纳个人所得税
   B. 翻译人员的所得应当按照"劳务报酬所得"缴纳个人所得税
   C. 翻译人员的所得应当按照"稿酬所得"缴纳个人所得税
   D. 作家应预扣预缴的个人所得税是1.12万元
   E. 翻译人员应预扣预缴的个人所得税是0.22万元

考点二 纳税人和税率

1. (单选题·2023年)除国务院财政、税务主管部门另有规定外,居民个人的下列所得中,属于来源于中国境内所得的是( )。

   A. 境内单位普通员工在境外提供劳务取得的所得
   B. 将特许权使用费让渡给境外企业在境外使用取得的所得
   C. 从境外企业取得的投资分红所得
   D. 将财产出租给境外企业在境内分公司使用取得的所得

2. (单选题)下列在中国境内无住所且不居住的个人中,应向我国缴纳个人所得税的是( )。

   A. 为境内单位的境外派出机构修理机器设备取得所得的个人
   B. 从境内的外商投资企业取得特许权使用费收入的个人
   C. 将住房出租给境内公司在境外分支机构使用取得所得的个人
   D. 担任境外企业的董事、监事和高级管理职务取得所得的个人

3. (单选题)约翰是美国人,2023年7月15日来华工作,2024年2月15日回国,2024年3月2日返回中国,2024年11月15日至2024年11月30日,因工作需要去了日本后直接从东京返回美国。则该纳税人( )。

A. 2023年度为我国居民个人,2024年度为我国非居民个人

B. 2023年度为我国非居民个人,2024年度为我国居民个人

C. 2023年度和2024年度均为我国非居民个人

D. 2023年度和2024年度均为我国居民个人

4. (多选题)下列各项中,不适用5%~35%的五级超额累进税率征收个人所得税的有( )。

A. 出租汽车经营单位将出租车所有权转移给驾驶员的,出租车驾驶员从事客货运营取得的收入

B. 个体工商户对外投资的所得

C. 个人独资企业的生产经营所得

D. 个人对企事业单位承包、承租经营后,市场主体登记改变为个体工商户的经营所得

E. 承租人对承租企业经营成果不拥有所有权取得的所得

考点三 应纳税所得额的确定

(多选题)个人通过符合条件的非营利社会团体发生的下列捐赠支出,可以在计算应纳税所得额时全额扣除的有( )。

A. 捐赠用于非营利性的老年服务机构

B. 捐赠住房作为公共租赁住房

C. 捐赠写字楼作为公益性青少年活动场所

D. 捐赠食物用于5·12地震受灾地区

E. 捐赠图书用于农村义务教育

考点四 减免税优惠

1. (单选题)下列工资、薪金所得免征个人所得税的是( )。

A. 年终加薪

B. 退休人员再任职收入

C. 劳动分红

D. 外籍人员取得任职单位的非现金住房补贴

2. (多选题·2022年)个人取得下列收入、所得中,应计算缴纳个人所得税的有( )。

A. 参加商场有奖销售活动取得的10元现金

B. 购买社会福利彩票,一次性取得的15 000元中奖收入

C. 为其他公司担保,取得的6 000元担保收入

D. 购买体育彩票,一次性取得的6 000元中奖收入

E. 参加客户单位的年会取得的500元网络红包

3. (多选题)个人取得的下列利息收入中,免征个人所得税的有( )。

A. 个人股票账户闲置资金孳生的利息收入

B. 国债利息收入

C. 国家金融债券利息收入

D. 教育储蓄存款利息收入

E. 企业债券利息收入

考点五 居民个人综合所得应纳税额的计算

1. (单选题)居民个人陶某为自由职业者,2024年从中国境内取得不含税劳务报酬140 000元,从境外取得稿酬折合人民币20 000元。陶某无专项扣除、专项附加扣除和依法规定的其他扣除,陶某当年应缴纳个人所得税(　　)元。

    A. 3 800　　　　B. 9 800　　　　C. 4 280　　　　D. 2 760

2. (单选题)居民个人取得的下列所得中,在计缴个人所得税时可享受专项附加扣除的是(　　)。

    A. 综合所得　　　　　　　　　　B. 偶然所得
    C. 财产租赁所得　　　　　　　　D. 财产转让所得

考点六 非居民个人应纳税所得额的确定和应纳税额的计算

1. (单选题)非居民个人约翰2024年9月在我国某出版社出版一部长篇小说,取得稿酬收入100 000元(不含税),该出版社应代扣代缴个人所得税(　　)元。

    A. 10 040　　　　B. 12 440　　　　C. 20 840　　　　D. 15 400

2. (单选题)非居民个人取得工资、薪金所得的征收管理,下列说法正确的是(　　)。

    A. 依据综合所得税率表,按月代扣代缴税款
    B. 向扣缴义务人提供专项附加扣除信息的,可按扣除专项附加后的余额代扣税款
    C. 扣缴义务人可将同期的工资、薪金和股息红利所得合并代扣代缴税款
    D. 由扣缴义务人按月代扣代缴税款,不办理汇算清缴

考点七 综合所得的专项附加扣除和其他扣除

1. (单选题)张某因生了一场大病,花费医疗费用合计21.5万元,其中医保报销12万元,其余为医保目录中的个人自费部分,张某大病医疗个人所得税汇算清缴时抵扣的金额为(　　)万元。

    A. 8　　　　B. 6.5　　　　C. 9.5　　　　D. 1.5

2. (单选题)下列支出中,不属于个人所得税专项附加扣除的是(　　)。

    A. 子女教育支出　　　　　　　　B. 企业年金支出
    C. 大病医疗支出　　　　　　　　D. 住房租金支出

3. (单选题)下列关于个人所得税专项附加扣除时限的表述中,符合税法规定的是(　　)。

    A. 同一学历继续教育,扣除时限最长不得超过48个月
    B. 住房贷款利息,扣除时限最长不得超过180个月
    C. 子女教育,扣除时间为子女满3周岁当月至全日制学历教育结束的次月
    D. 专业技术人员职业资格继续教育,扣除时间为取得相关证书的次年

4. (多选题)下列关于专项附加扣除的说法,符合个人所得税相关规定的有( )。

  A. 住房贷款利息扣除的期限最长不得超过240个月

  B. 直辖市的住房租金支出的扣除标准是每月1 500元

  C. 职业资格继续教育在取得相关证书的当年,按照3 600元定额标准扣除

  D. 同一学历的继续教育扣除期限不得超过36个月

  E. 赡养老人专项附加扣除的起始时间为被赡养人年满60周岁的当月

考点八 无住所个人所得税的计算

1. (单选题)查理是英国某公司驻华代表处职员,2024年在华时间为135天,11月境内外工资为81 000元,均由境内公司支付,11月在华工作时间为10天。该外籍个人11月应纳个人所得税( )元。(英国与我国缔结税收协定)

  A. 0　　　　B. 2 528.13　　　　C. 2 990　　　　D. 6 765

2. (单选题)根据个人所得税相关规定,下列关于在中国境内无住所个人(非高管)的税务处理规定,不正确的是( )。(不考虑税收协定)

  A. 在一个纳税年度内,在境内累计居住不超过90天的非居民个人,仅就归属于境内工作期间并由境内雇主支付或者负担的工资、薪金所得计算缴纳个人所得税

  B. 一个纳税年度内,在境内累计居住超过90天但不满183天的非居民个人,取得归属于境内工作期间的工资、薪金所得,均应当计算缴纳个人所得税;其取得归属于境外工作期间的工资、薪金所得,不征收个人所得税

  C. 在境内居住累计满183天的年度连续不满六年的无住所居民个人,其取得的全部工资、薪金所得,除归属于境外工作期间且由境外单位或者个人支付的工资、薪金所得部分外,均应计算缴纳个人所得税

  D. 凡境内雇主采取核定征收所得税或者无营业收入未征收所得税的,无住所个人为其工作取得工资、薪金所得,不在该境内雇主会计账簿中记载则不视为由该境内雇主支付或者负担

考点九 经营所得应纳税额的计算

1. (单选题)某个体工商户2024年为其从业人员实际发放工资105万元,业主领取劳动报酬20万元,2024年该个体工商户允许税前扣除的从业人员补充养老保险限额为( )万元。

  A. 3.15　　　　B. 5.25　　　　C. 1.05　　　　D. 7.35

2. (单选题)某个人独资企业2024年自行计算的生产经营费用50万元,该企业的生产经营费用与其家庭生活费用无法划分。该个人独资企业允许税前扣除的生产经营费用为( )元。

  A. 0　　　　B. 25　　　　C. 30　　　　D. 20

3. (单选题)计算个人独资企业应缴纳的个人所得税时,下列费用不得税前扣除的是( )。

  A. 企业缴纳的行政性收费

  B. 投资者的亲属就职于该个人独资企业而取得的工资、薪金

C. 企业生产经营和投资者及其家庭生活共用但难以划分的固定资产折旧费

D. 企业计提的坏账准备金

4. (多选题·2022年)个人取得的下列收入中，应按照"经营所得"缴纳个人所得税的有( )。

A. 从事咨询取得的收入
B. 从事办学取得的收入
C. 从事医疗取得的收入
D. 从事个体出租车运营取得的收入
E. 专营种植业取得的收入

5. (多选题)下列关于个人投资者的所得税征收管理的说法，正确的有( )。

A. 个人独资企业以投资者为纳税义务人，合伙企业以每一个合伙人为纳税义务人

B. 个人独资企业投资者的生产经营费用与家庭生活费用难以划分的，费用的40%视为与生产经营有关，准予扣除

C. 投资者兴办两个或两个以上企业的，如果都属于个人独资性质，企业的年度经营亏损不能跨企业弥补

D. 以合伙企业名义对外投资分回的股息、红利应按比例确定各个投资者的份额，分别按利息、股息、红利所得应税项目计算缴纳个人所得税

E. 实行核定征收的投资者，不能享受个人所得税的优惠

考点十 利息、股息、红利所得的计税方法

(单选题)周某持有2024年9月1日解禁的某上市公司的股票，分别于2024年7月6日、2024年11月1日取得股息红利800万元和200万元，2024年12月转让了上述股票。两次股息所得合计应缴纳个人所得税( )万元。

A. 200
B. 120
C. 80
D. 100

考点十一 财产租赁所得的计税方法

(单选题)个人取得的财产租赁所得，税前扣除税费的次序中，首先扣除的税费为( )。

A. 税法规定的费用扣除标准
B. 财产租赁过程中缴纳的税费
C. 由纳税人负担的租赁财产实际开支的修缮费用
D. 向出租方支付的租金

考点十二 财产转让所得的计税方法

(单选题·2023年)2024年4月，马某出售一套购置3年的商品房，不含税交易价格为260万元，该商品房不含税购置价格为200万元，已按照1%税率缴纳契税，取得合理票据的房屋装修费25万元，假定按照最高扣除限额扣除装修费，则马某应缴纳个人所得税( )万元。

A. 8
B. 6.6
C. 5.54
D. 7.56

考点十三 偶然所得的计税方法

1. (单选题·2023年)个人参加非任职企业举办的促销活动，取得主办方赠送的外购商品，其缴纳个人所得税的计税依据是( )。

A. 外购商品的实际购置价格
B. 外购商品同期同类市场销售价格
C. 主管税务机关核定的价格
D. 促销活动宣传海报上载明的赠品价格

2. (单选题)2024年12月杨某在商场有奖竞赛活动中获得奖金2 000元,随后将其中800元直接捐赠给某农村小学,杨某应缴纳个人所得税(　　)元。

A. 400　　B. 1 840　　C. 160　　D. 240

3. (单选题)2025年1月,郑某购买福利彩票,取得一次中奖收入30 000元,购买彩票支出400元,郑某应缴纳个人所得税(　　)元。

A. 4 800　　B. 5 920　　C. 6 000　　D. 4 736

考点十四 特殊情形下个人所得税的计税方法

1. (单选题·2023年)居民个人同时从中国境内外取得的下列同类所得中合并计算个人所得税的是(　　)。

A. 财产转让所得
B. 财产租赁所得
C. 劳务报酬所得
D. 利息、股息、红利所得

2. (单选题)2024年公司高管赵某每月工资收入20 000元,公司为其按月扣缴"三险一金"3 000元。8月起公司为其购买符合规定条件的商业健康保险,每月保费为800元,赵某无专项附加扣除和其他综合所得收入,当年赵某工资、薪金所得应缴纳个人所得税(　　)元。

A. 11 480　　B. 12 480　　C. 11 640　　D. 12 200

3. (单选题)按公司减员增效政策,曲某在距法定退休还有4年的2025年1月办理内部退养手续。当月领取工资5 500元及一次性补贴120 000元。曲某当月取得的内部退养补贴收入应缴纳个人所得税(　　)元。

A. 2 880　　B. 3 630　　C. 3 615　　D. 3 600

4. (单选题)居民个人方某2019年1月开始持有上市公司50万份限售股。限售期间取得股息红利20万元。2024年2月28日转让该限售股,取得转让收入600万元。由于历史原因,该限售股成本原值无法准确计量,应缴纳的个人所得税为(　　)万元。

A. 22　　B. 106　　C. 20　　D. 104

5. (单选题)某国有企业职工张某,于2024年1月因身体原因办理了提前退休手续(至法定退休年龄尚有24个月),取得单位按照统一标准支付的一次性补贴160 000元。则张某2024年1月应缴纳的个人所得税为(　　)元。

A. 1 300　　B. 1 270　　C. 1 200　　D. 2 320

6. (单选题)某企业雇员王某2024年5月与本企业解除劳动合同关系,王某在本企业工作年限8年,领取经济补偿金87 500元。假定当地上年度职工年平均工资为10 000元,王某应缴纳的个人所得税为(　　)元。

A. 4 500　　B. 5 505　　C. 2 110　　D. 3 230

7. (多选题·2023年)关于居民个人发生公益捐赠支出税前扣除时间和方式的说法,符合个人所得税相关规定的有(　　)。

A. 可选择在捐赠发生当月计算分类所得应纳税所得额时扣除

B. 可选择在计算工资、薪金所得预扣预缴税款或年度汇算清缴时扣除

C. 同时发生按限额扣除和全额扣除的,应按先全额扣除后限额扣除的顺序扣除

D. 可选择在捐赠发生当月计算稿酬所得预扣预缴税款时扣除

E. 可选择在计算个人经营所得预缴税款或年度汇算清缴时扣除

8. (多选题)居民个人取得的下列收入中,按照劳务报酬项目预扣预缴个人所得税的有(　　)。

A. 保险营销人员取得的佣金收入

B. 企业对非雇员以免费旅游形式给予的营销业绩奖励

C. 仅担任董事而不在该公司任职的个人取得的董事费

D. 公司职工取得的用于购买企业国有股权的劳动分红

E. 转让"新三板"挂牌公司的原始股股票

考点十五　征收管理

(多选题·2023年)依据个人所得税相关规定,个人的下列应税所得中,实行全员全额扣缴申报的有(　　)。

A. 经营所得　　　　　　　　　　B. 劳务报酬所得

C. 财产转让所得　　　　　　　　D. 财产租赁所得

E. 特许权使用费所得

综合拓展

1. (综合分析题·2024年)2024年1月1日周某租赁位于省会城市的商铺一间,合同约定,该商铺用于周某拟开业的个体文印社经营使用,租期3年,每月支付不含税租金5 000元,增值税450元,租金按季支付,第1个月免付租金。1月10日周某的个体文印社正式对外营业,经主管税务机关确认实行查账征收并按季预缴个人所得税。

2024年文印社共计取得不含税收入142万元,相关成本、费用和税费包括:雇员工资20万元,按规定标准为雇员缴纳"五险一金"2.5万元;周某工资24万元,为周某缴纳补充养老保险3.5万元;其他经营支出及相关税费合计56万元。

鉴于文印社经营情况稳定,5月31日周某从原任职公司辞职后专营文印社。2024年1—5月,周某每月从原任职公司领取工资1万元。

(注:该文印社所在城市2023年度的社会平均工资为10万元,该文印社适用"六税两费"减半优惠政策;周某没有税法规定的专项附加扣除和依法规定的其他扣除。)

要求:根据上述资料,回答下列问题。

(1)周某签订的商铺租赁合同应缴纳的印花税是(　　)元。

A. 87.5　　　　　B. 90　　　　　C. 95.38　　　　　D. 98.1

(2)计算周某2024年的应税经营所得时,可税前扣除的补充养老保险是(　　)万元。

A. 0.96　　　　　B. 1.2　　　　　C. 3.5　　　　　D. 1.5

(3)不考虑6万元减除费用的情况下,2024年周某文印社的应税经营所得是(　　)万元。

A. 36　　　　　B. 38.3　　　　　C. 62　　　　　D. 60

(4)假如周某选择在经营所得中减除费用6万元,则2024年周某经营所得实际缴纳的个人所得税是(　　)元。

A. 65 250　　　B. 47 550　　　C. 39 500　　　D. 61 750

(5)假如周某选择在综合所得中减除费用6万元,则2024年周某综合所得和经营所得实际缴纳个人所得税是(　　)元。

A. 67 050　　　B. 75 300　　　C. 75 750　　　D. 71 800

(6)计算个人所得税时,对于减除费用6万元、专项扣除、专项附加扣除和依法规定的其他扣除等税前减除项目,税务处理正确的有(　　)。

A. 当个人没有综合所得和经营所得时,上述税前项目一律不得扣除

B. 当个人既有综合所得又有经营所得时,上述税前扣除项目应首先在综合所得中扣除,未扣除完的余额可在经营所得中继续扣除

C. 当个人既有综合所得又有经营所得时,6万元的减除费用可分别在两类所得税中分摊扣除

D. 当个人既有综合所得又有经营所得时,上述减除项目可选择在综合所得或经营所得中扣除,但不得重复减除扣除

E. 当个人没有经营所得时,上述税前减除项目应在综合所得中扣除

2. (综合分析题·2023年)张某为一个人独资企业的投资者,该个人独资企业是一合伙企业的合伙人。2024年张某涉税信息如下:

(1)个人独资企业的主营业务收入120万元,主营业务成本70万元(其中列支张某工资10万元),税金及附加3万元,销售费用18万元,管理费用10万元(其中业务招待费6万元),财务费用8万元,营业外支出5万元,投资收益80万元(其中来自持股期限为8个月的"新三板"公司股息收益为20万元,来自合伙企业的经营所得为60万元)。

(2)9月20日,张某与李某签订租赁合同,将个人名下原值500万元的仓库从10月1日起出租给李某。租期为两年,2024年10—11月为免租期,从10月开始按季度收取租金,每月不含税租金2万元。

(注:仓库所在地计算房产余值的扣除比例20%,不考虑仓库租赁行为的增值税、城市维护建设税、教育费附加和地方教育附加,当地适用"六税两费"减半优惠政策;出租仓库缴纳的印花税一次性在计算个人所得税时扣除;张某没有其他综合所得。)

要求:根据上述资料,回答下列问题。

(1)2024年张某合计应缴纳仓库的房产税和印花税是(　　)元。

A. 23 420　　　　B. 43 460　　　　C. 46 400　　　　D. 46 840

(2)2024年张某出租仓库应缴纳个人所得税(　　)元。

A. 2 745.6　　　B. 2 816　　　　C. 2 972.8　　　D. 3 008

(3)张某80万元的投资收益,正确的个人所得税税务处理为(　　)。

A. 20万元按"利息、股息、红利所得"计税,60万元按"经营所得"计税

B. 20万元按"利息、股息、红利所得"计税,60万元按"财产转让所得"计税

C. 80万元按"利息、股息、红利所得"计税

D. 80万元按"经营所得"计税

(4)计算张某2024年应税经营所得时,可扣除的主营业务成本和管理费用合计(　　)万元。

A. 60.6　　　　B. 64.6　　　　C. 67.6　　　　D. 74.6

(5)张某2024年度经营所得应缴纳个人所得税(　　)万元。

A. 4.23　　　　B. 19.84　　　　C. 21.94　　　　D. 27.89

(6)关于个人独资企业所得税征收管理,说法正确的有(　　)。

A. 投资者兴办两个或两个以上企业的,应分别计算各企业的应纳税所得额,并据此确定适用税率计算缴纳个人所得税

B. 持有权益性投资的个人独资企业,一律采用查账征收方式计征个人所得税

C. 投资者兴办两个或两个以上企业的,企业年度经营亏损可相互弥补

D. 个人独资企业以投资者为纳税人

E. 实行核定征收的投资者,不得享受个人所得税的优惠政策

3. (综合分析题)甲有限合伙创投企业由法人企业乙和居民个人张某各自出资500万元组建,双方约定按6∶4分配经营所得。甲企业采用年度所得整体核算方式,2021年9月1日甲企业将1 000万元以股权投资方式直接投资于丙初创科技型企业,2024年度甲企业、乙企业和居民张某的经营信息如下:

(1)甲企业转让对丙企业出资的全部股权,实现所得400万元。

(2)乙企业自身经营行为的应纳税所得额为500万元。

(3)张某设立的个人独资企业不含税收入2 000万元,主营业务成本820万元,期间费用490万元(其中业务招待费80万元),税金及附加8万元,计入成本费用的实发工资总额400万元(其中张某工资36万元),张某除个人独资企业的经营所得和从甲企业应分配的所得外,当年无其他收入和专项扣除、专项附加扣除和依法规定的其他扣除。

要求:根据上述资料,回答下列问题。

(1)依据税法规定,有限合伙创投企业的合伙人享受创业投资企业税收优惠,需要被投资方初创科技型企业具备一定的条件。下列各项中,属于初创科技型企业应具备的条件有(　　)。

A. 接受投资时设立时间不超过5年

B. 在中国境内(不包括港、澳、台地区)注册成立、实行查账征收的居民企业

C. 接受投资应纳税年度研发费用总额占成本费用支出比例需达30%

D. 接受投资当年及下一纳税年度，研发费用总额占成本费用支出的比例不低于20%

E. 接受投资时资产总额和年销售收入均不超5 000万元

（2）乙企业2024年计算应纳税所得额实际抵扣的投资额为（　　）万元。

A. 240　　　　　　B. 420　　　　　　C. 350　　　　　　D. 700

（3）乙企业2024年缴纳企业所得税（　　）万元。

A. 97.5　　　　　　B. 125　　　　　　C. 80　　　　　　D. 58.8

（4）张某的个人独资企业2024年应纳税所得额为（　　）万元。

A. 782　　　　　　B. 682　　　　　　C. 718　　　　　　D. 598

（5）张某2024年计算个人所得税实际抵扣的投资额为（　　）万元。

A. 700　　　　　　B. 420　　　　　　C. 350　　　　　　D. 160

（6）张某2024年经营所得应纳个人所得税（　　）万元。

A. 200.6　　　　　　B. 230.05　　　　　　C. 176.15　　　　　　D. 267.15

参考答案及解析

考点一 征税对象

1. A 【解析】个人兼职取得的所得，按"劳务报酬所得"缴纳个人所得税。

2. C 【解析】选项A，国债利息收入，免征个人所得税。选项B，任职高校发放的误餐补助，不征收个人所得税。选项D，住房公积金，免征个人所得税。

3. ABDE 【解析】选项C，按照"经营所得"缴纳个人所得税。

4. ADE 【解析】选项B，任职、受雇于报纸、杂志等单位的记者、编辑等专业人员，因在本单位的报纸、杂志上发表作品取得的所得，属于因任职、受雇而取得的所得，应与其当月工资收入合并，按"工资、薪金所得"项目征收个人所得税。选项C，作者去世后，财产继承人取得的遗作稿酬，按"稿酬所得"项目征收个人所得税。

5. CDE 【解析】选项A，按照"经营所得"缴纳个人所得税。选项B，按照"工资、薪金所得"缴纳个人所得税。

6. ABD 【解析】由于出版时作者署名，翻译人员没有署名，所以作者所得属于"稿酬所得"，翻译人员所得属于"劳务报酬所得"，作者应预扣预缴的个人所得税 = 10×（1-20%）×70%×20% = 1.12（万元）；翻译人员应预扣预缴的个人所得税 = 2×（1-20%）×20% = 0.32（万元）。

考点二 纳税人和税率

1. D 【解析】选项A、B、C，属于来源于境外的所得。

2. B 【解析】选项B，许可各种特许权在中国境内使用而取得的所得，属于来源于境内的所得，应向我国缴纳个人所得税。选项A、C、D，属于来源于境外的所得，不需要向我国缴纳个人所得税。

3. B 【解析】2023年在中国境内居住累计不满183天，属于非居民个人；2024年在中国境内居住累计满183天，所以2024年为居民纳税人。

4. BE 【解析】选项 B，个体工商户对外投资的所得按照"利息、股息、红利所得"计征个人所得税。选项 E，承租人对企业经营成果不拥有所有权，仅按合同（协议）规定取得一定所得的，应按"工资、薪金所得"计征个人所得税。

考点三 应纳税所得额的确定

ACDE 【解析】选项 B，个人捐赠住房作为公共租赁住房，符合税收法律法规规定的，对其公益性捐赠支出未超过其申报的应纳税所得额30%的部分，准予从其应纳税所得额中扣除。全额扣除的情形有：①红十字事业；②福利性、非营利性老年机构；③教育事业；④公益性青少年活动场所；⑤农村义务教育的捐赠；⑥宋庆龄基金会等六家；⑦中国医药卫生事业发展基金会、教育发展基金会、老龄事业发展基金会和中华健康快车基金会；⑧向特定地震灾区的捐赠。

考点四 减免税优惠

1. D 【解析】选项 A、B、C，依照个人所得税的规定，均需照常纳税。

2. ABCE 【解析】选项 D，对个人购买社会福利彩票和体育彩票，一次中奖收入不超过1万元暂免征收个人所得税。

3. ABCD 【解析】选项 A，个人在银行及其他储蓄机构开设的用于支付电话、水、电、煤气等有关费用，或用于购买股票等方面的投资、生产经营业务往来结算以及其他用途的资金账户孳生的利息，属于储蓄存款利息所得性质，适用储蓄存款利息所得暂免征收个人所得税优惠政策。选项 B、C，国债和国家发行的金融债券利息免征个人所得税。选项 D，对个人取得的教育储蓄存款利息所得以及国务院财政部门确定的其他专项储蓄存款或储蓄型专项基金存款的利息所得，免征个人所得税。选项 E，按照"利息、股息、红利"所得计算缴纳个人所得税。

考点五 居民个人综合所得应纳税额的计算

1. A 【解析】居民个人来源于中国境外的综合所得，应当与境内综合所得合并计算应纳税额。劳务报酬所得、稿酬所得以收入减除20%的费用后的余额为收入额；稿酬所得的收入额减按70%计算。陶某当年应缴纳个人所得税 = [140 000×(1-20%)+20 000×(1-20%)×70%-60 000]×10%-2 520 = 3 800（元）。

2. A 【解析】居民个人取得综合所得，以每年收入额减除费用60 000元以及专项扣除、专项附加扣除和依法确定的其他扣除后的余额，为应纳税所得额。

考点六 非居民个人应纳税所得额的确定和应纳税额的计算

1. B 【解析】应代扣代缴个人所得税 = 100 000×(1-20%)×70%×35%-7 160 = 12 440（元）。

2. D 【解析】选项 A、B，非居民个人当月取得工资、薪金所得，以规定计算的当月收入额减去税法规定的减除费用后的余额，为应纳税所得额，不扣除专项附加适用个人所得税月度税率表计算应纳税额。选项 C，非居民个人取得的工资、薪金所得按月计征；非居民个人取得的股息红利所得按次计征，扣缴义务人应分别代扣代缴税款。选项 D，非居民个人取得工资、薪金所得，有扣缴义务人的，由扣缴义务人按月代扣代缴税款，不办理汇算清缴。

考点七 综合所得的专项附加扣除和其他扣除

1. A 【解析】在一个纳税年度内,纳税人发生的与基本医保相关的医药费用支出,扣除医保报销后个人负担(指医保目录范围内的自付部分)累计超过 15 000 元的部分,由纳税人在办理年度汇算清缴时,在 80 000 元限额内据实扣除。张某个人负担的部分 = 21.5 − 12 = 9.5(万元),其中超过 1.5 万元的部分 = 9.5 − 1.5 = 8(万元)。

2. B 【解析】专项附加扣除,包括个人的 3 岁以下婴幼儿照护、子女教育、继续教育、大病医疗、住房贷款利息或者住房租金、赡养老人支出。选项 B,属于依法确定的其他扣除。

3. A 【解析】选项 B,住房贷款利息,扣除期限最长不超过 240 个月。选项 C,子女教育,扣除时间为子女满 3 周岁当月至全日制学历教育结束的当月。选项 D,纳税人接受技能人员职业资格继续教育、专业技术人员职业资格继续教育支出,在取得相关证书的当年定额扣除。

4. ABCE 【解析】选项 D,同一学历(学位)继续教育的扣除期限不能超过 48 个月。

考点八 无住所个人所得税的计算

1. C 【解析】无住所个人为对方税收居民个人,其取得的工资、薪金所得可享受境内受雇所得协定待遇的,可不缴纳个人所得税,工资、薪金收入额计算适用"非居民个人(非高管)境内居住时间累计不超过 90 天的情形"的计算公式:
当月工资、薪金收入额 = 当月境内支付工资、薪金数额×(当月工资、薪金所属工作期间境内工作天数÷当月工资、薪金所属工作期间公历天数)(简化后公式)
应纳税额 = (81 000×10÷30 − 5 000)×20% − 1 410 = 2 990(元)。

2. D 【解析】选项 D,凡境内雇主采取核定征收所得税或者无营业收入未征收所得税的,无住所个人(非高管)为其工作取得工资、薪金所得,不论是否在该境内雇主会计账簿中记载,均视为由该境内雇主支付或者负担。

考点九 经营所得应纳税额的计算

1. B 【解析】税法规定,个体工商户为从业人员缴纳的补充养老保险费、补充医疗保险费,分别在不超过从业人员工资总额 5% 标准内的部分据实扣除;超过部分,不得扣除。该个体工商户允许税前扣除的从业人员补充养老保险限额 = 105×5% = 5.25(万元)。

2. A 【解析】个人独资企业生产经营费用与其家庭生活费用无法划分,不得税前扣除。

3. D 【解析】选项 A、B、C,是可以税前扣除的。其中选项 C,企业生产经营和投资者及其家庭生活共用的固定资产,难以划分的,由主管税务机关根据企业的生产经营类型、规模等具体情况,核定准予税前扣除的折旧费用数额或比例。

4. ABCD 【解析】选项 A、B、C、D,个人依法从事办学、医疗、咨询以及其他有偿服务活动取得的所得,从事个体出租车运营的出租车驾驶员取得的收入,按照经营所得征税。选项 E,个体工商户或个人专营种植业、养殖业、饲养业、捕捞业,不征收个人所得税。

5. ACDE 【解析】选项 B,个人独资企业投资者及其家庭发生的生活费用与企业生产经营费用混合在一起，并且难以划分的，全部视为投资者个人及其家庭发生的生活费用，不允许在税前扣除。

考点十 利息、股息、红利所得的计税方法

D 【解析】对个人持有的上市公司限售股解禁后取得的股息、红利按照规定计算纳税。持股时间自解禁日起计算；解禁前取得的股息、红利继续暂减按50%计入应纳税所得额，适用20%的税率计征个人所得税。解禁前的股息红利应缴纳的个人所得税 = 800×50%×20% = 80(万元)。解禁后的股息红利，因持股期限在1个月以上至1年(含1年)的，暂减按50%计入应纳税所得额，因此应缴纳的个人所得税 = 200×50%×20% = 20(万元)。应缴纳的个人所得税合计 = 80+20 = 100(万元)。

考点十一 财产租赁所得的计税方法

B 【解析】有关财产租赁所得个人所得税税前扣除税费的扣除次序调整为：①财产租赁过程中缴纳的税费；②向出租方支付的租金；③由纳税人负担的租赁财产实际开支的修缮费用；④税法规定的费用扣除标准。

考点十二 财产转让所得的计税方法

D 【解析】商品房及其他住房，转让的住房在转让前实际发生的装修费用，最高扣除限额为房屋原值的10%。房屋原值 = 200×(1+1%) = 202(万元)。应纳个人所得税 = (260-202-202×10%)×20% = 7.56(万元)。

考点十三 偶然所得的计税方法

1. A 【解析】企业赠送的礼品是自产产品(服务)的，按该产品(服务)的市场销售价格确定个人的应税所得；是外购商品(服务)的，按该商品(服务)的实际购置价格确定个人的应税所得。

2. A 【解析】偶然所得以每次收入额全额计税；直接捐赠不属于公益性捐赠，不得在税前扣除。因此杨某该笔奖金应缴纳个人所得税 = 2 000×20% = 400(元)。

3. C 【解析】偶然所得以每次取得的收入全额征税，郑某应缴纳个人所得税 = 30 000×20% = 6 000(元)。

考点十四 特殊情形下个人所得税的计税方法

1. C 【解析】选项A、B、D，居民个人来源于中国境外的利息、股息、红利所得，财产租赁所得，财产转让所得和偶然所得，不与境内所得合并，应当分别单独计算应纳税额。

2. B 【解析】单位统一组织为员工购买符合规定条件的商业健康保险，应分别计入员工个人工资、薪金，视同个人购买，在不超过200元/月的标准内按月扣除。应纳税所得额 = 20 000×12-60 000-3 000×12+800×5-200×5 = 147 000(元)，适用税率20%，速算扣除数为16 920元，应纳税额 = 147 000×20%-16 920 = 12 480(元)。

3. D 【解析】个人在办理内部退养手续后从原任职单位取得的一次性补贴收入，不需纳入综合所得进行年度汇算。计税时，按照办理内部退养手续后至法定离退休

年龄之间的所属月份进行平均后的商数,先与当月工资合并查找税率、计算税额,再减除当月工资收入应缴的税额,即为该项补贴收入应纳税额。120 000÷48+5 500-5 000=3 000(元),适用3%税率。

将当月工资5 500元加上当月取得的一次性补贴收入120 000元,减去费用扣除标准5 000元,计算税款=(5 500+120 000-5 000)×3%=3 615(元)。

模拟计算单月工资应缴纳的税款=(5 500-5 000)×3%=15(元)。

故曲某内部退养补贴收入应缴纳的税款=3 615-15=3 600(元)。

4. D 【解析】因个人持有限售股中存在部分限售股成本原值不明确,导致无法准确计算全部限售股成本原值的,证券登记结算公司一律以实际转让收入的15%作为限售股成本原值和合理税费。对个人持有的上市公司限售股,解禁后取得的股息、红利,按照规定计算纳税,持股时间自解禁日起计算;解禁前取得的股息、红利继续暂减按50%计入应纳税所得额,适用20%的税率计征个人所得税。

应纳个人所得税=20×50%×20%+600×(1-15%)×20%=104(万元)。

5. C 【解析】应缴纳的个人所得税=(160 000÷2-60 000)×3%×2=1 200(元)。

6. D 【解析】王某应缴纳的个人所得税=(87 500-10 000×3)×10%-2 520=3 230(元)。

7. ABE 【解析】选项C,同时发生按30%限额扣除和全额扣除的公益捐赠支出,自行选择扣除次序。选项D,居民个人取得劳务报酬所得、稿酬所得、特许权使用费所得的,预扣预缴时不扣除公益捐赠支出,统一在汇算清缴时扣除。

8. ABC 【解析】选项D,公司职工取得的用于购买企业国有股权的劳动分红,按"工资、薪金所得"纳税。选项E,转让原始股按"财产转让所得"纳税。

考点十五 征收管理

BCDE 【解析】实行个人所得税全员全额扣缴申报的应税所得包括:①工资、薪金所得;②劳务报酬所得;③稿酬所得;④特许权使用费所得;⑤利息、股息、红利所得;⑥财产租赁所得;⑦财产转让所得;⑧偶然所得。

综合拓展

1. (1)A 【解析】应纳印花税=5 000×(12×3-1)×0.1‰×50%=87.5(元)。

   提示 该文印社适用"六税两费"减半优惠政策。

   (2)D 【解析】扣除限额=10×3×5%=1.5(万元),周某缴纳补充养老保险3.5万元,只能按1.5万元扣除。

   提示 个体工商户业主本人缴纳的补充养老保险、补充医疗保险,以当地(地级市)上年度社会平均工资的3倍为计算基数,分别在不超过该计算基数5%标准内的部分据实扣除;超过部分,不得扣除。

   (3)C 【解析】文印社的应税经营所得=142-20-2.5-1.5-56=62(万元)。

   (4)A 【解析】对个体工商户年应纳税所得额不超过200万元的部分,减半征收个人所得税。经营所得应纳个人所得税=[(620 000-60 000)×35%-65 500]×50%=65 250(元)。

   (5)C 【解析】如果在综合所得中减除费用6万元,工资、薪金所得为5万元,综

273

合所得无须缴纳个人所得税。

经营所得应纳个人所得税=(620 000×35%-65 500)×50%=75 750(元)。

(6)ADE　【解析】取得经营所得的个人,没有综合所得的,计算其每一纳税年度的应纳税所得额时,应当减除费用6万元、专项扣除、专项附加扣除以及依法确定的其他扣除。专项附加扣除在办理汇算清缴时减除。同时取得综合所得和经营所得的纳税人,可在综合所得或经营所得中申报减除费用6万元、专项扣除、专项附加扣除以及依法规定的其他扣除,但不得重复申报减除。

2.(1)A　【解析】2024年张某出租仓库应缴纳房产税=[5 000 000×(1-20%)×1.2%÷12×11+20 000×12%]×50%=23 200(元)。

应缴纳印花税=20 000×(12×2-2)×1‰×50%=220(元)。

张某合计应缴纳仓库的房产税和印花税=23 200+220=23 420(元)。

(2)C　【解析】张某出租仓库应缴纳个人所得税=(20 000-20 000×12%×50%-220)×(1-20%)×20%=2 972.8(元)。

(3)A　【解析】个人独资企业对外投资分回的利息或者股息、红利,不并入企业的收入,而应单独作为投资者个人取得的利息、股息、红利所得,按利息、股息、红利所得项目计征个人所得税。

(4)B　【解析】可以扣除的主营业务成本=70-10=60(万元)。

业务招待费扣除限额1=6×60%=3.6(万元),扣除限额2=120×5‰=0.6(万元),业务招待费只能扣除0.6万元。可以扣除的管理费用=10-6+0.6=4.6(万元)。

可扣除的主营业务成本和管理费用合计=60+4.6=64.6(万元)。

(5)B　【解析】经营所得应纳税所得额=120-60-3-18-4.6-8-5+60-6=75.4(万元)。

张某经营所得应缴纳个人所得税=75.4×35%-6.55=19.84(万元)。

(6)BDE　【解析】选项A,投资者兴办两个或两个以上企业的,并且企业性质全部是独资的,年度终了后汇算清缴时,其应纳税额的具体计算方法为:汇总其投资兴办的所有企业的经营所得作为应纳税所得额,以此确定适用税率,计算出全年经营所得的应纳税额,再根据每个企业的经营所得占所有企业经营所得的比例,分别计算出每个企业的应纳税额和应补缴税额。选项C,投资者兴办两个或两个以上企业的,企业的年度经营亏损不能跨企业弥补。

3.(1)ABDE　【解析】初创科技型企业,应同时符合以下条件:①在中国境内(不包括港、澳、台地区)注册成立、实行查账征收的居民企业;②接受投资时,从业人数不超过300人,其中具有大学本科以上学历的从业人数不低于30%、资产总额和年销售收入均不超过5 000万元;③接受投资时设立时间不超过5年(60个月);④接受投资时以及接受投资后2年内未在境内外证券交易所上市;⑤接受投资当年及下一纳税年度,研发费用总额占成本费用支出的比例不低于20%。

(2)A　【解析】可以抵扣的投资额=1 000×50%×70%=350(万元)。法人合伙人可以按照对初创科技型企业投资额的70%抵扣法人合伙人从合伙创投企业分得的所得,分得的所得=400×60%=240(万元),所以实际只能抵扣240万元。

(3) B 【解析】乙企业缴纳企业所得税=(500+400×60%-240)×25%=125(万元)。

(4) A 【解析】业务招待费扣除限额1=80×60%=48(万元);扣除限额2=2 000×0.5%=10(万元),可以扣除的业务招待费为10万元。张某个人的工资不得税前扣除。个人独资企业应纳税所得额=2 000-820-490+80-10-8+36-6=782(万元)。

(5) D 【解析】可以抵扣的投资额=1 000×50%×70%=350(万元)。个人合伙人可以按照对初创科技型企业投资额的70%抵扣个人合伙人从合伙创投企业分得的经营所得,分得的所得只有400×40%=160(万元),所以实际只能抵扣160万元。

(6) D 【解析】经营所得应纳个人所得税=(782+160-160)×35%-6.55=267.15(万元)。

亲爱的读者,你已完成本章15个考点的学习,本书知识点的学习进度已达39%。

第三章　国际税收

重要程度：次重点章节　　分值：15分左右

考试风向

▶ 考情速递

本章涉及的内容对大多数考生来说平时接触的不多，加之教材内容比较抽象，对初学者来说有一定难度，备考中要注意以理解为主，抓住重点。从考试角度看，主要考查以考点的记忆为主，也会涉及相关计算。考查题型包括单选题、多选题和计算题。

▶ 2025年考试变化

新增：(1)消极所得部分，特许权使用费中，税收协定特许权使用费条款规定的适用范围、专有技术使用权转让适用协定条款的补充规定。
(2)我国对外签署税收协定的典型条款中董事费的相关规定。
(3)设立机构、场所的非居民企业企业所得税汇算清缴管理规定。

调整：(1)我国对外签署税收协定的典型条款中，转让主要由不动产组成的公司股权、转让公司股权(主要由不动产构成的股权除外)、受雇所得内容(重新编写)。
(2)中国税收居民证明的开具管理内容。
(3)享受税收饶让抵免税额的确定的内容。

▶ 脉络梳理

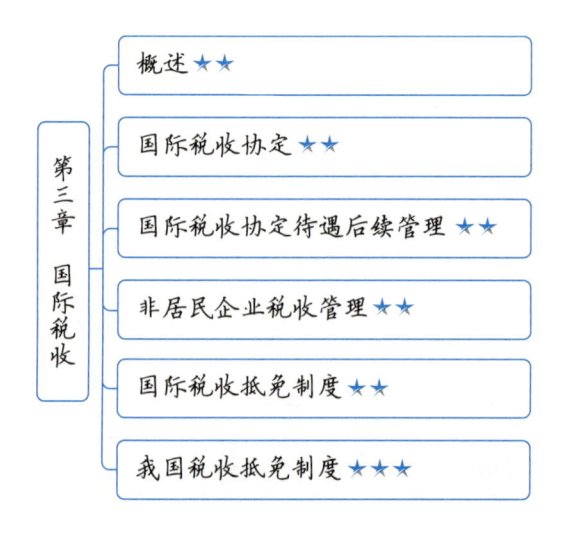

第三章　国际税收
- 概述 ★★
- 国际税收协定 ★★
- 国际税收协定待遇后续管理 ★★
- 非居民企业税收管理 ★★
- 国际税收抵免制度 ★★
- 我国税收抵免制度 ★★★

```
第三章 国际税收
├── 国际避税与反避税 ★
└── 国际税收征管协作 ★
```

考点详解及精选例题

考点一 概述 ★★

(一)国际税收概念

国际税收是指对两个或两个以上国家之间开展<u>跨境交易行为征税</u>的一系列税收法律规范的总称。

提示

(1)国际税收产生的基础是国家间对商品服务、所得、财产课税的制度差异。

(2)国际税收的实质是国家之间的税收分配关系和税收合作关系。

(3)跨境交易从资本或资源的输入、输出角度,可以分为"出境交易"和"入境交易"。"出境交易"指的是资本或资源从本国输出到外国的交易,"出境交易"主要涉及对居民纳税人的境外所得征税的问题。"入境交易"指的是资本或资源从某一外国输入到本国的交易。"入境交易"主要涉及对非居民纳税人的境内所得征税的问题。

(4)避免国际重复征税和防范国际避税,可由一国通过国内立法单方面采取措施进行,但如果通过国家间签订税收协定,以双边或多边方式采取措施可以提高国际税收治理的效率。

(二)国际税收原则

(1)单一课税原则:跨境交易产生的收入只应被课征一道税和至少应被课征一道税。

(2)受益原则:纳税人以从政府公共支出中获得的利益多少作为税收负担分配的标准。

提示

(1)国际税收规则将跨境交易中的积极所得的征税权主要给予来源国,将消极所得的征税权主要给予居住国。

积极所得指主要通过生产经营活动取得的收入。

消极所得指主要通过投资活动取得的收入。

（2）在跨境交易中，个人主要获得的是投资所得，企业主要获得的是生产经营所得。按受益原则，居住国更关心对个人的征税权，将对个人的征税权分配给居住国比较合理，应将对企业的征税权分配给来源国。

（3）按单一原则和受益原则，所有跨境交易所得，至少应当按照来源国的税率征税，且不应当超过居住国的税率。

（4）单一课税原则和受益原则是国际税收问题谈判的出发点，也是来源国和居民国税收管辖权分配的国际惯例。

（3）国际税收中性原则：国际税收规则不应该对涉外纳税人跨国经济活动的区位选择及企业的组织形式等产生影响。

提示
（1）从来源国的角度看，为资本输入中性；资本输入中性要求位于同一国家的本国投资者和外国投资者在相同税前所得情况下适用相同的税率。

（2）从居住国的角度看，为资本输出中性；资本输出中性要求税法既不鼓励也不阻碍资本的输出，使国内投资者和海外投资者在相同税前所得情况下适用相同的税率。

（三）国际税法原则

（1）优先征税原则：国际税收关系中，确定将某项课税客体归属于来源国，由来源国优先行使征税权的原则。

（2）独占征税原则：签订国际税收协定时，将某项税收客体排他性地归属于某一国，由该国单独行使征税权力的原则。

独占征税原则常用于调整由国际经济活动产生的国家与纳税人之间的税收法律关系和国家之间的税收权益分配关系。

（3）税收分享原则：在签订国际税收协定时，将某些课税客体划归缔约国双方，由双方共同征税的原则。

（4）无差异原则：对外国纳税人和本国纳税人实行平等对待，使两者在征收范围、税率和税收负担方面保持基本一致。

提示 无差异原则在税制结构大体一致的国家间可以起到促进资本自由流动的作用。但对于税制结构差异较大的国家，由于税负水平悬殊，很难起到促进资本自由流动的作用。因此，发达国家多实行无差异原则，并将其作为本国制定涉外税制的基本原则；而发展中国家在不违背国际惯例的前提下，多根据本国的实际情况确定对本国有利的涉外税收原则。

（四）税收管辖权

1. 税收管辖权的概念和分类

（1）税收管辖权是一国政府在征税方面的主权，它体现在一国政府有权决定对哪些人征税、征何种税、征多少税及如何征税等方面。

老杨唠啵唠

国际税收原则解决按什么标准征税、国家间如何分配征税权的问题；国际税法原则是处理国际税收问题的基本信念和习惯，要求考生熟悉国际税收和国际税法各项原则的含义，并可以正确区分哪些原则属于国际税收原则，哪些原则属于国际税法原则。

（2）在国际税收实践中，各国都是以纳税义务人或征税对象与本国的主权存在着某种属人或属地性质的连接因素，作为行使税收管辖权的前提或依据，税收居所是属人性质的连接因素，所得来源地是属地性质的连接因素。

（3）税收管辖权分为三类：收入来源地管辖权（又称地域管辖权）、居民管辖权（大多数国家采用）和公民管辖权（又称国籍税收管辖权，包括个人、团体、企业、公司）。

国际重复征税问题产生的主要原因：税收管辖权的重叠。

税收管辖权重叠的形式：收入来源地管辖权与居民管辖权的重叠、居民管辖权与居民管辖权的重叠、收入来源地管辖权与收入来源地管辖权的重叠。

2. 约束税收管辖权的国际惯例

（1）约束居民管辖权的国际惯例，见表3-1。

表3-1　约束居民管辖权的国际惯例

项目	判定标准
自然人居民身份的判定标准	（1）法律标准（意愿标准）。 （2）住所标准（户籍标准）：永久性住所或习惯性居所。 （3）停留时间标准
法人居民身份的判定标准	（1）注册地标准（美国、加拿大为代表）。 （2）实际管理和控制中心所在地标准：强调法人权力中心的重要性（英国、德国、新加坡等为代表）。 （3）总机构所在地标准：强调法人组织结构主体的重要性（日本、法国为代表）。 （4）控股权标准（资本控制标准）

（2）约束收入来源地管辖权的国际惯例。

a. 经营所得的来源地的确定。

经营所得来源地判定标准主要为两种，常设机构标准和交易地点标准。

提示　常设机构的利润确定，可分为利润范围的确定和利润计算。利润范围的确定一般采用归属法和引力法；利润的计算常采用利润分配法和利润核定法。利润范围和利润计算，见表3-2。

表3-2　利润范围和利润计算

项目	方法	具体规定
利润范围	归属法	常设机构所在国行使收入来源地管辖权课税，仅以归属于该常设机构的营业利润为课税范围，而不能扩大到对该常设机构所依附的对方国家企业来源于其国内的营业利润
	引力法	常设机构所在国除以归属于该常设机构的营业利润为课税范围以外，对并不通过该常设机构，但经营的业务与该常设机构经营相同或同类取得的所得，也要归属该常设机构中合并征税

(续表)

项目	方法	具体规定
利润计算	利润分配法	按企业总利润的一定比例确定其设在非居住国的常设机构所得
	利润核定法	常设机构所在国按该常设机构的营业收入额核定利润或者按经费支出额来推算利润,并以此作为行使收入来源地管辖权的课税范围

b. 劳务所得来源地的判定标准,见表3-3。

表3-3 劳务所得来源地的判定标准

项目	判定标准
独立个人劳务所得	包括:①固定基地标准;②停留期间标准;③所得支付者标准。 **提示** 独立劳务所得具有独立性和随意性
非独立个人劳务所得	包括:①停留期间标准;②所得支付者标准
其他类型的劳务所得	董事费:国际上通行的做法是按所得支付地标准确认支付董事费的公司所在国有权征税
	跨国从事演出、表演或参加比赛的演员、艺术家和运动员,国际上通行的做法是由活动所在国行使收入来源地管辖权征税

c. 其他所得来源地的判定标准,见表3-4。

表3-4 其他所得来源地的判定标准

项目	判定标准
投资所得	包括:①权利提供地标准(反映了居住国或国籍国的利益);②权利使用地标准(代表着非居住国的利益);③双方分享征税权利(国际通常标准)
不动产所得	以不动产所在地或坐落地为判定标准
财产转让所得	包括:①出售动产收益,由转让者的居住国征税;②不动产转让所得,由不动产的坐落地国家征税;③转让或出售常设机构的营业财产或从事个人独立劳务的固定基地财产,由其所属常设机构或固定基地所在国征税;④转让或出售从事国际运输的船舶、飞机,由船舶、飞机企业的居住国征税;⑤转让或出售公司股票所取得的收益,在国际税收实践中存在较大分歧
遗产继承所得	包括:①不动产或有形动产,以其物质形态的存在国为遗产所在地,由遗产所在国对遗产所得行使收入来源地管辖权征税;②股票或债权,以其发行者或债务人的居住国为遗产所在地,由遗产所在国对遗产所得行使收入来源地管辖权征税

考点二 国际税收协定 ★★

(一)国际税收协定概念

国际税收协定,是两个或两个以上主权国家或税收管辖区通过谈判缔结的书面协议,目的是协调相互之间的税收管辖关系和处理有关税务问题。

提示

(1)税收协定主要是通过降低所得来源国税率或提高征税门槛,来限制其按照国内税收法律征税的权利,同时规定居民国对境外已纳税所得给予税收抵免。税收协定还可通过"主要目的测试"解决协定滥用。

(2)税收协定的税种范围主要包括所得税,部分协定中还包括财产税。原则上,协定只适用于协定税种范围条款所规定的税种,但也有例外。

(3)税收协定中人的范围主要包括个人、公司和其他团体,部分协定中还包括合伙企业等。

(二)我国对外签署税收协定典型条款介绍

根据有关文件的规定,我国对外所签协定有关条款规定与《中华人民共和国政府和新加坡共和国政府关于对所得避免双重征税和防止偷漏税的协定》(以下简称《中新税收协定》)条款规定内容一致的,《中新税收协定》条文解释规定同样适用于其他协定相同条款的解释及执行;《中新税收协定》条文解释与此前下发的有关税收协定解释与执行文件不同的,以《中新税收协定》条文解释为准。我国对外所签税收协定有关条款规定与《中新税收协定》条款规定内容不一致的,应以税收协定具体条款规定为准。

以下选取《中新税收协定》部分典型条款进行介绍。

1. 税收居民

我国对外签订的税收协定,对居民一般性条款主要表述为:在《中新税收协定》中,"缔约国一方居民"指的是按照该缔约国法律,由于住所、居所、成立地、管理机构所在地,或者其他类似的标准,在该缔约国负有纳税义务的人,并包括该缔约国及其行政区或地方当局。但是,这一用语不包括仅因来源于该缔约国的所得或财产收益而在该缔约国负有纳税义务的人。

(1)加比规则。

同一人有可能同时为缔约国双方居民。为了解决这种情况下个人最终居民身份的归属,税收协定普遍采取"加比规则",该规则的使用是有先后顺序的,只有当使用前一标准无法解决问题时,才使用后一标准。

公司及其他团体的双重居民身份冲突协调规则,一般以实际管理机构作为依据判定。有些协定没有加比原则,需要根据协定条款的其他规定,例如根据协商条款进行处理。

(2)个人居民身份的判定(有先后顺序)。

包括：①永久性住所；②重要利益中心；③习惯性居处；④国籍。

【例题1·单选题】（2024年）依据《中新税收协定》，个人在缔约国双方均有永久性居住场所，且无法确定重要的经济利益中心所在国，按加比规则，确定居民身份判定的标准是（　　）。

A. 缔约国双方居民自行选择　　　　B. 依据国籍确定

C. 缔约国双方协商确定　　　　　　D. 习惯性居处

解析 在出现以下两种情况之一时，应采用习惯性居处的标准来判定个人居民身份的归属：①个人在缔约国双方均有永久性住所且无法确定重要经济利益中心所在国；②个人的永久性住所不在缔约国任何一方，比如该个人不断地穿梭于缔约国一方和另一方旅馆之间。

（3）公司及其他团体居民身份判定依据。

实际管理机构所在地，指实质上作出有关企业整体经营关键性的管理与商业决策之地。通常理解为最高层人员例如董事会作出决策所在地。一个实体可以有多个管理机构所在地，但是只能有一个实际管理机构所在地。

2. 常设机构

（1）营业场所常设机构的判定。

常设机构是指一个相对固定的营业场所。通常情况下，具备以下特点：

a. 该营业场所是实质存在的。

b. 该营业场所是相对固定的，并且在时间上具有一定的持久性。

c. 全部或部分的营业活动是通过该营业场所进行的。

（2）准备性或辅助性活动场所常设机构的判定。

缔约国一方企业在缔约国另一方仅由于仓储、展览、采购及信息收集等活动的目的设立的具有准备性或辅助性的固定场所，不应被认定为常设机构。

提示

（1）从事"准备性或辅助性"活动的场所通常具备以下特点：

a. 该场所不独立从事经营活动，且其活动也不构成企业整体活动基本的或重要的组成部分。

b. 该场所进行的活动，仅为本企业服务，不为其他企业服务。

c. 其职责限于事务性服务，且不起直接营利作用。

（2）形式上符合上述规定，但从其业务实质看仍应认定为常设机构的情形，例如：

a. 某新加坡企业的主营业务是为客户提供采购服务并收取服务费，该企业在中国设立办事处，为其在中国进行采购活动。这种情况下，由于该办事处业务性质与新加坡企业总部的业务性质完全相同，所以该办事处的活动不是准备性或辅助性的。

b. 某新加坡企业在中国境内设立固定场所，维修、保养该企业销售给中国客户的机器设备，或专为中国客户提供零配件。这种情况下，因其从事的

答案
例题1｜D

活动是企业总部为客户服务的基本及重要组成部分,所以该固定场所的活动不是准备性或辅助性的。

c. 某新加坡企业在中国设立从事宣传活动的办事处,该办事处不仅为本企业进行业务宣传,同时也为其他企业进行业务宣传。这种情况下,该办事处的活动不是准备性或辅助性的。

(3)如果某固定场所既从事协定规定的不构成常设机构的活动,也从事构成常设机构的活动,则应视其构成常设机构,并对这两项营业活动的所得合并征税。

(3)管理场所、开采自然资源场所常设机构的判定。

a. 管理场所,是指代表企业负有部分管理职责的办事处或事务所等场所,不同于总机构,也不同于作为判定居民公司标准的"实际管理机构"。

b. 矿场、油井或气井、采石场或者其他开采自然资源的场所,是指经过投资,拥有开采经营权或与之相关的合同权益,并从事生产经营的场所。至于为勘探或开发上述矿藏资源的承包工程作业,则应根据作业持续的时间是否超过6个月来判断其是否构成常设机构。

(4)工程型常设机构的判定。

建筑工地,建筑、装配或安装工程,或者与其有关的监督管理活动,仅以该工地、工程或活动连续6个月以上为限(不含6个月,跨年度的应连续计算)。

提示

(1)起止日期:从实施合同(包括一切准备活动)开始之日起,至作业(包括试运行作业)全部结束交付使用之日止计算。

(2)"与其有关的监督管理活动"既包括在项目分包的情况下,由分承包商进行作业,总承包商负责指挥监督的活动;也包括独立监理企业从事的监督管理活动。前者时间的计算与整个工地、工程的持续时间一致;后者应视其为独立项目,并根据其负责监理的工地、工程或项目的持续时间进行活动时间的判定。

(3)如果新加坡企业在中国一个工地或同一工程连续承包两个及两个以上作业项目,应从第一个项目作业开始至最后完成的作业项目止计算其在中国进行工程作业的连续日期,不以每个工程作业项目分别计算。

(4)对工地、工程或者与其有关的监督管理活动开始计算其连续日期以后,因故中途停顿作业,但工程作业项目并未终止或结束,人员和设备物资等也未全部撤出,应持续计算其连续日期,不得扣除中间停顿作业的日期。

(5)如果企业将承包工程作业的一部分转包给其他企业,分包商在建筑工地施工的时间应算作总包商在建筑工程上的施工时间。

(5)劳务型常设机构的判定。

企业通过雇员或雇佣的其他人员在缔约国一方提供的劳务活动,包括咨询劳务活动,但仅以该性质的活动(为同一项目或相关联的项目)在任何12个月中连续或累计超过183天以上为限。

提示

(1) 同一企业从事的有商业相关性或连贯性的若干个项目应视为"同一项目或相关联的项目"。判断若干个项目是否为关联项目时,应考虑下列因素:

a. 这些项目是否被包含在同一个总合同里。

b. 如果这些项目分属于不同的合同,这些合同是否与同一人或相关联的人所签订;前一项目的实施是否是后一项目实施的必要条件。

c. 这些项目的性质是否相同。

d. 这些项目是否由相同的人员实施等。

(2) 以该企业派其雇员为实施服务项目第一次抵达中国之日期起至完成并交付服务项目的日期止作为计算期间,计算相关人员在中国境内的停留天数。

(3) 按所有雇员为同一个项目提供劳务活动不同时期在中国境内连续或累计停留的时间来掌握,对同一时间段内的同一批人员的工作不分别计算。

(4) 如果同一个项目历经数年,新加坡企业只在某一个"12个月"期间派雇员来中国境内提供劳务超过183天,而在其他期间内派人到中国境内提供劳务未超过183天,仍应判定该企业在中国构成常设机构。

(5) 不具有法人资格的中外合作办学机构,以及中外合作办学项目中开展教育教学活动的场所构成税收协定缔约对方居民在中国的常设机构。

(6) 代理型常设机构的判定。

缔约国一方企业通过代理人在另一方进行活动,如果代理人有权并经常行使这种权力以该企业的名义签订合同,则该企业在缔约国另一方构成常设机构。

提示

(1) "合同"是指与被代理企业经营活动本身相关的业务合同。如果代理人有权签订的是仅涉及企业内部事务的合同,则不能仅凭此认定其构成企业的常设机构。

(2) 如果该活动仅限于准备性或辅助性范围,则不构成企业的非独立代理人(或常设机构)。

(7) <u>独立代理人</u>不构成常设机构。

如果该代理人是专门从事代理业务的(一般称为独立代理人),则不应因此视其代理的企业在缔约国另一方构成常设机构。

提示 属于独立代理人,不构成被代理企业的常设机构的判断条件:

(1) 该代理人在法律上和经济上独立于被代理企业。

(2) 独立代理人在代表企业进行活动时,一般按照常规进行自身业务活动,不从事其他经济上归属于被代理企业的活动。

(8) 子公司构成母公司常设机构的判定。

母公司通过投资设立子公司,拥有子公司的股权等形成的控制或被控制关系,<u>不会</u>使子公司构成母公司的常设机构。

提示 母子公司间存在较为复杂的跨境人员及业务往来时，子公司可能构成母公司的常设机构。例如：子公司有权并经常以母公司名义签订合同，符合"非独立代理人"有关条件的，子公司构成母公司的常设机构。

【例题2·单选题】（2024年）根据《中新税收协定》，新加坡企业通过代理人在我国境内开展经营活动，代理人构成"非独立代理人"的是（　　）。

A. 仅从事信息收集活动

B. 有权代表被代理企业参与企业合同的制定，以该企业名义签订合同

C. 专门从事代理业务

D. 不仅为某一个企业代理业务，也为其他企业提供代理服务

解析 选项A，如果代理人在缔约国另一方的活动仅限于准备性或辅助性范围（由于仓储、展览、采购及信息收集等活动），则不构成企业的非独立代理人（或常设机构）。选项C、D，应认为是独立代理人。

3. 营业利润

缔约国一方企业在缔约国另一方的营业活动只有在构成常设机构前提下，缔约国另一方才能征税，并且只能就归属于常设机构的利润征税。

（1）新加坡企业在中国境内构成常设机构的，中国对该常设机构取得的利润拥有征税权，但应仅以归属于该常设机构的利润为限。"归属于该常设机构的利润"不仅包括该常设机构取得的来源于中国境内的利润，还包括其在中国境内外取得的与该常设机构有实际联系的各类所得，包括股息、利息、租金和特许权使用费等所得。

（2）营业利润的计算方法：独立企业原则，即对常设机构要作为一个独立的纳税实体对待，以公平市场价格为依据计算归属于该常设机构的利润。

（3）在计算常设机构利润时，为该常设机构发生的费用，不论发生于何处，都应允许扣除。包括有些不是直接体现为常设机构实际发生的费用，如总机构向常设机构分摊的行政和一般管理费用等。但这些费用必须是因常设机构发生的且分摊比例应在合理范围内。

（4）一般情况下，如果常设机构的独立账目可以真实反映其利润水平，应该按照该账目计算归属常设机构的利润。某些情况下，很难以独立账目为基础确定属于常设机构的利润时，可以依据公式分配企业的总利润，从而确定归属常设机构的利润。

（5）常设机构为本企业采购货物和商品，不视为常设机构在采购活动中取得利润，不应按利润归属的方法计算或核定常设机构在采购活动中获得利润。与此相对应，在计算常设机构的应纳税所得时，也不应列支其上述采购活动发生的费用。

4. 消极所得

（1）股息。

a. 股息优惠税率。

答案
例题2丨B

在受益所有人是公司(合伙企业除外)，并直接拥有支付股息公司至少25%资本的情况下，不应超过股息总额的5%。在其他情况下，不应超过股息总额的10%。

b. 股息和利息在某些特定情况下较难判定，通常应遵循实质重于形式的原则。一般情况下，各类债券所得不应视为股息。然而如果贷款人确实承担债务人公司风险，其利息可被视为股息。

对贷款人是否分担企业风险的判定通常可考虑如下因素：①该贷款大大超过企业资本中的其他投资形式，并与公司可变现资产严重不符；②债权人将分享公司的任何利润；③该贷款的偿还次于其他贷款人的债权或股息的支付；④利息的支付水平取决于公司的利润；⑤所签订的贷款合同没有对具体的偿还日期作出明确的规定。

存在上述情况时，借款人所在国可根据资本弱化的国内法规定将利息作为股息处理。

(2)利息。

利息的优惠税率(限制税率)：居民国对本国居民取得的来自缔约国另一方的利息拥有征税权，但这种征税权并不是独占的。利息来源国对利息也有征税的权利，但对利息来源国的征税权设定了最高税率，当受益所有人为银行或金融机构的情况下，利息的征税税率为7%，其他情况下利息的征税税率为10%。

(3)特许权使用费。

如果特许权使用费受益所有人是缔约国另一方居民，则所征税款不应超过特许权使用费总额的10%。对于使用或有权使用工业、商业、科学设备而支付的特许权使用费，按支付特许权使用费总额的60%确定税基。

提示 对"特许权使用费"一词的定义，需要从以下几个方面理解：

(1)特许权使用费既包括在有许可的情况下支付的款项，也包括因侵权支付的赔偿款。

(2)特许权使用费也包括使用或有权使用工业、商业、科学设备取得的所得，即设备租金。但不包括设备所有权最终转移给用户的有关融资租赁协议涉及的支付款项中被认定为利息的部分；也不包括使用不动产取得的所得。

(3)特许权使用费还包括使用或有权使用有关工业、商业、科学经验的情报取得的所得。

(4)在服务合同中，如果服务提供方在提供服务过程中使用了某些专门知识和技术，但并不许可这些技术使用权，则此类服务不属于特许权使用费范围。

(5)转让或许可专有技术使用权过程中，如果技术许可方派人员为该项技术的应用提供有关支持、指导等服务，并收取服务费，无论是单独收取还是包括在技术价款中，均应视为特许权使用费。但如上述人员的服务已构成常设机构，不适用本条款规定；对未构成常设机构或未归属于常设机构的服务收入仍按特许权使用费规定处理。

（6）单纯货物贸易项下作为售后服务的报酬，产品保证期内卖方为买方提供服务所取得的报酬，专门从事工程、管理、咨询等专业服务的机构或个人提供的相关服务所取得的所得不是特许权使用费，应作为劳务活动所得适用《中新税收协定》中营业利润的规定。

（7）专有技术使用权转让适用协定条款的补充规定。**新增**

转让专有技术使用权涉及的技术服务活动应视为转让技术的一部分，由此产生的所得属于税收协定特许权使用费范围。但根据协定关于特许权使用费受益所有人通过在特许权使用费发生国设立的常设机构进行营业，并且据以支付该特许权使用费的权利与常设机构有实际联系的相关规定，如果技术许可方派遣人员到技术使用方为转让的技术提供服务，并且提供服务时间已达到按协定常设机构规定标准，构成了常设机构，对归属于常设机构部分的服务收入应执行协定第七条营业利润条款的规定，对提供服务的人员执行协定非独立个人劳务条款的相关规定；对未构成常设机构的或未归属于常设机构的服务收入仍按特许权使用费规定处理。

5. 受雇所得 **调整**

我国目前对外签订的税收协定受雇所得条款，主要包括受雇所得的一般征税原则、受雇所得来源国免税的条件、国际运输活动受雇所得征税权的划分等三款。

（1）受雇所得的一般征税原则。

受雇所得应在缔约国一方居民个人从事受雇活动的所在国（地区）征税，即一般情况下缔约国一方居民因雇佣关系取得的工资、薪金报酬应在居民国征税。也就是说，新加坡居民在新加坡受雇取得的报酬应仅在新加坡纳税；但在中国从事受雇活动取得的报酬，中国可以征税。

（2）受雇所得来源国免税的条件。

受雇所得要在来源国（即劳务发生国）获得免税待遇必须同时满足三个条件（条件略）的情况下，受雇个人不构成在劳务发生国的纳税义务。反之，只要有一个条件未符合，就构成在劳务发生国的纳税义务。

（3）国际运输活动受雇所得征税权的划分。

在经营国际运输的船舶或飞机上从事受雇活动的人员取得的报酬，对其征税的原则在一定程度上遵循了《中新税收协定》海运和空运确立的原则，即在从事该项运输的企业为其居民的国家征税。

6. 艺术家和运动员

我国对外签订的税收协定中对缔约国一方居民，作为艺术家或者作为运动员，在缔约国另一方从事其个人活动取得的所得，活动所在国有无限征税权，即使艺术家和运动员从事活动的所得为其他人所收取，如演出经纪人、明星公司或演出团体等，来源国对该部分所得也有征税权。但在艺术家或者运动员从事特定的表演活动时，例如政府间的文化交流活动，所在国应予以免税。

演艺人员活动包括演艺人员从事的舞台、影视、音乐等各种艺术形式的活动；以演艺人员身份开展的其他个人活动（如演艺人员开展的电影宣传活动，演艺人员或运动员参加广告拍摄、企业年会、企业剪彩等活动）；具有娱乐性质的涉及政治、社会、宗教或慈善事业的活动。

演艺人员活动<u>不包括会议发言</u>，以及以随行行政、后勤人员（如摄影师、制片人、导演、舞蹈设计人员、技术人员以及流动演出团组的运送人员等）身份开展的活动。

在商业活动中进行具有演出性质的演讲不属于会议发言。

7. 国际运输——海运和空运

缔约国一方企业以船舶或飞机从事国际运输业务从缔约国另一方取得的收入，在缔约国另一方免予征税。

提示

(1) 从事国际运输业务取得的收入，是指企业以船舶或飞机经营客运或货运取得的收入，以及以程租、期租形式出租船舶或以湿租形式出租飞机（包括所有设备、人员及供应）取得的租赁收入。

企业从事以光租形式出租船舶或以干租形式出租飞机，以及使用、保存或出租用于运输货物或商品的集装箱（包括拖车和运输集装箱的有关设备）等租赁业务取得的收入不属于国际运输收入，但根据《中新税收协定》附属于国际运输业务的上述租赁业务收入应视同国际运输收入处理。

"附属"是指与国际运输业务有关且服务于国际运输业务，属于支持和附带性质。企业就其从事附属于国际运输业务的上述租赁业务取得的收入享受海运和空运条款协定待遇，应满足以下三个条件：①企业市场主体登记及相关凭证资料能够证明企业主营业务为国际运输；②企业从事的附属业务是其在经营国际运输业务时，从事的对主营业务贡献较小但与主营业务联系非常紧密、不能作为一项单独业务或所得来源的活动；③在一个会计年度内，企业从事附属业务取得的收入占其国际运输业务总收入的比例原则上不超过10%。

(2) 下列与国际运输业务紧密相关的收入应作为国际运输收入的一部分：①为其他国际运输企业代售客票取得的收入；②从市区至机场运送旅客取得的收入；③通过货车从事货仓至机场、码头或者后者至购货者间的运输，以及直接将货物发送至购货者取得的运输收入；④仅为其承运旅客提供中转住宿而设置的旅馆取得的收入。

(3) 非专门从事国际运输业务的企业，以其拥有的船舶或飞机经营国际运输业务取得的收入属于国际运输收入。

(4) 上述免税规定也适用于参加合伙经营、联合经营或参加国际经营机构取得的收入。

对于多家公司联合经营国际运输业务的税务处理,应由各参股或合作企业就其分得利润分别在其所属居民国纳税。

【例题3·单选题】（2023年）新加坡海运企业在中国和新加坡之间开展的国际运输业务,其涉税处理符合《中新税收协定》的是(　　)。

A. 企业从中国企业取得国际运输收入存于中国产生的利息,按利息收入在中国纳税

B. 企业为其他国际运输企业代售客票,从中国境内取得的收入,在中国免予征税

C. 企业以光租形式出租船舶给中国企业,从中国取得的按规定附属于国际运输业务的租赁业务收入应在中国纳税

D. 企业从事客运业务,从中国境内取得的收入,按国际运输收入在中国纳税

解析 选项A、C,视同国际运输收入,在中国免予征税。选项D,属于从事国际运输业务取得的收入,在中国免予征税。

8. 转让主要由不动产组成的公司股权 **调整**

转让一个公司财产股份的股票取得的收益,该公司的财产又主要直接或间接由位于缔约国一方的不动产所组成,可以在不动产所在国征税。

新加坡居民转让其在中国居民公司的股份取得的收益,在满足以下任一条件时,中国税务机关有权征税：

(1)被转让公司股份价值50%以上直接或间接由位于中国的不动产组成。

(2)新加坡居民在转让其中国公司股份行为发生前十二个月内曾直接或间接参与该中国公司至少25%资本。

9. 转让公司股权(主要由不动产构成的股权除外) **调整**

转让不动产组成的公司股份以外的其他股票取得的收益,该项股票又相当于参与缔约国一方居民公司25%的股权,可以在该缔约国一方征税。

10. 董事费 **新增**

我国对外签订的税收协定中"董事费"条款主要内容为：缔约国一方居民作为缔约国另一方居民公司的董事会成员取得的董事费和其他类似款项,可以在该缔约国另一方征税。

考点三 国际税收协定待遇后续管理 ★★ 一学多考|注

(一)受益所有人认定

1. 受益所有人

受益所有人：指对所得或所得据以产生的权利或财产具有所有权和支配权的人。

一般来说,下列因素不利于对申请人"受益所有人"身份的判定(消极因

老杨唠啵唠

学习这部分知识点时,很多考生一头雾水,老杨觉得下面这句话对你们也许有帮助：申请享受我国对外签署的税收协定中对股息、利息和特许权使用费等条款的税收待遇时,缔约国居民需要向税务机关提供资料,需要进行受益所有人的认定。

答案

例题3｜B

素）：①申请人有义务在收到所得的 12 个月内将所得的 50%以上支付给第三国(地区)居民，"有义务"包括约定义务和虽未约定义务但已形成支付事实的情形；②申请人从事的经营活动不构成实质性经营活动；③缔约对方国家(地区)对有关所得不征税或免税，或征税但实际税率极低；④在利息据以产生和支付的贷款合同之外，存在债权人与第三人之间在数额、利率和签订时间等方面相近的其他贷款或存款合同；⑤在特许权使用费据以产生和支付的版权、专利、技术等使用权转让合同之外，存在申请人与第三人之间在有关版权、专利、技术等的使用权或所有权方面的转让合同。

2. 申请人"受益所有人"身份的判定

申请人从中国取得的所得为股息时，申请人虽不符合"受益所有人"条件，但直接或间接持有申请人 100%股份的人符合"受益所有人"条件，并且属于以下两种情形之一的，应认为申请人具有"受益所有人"身份：

(1)上述符合"受益所有人"条件的人为申请人所属居民国(地区)居民。

【举例 1】中国澳门居民 E 投资内地居民并取得股息，中国澳门居民 F 直接持有中国澳门居民 E100%的股份，虽然中国澳门居民 E 不符合"受益所有人"条件，但是，如果中国澳门居民 F 符合"受益所有人"条件，应认为中国澳门居民 E 具有"受益所有人"身份。

```
中国澳门居民F
    │ 100%
中国澳门居民E
    │
  内地居民
```

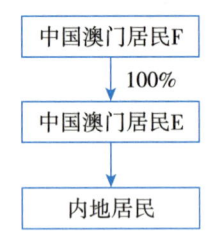

【举例 2】中国澳门居民 E 投资内地居民并取得股息，中国澳门居民 F 通过在 BVI 注册成立的公司(不论该公司是否为中国澳门居民)间接持有中国澳门居民 E100%的股份，虽然中国澳门居民 E 不符合"受益所有人"条件，但是，如果中国澳门居民 F 符合"受益所有人"条件，应认为中国澳门居民 E 具有"受益所有人"身份。

```
中国澳门居民F
    │ 100%
   BVI
    │ 100%
中国澳门居民E
    │
  内地居民
```

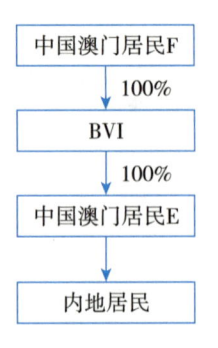

（2）上述符合"受益所有人"条件的人虽不为申请人所属居民国（地区）居民，但该人和间接持有股份情形下的中间层均为符合条件的人。

【举例3】中国澳门居民G投资内地居民并取得股息，新加坡居民I通过新加坡居民H间接持有中国澳门居民G100%的股份，虽然中国澳门居民G不符合"受益所有人"条件，但是，如果新加坡居民I符合"受益所有人"条件，并且当新加坡居民I和新加坡居民H从中国取得的所得为股息时，根据中国与新加坡签署的税收协定可享受的税收协定待遇均和中国澳门居民G可享受的税收协定待遇相同，应认为中国澳门居民G具有"受益所有人"身份，中国澳门居民G可根据内地与中国澳门签署的税收安排享受税收协定待遇。

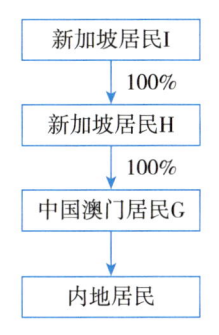

```
新加坡居民I
    ↓ 100%
新加坡居民H
    ↓ 100%
中国澳门居民G
    ↓
内地居民
```

3. 申请人"受益所有人"身份判定的安全港条款

下列申请人从中国取得的所得为股息时，可不根据上述规定的因素进行综合分析，<u>直接判定申请人</u>具有"受益所有人"身份：

（1）缔约对方政府。
（2）缔约对方居民且在缔约对方上市的公司。
（3）缔约对方居民个人。
（4）申请人被第（1）至（3）项中的一人或多人直接或间接持有100%股份，且间接持有股份情形下的中间层为中国居民或缔约对方居民。

【举例】中国澳门居民D投资内地居民并取得股息，直接持有中国澳门居民D100%股份的人为中国澳门政府、中国澳门居民且在澳门上市的公司或中国澳门居民个人，可直接判定中国澳门居民D具有"受益所有人"身份。

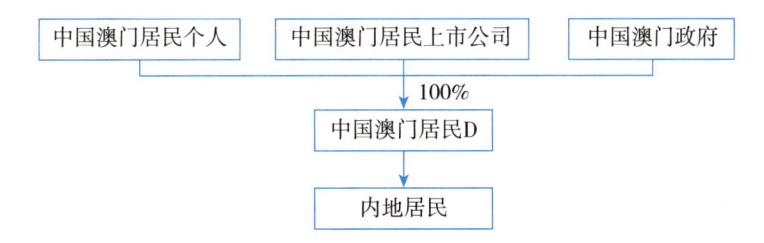

```
中国澳门居民个人    中国澳门居民上市公司    中国澳门政府
              ↓ 100%
          中国澳门居民D
              ↓
           内地居民
```

4. 委托投资情况下的受益所有人

"委托投资"是指非居民将自有资金直接委托给境外专业机构用于对居民

企业的股权、债权投资,其中的"境外专业机构"指经其所在地国家或地区政府许可从事证券经纪、资产管理、资金以及证券托管等业务的金融机构。

非居民通过委托投资取得投资收益,申请认定受益所有人并享受税收协定待遇,除需要按照规定申请外,还需要向税务机关提供相关资料,税务机关应对非居民提交的资料进行审核,并区分所得类型进行税务处理。

非居民若已被认定为受益所有人,且根据税收协定股息或利息条款的规定,该非居民取得股息或利息应仅在缔约国对方征税的,如果该非居民通过委托投资取得投资收益同时符合以下条件,则在其首次享受股息或利息条款税收协定待遇之日起3个公历年度内(含本年度),同一主管税务机关可免于对其受益所有人身份进行重复认定,但应对其取得的投资收益所得类型进行审核:

(1)通过同一架构安排进行委托投资。

(2)投资链条上除被投资企业之外的各方保持不变。

(3)投资链条上除被投资企业之外的各方签署的与投资相关的合同或协议保持不变。

(二)非居民纳税人享受协定待遇的后续管理

(1)在中国境内发生纳税义务的非居民纳税人需要享受协定待遇的,采取"自行判断、申报享受、相关资料留存备查"的方式办理。

非居民纳税人自行判断符合享受协定待遇条件的,可在纳税申报时,或通过扣缴义务人在扣缴申报时,自行享受协定待遇,同时按照规定归集和留存相关资料备查,并接受税务机关后续管理。

(2)非居民纳税人不符合享受协定待遇条件而享受了协定待遇且未缴或少缴税款的,除因扣缴义务人未按规定扣缴申报外,视为非居民纳税人未按照规定申报缴纳税款,主管税务机关依法追缴税款并追究非居民纳税人延迟纳税责任。

在扣缴情况下,税款延迟缴纳期限自扣缴申报享受协定待遇之日起计算。

(3)扣缴义务人未按规定扣缴申报,或者未按规定提供相关资料,发生不符合享受协定待遇条件的非居民纳税人享受协定待遇且未缴或少缴税款情形,主管税务机关依据有关规定追究扣缴义务人责任,并责令非居民纳税人限期缴纳税款。

(4)非居民纳税人未依法缴纳税款的,主管税务机关可以从该非居民纳税人在中国境内其他收入项目的支付人应付的款项中,追缴该非居民纳税人的应纳税款。

(5)主管税务机关在后续管理或税款退还查实工作过程中,发现不能准确判定非居民纳税人是否可以享受协定待遇的,应当向上级税务机关报告;需要启动相互协商或情报交换程序的,按有关规定启动相应程序。

(三)中国税收居民证明的开具管理 调整

1.《税收居民证明》的申请开具主体

(1)企业或者个人可以就其构成中国税收居民的任一公历年度向其主管税务机关申请开具《税收居民证明》。

(2)中国居民企业的境内、境外分支机构以及中国境内登记注册的个体工商户(以下简称境内个体工商户)、个人独资企业(以下简称境内个人独资企业)、合伙企业(以下简称境内合伙企业)不能申请开具《税收居民证明》,但可按以下情形办理:

a. 中国居民企业的境内、境外分支机构应当由其中国总机构向总机构主管税务机关申请开具。

b. 境内个体工商户应当由其中国居民业主向境内个体工商户经营管理所在地主管税务机关申请开具。

c. 境内个人独资企业应当由其中国居民投资人向境内个人独资企业经营管理所在地主管税务机关申请开具。

d. 境内合伙企业应当由其中国居民合伙人向中国居民合伙人主管税务机关申请开具。

2.《税收居民证明》的申办渠道

企业可以选择登录电子税务局网站全流程网上办,或者选择到主管税务机关办税服务厅办理。个人可以选择登录自然人电子税务局网站全流程网上办,或者选择到主管税务机关办税服务厅办理。

3.《税收居民证明》主管税务机关的开具时限

主管税务机关能够自行判定税收居民身份的,应在受理申请之日起7个工作日内办结。

考点四 非居民企业税收管理 ★★ 一学多考|注

非居民企业,按照是否在中国境内设立机构、场所,分为设立机构、场所和未设立机构、场所两种类型。

设立机构、场所的非居民企业,在中国境内开展生产经营活动,应当就其所设机构场所取得的来源于中国境内的所得,以及发生在中国境外但与其所设机构、场所有实际联系的所得(一般称为"经营所得"或"积极所得"),缴纳企业所得税,主要包括外国企业在境内设立的分公司、外国企业常驻代表机构、非居民企业在境内承包工程作业和提供劳务、国际运输企业、外国企业派遣人员到中国境内提供劳务、中外合作办学、中外合作油气田开发等。该类非居民企业所得税适用企业所得税法的一般规定,在税基确定、境外税收抵免、适用税率、征收方式等方面与居民企业基本相同。

未设立机构、场所的非居民企业(有些非居民企业虽然在我国境内设立了机构、场所,但取得的所得与该机构、场所没有实际联系,对该项所得也作为未设立机构、场所的非居民企业取得的所得来管理），有来源于我国境内的所得(一般称为"投资所得"或"消极所得")，按照来源地管辖权原则，该类企业应就其来源于我国境内的所得缴纳企业所得税。该类企业采取源泉扣缴的方式征税。

（一）设立机构、场所的非居民企业所得税核定征收办法

设立机构场所的非居民企业因会计账簿不健全，资料残缺难以查账，或者其他原因不能准确计算并据实申报其应纳税所得额的，税务机关有权采取以下方法核定其应纳税所得额。

(1) 按收入总额核定应纳税所得额。

适用于能够正确核算收入或通过合理方法推定收入总额，但不能正确核算成本费用的非居民企业。计算公式如下：

应纳税所得额＝收入总额×经税务机关核定的利润率

(2) 按成本费用核定应纳税所得额。

适用于能够正确核算成本费用，但不能正确核算收入总额的非居民企业。计算公式如下：

应纳税所得额＝成本费用总额÷(1－核定利润率)×核定利润率

(3) 按经费支出换算收入核定应纳税所得额。

适用于能够正确核算经费支出总额，但不能正确核算收入总额和成本费用的非居民企业。计算公式如下：

应纳税所得额＝本期经费支出额÷(1－核定利润率)×核定利润率

(4) 税务机关可按照下列标准确定非居民企业的利润率：

a. 从事承包工程作业、设计和咨询劳务的，利润率为15%～30%。

b. 从事管理服务的，利润率为30%～50%。

c. 从事其他劳务或劳务以外经营活动的，利润率不低于15%。

(5) 非居民企业与中国居民企业签订机器设备或货物销售合同，同时提供设备安装、装配、技术培训、指导、监督服务等劳务，其销售货物合同中未列明提供上述劳务服务收费金额，或者计价不合理的，主管税务机关可以根据实际情况，参照相同或相近业务的计价标准核定劳务收入。无参照标准的，以不低于销售货物合同总价款的10%为原则，确定非居民企业的劳务收入。

(6) 非居民企业为中国境内客户提供劳务取得的收入，凡其提供的服务全部发生在中国境内的，应全额在中国境内申报缴纳企业所得税。凡其提供的服务同时发生在中国境内、外的，应以劳务发生地为原则划分其境内、外收入，并就其在中国境内取得的劳务收入申报缴纳企业所得税。

(7) 采取核定征收方式征收企业所得税的非居民企业，在中国境内从事适用不同核定利润率的经营活动，并取得应税所得的，应分别核算并适用相应的利润率计算缴纳企业所得税；凡不能分别核算的，应从高适用利润率，计算缴纳企业所得税。

(二)源泉扣缴

1. 扣缴义务人

(1)对非居民企业在中国境内未设立机构、场所,或者虽设立机构、场所但取得的所得与其所设机构、场所没有实际联系的,应缴纳的所得税,实行源泉扣缴,以支付人为扣缴义务人。

提示

(1)税款由扣缴义务人在每次支付或者到期应支付时,从支付或者到期应支付的款项中扣缴。

(2)扣缴义务人支付或者到期应支付的款项以人民币以外的货币支付或计价的,分别按以下情形进行外币折算。

a. 扣缴义务人扣缴企业所得税的,应当按照扣缴义务发生之日人民币汇率中间价折合成人民币,计算非居民企业应纳税所得额。扣缴义务发生之日为相关款项实际支付或者到期应支付之日。

b. 取得收入的非居民企业在主管税务机关责令限期缴纳税款前自行申报缴纳应源泉扣缴税款的,应当按照填开税收缴款书之日前一日人民币汇率中间价折合成人民币,计算非居民企业应纳税所得额。

c. 主管税务机关责令取得收入的非居民企业限期缴纳应源泉扣缴税款的,应当按照主管税务机关作出限期缴税决定之日前一日人民币汇率中间价折合成人民币,计算非居民企业应纳税所得额。

(2)对非居民企业在中国境内取得工程作业和劳务所得应缴纳的所得税,税务机关可以指定工程价款或者劳务费的支付人为扣缴义务人。

2. 扣缴方法

(1)应当扣缴的所得税,扣缴义务人未依法扣缴或者无法履行扣缴义务的,由纳税人在所得发生地缴纳。纳税人未依法缴纳的,税务机关可以从该纳税人在中国境内其他收入项目的支付人应付的款项中,追缴该纳税人的应纳税款。(在中国境内存在多处所得发生地的,由纳税人选择其中之一申报缴纳企业所得税)

(2)扣缴义务人每次代扣的税款,应当自代扣之日起7日内缴入国库,并向所在地的税务机关报送扣缴企业所得税报告表。

(三)非居民企业应纳税额的计算

对在中国境内未设立机构、场所或虽设立机构、场所但取得的所得与所设机构、场所无实际联系的非居民企业的所得,按下列方法计算应纳税所得额:

(1)股息、红利等权益性投资收益和利息、租金、特许权使用费所得,以收入全额为应纳税所得额。

(2)转让财产所得,以收入全额减除财产净值后的余额为应纳税所得额。

> **老杨唠啦唠**
>
> 源泉扣缴这部分知识点考生学习起来感觉抽象不好理解,好在考试出题频率不高且分值比较低,考生熟悉基本规定即可。

财产净值，是指财产的计税基础减除按照规定已经扣除的折旧、折耗、摊销、准备金等后的余额。

（3）其他所得，参照前两项规定的办法计算应纳税所得额。

提示

（1）**股权净值**是指取得该股权的计税基础。股权的计税基础是股权转让人投资入股时向中国居民企业实际支付的出资成本，或购买该项股权时向该股权的原转让人实际支付的股权受让成本。股权在持有期间发生减值或者增值，按照国务院财政、税务主管部门规定可以确认损益的，股权净值应进行相应调整。企业在计算股权转让所得时，不得扣除被投资企业未分配利润等股东留存收益中按该项股权所可能分配的金额。

（2）多次投资或收购的同项股权被部分转让的，从该项股权全部成本中按照**转让比例**计算确定被转让股权对应的成本。

（四）非居民企业所得税管理若干问题的税务处理

（1）关于担保费税务处理问题。

非居民企业取得来源于中国境内的担保费，应按照企业所得税法对利息所得规定的税率计算缴纳企业所得税。上述来源于中国境内的担保费，是指中国境内企业、机构或个人在借贷、买卖、货物运输、加工承揽、租赁、工程承包等经济活动中，接受非居民企业提供的担保所支付或负担的担保费或相同性质的费用。

（2）关于土地使用权转让所得征税问题。

非居民企业在中国境内未设立机构、场所而转让中国境内土地使用权，或者虽设立机构、场所但取得的土地使用权转让所得与其所设机构、场所没有实际联系的，应以其取得的土地使用权转让收入总额减除计税基础后的余额作为土地使用权转让所得计算缴纳企业所得税，并由扣缴义务人在支付时代扣代缴。

（3）关于融资租赁和出租不动产的租金所得税务处理问题。

a. 在中国境内未设立机构、场所的非居民企业，以融资租赁方式将设备、物件等租给中国境内企业使用，租赁期满后设备、物件所有权归中国境内企业（包括租赁期满后作价转让给中国境内企业），非居民企业按照合同约定的期限收取租金，应以租赁费（包括租赁期满后作价转让给中国境内企业的价款）扣除设备、物件价款后的余额，作为贷款利息所得计算缴纳企业所得税，由中国境内企业在支付时代扣代缴。

b. 非居民企业出租位于中国境内的房屋、建筑物等不动产，对未在中国境内设立机构、场所进行日常管理的，以其取得的租金收入全额计算缴纳企业所得税，由中国境内的承租人在每次支付或到期应支付时代扣代缴。

如果非居民企业委派人员在中国境内或者委托中国境内其他单位或个人

对上述不动产进行日常管理的,应视为其在中国境内设立机构、场所,非居民企业应在税法规定的期限内自行申报缴纳企业所得税。

(五) 外国企业常驻代表机构税收管理

(1) 代表机构应当按照有关法律、行政法规和国务院财政、税务主管部门的规定设置账簿,根据合法、有效凭证记账,进行核算,并应按照实际履行的功能和承担的风险相配比的原则,准确计算其应税收入和应纳税所得额,在季度终了之日起 15 日内向主管税务机关据实申报缴纳企业所得税。

(2) 对账簿不健全,不能准确核算收入或成本费用,以及无法按照前述第(1)条规定据实申报的代表机构,税务机关有权采取以下两种方式核定其应纳税所得额。

a. 按经费支出换算收入。

适用于能够准确反映经费支出但不能准确反映收入或成本费用的代表机构。计算公式:

应纳税所得额＝本期经费支出额÷(1－核定利润率)×核定利润率

经费支出额包括:在中国境内、外支付给工作人员的工资、薪金,奖金,津贴,福利费,物品采购费(包括汽车、办公设备等固定资产),通讯费,差旅费,房租,设备租赁费,交通费,交际费,其他费用,等等。

具体内容包括:①购置固定资产所发生的支出,以及代表机构设立时或者搬迁等原因所发生的装修费支出,应在发生时一次性作为经费支出额换算收入计税。②利息收入不得冲抵经费支出额;发生的交际应酬费,以实际发生数额计入经费支出额。③以货币形式用于我国境内的公益、救济性质的捐赠、滞纳金、罚款,以及为其总机构垫付的不属于其自身业务活动所发生的费用,不应作为代表机构的经费支出额。④其他费用(包括为总机构从中国境内购买样品所支付的样品费和运输费用;国外样品运往中国发生的中国境内的仓储费用、报关费用;总机构人员来华访问聘用翻译的费用;总机构为中国某个项目投标由代表机构支付的购买标书的费用等)。

b. 按收入总额核定应纳税所得额。

适用于可以准确反映收入但不能准确反映成本费用的代表机构。

计算公式:

应纳企业所得税＝收入总额×核定利润率×企业所得税税率

c. 代表机构的核定利润率不应低于 15%。采取核定征收方式的代表机构,如能建立健全会计账簿,准确计算其应税收入和应纳税所得额,报主管税务机关备案,可调整为据实申报方式。

(六) 非居民承包工程作业和提供劳务税收管理

非居民承包工程作业和提供劳务的登记备案和税源信息管理,见表 3-5。

表 3-5　非居民承包工程作业和提供劳务的登记备案和税源信息管理

时间	具体内容
30 日	非居民企业在中国境内承包工程作业或提供劳务的，应当自项目合同或协议（以下简称合同）签订之日起 30 日内，向项目所在地主管税务机关办理税务登记手续
15 日	非居民企业在中国境内承包工程作业或提供劳务的，应当在项目完工后 15 日内，向项目所在地主管税务机关报送项目完工证明、验收证明等相关文件复印件，并依据《税务登记管理办法》的有关规定申报办理注销税务登记
	境内机构和个人向非居民发包工程作业或劳务项目，与非居民的主管税务机关不一致的，应当自非居民申报期限届满之日起 15 日内向境内机构和个人的主管税务机关报送非居民申报纳税证明资料复印件
10 日	境内机构和个人向非居民发包工程作业或劳务项目合同发生变更的，发包方或劳务受让方应自变更之日起 10 日内向所在地主管税务机关报送《非居民项目合同变更情况报告表》

（七）非居民企业派遣人员在中国境内提供劳务的企业所得税有关规定

非居民企业（以下统称派遣企业）派遣人员在中国境内提供劳务，如果派遣企业对被派遣人员工作结果承担部分或全部责任和风险，通常考查评估被派遣人员的工作业绩，应视为派遣企业在中国境内设立机构、场所提供劳务；如果派遣企业属于税收协定缔约对方企业，且提供劳务的机构、场所具有相对的固定性和持久性，该机构、场所构成在中国境内设立的常设机构。

在作出上述判断时，应结合下列因素予以确定：

（1）接收劳务的境内企业（以下统称接收企业）向派遣企业支付管理费、服务费性质的款项。

（2）接收企业向派遣企业支付的款项金额超出派遣企业代垫、代付被派遣人员的工资、薪金，社会保险费及其他费用。

（3）派遣企业并未将接收企业支付的相关费用全部发放给被派遣人员，而是保留了一定数额的款项。

（4）派遣企业负担的被派遣人员的工资、薪金未全额在中国缴纳个人所得税。

（5）派遣企业确定被派遣人员的数量、任职资格、薪酬标准及其在中国境内的工作地点。

提 示　如果派遣企业仅为在接收企业行使股东权利、保障其合法股东权益而派遣人员在中国境内提供劳务的，包括被派遣人员为派遣企业提供对接收企业投资的有关建议、代表派遣企业参加接收企业股东大会或董事会议等活动，均不因该活动在接收企业营业场所进行而认定为派遣企业在中国境内设立机构、场所或常设机构。

(八)非居民企业从事国际运输业务税收管理

1. 非居民从事国际运输业务的认定

(1)国际运输业务,是指非居民企业以自有或者租赁的船舶、飞机、舱位,运载旅客、货物或者邮件等进出中国境内口岸的经营活动以及相关装卸、仓储等附属业务。

(2)非居民企业以程租、期租、湿租的方式出租船舶、飞机取得收入的经营活动属于国际运输业务。

(3)非居民企业从事上述规定的国际运输业务,以取得运输收入的非居民企业为纳税人。

2. 征收管理

(1)非居民企业应自有关部门批准其经营资格或运输合同、协议签订之日起30日内,自行或委托代理人选择向境内一处业务口岸所在地主管税务机关办理税务登记,并同时提供相关信息。

(2)应纳税所得额=收入总额-实际发生并与取得收入有关、合理的支出。

收入总额是指非居民企业运载旅客、货物或者邮件等进出中国境内口岸所取得的客运收入、货运收入的总和。客运收入包括客票收入以及逾重行李运费、餐费、保险费、服务费和娱乐费等;货运收入包括基本运费以及各项附加费等。

(3)非居民企业不能准确计算并据实申报其应纳税所得额的,由主管税务机关按照规定核定其应纳税所得额。

(九)非居民企业间接转让中国应税财产的企业所得税处理

(1)非居民企业通过实施不具有合理商业目的的安排,间接转让中国居民企业股权等财产,规避企业所得税纳税义务的,按照规定,可以重新定性该间接转让交易,确认为直接转让中国居民企业股权等财产。

提示 中国居民企业股权等财产,是指非居民企业直接持有,且转让取得的所得按照中国税法规定,应在中国缴纳企业所得税的中国境内机构、场所财产,中国境内不动产,在中国居民企业的权益性投资资产等(以下称中国应税财产)。

间接转让中国应税财产,是指非居民企业通过转让直接或间接持有中国应税财产的境外企业(不含境外注册中国居民企业,以下称境外企业)股权及其他类似权益(以下称股权),产生与直接转让中国应税财产相同或相近实质结果的交易,包括非居民企业重组引起境外企业股东发生变化的情形。间接转让中国应税财产的非居民企业称股权转让方。

(2)适用上述规定的间接转让中国应税财产所得,应按以下顺序进行税务处理:

a. 间接转让机构、场所财产所得,应作为与所设机构、场所有实际联系的所得,按照税法规定征税。

b.除适用上述a规定情形外,间接转让不动产所得,应作为来源于中国境内的不动产转让所得,按照税法规定征税。

c.除适用上述a或b规定情形外,间接转让股权所得,应作为来源于中国境内的权益性投资资产转让所得,按照税法规定征税。

(3)除下述第(4)条和第(5)条规定情形外,与间接转让中国应税财产相关的整体安排同时符合以下情形的,应直接认定为不具有合理商业目的。

a.境外企业股权75%(含)以上价值直接或间接来源于中国应税财产。

b.间接转让中国应税财产交易发生前一年内任一时点,境外企业资产总额(不含现金)的90%(含)以上直接或间接由在中国境内的投资构成,或间接转让中国应税财产交易发生前一年内,境外企业取得收入的90%(含)以上直接或间接来源于中国境内。

c.境外企业及直接或间接持有中国应税财产的下属企业虽在所在国家(地区)登记注册,以满足法律所要求的组织形式,但实际履行的功能及承担的风险有限,不足以证实其具有经济实质。

d.间接转让中国应税财产交易在境外应缴所得税税负低于直接转让中国应税财产交易在中国的可能税负。

(4)与间接转让中国应税财产相关的整体安排符合以下情形之一的,无须重新定性该间接转让交易确认为直接转让中国应税财产计税:

a.非居民企业在公开市场买入并卖出同一上市境外企业股权取得间接转让中国应税财产所得。

b.在非居民企业直接持有并转让中国应税财产的情况下,按照可适用的税收协定或安排的规定,该项财产转让所得在中国可以免予缴纳企业所得税。

(5)间接转让中国应税财产同时符合以下条件的,应认定为具有合理商业目的。

◆交易双方的股权关系具有下列情形之一:①股权转让方直接或间接拥有股权受让方80%(含)以上的股权;②股权受让方直接或间接拥有股权转让方80%(含)以上的股权;③股权转让方和股权受让方被同一方直接或间接拥有80%以上的股权。

【注意】境外企业股权50%以上(不含)价值直接或间接来源于中国境内不动产的,上述持股比例应为100%。

上述间接拥有的股权按照持股链中各企业的持股比例乘积计算。

◆本次间接转让交易后可能再次发生的间接转让交易相比在未发生本次间接转让交易情况下的相同或类似间接转让交易,其中国所得税负担不会减少。

◆股权受让方全部以本企业或与其具有控股关系的企业的股权(不含上市企业股权)支付股权交易对价。

（6）其他规定。

股权转让方通过直接转让同一境外企业股权导致间接转让两项以上中国应税财产，按规定应予征税，涉及两个以上主管税务机关的，股权转让方应分别到各所涉主管税务机关申报缴纳企业所得税。

各主管税务机关应相互告知税款计算方法，取得一致意见后组织税款入库；如不能取得一致意见的，应报其共同上一级税务机关协调。

（十）对外支付税务备案

境内机构和个人向境外单笔支付等值5万美元以上（不含等值5万美元，下同）的外汇资金，除无须办理付汇备案的情形外，均应进行备案。

提示

（1）自2021年6月29日起，境内机构和个人对同一笔合同需要多次对外支付的，仅需在首次付汇前办理税务备案。基于同一合同需要多次对外支付的，仅需在单笔支付首次超过等值5万美元时进行税务备案。

（2）需要办理服务贸易等项目对外支付税务备案的情形：

a. 境外机构或个人从境内获得的包括运输、旅游、通信、建筑安装及劳务承包、保险服务、金融服务、计算机和信息服务、专有权利使用和特许、体育文化和娱乐服务、其他商业服务、政府服务等服务贸易收入。

b. 境外个人在境内的工作报酬，境外机构或个人从境内获得的股息、红利、利润、直接债务利息、担保费以及非资本转移的捐赠、赔偿、税收、偶然性所得等收益和经常转移收入。

c. 境外机构或个人从境内获得的融资租赁租金、不动产的转让收入、股权转让所得以及外国投资者其他合法所得。

（3）不需要办理付汇税务备案的情形：

a. 境内机构在境外发生的差旅、会议、商品展销等各项费用。

b. 境内机构在境外代表机构的办公经费，以及境内机构在境外承包工程的工程款。

c. 境内机构发生在境外的进出口贸易佣金、保险费、赔偿款。

d. 进口贸易项下境外机构获得的国际运输费用。

e. 保险项下保费、保险金等相关费用。

f. 从事运输或远洋渔业的境内机构在境外发生的修理、油料、港杂等各项费用。

g. 境内旅行社从事出境旅游业务的团费以及代订、代办的住宿、交通等相关费用。

h. 亚洲开发银行和世界银行集团下属的国际金融公司从我国取得的所得或收入。

i. 外国政府和国际金融组织向我国提供的外国政府（转）贷款[含外国政府混合（转）贷款]和国际金融组织贷款项下的利息。

j. 外汇指定银行或财务公司自身对外融资项下的利息。

k. 我国省级以上国家机关对外无偿捐赠援助资金。

l. 境内证券公司或登记结算公司向境外机构或境外个人支付其依法获得的股息、红利、利息收入及有价证券卖出所得收益。

m. 境内个人境外留学、旅游、探亲等因私用汇。

n. 境内机构和个人办理服务贸易、收益和经常转移项下退汇。

o. 外国投资者以境内直接投资合法所得在境内再投资。

p. 财政预算内机关、事业单位、社会团体非贸易非经营性付汇业务。

q. 国家规定的其他情形。

(十一)设立机构、场所的非居民企业企业所得税汇算清缴管理 【新增】

1. 汇算清缴对象

(1)依照外国(地区)法律成立且实际管理机构不在中国境内,但在中国境内设立机构、场所的非居民企业,无论盈利或者亏损,均应按规定参加企业所得税汇算清缴。

(2)非居民企业具有下列情形之一的,可<u>不参加</u>当年度的企业所得税<u>汇算清缴</u>:①临时来华承包工程和提供劳务不足1年,在年度中间终止经营活动,且已经结清税款;②汇算清缴期内已办理注销;③其他经主管税务机关批准可不参加当年度企业所得税汇算清缴。

2. 汇算清缴时限

(1)非居民企业应当自年度终了之日起<u>5个月内</u>,向税务机关报送年度企业所得税纳税申报表,并汇算清缴,结清应缴应退税款。

(2)非居民企业在年度中间终止经营活动的,应当自实际经营终止之日起<u>60日内</u>,向税务机关办理当期企业所得税汇算清缴。

(十二)非居民企业机构、场所汇总缴纳企业所得税

在境内设立多个机构、场所的非居民企业,选择由其主要机构、场所汇总其他境内机构、场所缴纳企业所得税的,依据规定办理企业所得税的汇总缴纳。汇总纳税的各机构、场所应办理季度预缴和年终汇算清缴企业所得税。

汇总纳税的非居民企业应在汇总纳税的年度中持续符合下列所有条件:

(1)汇总纳税的各机构、场所已在所在地主管税务机关办理税务登记,并取得纳税人识别号。

(2)主要机构、场所符合规定,汇总纳税的各机构、场所<u>不得采用核定方式</u>计算缴纳企业所得税。

(3)汇总纳税的各机构、场所能够按规定准确计算本机构、场所的税款分摊额,并按要求向所在地主管税务机关办理纳税申报。

考点五 国际税收抵免制度 ★★

(一) 概述

目前,国际上居住国政府可选择采用免税法、抵免法、税收饶让、扣除法和低税法等方法,减除国际重复征税,其中普遍采用的方法是抵免法。

抵免法指居住国政府对其居民取得的国内外所得汇总征税时,允许居民将其国外所得部分已纳的税款从中扣减。计算公式为:

居住国应征所得税税额=(∑国内外应税所得额×居住国所得税税率)-允许抵免的已缴纳国外税额

(二) 抵免限额的确定方法

抵免限额指居住国(国籍国)允许居民(公民)纳税人从本国应纳税额中扣除就其来源于外国所得缴纳的外国税款的最高限额,即对跨国纳税人在外国已纳的税款进行抵免的限度。该限额以不超过其来源于外国的所得按照本国税法规定的适用税率计算的应纳税额为限。

1. 限额的计算方法对比

限额的计算方法对比,见表3-6。

表3-6　限额的计算方法对比

方法	定义	公式
分国抵免限额	当某居住国居民拥有多国收入时,居住国政府按其收入的来源国分别计算抵免限额	分国抵免限额=(∑国内外应税所得额×居住国所得税税率)×(某一外国应税所得÷∑国内外应税所得额)
综合抵免限额	在多国税收抵免条件下,跨国纳税人所在国政府对其全部外国来源所得,不分国别汇总在一起,统一计算一个抵免限额	综合抵免限额=(∑国内外应税所得额×居住国所得税税率)×(∑国外应税所得÷∑国内外应税所得额)
分项抵免限额	对国外的收入分项进行抵免,把一些专项所得从总所得中抽离出来,对其单独规定抵免限额,各项所得的抵免限额之间不能互相冲抵	分项抵免限额=(∑国内外应税所得额×居住国所得税税率)×(国外某一专项所得÷∑国内外应税所得额)

2. 分国抵免限额和综合抵免限额抵免效果对比

分国抵免限额和综合抵免限额抵免效果对比,见表3-7。

表3-7 分国抵免限额和综合抵免限额抵免效果对比

情形	分国抵免限额	综合抵免限额
国外经营普遍盈利且国内外税率不一致时(纳税人在高税国与低税国均有投资)	对居住国有利	对纳税人有利
国外经营盈亏并存时	对纳税人有利	对居住国有利

在计算综合抵免限额时，境外不同国家（地区）的亏损可相互抵补，但不得抵减境内所得(即"内补外"被禁止)。

考点六 我国税收抵免制度 ★★★ 一学多考|注

企业实际应纳所得税税额 = 企业境内外所得应纳税总额 - 企业所得税减免、抵免优惠税额 - 境外所得税抵免额

居民企业来源于中国境外的应税所得及非居民企业在中国境内设立机构、场所，取得发生在中国境外但与该机构、场所有实际联系的应税所得已在境外缴纳的所得税税额，可以从其当期应纳税额中抵免，抵免限额为该项所得依照《企业所得税法》及其实施条例计算的应纳税额；超过抵免限额的部分，可以在以后5个年度内，用每年度抵免限额抵免当年应抵税额后的余额进行抵补。

（一）境外所得的范围和抵免办法

1. 纳税人境外所得的范围

(1)居民企业(包括按境外法律设立但实际管理机构在中国，被判定为中国税收居民的企业)可以就其取得的境外所得直接缴纳和间接负担的境外企业所得税性质的税额进行抵免。

(2)非居民企业(外国企业)在中国境内设立的机构、场所可以就其取得的发生在境外，但与其有实际联系的所得直接缴纳的境外企业所得税性质的税额进行抵免。

2. 抵免办法

抵免办法，见表3-8。

表3-8 抵免办法

方法	含义	适用范围
直接抵免	企业直接作为纳税人就其境外所得在境外缴纳的所得税税额在我国应纳税额中抵免	(1)企业就来源于境外的营业利润所得在境外所缴纳的企业所得税。 (2)来源于或发生于境外的股息、红利等权益性投资所得、利息、租金、特许权使用费、财产转让等所得在境外被源泉扣缴的预提所得税

> 老杨唠啦唠
> 通过公式我们可以看出境外所得税抵免额的确定和实际应纳所得税税额计算的关系，这对初学者来说很重要，我们首先要知道自己花费下面的很多时间是干什么用的。

(续表)

方法	含义	适用范围
间接抵免	境外企业就分配股息前的利润缴纳的外国所得税税额中由我国居民企业就该项分得的股息性质的所得间接负担的部分,在我国的应纳税额中抵免	居民企业从其符合规定的境外子公司取得的股息、红利等权益性投资收益所得

(二)境外所得税抵免额的计算方法

第一步：抵免限额=中国境内、境外所得依照企业所得税法及实施条例的规定计算的应纳税总额×来源于某国(地区)的应纳税所得额÷中国境内、境外应纳税所得额总额。

简化形式：抵免限额=来源于某国(地区)的应纳税所得额(境外税前所得额)×25%或15%。

第二步：可抵免境外税额(小名为实缴税额)。

第三步：比较确定。确定境外抵免额时的关键词——孰低的原则。

> **得分高手**（2022年计算；2024年计算）
>
> 境外所得税抵免额的计算是本章的重要考点,也是本章的核心和难点。这部分内容看似复杂,但从应试的角度看,流程还是很固定的,在此推荐大家使用"杨氏三步法"。

提示

(1)自2017年1月1日起,企业可以选择按国(地区)别分别计算[即"分国(地区)不分项"],或者不按国(地区)别汇总计算[即"不分国(地区)不分项"]其来源于境外的应纳税所得额,并按照规定的税率分别计算其可抵免境外所得税税额和抵免限额。上述方式一经选择,5年内不得改变。

(2)企业选择采用不同于以前年度的方式(以下简称新方式)计算可抵免境外所得税税额和抵免限额时,对该企业以前年度按照有关规定没有抵免完的余额,可在税法规定结转的剩余年限内,按新方式计算的抵免限额中继续结转抵免。

(3)企业按照规定计算的当期境内、境外应纳税所得总额小于零的,应以零计算当期境内、境外应纳税所得总额,其当期境外所得税的抵免限额也为零。

(4)如果企业境内为亏损,境外盈利分别来自多个国家,则弥补境内亏损时,企业可以自行选择弥补境内亏损的境外所得来源国家(地区)顺序。

【例题4·计算题】杨氏公司投资境外B公司,持股比例100%,当年B公司全年税前所得100万元,所在国企业所得税税率30%,B公司将税

本例题是一个原理例题,可以结合"三步法"理解。特别注意(3)和上述"三步法"结合时,"三步法"的第一步的金额为零。

后70万元全部分配,按10%预提所得税,杨氏公司收到63万元。

要求:计算境外所得税抵免额。

答案 第一步:抵免限额=100×25%=25(万元)。

第二步:可抵免税额=30+7=37(万元)。

第三步:境外所得税抵免额为25万元。

(三)境外应纳税所得额的计算 ❶

(1)企业应按照我国税法的有关规定,确定中国境外所得(境外税前所得)并按下列规定计算境外应纳所得税税额。

根据税法确定的境外所得,在计算适用境外税额直接抵免的应纳税所得额时,应为将该项境外所得直接缴纳的境外所得税税额还原❷计算后的境外税前所得;上述直接缴纳税额还原后的所得中属于股息、红利所得的,在计算适用境外税额间接抵免的境外所得时,应再将该项境外所得间接负担的税额还原计算,即该境外股息、红利所得应为境外股息、红利税后净所得与就该项所得直接缴纳和间接负担的税额之和。

【例题5·计算题】我国某居民纳税人杨氏公司,在境外设立一个分公司B。2024年杨氏公司核算的B公司扣除预提所得税后的营业利润为63万元,B公司所在国企业所得税税率30%、预提所得税税率10%。

要求:计算杨氏公司来源于B公司的境外应纳税所得额。

答案 预提所得税税前所得=63÷(1-10%)=70(万元)。

境外应纳税所得额=70÷(1-30%)=100(万元)。

【例题6·计算题】我国某居民纳税人杨氏公司,在境外设立一个全资子公司B。2024年杨氏公司取得B公司分回的利润63万元,B公司的当年利润缴纳所在国企业所得税60万元,当年税后利润的50%用于分配,预提所得税税率10%。

要求:计算杨氏公司来源于B公司的境外应纳税所得额。

答案 预提所得税税前所得=63÷(1-10%)=70(万元)。

间接负担的企业所得税=60×50%=30(万元)。

境外应纳税所得额=70+30=100(万元)。

(2)对上述税额还原后的境外税前所得,应再就计算企业应纳税所得总额时已按税法规定扣除的有关成本费用中与境外所得有关的部分进行对应调整❸扣除后,计算境外应纳税所得额。

具体规定如下:

◆居民企业在境外投资设立不具有独立纳税地位的分支机构,其来源于境外的所得,以境外收入总额扣除与取得境外收入有关的各项合理支出后的余额为应纳税所得额。各项收入、支出按税法的有关规定确定。

老杨唠啊唠 ❶
本部分内容解决的是"三步法"第一步中的"境外税前所得"的问题。

老杨唠啊唠 ❷
核心关键词是"还原"。还原的计算要和考题中的已知条件结合,通常有两种情况,分别举例说明。其中例题中涉及的"间接负担税额"的计算有时候考试题中并不直接作为已知条件告诉我们,会涉及小的计算,具体内容见"(六)和(七)"。

老杨唠啊唠 ❸
这部分知识点的核心关键词是"调整",是上述"还原"后根据规定"调整"计算,考试中一般来说很少涉及。

提示

（1）居民企业在境外设立不具有独立纳税地位的分支机构取得的各项境外所得，无论是否汇回中国境内，均应计入该企业所属纳税年度的境外应纳税所得额。

（2）确定与取得境外收入有关的合理的支出，应主要考察发生支出的确认和分摊方法是否符合一般经营常规和我国税收法律规定的基本原则。

企业已在计算应纳税所得总额时扣除，但属于应由各分支机构合理分摊的总部管理费等有关成本费用应作出合理的对应调整分摊。

境外分支机构的合理支出范围通常包括境外分支机构发生的人员工资、资产折旧、利息、相关税费和应分摊的总机构用于管理分支机构的管理费用等。

◆居民企业应就其来源于境外的股息、红利等权益性投资收益，以及利息、租金、特许权使用费、转让财产等收入，扣除按照企业所得税法及其实施条例等规定计算的与取得该项收入有关的各项合理支出后的余额为应纳税所得额。

a. 来源于境外的股息、红利等权益性投资收益，应按被投资方作出利润分配决定的日期确认收入实现。

企业来源于境外的股息、红利等权益性投资收益所得，若实际收到所得的日期与境外被投资方作出利润分配决定的日期不在同一纳税年度的，应按被投资方作出利润分配日所在的纳税年度确认境外所得。

b. 来源于境外的利息、租金、特许权使用费、转让财产等收入，应按有关合同约定应付交易对价款的日期确认收入实现。

企业来源于境外的利息、租金、特许权使用费、转让财产等收入，若未能在合同约定的付款日期当年收到上述所得，仍应按合同约定付款日期所属的纳税年度确认境外所得。

c. 在就境外所得计算应对应调整扣除的有关成本费用时，包括但不限于如下成本费用的调整。需特别注意的成本费用，见表3-9。

表3-9 需特别注意的成本费用

项目	注意事项
股息、红利	应对应调整扣除与境外投资业务有关的项目研究、融资成本和管理费用
利息	应对应调整扣除为取得该项利息而发生的相应的融资成本和相关费用
租金	属于融资租赁业务的，应对应调整扣除其融资成本；属于经营租赁业务的，应对应调整扣除租赁物相应的折旧或折耗
特许权使用费	应对应调整扣除提供特许使用的资产的研发、摊销等费用
财产转让	应对应调整扣除被转让财产的成本净值和相关费用

d. 企业收到某一纳税年度的境外所得已纳税凭证时，凡是迟于次年5月31日汇算清缴终止日的，可以对该所得境外税额抵免追溯计算。

e. 在计算境外应纳税所得额时，企业为取得境内、境外所得而在境内、境外发生的共同支出，与取得境外应税所得有关的、合理的部分，应在境内、境外[分国别（地区），下同]应税所得之间，按照合理比例进行分摊后扣除。

企业应对在计算总所得额时已统一归集并扣除的共同费用，按境外每一国别（地区）数额占企业全部数额的下列一种比例或几种比例的综合比例，在每一国别的境外所得中对应调整扣除，计算来自每一国别的应纳税所得额。包括：①资产比例；②收入比例；③员工工资支出比例；④其他合理比例。

（四）境外分支机构亏损的弥补

（1）在汇总计算境外应纳税所得额时，企业在境外同一国家（地区）设立不具有独立纳税地位的分支机构，按照企业所得税法及其实施条例的有关规定计算的亏损，不得抵减其境内或他国（地区）的应纳税所得额，但可以用同一国家（地区）其他项目或以后年度的所得按规定弥补。

（2）企业在同一纳税年度的境内外所得加总为正数的，其境外分支机构发生的亏损，由于上述结转弥补的限制而发生的未予弥补的部分（以下称为非实际亏损额），今后在该分支机构的结转弥补期限不受5年期限制。

a. 如果企业当期境内外所得盈利额与亏损额加总后和为零或正数，则其当年度境外分支机构的非实际亏损额可无限期向后结转弥补。

【例题7·计算题】 中国居民A企业2024年度境内外净所得为160万元。其中，境内所得的应纳税所得额为300万元，设在甲国的分支机构当年度应纳税所得额为100万元，设在乙国的分支机构当年度应纳税所得额为-300万元，A企业当年度从乙国取得利息所得的应纳税所得额为60万元。

要求：调整计算该企业当年度境内、外所得的应纳税所得额及可弥补亏损额。

答案 ▶ A企业当年度境内外净所得为160万元，其发生在乙国分支机构的当年度亏损额300万元，仅可以用从该国取得的利息60万元弥补，未能弥补的非实际亏损额240万元，不得从当年度企业其他盈利中弥补。因此，相应调整后A企业当年境内、外应纳税所得额为：

境内应纳税所得额为300万元。

甲国应纳税所得额为100万元。

乙国应纳税所得额为-240万元。

A企业当年度应纳税所得总额为400万元。

A企业当年度境外乙国未弥补的非实际亏损共240万元，允许A企业以其来自乙国以后年度的所得无限期结转弥补。

老杨嘟啾嘚

这部分知识点与"三步法"的结合并不紧密，考试中涉及的也不多，简单理解为针对特殊情况的一种规定，理解基本规定即可。

b. 如果企业当期境内外所得盈利额与亏损额加总后和为负数，则以境外分支机构的亏损额超过企业盈利额部分的实际亏损额，按规定期限进行亏损弥补，未超过企业盈利额部分的非实际亏损额仍可无限期向后结转弥补。

【例题 8·计算题】 中国境内 A 居民企业 2024 年度境内外净所得为 -100 万元。其中，境内所得的应纳税所得额为 300 万元；设在甲国的分支机构当年度应纳税所得额为-400 万元。

要求：计算 A 企业当年的实际亏损额和非实际亏损额。

答案 A 企业当年度应纳税所得总额为 300 万元。

实际亏损额=400-300=100（万元），按规定期限进行亏损弥补。

非实际亏损额为 300 万元，无限期向后结转弥补。

（五）可予抵免境外所得税税额的确认

1. 不应作为可抵免境外所得税税额的情形

（1）按照境外所得税法律及相关规定属于错缴或错征的境外所得税税款。

（2）按照税收协定规定不应征收的境外所得税税款。

（3）因少缴或迟缴境外所得税而追加的利息、滞纳金或罚款。

（4）境外所得税纳税人或其利害关系人从境外征税主体得到实际返还或补偿的境外所得税税款。

（5）按照我国规定已经免征我国企业所得税的境外所得负担的境外所得税税款。

（6）按照国务院财政、税务主管部门有关规定已经从企业境外应纳税所得额中扣除的境外所得税税款。

2. 可抵免的境外所得税税额的基本条件

（1）企业来源于中国境外的所得依照中国境外税收法律以及相关规定计算而缴纳的税额。

（2）缴纳的属于企业所得税性质的税额，而不拘泥于名称。在不同的国家，对于企业所得税的称呼有着不同的表述，如法人所得税、公司所得税等。判定是否属于企业所得税性质的税额，主要看其是否是针对企业净所得征收的税额。

（3）限于企业应当缴纳且已实际缴纳的税额。税收抵免旨在解决重复征税问题，仅限于企业应当缴纳且已实际缴纳的税额（除另有饶让抵免或其他规定外）。

（4）可抵免的企业所得税税额，若是税收协定非适用所得税项目，或来自非协定国家的所得，无法判定是否属于对企业征收的所得税税额的，应层报国家税务总局裁定。

> 这部分知识点是与"三步法"第二步有关的知识点，要求考生熟悉其基本规定，尤其是"不应作为可抵免境外所得税税额的情形"具体包括哪些，需要注意选择题，通过学习需要知道"三步法"的第二步"实缴税额"有时候并不是纳税人缴纳的全部税额。

3. 可抵免境外所得税税额的换算

(1)企业取得的境外所得已直接缴纳和间接负担的税额为人民币以外货币的,在以人民币计算可予抵免的境外税额时,凡企业记账本位币为人民币的,应按企业就该项境外所得记入账内时使用的人民币汇率进行换算。

(2)凡企业以人民币以外其他货币作为记账本位币的,应统一按实现该项境外所得对应的我国纳税年度最后一日的人民币汇率中间价进行换算。

【例题9·单选题】(2021年)某居民企业以人民币为记账本位币,2024年10月10日收到境外子公司2024年10月5日宣布派发的属于2023年的红利,并于当日入账。该红利可抵免境外所得税税额使用的汇率是( )。

A. 2024年10月10日人民币中间汇率
B. 2024年10月5日人民币中间汇率
C. 2024年12月31日人民币中间汇率
D. 2023年12月31日人民币中间汇率

解析 企业取得的境外所得已直接缴纳和间接负担的税额为人民币以外货币的,在以人民币计算可予抵免的境外税额时,凡企业记账本位币为人民币的,应按企业就该项境外所得记入账内时使用的人民币汇率进行换算。

(六)适用间接抵免的外国企业持股比例的计算层级

自2017年1月1日起,企业在境外取得的股息所得,在按规定计算该企业境外股息所得的可抵免所得税税额和抵免限额时,由该企业直接或者间接持有20%以上股份的外国企业,限于按照规定持股方式确定的五层外国企业。

第一层:企业直接持有20%以上股份的外国企业。(单看)

第二层至第五层:单一上一层外国企业直接持有20%以上股份,且由该企业直接持有或通过一个或多个符合规定持股方式的外国企业间接持有总和达到20%以上股份的外国企业。(双看)

提示 符合规定的"持股条件",是指各层企业直接持股、间接持股以及为计算居民企业间接持股总和比例的每一个单一持股,均应达到20%的持股比例。

【例题10·计算题】中国居民企业A分别控股了三家公司甲国B1、甲国B2、乙国B3,持股比例分别为40%、60%、100%;B1持有丙国C1公司30%股份,B2持有丙国C2公司50%股份,B3持有丁国C3公司40%股份;C1、C2、C3分别持有戊国D公司30%、50%、20%股份。如图:

老杨唠啦唠

本知识点中需要注意的是,并不是境外间接负担的所有税额都可以扣除,它要受到层级和持股比例的限制。符合规定层级和持股比例的境外间接负担的税额才可以扣除,考试中推荐使用"杨氏判断法",多层持股条件判断顺序自上而下;判断口诀:第一层——单看;第二层至第五层——双看。

答案
例题9 | A

第三章 | 国际税收

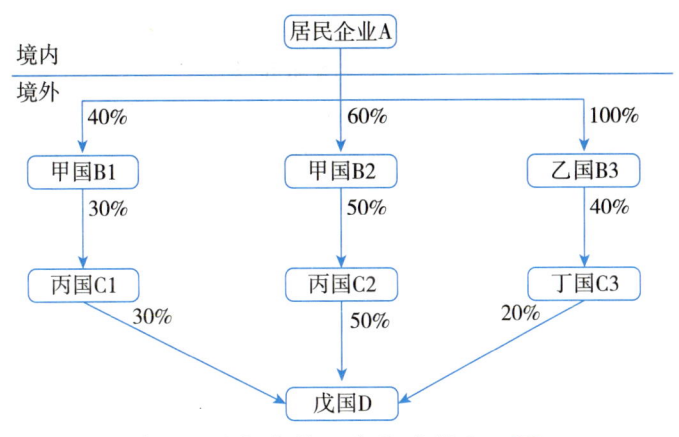

```
                          居民企业A
────────────────────────────────────────── 境内
        40%        │60%        │100%      境外
          ↓          ↓           ↓
       ┌─────┐    ┌─────┐     ┌─────┐
       │甲国B1│    │甲国B2│     │乙国B3│
       └─────┘    └─────┘     └─────┘
         30%│       50%│        40%│
            ↓          ↓           ↓
       ┌─────┐    ┌─────┐     ┌─────┐
       │丙国C1│    │丙国C2│     │丁国C3│
       └─────┘    └─────┘     └─────┘
          30%\       50%│       20%/
               \        ↓        /
                   ┌─────┐
                   │戊国D│
                   └─────┘
```

要求：对各公司进行间接抵免持股条件的判定。

答案

(1) 第一层，B层各公司间接抵免持股条件的判定（单看，即满足一个条件即可）。

B1、B2、B3分别直接被A公司控股40%、60%、100%，均超过直接持有20%以上股份的条件，B层公司均符合持股条件。

(2) 第二层：C层各公司间接抵免持股条件的判定（双看，即同时满足两个条件）。

a. C1公司判定：

第一眼，C1被符合条件的上一层公司B1控股30%>20%，第一眼满足。

第二眼，C1受居民企业A间接控股=40%×30%=12%，小于20%，第二眼不满足。

因此，C1不符合持股条件。（但如果协定的规定为10%，则符合间接抵免条件）

b. C2公司判定：

第一眼，C2被符合条件的上一层公司B2控股50%>20%，第一眼满足。

第二眼，C2受居民企业A间接控股=50%×60%=30%，大于20%，第二眼也满足。

因此，C2符合持股条件。

c. C3公司判定：

第一眼，C3被符合条件的上一层公司B3控股40%>20%，第一眼满足。

第二眼，C3受居民企业A间接控股=40%×100%=40%，大于20%，第二眼也满足。

因此，C3符合持股条件。

(3) 第三层：D公司间接抵免持股条件的判定（双看）。

D被C1、C2、C3分别持股，分别判断如下：

C1："一票否决"，由于C1不符合持股条件，即便C1对D公司的持股达到30%，也不得再计入D公司间接抵免持股条件的范围，即来源于D公司

> 考试大概率不会出现这么复杂的判定问题，我们只是把考试中可能出现的各种情况在一道题中体现而已。

30%部分的所得的已纳税额不能进入居民企业A的抵免范畴。

C2：符合持股条件，判断D是否符合持股条件。

第一眼，D被符合条件的上一层公司C2控股50%>20%，第一眼满足。

第二眼，D受居民企业A间接控股=50%×50%×60%=15%，小于20%，第二眼不满足；但由于D同时被C3持股，因此，不能由此判定D是否符合间接抵免条件。

C3：符合持股条件，判断D是否符合持股条件。

第一眼，D被符合条件的上一层公司C3控股20%=20%，第一眼满足。

第二眼，D受居民企业A间接控股=20%×40%×100%=8%，小于20%，第二眼不满足；但加上A通过B2、C2的间接控股15%，间接控股总和达到23%。因此，D公司符合间接抵免条件，即其所纳税额中属于向C2和C3公司分配的70%股息所负担的部分，可进入A公司的间接抵免范畴。

(七)境外所得间接负担税额的计算

(1)境外投资收益实际间接负担的税额，是指符合规定持股条件的外国企业应分得的股息、红利等权益性投资收益中，<u>从最低一层外国企业起逐层计算</u>的属于由上一层企业负担的税额，计算公式如下：

本层企业所纳税额属于由一家上一层企业负担的税额=(本层企业就利润和投资收益所实际缴纳的税额+符合规定的由本层企业间接负担的税额)×本层企业向一家上一层企业分配的股息(红利)÷本层企业所得税后利润额

【例题11·计算题】居民企业A投资的持股比例及层级关系见下图。

居民企业A —40%→ 甲国B1 —30%→ 丙国C1

B1公司当年应纳税所得总额为1 000万元，其中来自C1公司的投资收益为300万元，按10%缴纳C1公司所在国预提所得税额为30万元，当年在所在国按该国境外税收抵免规定计算后实际缴纳所在国所得税税额为210万元，税后利润为760万元，全部分配。

要求：计算甲国B1及其下层各企业已纳税额中属于A公司可予抵免的间接负担税额。

答案：根据持股条件判断，C1不符合A公司的间接抵免持股条件，B1公司符合A公司的间接抵免持股条件。

(1)由于C1不符合A公司的间接抵免持股条件，因此不计算由A公司可予抵免的间接负担税额。

(2)B1公司符合A公司的间接抵免持股条件。

本层企业B1所纳税额属于由一家上一层企业A负担的税额=(本层企业B1就利润和投资收益所实际缴纳的税额+符合规定的由本层企业B1间接

负担的税额)×本层企业 B1 向一家上一层企业 A 分配的股息(红利)÷本层企业 B1 所得税后利润额=(210+30+0)×(304÷760)=96(万元)。即 A 公司就从 B1 公司分得股息间接负担的可在我国应纳税额中抵免的税额为 96 万元。

提示

(1)上述 760 和 304 这两个数的计算过程如下：

本层企业 B1 所得税后利润额=税前利润-实际缴纳所在国税额-缴纳预提所得税税额=1 000-210-30=760(万元)。本层企业 B1 向一家上一层企业 A 分配的股息(红利)=760×40%=304(万元)。

(2)上述公式过于复杂，可以适用杨氏计算法：本层企业 B1 所纳税额属于由一家上一层企业 A 负担的税额=(210+30+0)×100%×40%=96(万元)。

(2)每一层企业从其持股的下一层企业在一个年度中分得的股息(红利)，若是由该下一层企业不同年度的税后未分配利润组成，则应按该股息(红利)对应的每一年度未分配利润，分别计算就该项分配利润所间接负担的税额；按各年度计算的间接负担税额之和，即为取得股息(红利)的企业该年度中分得的股息(红利)所得所间接负担的所得税额。

【例题 12·计算题】 居民企业 A 投资的持股比例及层级关系见下图。

居民企业A —60%→ 甲国B2 —50%→ 丙国C2

(1)C2 公司应纳税所得总额为 2 000 万元，实际缴纳所在国所得税税额为 550 万元，当年税后利润为 1 450 万元，如果 C2 公司将当年税后利润的 80%用于分配，同时，将该公司上年未分配税后利润 1 600 万元全部分配，实际缴纳税额 360 万元，无其他事项。

要求：计算甲国 B2 及其下层各企业已纳税额中属于 A 公司可予抵免的间接负担税额。

答案 根据持股条件判断，C2 符合 A 公司的间接抵免条件。

C2 公司已纳税额可由 B2 公司就分得股息间接负担的税额=[(550+0+0)×(580÷1 450)]+[(360+0+0)×(800÷1 600)]=400(万元)。

提示

(1)上述 580 万元的计算过程如下：分配当年的股息=1 450×80%×50%=580(万元)。

(2)可以使用杨氏计算法：本层企业所纳税额属于由一家上一层企业负担的税额=[(550+0+0)×80%×50%]+[(360+0+0)×100%×50%]=400(万元)。

(2)B2 公司应纳税所得总额为 5 000 万元，其中来自 C2 公司的投资收益按 10%缴纳 C2 公司所在国预提所得税税额。实际缴纳所在国所得税税额为 962 万元；当年税后利润全部分配。B2 公司向 A 公司按其持股比例 60%分配股息 2 340 万元。

老杨啰嗦啰嗦

本例题相对复杂，是我们考试题的"天花板"，出现的概率不高，但需要考生理解掌握。本题的特点是多层跨年分配，即通过持股条件的判断，发现有一层以上的外国企业满足条件，而且该企业不仅分配当年的利润同时也分配以前年度的利润。与上题原理完全相同，在学习中注意多层级计算的关联性以及分配不同年度税后利润的处理。

答案 根据持股条件判断，C2、B2 均符合 A 公司的间接抵免条件。

A 公司从 B2 公司分得股息间接负担的可在我国应纳税额中抵免的税额 =（962+138+400）×（2 340÷3 900）= 900（万元）。

提示

（1）已知条件中未告知投资收益实际缴纳的税额，需要计算，实际缴纳的税额 = C2 公司分配的（580+800）×10% = 138（万元）。

（2）已知条件中未告知当年的税后利润，需要计算，税后利润 = 5 000 - 962 - 138 = 3 900（万元）。

（3）杨氏计算法：本层企业所纳税额属于由一家上一层企业负担的税额 =（962+138+400）×100%×60% = 900（万元）。

（八）应纳税额的计算

【例题13·计算题】 假设 A 公司申报的境内外所得总额为 16 000 万元，其中取得境外股息所得为 2 644 万元（已还原向境外直接缴纳 10% 的预提所得税 264.4 万元，但未含应还原计算的境外间接负担的税额），其中 B1 股息所得 304 万元，B2 股息所得 2 340 万元；同时假设 A 公司用于 B1、B2 公司的管理费用为 240 万元，应在计算来自甲国两个 B 子公司的股息应纳税所得时对应调整扣除。

要求：请计算该企业境内外应纳所得税总额。

答案

（1）境外所得抵免额（"三步法"）。

步骤	甲国
第一步	（1）境外税前所得 = 股息所得+间接负担-管理费 = 304+2 340+996-240 = 3 400（万元）。 （2）抵免限额 = 3 400×25% = 850（万元）
第二步	可抵免境外税额 = 264.4+996 = 1 260.4（万元）。 **提示** 264.4 万元为直接缴纳的预提所得税合计金额（2 644×10%）。 996 万元为 A 公司从 B1、B2 公司分得股息间接负担的可在我国应纳税额中抵免的税额合计金额（96+900）
第三步	当年可实际抵免税额为 850 万元。 可结转的当年度未抵免税额 = 1 260.4-850 = 410.4（万元）

（2）境内外应纳税总额 =（16 000+996）×25% - 850 = 3 399（万元）。

（九）享受税收饶让抵免税额的确定 调整

（1）居民企业从与我国政府订立税收协定（或安排）的国家（地区）取得的所得，按照该国（地区）税收法律享受了免税或减税待遇，且该免税或减税的数额按照税收协定规定应视同已缴税额在中国的应纳税额中抵免的，该免税或减税数额可作为企业实际缴纳的境外所得税税额办理税收抵免。

（2）税收饶让抵免应区别下列情况进行计算：

a. 定率饶让抵免，适用于来源国对于股息、利息、特许权使用费等的预提所得税的优惠或限制税率。税收协定约定定率饶让抵免的，饶让抵免税额为按该定率计算的应纳境外所得税税额超过实际缴纳的境外所得税税额的数额。

b. 普通饶让抵免，适用于来源国对于营业利润征收的企业所得税的减免税优惠。税收协定约定对来源国实施的税收优惠额给予饶让抵免的，饶让抵免税额为按协定国家(地区)税收法律规定税率计算的应纳所得税税额超过实际缴纳税额的数额，即实际税收优惠额。

（3）境外所得采用简易办法计算抵免额的，不适用饶让抵免。

（4）企业取得的境外所得根据来源国税收法律法规不判定为所在国应税所得，而按中国税收法律法规规定属于应税所得的，不属于税收饶让抵免范畴，应全额按中国税收法律法规规定缴纳企业所得税。

（十）简易办法计算抵免税额

（1）企业从境外取得营业利润所得以及符合境外税额间接抵免条件的股息所得，虽有所得来源国(地区)政府机关核发的具有纳税性质的凭证或证明，但因客观原因无法真实、准确地确认应当缴纳并已经实际缴纳的境外所得税税额的，除就该所得直接缴纳及间接负担的税额在所得来源国(地区)的实际有效税率低于50%以上的外，可按境外应纳税所得额的12.5%作为抵免限额，企业按该国(地区)税务机关或政府机关核发具有纳税性质凭证或证明的金额，其不超过抵免限额的部分，准予抵免；超过的部分不得抵免。

（2）企业从境外取得营业利润所得以及符合境外税额间接抵免条件的股息所得，凡就该所得缴纳及间接负担的税额在所得来源国(地区)的法定税率且其实际有效税率明显高于25%的，可直接以按25%计算抵免限额。"实际有效税率"是指实际缴纳或负担的企业所得税税额与应纳税所得额的比率。

（3）企业适用简易办法计算抵免税额时，首先必须遵循"分国不分项"原则；其次，境外所得采用简易办法计算抵免额的，不适用饶让抵免；最后，居民企业从境外未达到直接持股20%条件的境外子公司取得的股息所得，以及取得利息、租金、特许权使用费、转让财产等所得，向所得来源国直接缴纳的预提所得税税额，应按直接抵免有关规定正常计算抵免，不适用简易办法计算抵免。

（十一）境外分支机构与我国对应纳税年度的确定

（1）企业在境外投资设立不具有独立纳税地位的分支机构，其计算生产、经营所得的纳税年度与我国规定的纳税年度不一致的，与我国纳税年度当年度相对应的境外纳税年度，应为在我国有关纳税年度中任何一日结束的境外纳税年度。

（2）企业取得境外股息所得实现日为被投资方作出利润分配决定的日期，不论该利润分配是否包括以前年度未分配利润，均应作为该股息所得实现日所在的我国纳税年度所得计算抵免。

【例题14·计算题】某居民企业在A国的分公司，2024年按A国法律规定，计算当期利润年度为每年10月1日至次年9月30日。

要求：说明在我国计算纳税及境外税额抵免的年度。

答案 该分公司按A国规定计算2024年10月1日至次年9月30日（即A国2024—2025年度）的营业利润及其已纳税额，应在我国2025年度计算纳税及境外税额抵免。

考点七 国际避税与反避税 ★

（一）国际避税港

（1）国际避税港，是指能够为纳税人提供某种合法避税机会的国家和地区。

（2）避税港类型，见表3-10。

表3-10 避税港类型

类型	典型国家和地区列举（部分）
没有所得税和一般财产税	如开曼群岛、巴哈马、百慕大、格陵兰和索马里等
虽开征但税负远低于国际一般负担水平，并提供特殊税收优惠待遇	如新加坡、瑞士、英属维尔京群岛、以色列、摩纳哥、塞浦路斯和列支敦士登等
仅实行地域管辖权，只对境内所得按较低税率征税	如巴拿马、委内瑞拉和阿根廷等
有规范税制但有某些税收特例或提供某些特殊税收优惠	如爱尔兰、英国、加拿大、希腊、卢森堡和荷兰等

2021年7月《双支柱方案的声明》中的"支柱二"提出15%的最低税率。全球最低税率的达成，挤压了国际避税空间，受影响比较大的是一些以"避税天堂"闻名的岛屿国家和小型经济体，以及部分高度开放的经济体。

（二）国际避税方法

1. 选择有利的企业组织形式避税

纳税人对外投资时，可根据合伙企业与公司、子公司与分公司在不同国家之间的税制差异，选择最有利的组织形式来实现税收利益最大化。

2. 个人住所和公司居所转移避税

（1）跨国自然人可通过迁移住所避免成为某一国的居民，从而躲避或者减轻纳税义务。

（2）跨国法人可将其总机构或实际管理机构移居到低税区，避免成为高税国的居民纳税人，从而降低整个公司的税收负担。

(3)企业也可通过跨国并购,将自己变成低税区企业的组成部分得以实现税收从高税区向低税区的倒置。

3. 利用转让定价避税

跨国公司集团从整体利益出发,利用各关联企业所在国的关税税率和所得税的差异,整体考虑所有成员企业的收入和费用,通过内部转让价格处理关联交易,**将费用和成本从低税区转移至高税区,将利润从高税区转移至低税区**,来减轻整个集团在全球负担的关税和所得税。

4. 利用税收协定避税

一个第三国居民(缔约国的非居民)可通过改变其居民身份,可以享受其他两个国家签署的税收协定中的优惠待遇。

5. 利用资本弱化避税

跨国公司在高税国投资常利用资本弱化手段进行避税。

6. 利用信托转移财产避税

利用信托转移财产,实现该目的可通过在避税港设立个人持股信托公司、受控信托公司和订立信托合同的方式。

7. 利用避税港中介公司避税

利用中介公司避税的典范:跨国公司使用的"双层爱尔兰""双层爱尔兰—荷兰三明治""双层爱尔兰—荷兰—百慕大"架构。

8. 利用错配安排避税

纳税人在跨国交易中,利用两个国家对同一实体、同一笔收入或者同一支出的税务处理规则的不同,同时规避或减轻跨国交易在两个国家的税负。

考点八 国际税收征管协作 ★

国际税收征管协作主要包括情报交换、税款追缴和文书送达。

(一)我国税收情报交换

1. 情报交换概述

(1)情报交换在税收协定规定的权利和义务范围内进行。情报交换应在税收协定生效并执行以后进行,税收情报涉及的事项可以溯及税收协定生效并执行之前。

(2)我国主管当局为国家税务总局。

(3)我国税务机关收集、调查或核查处理税收情报,适用税收征管法的有关规定。

2. 情报交换的种类与范围

(1)情报交换的类型包括专项情报交换、自动情报交换、自发情报交换以及同期税务检查、授权代表访问和行业范围情报交换等。

(2)情报交换的范围。除缔约国双方另有规定外,情报交换的范围一般为:

a. 国家范围包括加入《多边税收征管互助公约》及与我国正式签订含有情报交换条款的税收协定并生效执行的国家。

b. 税种范围通常涵盖所有税种，特别是具有所得（或财产）性质的税种。

c. 人的范围，包括所有类型纳税人及相关主体。

d. 地域范围，为全球范围内的涉税信息。

我国从缔约国主管当局获取的税收情报可以作为税收执法行为的依据，并可以在诉讼程序中出示。税收情报在诉讼程序中作为证据使用时，税务机关应根据行政诉讼法等法律规定，向法庭申请不在开庭时公开质证。

（二）OECD 金融账户涉税信息自动交换

（1）《金融账户涉税信息自动交换标准》（AEOI 标准），标准由《主管当局协议范本》（MCAA）和《统一报告标准》（CRS）两部分内容组成。

（2）MCAA 是规范各国（地区）税务主管当局之间如何开展金融账户涉税信息自动交换的操作性文件，以互惠型模式为基础，分为双边和多边两个版本。

CRS 规定了金融机构收集和报送外国税收居民个人和企业账户信息的相关要求和程序。

（3）根据 AEOI 标准开展金融账户涉税信息自动交换，首先由缔约一方的金融机构通过履行尽职调查程序，识别出缔约另一方的税收居民，包括全部自然人和账户余额在 25 万美元以上的实体在该金融机构所开设的账户。

（4）2022 年 11 月 9 日，OECD 发布了《2022 年金融账户涉税信息自动交换年度报告》。

（三）我国的非居民金融账户涉税信息尽职调查管理（部分内容）

1. 基本要求

（1）根据《中华人民共和国税收征收管理法》《中华人民共和国反洗钱法》等法律、法规的规定，制定《非居民金融账户涉税信息尽职调查管理办法》。

（2）自 2017 年 1 月 1 日起，依法在我国境内设立的存款机构、托管机构、投资机构和特定的保险机构及其分支机构等金融机构，需开展非居民金融账户涉税信息尽职调查工作。

提示

（1）下列机构属于规定的金融机构：①商业银行、农村信用合作社等吸收公众存款的金融机构以及政策性银行；②证券公司；③期货公司；④证券投资基金管理公司、私募基金管理公司、从事私募基金管理业务的合伙企业；⑤开展有现金价值的保险或者年金业务的保险公司、保险资产管理公司；⑥信托公司；⑦其他符合条件的机构。

(2)不属于需要开展尽职调查的金融机构：①金融资产管理公司；②财务公司；③金融租赁公司；④汽车金融公司；⑤消费金融公司；⑥货币经纪公司；⑦证券登记结算机构；⑧其他不符合条件的机构。

2. 基本定义

(1)托管机构是指近3个会计年度总收入的20%以上来源于为客户持有金融资产的机构，机构成立不满3年的，按机构存续期间计算。

(2)投资机构是指符合以下条件之一的机构：①近3个会计年度总收入的50%以上来源于为客户投资、运作金融资产的机构，机构成立不满3年的，按机构存续期间计算；②近3个会计年度总收入的50%以上来源于投资、再投资或者买卖金融资产，且由存款机构、托管机构、特定的保险机构或者上述第①条所述投资机构进行管理并作出投资决策的机构，机构成立不满三年的，按机构存续期间计算；③证券投资基金、私募投资基金等以投资、再投资或者买卖金融资产为目的而设立的投资实体。

需要注意的是，由于不动产不是金融资产，所以总收入主要来源于投资、再投资或买卖不动产的机构不属于投资机构（不论其是否由专业公司管理）。

(3)金融资产包括证券、合伙权益、大宗商品、掉期、保险合同、年金合同或者上述资产的权益，前述权益包括期货、远期合约或者期权。

金融资产不包括实物商品或者不动产非债直接权益。金融资产的定义不区分场内交易或者场外交易衍生品，场外交易衍生品包括在内。

(4)非居民指中国税收居民以外的个人和企业（包括其他组织），但不包括政府机构、国际组织、中央银行、金融机构或者在证券市场上市交易的公司及其关联机构。

账户持有人同时构成中国税收居民和其他国家（地区）税收居民的，金融机构应当按照规定收集并报送其账户信息。

(5)账户持有人指由金融机构登记或者确认为账户所有者的个人或者机构，不包括代理人、名义持有人、授权签字人等为他人利益而持有账户的个人或者机构。

(6)非居民金融账户是指在我国境内的金融机构开立或者保有的、由非居民或者有非居民控制人的消极非金融机构持有的金融账户。

提示

(1)消极非金融机构是指符合下列条件之一的机构：①上一公历年度内，股息、利息、租金、特许权使用费收入等不属于积极经营活动的收入，以及据以产生前述收入的金融资产的转让收入占总收入比重50%以上的非金融机构；②上一公历年度末，拥有可以产生上述①收入的金融资产占总资产比重50%以上的非金融机构；③税收居民国（地区）不实施金融账户涉税信息自动交换标准的投资机构。

（2）下列非金融机构不属于消极非金融机构：①上市公司及其关联机构；②政府机构或者履行公共服务职能的机构；③仅为了持有非金融机构股权或者向其提供融资和服务而设立的控股公司；④成立时间不足24个月且尚未开展业务的企业；⑤正处于资产清算或者重组过程中的企业；⑥仅与本集团（该集团内机构均为非金融机构）内关联机构开展融资或者对冲交易的企业；⑦非营利组织。

3. 无须开展尽职调查的账户

无须开展尽职调查的账户，见表3-11。

表3-11 无须开展尽职调查的账户

类型	条件（同时符合）
退休金账户	具体包括：①受政府监管；②享受税收优惠；③向税务机关申报账户相关信息；④达到规定的退休年龄等条件时才可取款；⑤每年缴款不超过5万美元，或者终身缴款不超过100万美元
社会保障类账户	具体包括：①受政府监管；②享受税收优惠；③取款应当与账户设立的目的相关，包括医疗等；④每年缴款不超过5万美元
定期人寿保险合同	具体包括：①在合同存续期内或者在被保险人年满90岁之前（以较短者为准），至少按年度支付保费，且保费不随时间递减；②在不终止合同的情况下，任何人均无法获取保险价值；③合同解除或者终止时，应付金额（不包括死亡抚恤金）在扣除合同存续期间相关支出后，不得超过为该合同累计支付的保费总额；④合同不得通过有价方式转让
为特殊事项开立的账户	具体包括：①法院裁定或者判决；②不动产或者动产的销售、交易或者租赁；③不动产抵押贷款情况下，预留部分款项便于支付与不动产相关的税款或者保险；④专为支付税款
存款账户	具体包括：①因信用卡超额还款或者其他还款而形成，且超额款项不会立即返还账户持有人；②禁止账户持有人超额还款5万美元以上，或者账户持有人超额还款5万美元以上的款项应当在60日内返还账户持有人
上一公历年度余额不超过1 000美元的休眠账户（不包括年金合同）	具体包括：①过去3个公历年度中，账户持有人未向金融机构发起任何与账户相关的交易；②过去6个公历年度中，账户持有人未与金融机构沟通任何与账户相关的事宜；③对于具有现金价值的保险合同，在过去6个公历年度中，账户持有人未与金融机构沟通任何与账户相关的事宜
其他账户	具体包括：①由我国政府机关、事业单位、军队、武警部队、居民委员会、村民委员会、社区委员会、社会团体等单位持有的账户，由军人（武装警察）持军人（武装警察）身份证件开立的账户；②政策性银行为执行政府决定开立的账户；③保险公司之间的补偿再保险合同

【例题 15·多选题】（2023 年）根据《非居民金融账户涉税信息尽职调查管理办法》的规定，下列新开账户中，无须开展尽职调查的有(　　)。

A．为不动产销售而开立的账户

B．政策性银行为执行政府决定开立的账户

C．未享受税收优惠的退休金账户

D．专为支付税款而开立的账户

E．保险公司之间的补偿再保险合同账户

解析 选项 C，享受税收优惠的退休金账户无须开展尽职调查。

（四）税基侵蚀与利润转移（BEPS）行动计划

（1）税基侵蚀和利润转移（BEPS）是指跨国企业利用国际税收规则存在的不足，以及各国税制差异和征管漏洞，人为将利润转移至仅有少量或没有经济活动的免税或低税地区，从而导致少缴或总体上不缴纳公司税的税收筹划安排，造成对各国税基的侵蚀。

（2）BEPS 行动计划其一揽子国际税改项目主要包括三个方面的内容：一是保持跨境交易相关国内法规的协调一致；二是突出强调实质经营活动并提高税收透明度；三是提高税收确定性。

（3）税基侵蚀和利润转移项目成果（15 项）。

第 1 项成果：《应对数字经济的税收挑战》；第 2 项成果：《消除混合错配安排的影响》；第 3 项成果：《制定有效受控外国公司规则》；第 4 项成果：《对利用利息扣除和其他款项支付实现的税基侵蚀予以限制》；第 5 项成果：《考虑透明度与实质性因素，更有效地打击有害税收实践》；第 6 项成果：《防止税收协定优惠的不当授予》；第 7 项成果：《防止人为规避构成常设机构》；第 8 项成果至第 10 项成果：《确保转让定价结果与价值创造相匹配》；第 11 项成果：《衡量和监控 BEPS》；第 12 项成果：《强制披露规则》；第 13 项成果：《转让定价文档和国别报告》；第 14 项成果：《使争议解决机制更有效》；第 15 项成果：《开发用于修订双边税收协定的多边工具》。

（五）应对经济数字化税收挑战"双支柱"方案

OECD 受 G20 委托通过 BEPS 包容性框架推进应对经济数字化税收挑战多边方案的研究与谈判。

1."双支柱"方案的基本框架

支柱一针对现行国际税收规则体系中的相关规则进行改革，将跨国企业集团剩余利润在全球进行重新分配，主要解决超大型跨国企业集团部分剩余利润在哪里缴税的问题。支柱一包括金额 A 和金额 B，金额 A 还有配套的税收确定性机制。

例题 15 | ABDE

支柱二通过实施全球最低税，确保跨国企业集团在各个辖区承担不低于一定比例的税负，以抑制跨国企业集团逃避税行为，为各国税收竞争划定底线，主要解决大型跨国企业集团在各辖区应缴多少税的问题。支柱二包括基于国内法的全球反税基侵蚀规则(由收入纳入规则和低税支付规则构成)和基于税收协定的应税规则。

2. 支柱一

(1)适用范围。

◆金额 A 适用于年收入在 200 亿欧元以上且税前利润率超过 10% 的跨国企业集团。

> **提示**
> (1)相关门槛按平均值计算。
> (2)采掘业和受监管的金融业除外。

◆金额 B 通过独立交易原则的简化运用，确定跨国企业集团所从事的基本营销和分销活动的利润回报。

> **提示** 金额 A 适用范围与金额 B 适用范围无直接关系，二者政策目标不同。

(2)金额。

将超过收入10%的利润定义为"剩余利润"。对于适用范围内的跨国企业，25%的剩余利润将被分配至构成联结度的市场辖区，并以收入为分配因子。

举例来说，假设 A 跨国集团的全球收入为 240 亿欧元，税前利润率为15%，则其剩余利润=240×(15%−10%)=12(亿欧元)。则可供分配的剩余利润=12×25%=3(亿欧元)。若 A 企业分别在 X、Y、Z 三国实现销售收入120 亿欧元、80 亿欧元和 40 亿欧元，则 X 国最多可分得的金额分别为 1.5 亿欧元，Y 国为 1 亿欧元，Z 国为 0.5 亿欧元。X、Y、Z 三国可按本国企业所得税税率对分得的金额征税。

3. 支柱二

(1)适用范围。

适用于合并集团收入达到 7.5 亿欧元门槛的跨国企业集团。

> **提示**
> (1)跨国企业集团总部所在辖区在实施收入纳入规则时不受该门槛限制。
> (2)豁免规则：对政府实体、国际组织、非营利组织、养老基金或投资基金予以豁免；对国际海运所得予以豁免；将跨国企业集团收入低于1 000 万欧元且利润低于 100 万欧元的辖区排除出适用范围；

(2)收入纳入规则。

收入纳入规则规定，如果跨国企业集团海外实体(含子公司及常设机构)按辖区计算的有效税率低于 15%，则跨国企业集团母公司所在辖区有权就这部分低税所得向母公司补征税款至最低税负水平，即有效税率达到15%。

> **提示**
>
> （1）为防止多重征税，除特殊情况外，集团最终母公司所在辖区拥有适用收入纳入规则的优先权，只有当最终母公司所在辖区不实施收入纳入规则时，集团所有权链条上的其他成员实体所在辖区才可依照自上而下次序适用收入纳入规则。
>
> （2）中间层成员实体被集团外实体持股比例超过20%时，中间层控股公司而不是最终控股母公司，具有优先适用收入纳入规则的权利，该规则被称为分散控股规则。

（3）低税支付规则。

低税支付规则规定，对于全球反税基侵蚀规则适用范围内的跨国企业集团，其成员实体未适用收入纳入规则补税的低税所得，可通过对其他集团成员实体限制税前扣除或作其他等额调整补征税款至15%的全球最低税率标准。

> **提示**
>
> （1）收入纳入规则是全球反税基侵蚀规则的主要措施，优先于低税支付规则，即低税支付规则是收入纳入规则的补充规则。二者具有相同目的，都是为确保跨国企业集团在每个辖区的有效税率至少达到15%，在税基确定、有效税率和补税额计算等要素上采用相同的规则，但二者有不同的功能和运行方式。收入纳入规则规定了一种基于母公司对低税实体的直接或间接所有权征收补足税的机制，低税支付规则作为收入纳入规则的补充规则，用以补征未按收入纳入规则征收的全球最低税税额或全球最低税余额。
>
> （2）将初始国际化企业排除出低税支付规则的适用范围。

（4）有效税额。

有效税额指全球反税基侵蚀规则认可的企业所得税税额，包括对企业净利润征收的各种税费，如取得所得时征收的税额、将所得以股息形式分配给股东时征收的税额、其他所有企业所得税性质的税额，以及对留存收益和公司股权征收的税额等。在确定某一税款是否为支柱二有效税额时，应基于该税额的基本性质，税额能否被抵扣不能作为是否是有效税额的判断依据。

（5）对分配利润税的特殊处理。

分配利润税是一种特殊所得税税制，属于支柱二有效税额。如果利润在4年内进行分配，且以不低于15%的税率纳税，则无须对其补充征税。

（6）有效税率的分国家或地区计算。

全球反税基侵蚀规则需要以年度为单位计算跨国企业集团每个辖区的有效税率，该方式被称为"辖区汇总法"。每个辖区有效税率＝该辖区成员实体有效税额之和÷该辖区经调整会计利润确定的税基。如果分配给某个辖区的税前利润为0或负数（即亏损），则跨国企业集团在该年度没有与该辖区相关的全球反税基侵蚀规则补税义务。

注意不是"全球汇总法"，防止企业有可能利用全球各辖区税率差异以获取避税利益。辖区汇总相比全球汇总，更有利于抑制跨国企业向低税辖区转移利润的动机。

(7)全球最低税税基。

通过对按合格会计准则编制财务报表上的会计利润进行必要调整(例如:剔除集团内部股息、调整内部重组及相关资本利得、加回税前可抵扣的股票薪酬等),并在税基中对公式化经济实质予以排除后确定。

提示 在计算税基时需执行公式化经济实质排除。公式化经济实质排除指对于实质性经济活动产生的部分回报,从计算全球最低税补税额的税基中予以扣除。体现实质性经济活动的指标为有形资产折余价值和人员工资。长期来看,有形资产折余价值和人员工资可以排除的回报比例为5%。

(8)补税额的计算。

集团在某辖区的补税额=(集团在该辖区年度经调整后的会计利润-公式化经济实质排除回报)×(15%-集团在该辖区的有效税率)

集团在全球的总补税额等于其各辖区补税额之和。

(9)应税规则。

应税规则允许所得来源辖区对收款方税率低于应税规则最低税率的某些关联支付进行有限征税。

提示
(1)应税规则主要针对跨国企业集团通过特定类型的集团内关联支付,将利润从来源国转移到低税国的情况。
(2)应税规则优先于全球反税基侵蚀规则,需要纳入双边税收协定条款才能落地实施。

(10)最低有效税率总结。

对于收入纳入规则和低税支付规则,最低有效税率为15%。对于应税规则,最低税率为名义税率9%。

【例题16·单选题】(2024年)支柱二在计算全球最低税的税基时引入公式化经济实质排除机制,跨国企业集团按照合格会计准则编制的财务报表中的下列指标,可体现实质经济活动的是( )。

A. 货币资金余额　　　　　　B. 有形资产折余价值
C. 无形资产摊余价值　　　　D. 长期股权投资价值

解析 体现实质性经济活动的指标为有形资产折余价值和人员工资。

【例题17·多选题】(2024年)下列税额中,属于支柱二有效税额范围的有( )。

A. 对企业股权征收的税额
B. 对企业将所得以股息形式分配给股东时征收的税额
C. 对企业取得所得时征收的税额
D. 对企业留存收益征收的税额
E. 对企业取得收入时征收的增值税

答案
例题16 | B
例题17 | ABCD

解析 ↘ 支柱二的有效税额指全球反税基侵蚀规则认可的企业所得税税额，包括对企业净利润征收的各种税费，如取得所得时征收的税额、将所得以股息形式分配给股东时征收的税额、其他所有企业所得税性质的税额，以及对留存收益和公司股权征收的税额等。

同步训练

考点一 概述

1. (单选题)下列关于国际税收的表述中，不正确的是(　　)。
   A. 国际税收是指对在两个或两个以上国家之间开展跨境交易行为征税的一系列税收法律规范的总称
   B. 国家间对商品服务、所得、财产课税的制度差异是国际税收产生的基础
   C. 国际税收的实质是国家之间的税收分配关系和税收合作关系
   D. 国际税收的基本原则分为单一课税原则和受益原则两类

2. (单选题)下列关于约束收入来源地管辖权的国际惯例的表述中，不正确的是(　　)。
   A. 不动产转让所得，由不动产的坐落地国家行使收入来源地管辖权征税
   B. 出售动产收益，由购买方的居住国征税
   C. 投资所得，应由提供收取利息、股息、特许权使用费等权利的居民所在国行使征税权
   D. 转让或出售从事国际运输的船舶、飞机，一般由船舶、飞机企业的居住国征税

3. (单选题)根据国际税收相关规定，关于常设机构利润的确定，下列说法正确的是(　　)。
   A. 利润分配法要求按照独立核算原则计算常设机构的营业利润
   B. 利润分配法和利润核定法主要用于常设机构利润范围的确定
   C. 归属法和引力法主要用于常设机构利润的计算
   D. 利润核定法可按常设机构的营业收入额核定利润或经费支出额推算利润

考点二 国际税收协定

(多选题)根据《中新税收协定》演艺人员和运动员条款的规定，下列属于演艺人员活动的有(　　)。
A. 演艺人员从事的舞台艺术
B. 演艺人员开展的电影宣传活动
C. 演艺人员参加广告拍摄
D. 演艺人员会议发言
E. 演艺人员参加企业剪彩

考点三 国际税收协定待遇后续管理

(多选题)从中国取得股息所得的下列申请人,可直接判定为"受益所有人"的有( )。

A. 缔约对方居民且在缔约对方上市的公司

B. 缔约对方政府

C. 被缔约对方居民个人间接持有100%股份的居民申请人

D. 缔约对方居民个人

E. 被缔约对方居民个人间接持有95%股份的居民申请人

考点四 非居民企业税收管理

1. (单选题)与间接转让中国应税财产相关的整体安排同时符合规定情形的,应直接认定为不具有合理商业目的,下列选项不属于可以直接认定为不具有合理商业目的是( )。

A. 境外企业股权75%(含)以上价值直接或间接来源于中国应税财产

B. 间接转让中国应税财产交易发生前一年内任一时点,境外企业资产总额(含现金)的90%(含)以上直接或间接由在中国境内的投资构成,或间接转让中国应税财产交易发生前一年内,境外企业取得收入的90%(含)以上直接或间接来源于中国境内

C. 境外企业及直接或间接持有中国应税财产的下属企业虽在所在国家(地区)登记注册,以满足法律所要求的组织形式,但实际履行的功能及承担的风险有限,不足以证实其具有经济实质

D. 间接转让中国应税财产交易在境外应缴所得税税负低于直接转让中国应税财产交易在中国的可能税负

2. (单选题)境内机构对外付汇的下列情形中,需要办理付汇税务备案的是( )。

A. 境内机构在境外发生差旅费15万美元以上的

B. 境内机构发生在境外的进出口贸易佣金5万美元以上的

C. 境内机构在境外发生会议费10万美元以上的

D. 境内机构向境外支付旅游服务费5万美元以上的

考点五 国际税收抵免制度

(单选题)当跨国纳税人的国外经营活动盈亏并存时,对纳税人有利的是( )。

A. 分项抵免限额 B. 综合抵免限额

C. 分国分项抵免限额 D. 分国抵免限额

考点六 我国税收抵免制度

1. (单选题)2024年甲公司在境外设立不具有独立纳税地位的分支机构,该分支机构2025年产生利润200万元,下列关于该境外利润确认收入时间的说法中,正确的是( )。

A. 按照利润所属年度确认收入的实现

B. 按照利润实际汇回的日期确认收入的实现

C. 按照双方约定汇回的日期确认收入的实现

D. 按照境外分支机构作出利润汇回决定的日期确认收入的实现

2. (单选题)2024年甲居民企业(经认定为高新技术企业)从境外取得应纳税所得额100万元,企业申报已在境外缴纳的所得税税款为20万元,因客观原因无法进行核实。后经企业申请,税务机关核准采用简易方法计算境外所得税抵免限额。该抵免限额为( )万元。

A. 12.5　　　　B. 15　　　　C. 20　　　　D. 25

3. (多选题)下列有关税收抵免制度的表述中,正确的有( )。

A. 境外税额抵免分为直接抵免和间接抵免

B. 税收协定规定定率饶让抵免的,饶让抵免税额为按该定率计算的应纳境外所得税税额超过实际缴纳的境外所得税税额的数额

C. 若境内企业为亏损,境外所得为盈利,且企业已使用同期境外盈利全部或部分弥补了境内亏损,则境内已用境外盈利弥补的亏损可以用以后年度境内盈利重复弥补

D. 企业每年应分国别在抵免限额内据实抵免境外所得税税额,超过抵免限额的部分可在以后连续3个纳税年度延续抵免

E. 如果企业境内亏损,境外盈利分别来自多个国家,则弥补境内亏损时,企业可以自行选择弥补境内亏损的境外所得来源国家顺序

4. (多选题)依据企业所得税相关规定,下列款项不得抵免境内所得税税额的有( )。

A. 按境外所得税法应该缴纳并已实际缴纳的所得税税款

B. 按境外所得税法律规定属于错缴的境外所得税税款

C. 境外所得税纳税人从境外征税主体得到实际返还的所得税税款

D. 按照税收协定规定不应征收的境外所得税税款

E. 因少缴或迟缴境外所得税而追加的滞纳金或罚款

5. (计算题·2024年)中国某居民企业持有境外子公司40%股权,2025年的相关涉税信息如下:

(1)国内业务实现应纳税所得额500万元。

(2)取得境外子公司股息90万元,所在国已经征收了预提所得税。

(注:子公司所在国企业所得税税率为20%,预提所得税税率为10%,2025年子公司享受减半企业所得税优惠,我国与子公司所在国签署税收协定中有税收饶让条款。)

要求:根据上述资料,回答下列问题。

(1)该企业2025年境外所得的企业所得税应纳税所得额为( )万元。
A. 100　　　　　B. 90　　　　　C. 111.11　　　　　D. 125

(2)该企业2025年境外所得间接负担的企业所得税税额为( )万元。
A. 11.11　　　　B. 27.78　　　　C. 22.22　　　　　D. 10

(3)该企业2025年境外所得的企业所得税抵免额是( )万元。
A. 27.78　　　　B. 31.25　　　　C. 25　　　　　　D. 22.5

(4)该企业2025年境内境外所得实际应缴纳的企业所得税是( )万元。
A. 120.56　　　B. 130.56　　　C. 125　　　　　D. 127.78

6. (计算题·2023年)新加坡居民企业甲公司，持有中国境内居民企业乙公司15%的股权，投资成本500万元；持有我国境内居民企业丙公司30%股权，投资成本100万元。2025年甲公司发生如下业务：

(1)4月，甲公司取得乙公司分回的股息50万元，丙公司分回的股息100万元。(分回的股息均为净所得)

(2)6月，丙公司向甲公司支付使用科学设备的不含税租金80万元。

(3)7月初，甲公司派员工来华为乙公司提供技术服务，合同约定含税服务费106万元，应于服务结束当月付讫。甲公司负责对派遣人员的工作业绩进行考评，服务于10月30日结束，该业务可税前扣除的成本80万元。

(4)11月，甲公司转让持有的丙公司全部股权，转让金额400万元，丙公司的股权价值为1000万元，其中不动产价值为300万元。

(注：依据《中新税收协定》，甲公司取得乙公司和丙公司股息在中国适用税率为10%、5%，特许权使用费适用税率为6%，甲公司具有"受益所有人"身份，不考虑其他税费。)

要求：根据上述资料，回答下列问题。

(1)甲公司4月取得乙、丙公司分配的股息，在中国应缴纳企业所得税( )万元。
A. 7.89　　　　　B. 10　　　　　C. 10.82　　　　　D. 15

(2)丙公司6月向甲公司支付租金时，应代扣代缴企业所得税( )万元。
A. 4.8　　　　　B. 2.88　　　　C. 3.36　　　　　D. 8

(3)甲公司10月取得技术服务费时，在中国应缴纳企业所得税( )万元。
A. 2　　　　　　B. 10　　　　　C. 6　　　　　　D. 5

(4)甲公司11月转让丙公司股权，在中国应缴纳企业所得税( )万元。
A. 10　　　　　B. 30　　　　　C. 40　　　　　D. 15

考点七 国际避税与反避税

(多选题)下列各项中属于国际避税方法的有( )。
A. 选择有利的企业组织形式　　　B. 利用资本弱化
C. 利用税收协定　　　　　　　　D. 利用转让定价
E. 免税法

考点八 国际税收征管协作

1. (单选题)依据我国非居民金融账户涉税信息尽职调查管理的相关规定,下列非金融机构属于消极非金融机构的是(   )。

   A. 非营利组织

   B. 上一公历年度末,拥有可产生利息的金融资产占总资产比重50%以上的非金融机构

   C. 仅为了持有非金融机构股权而设立的控股公司

   D. 上市公司及其关联机构

2. (多选题)根据《非居民金融账户涉税信息尽职调查管理办法》的规定,下列机构属于规定的金融机构的有(   )。

   A. 农村信用合作社
   B. 私募基金管理公司
   C. 信托公司
   D. 金融资产管理公司
   E. 财务公司

3. (多选题)根据《非居民金融账户涉税信息尽职调查管理办法》的规定,下列账户无须开展尽职调查的有(   )。

   A. 符合条件的退休金账户

   B. 符合条件的社会保障类账户

   C. 符合条件的定期人寿保险合同

   D. 符合条件的存款账户

   E. 所有休眠账户

4. (多选题)下列关于"双支柱"方案表述中,正确的有(   )。

   A. 支柱二主要解决超大型跨国企业集团部分剩余利润在哪里缴税的问题

   B. 金额A适用于年收入在200亿欧元以上且税前利润率超过10%的跨国企业集团

   C. 将超过收入10%的利润定义为"剩余利润"

   D. 对适用范围内的跨国企业,25%的剩余利润将被分配至构成联结度的市场辖区,并以收入为分配因子

   E. 支柱二适用于合并集团收入达到7.5亿欧元门槛的跨国企业集团

参考答案及解析

考点一 概述

1. D 【解析】国际税收的基本原则包括单一课税原则、受益原则和国际税收中性原则。

2. B 【解析】出售动产收益,国际上通常考虑与企业利润征税权原则相一致,由转让者的居住国征税。

3. D 【解析】选项 A，利润分配法是按照企业总利润的一定比例确定其设在非居住国的常设机构所得。选项 B，利润范围的确定一般采用归属法和引力法。选项 C，利润的计算通常采用利润分配法和利润核定法。

考点二 国际税收协定

ABCE 【解析】演艺人员活动不包括会议发言，以及以随行行政、后勤人员(如摄影师、制片人、导演、舞蹈设计人员、技术人员以及流动演出团组的运送人员等)身份开展的活动。

考点三 国际税收协定待遇后续管理

ABCD 【解析】下列申请人从中国取得的所得为股息时，可不根据规定的因素进行综合分析，直接判定申请人具有"受益所有人"身份：①缔约对方政府；②缔约对方居民且在缔约对方上市的公司；③缔约对方居民个人；④申请人被第①至③项中的一人或多人直接或间接持有100%股份，且间接持有股份情形下的中间层为中国居民或缔约对方居民。

考点四 非居民企业税收管理

1. B 【解析】间接转让中国应税财产交易发生前一年内任一时点，境外企业资产总额(不含现金)的90%(含)以上直接或间接由在中国境内的投资构成，或间接转让中国应税财产交易发生前一年内，境外企业取得收入的90%(含)以上直接或间接来源于中国境内。

2. D 【解析】境内机构和个人向境外单笔支付等值5万美元以上(不含等值5万美元)外汇资金，除无须办理付汇税务备案的情形外，均应向所在地主管税务机关办理付汇税务备案。

考点五 国际税收抵免制度

D 【解析】当跨国纳税人的国外经营活动盈亏并存时，分国抵免限额对纳税人有利，综合抵免限额对居住国有利。

考点六 我国税收抵免制度

1. A 【解析】居民企业在境外设立不具有独立纳税地位的分支机构取得的各项境外所得，无论是否汇回中国境内，均应计入该企业所属纳税年度的境外应纳税所得额。所以按照利润所属年度确认收入的实现。

2. A 【解析】因客观原因无法真实、准确地确认应缴纳并以实际缴纳的境外所得额的，除就该所得直接缴纳及间接负担的税款在所得来源国的实际税率低于法定税率12.5%以上的除外，可按境外应纳税所得额的12.5%作为抵免限额。抵免限额 = 100×12.5% = 12.5(万元)。

3. ABE 【解析】若境内企业为亏损，境外所得为盈利，且企业已使用同期境外盈利全部或部分弥补了境内亏损，则境内已用境外盈利弥补的亏损不得再用以后年度境内盈利重复弥补。企业每年应分国别在抵免限额内据实抵免境外所得税税额，超过抵免限额的部分可在以后连续 5 个纳税年度延续抵免。

4. BCDE 【解析】不应作为可抵免境外所得税税额的情形：①按照境外所得税法律及相关规定属于错缴或错征的境外所得税税款；②按照税收协定规定不应征收的境外所得税税款；③因少缴或迟缴境外所得税而追加的利息、滞纳金或罚款；④境外所得税纳税人或者其利害关系人从境外征税主体得到实际返还或补偿的境外所得税税款；⑤按照我国《企业所得税法》及其实施条例规定，已经免征我国企业所得税的境外所得负担的境外所得税税款；⑥按照国务院财政、税务主管部门有关规定已经从企业境外应纳税所得额中扣除的境外所得税税款。

5. (1) C 【解析】境外所得的应纳税所得额 = 90÷(1-10%)÷(1-20%×50%) = 111.11(万元)。

    (2) A 【解析】境外所得间接负担的企业所得税税额 = 111.11×20%×50% = 11.11(万元)。

    (3) A 【解析】抵免限额 = 111.11×25% = 27.78(万元)。

    (4) C 【解析】可抵免境外税额 = 10+11.11+11.11 = 32.22(万元)。
    抵免限额为 27.78 万元，实际抵免的金额为 27.78 万元。
    境内外所得应纳企业所得税 = 500×25%+27.78-27.78 = 125(万元)。

    提示 税收饶让金额视同已经缴纳的税款。

6. (1) C 【解析】在中国应缴纳企业所得税 = 50÷(1-10%)×10%+100÷(1-5%)×5% = 10.82(万元)。

    (2) B 【解析】根据《中新税收协定》议定书的规定，对于使用或有权使用工业、商业、科学设备而支付的特许权使用费，按支付特许权使用费总额的 60% 确定税基。
    应代扣代缴企业所得税 = 80×60%×6% = 2.88(万元)。

    (3) D 【解析】在中国应缴纳企业所得税 = [106÷(1+6%)-80]×25% = 5(万元)。

    (4) B 【解析】在中国应缴纳企业所得税 = (400-100)×10% = 30(万元)。

考点七 国际避税与反避税

ABCD 【解析】免税法属于避免国际重复征税的方法。

考点八 国际税收征管协作

1. B 【解析】下列非金融机构不属于消极非金融机构：①上市公司及其关联机构；②政府机构或者履行公共服务职能的机构；③仅为了持有非金融机构股权或者向其提供融资和服务而设立的控股公司；④成立时间不足 24 个月且尚未开展业务的企业；⑤正处于资产清算或者重组过程中的企业；⑥仅与本集团(该集团内机构均为非金融机构)内关联机构开展融资或者对冲交易的企业；⑦非营利组织。选项 A、C、D，不属于消极非金融机构。

2. ABC 【解析】下列机构属于规定的金融机构：①商业银行、农村信用合作社等吸收公众存款的金融机构以及政策性银行；②证券公司；③期货公司；④证券投资基金管理公司、私募基金管理公司、从事私募基金管理业务的合伙企业；⑤开展有现

331

金价值的保险或者年金业务的保险公司、保险资产管理公司；⑥信托公司；⑦其他符合条件的机构。

3. ABCD 【解析】选项 E，上一公历年度余额不超过 1 000 美元的休眠账户（不包括年金合同）无须开展尽职调查。

4. BCDE 【解析】选项 A，支柱一主要解决超大型跨国企业集团部分剩余利润在哪里缴税的问题，支柱二主要解决大型跨国企业集团在各辖区应缴多少税的问题。

亲爱的读者，你已完成本章8个考点的学习，本书知识点的学习进度已达50%。

第四章　印花税

重要程度：次重点章节　　分值：7~12分

考试风向

考情速递

本章分值比重不大，相对其他小税种分值略高，主要以记忆性考核为主，主要题型为单选题、多选题和计算题，个别年份结合在综合题中考查，考频较高的考点包括征税范围和应纳税额的计算。

2025年考试变化

新增：（1）哈尔滨亚冬会相关印花税税收优惠。
（2）自由贸易试验区发展离岸贸易相关印花税税收优惠。
（3）企事业单位改制印花税税收优惠。

脉络梳理

第四章　印花税
- 概述 ★
- 纳税人和扣缴义务人 ★★
- 征税范围 ★★★
- 税率 ★★
- 减免税优惠 ★★
- 计税依据和应纳税额的计算 ★★★
- 征收管理 ★★

考点详解及精选例题

考点一 概述 ★

印花税是以经济活动和经济交往中，书立、领受、使用的应税经济凭证所征收的一种税。

印花税的特点：①兼有凭证税和行为税性质。②征税范围广。③税率低、税负轻。④由纳税人自行完成纳税义务。

考点二 纳税人和扣缴义务人 ★★ 一学多考|注

(一) 纳税人

在中国境内书立应税凭证、进行证券交易，以及在中华人民共和国境外书立在境内使用的应税凭证的单位和个人，为印花税的纳税人。其中，书立应税凭证的纳税人，为对应税凭证负有直接权利义务关系的单位和个人。

提示

(1) 当事人的代理人有代理纳税的义务，他与纳税人负有同等的税收法律义务和责任。

(2) 同一应税凭证，凡由两方或两方以上当事人共同书立并各执一份的，原则上其当事人各方都是印花税的纳税人。

印花税的纳税人，具体包括以下五种。

1. 立合同人

立合同人是签订应税合同的当事人。

提示

(1) 不包括担保人、证人、鉴定人。

(2) 采取委托贷款方式书立的借款合同，纳税人为受托方和借款人，不包括委托人。

2. 立账簿人

立账簿人是设立并使用营业账簿的单位和个人。

3. 立据人

立据人是书立产权转移书据的单位和个人。

提示 按产权转移书据税目缴纳印花税的拍卖成交确认书纳税人，为拍卖标的的产权人和买受人，不包括拍卖人。

4. 证券交易人

证券交易人是出让证券的当事人，是指境内从事证券交易的单位和个人。

提示 不包括受让方。

5. 使用人

在境外书立在境内使用的应税凭证的单位和个人，其纳税人是使用人。

（二）扣缴义务人

1. 纳税人为境外单位或者个人

（1）在境内有代理人的：境内代理人为扣缴义务人，向境内代理人机构所在地（居住地）申报解缴税款。

（2）在境内没有代理人的：纳税人自行申报纳税。

2. 证券交易

证券登记结算机构为证券交易印花税的扣缴义务人。

【例题1·单选题】（2024年）下列行为主体中，属于印花税纳税人的是（　　）。

A. 拍卖交易物品的买受人　　B. 管道运输合同的订立人
C. 商品买卖合同的担保人　　D. 委托贷款合同的委托人

解析 选项B，管道运输合同不缴纳印花税。选项C，商品买卖合同印花税的纳税人为买卖双方。选项D，委托贷款合同印花税的纳税人为受托方和借款人，不包括委托人。

考点三　征税范围 ★★★　一学多考｜注

印花税税目采取正列举的方式，共分为四类，即书面合同、产权转移书据、营业账簿和证券交易。

（一）书面合同

《印花税法》合同类税目中共列明了11类子目，具体包括：

（1）借款合同。

指银行业金融机构、经国务院银行业监督管理机构批准设立的其他金融机构与借款人的借款合同。

提示 不包括同业拆借的借款合同。

（2）融资租赁合同。

（3）买卖合同。

指动产买卖合同，不包括个人书立的动产买卖合同。

提示

（1）包括供应、预购、采购、购销结合及协作、调剂、补偿、易货等合同。

（2）包括各出版单位与发行单位之间订立的图书、报纸、期刊、音像制品的征订凭证（包括订购单、订数单等）。

答案
例题1｜A

(3)各类发行单位之间，以及发行单位与订阅单位或个人之间书立的征订凭证暂免。

(4)发电厂与电网之间、电网与电网之间书立的购售电合同，按买卖合同缴税。

(5)电网与用户之间签订的供用电合同不属于征税范围，不征收印花税。

(6)企业之间书立的确定买卖关系、明确买卖双方权利义务的订单、要货单等单据，且未另外书立买卖合同的，应当按规定缴纳印花税。

(4)承揽合同。

包括加工、定做、修缮、修理、印刷、广告、测绘、测试等合同。

(5)建设工程合同。

包括建设工程勘察、设计、施工合同。

(6)运输合同。

指货运合同和多式联运合同。

提示 不包括管道运输合同。

(7)技术合同。

提示 不包括专利权、专有技术使用权转让书据。

(8)租赁合同。

(9)保管合同(寄托合同、寄存合同)。

(10)仓储合同。

(11)财产保险合同。

包括财产、责任、保证、信用等保险合同。

提示 不包括再保险合同。

(二)产权转移书据

《印花税法》产权转移书据类税目中共列明了4类子目，具体包括：

(1)土地使用权出让书据。

(2)土地使用权、房屋等建筑物和构筑物所有权转让书据。

提示 不包括土地承包经营权和土地经营权转移书据。

(3)股权转让书据。

提示 不包括应缴纳证券交易印花税的股权转让书据。

(4)商标专用权、著作权、专利权、专有技术使用权转让书据。

(三)营业账簿

只对资金账簿反映生产经营单位"实收资本"和"资本公积"的金额征收印花税，对其他营业账簿不征收印花税。

(四)证券交易

证券交易，是指转让在依法设立的证券交易所、国务院批准的其他全国性证券交易场所交易的股票和以股票为基础的存托凭证。

提示 在上海证券交易所、深圳证券交易所转让创新企业 CDR，按照实际成交金额，由出让方按 1‰ 的税率缴纳证券交易印花税。

> 证券交易印花税对证券交易的出让方征收，不对受让方征收。

(五) 其他相关规定

(1) 以电子形式签订的各类应税凭证均应按规定征收印花税。

(2) 在境外书立在境内使用的应税凭证，应当按规定缴纳印花税。包括以下几种情形：

　　a. 应税凭证的标的为不动产的，该不动产在境内。

　　b. 应税凭证的标的为股权的，该股权为中国居民企业的股权。

　　c. 应税凭证的标的为动产或者商标专用权、著作权、专利权、专有技术使用权的，其销售方或者购买方在境内，但不包括境外单位或者个人向境内单位或者个人销售完全在境外使用的动产或者商标专用权、著作权、专利权、专有技术使用权。

　　d. 应税凭证的标的为服务的，其提供方或者接受方在境内，但不包括境外单位或者个人向境内单位或者个人提供完全在境外发生的服务。

【例题 2·单选题】（2023 年）我国企业在境外书立的下列凭证中，应缴纳印花税的是（　　）。

　　A. 与 C 国企业签订的从 C 国运回货物的运输合同
　　B. 与 D 国企业签订收购 D 国土地的产权转移书据
　　C. 与 B 国企业签订的在 B 国存放样品的仓储合同
　　D. 与 A 国企业签订的在 A 国使用车辆的租赁合同

解析 选项 B、C、D，完全发生在境外，不缴纳我国的印花税。

【例题 3·单选题】（2024 年）下列行为或合同，属于印花税征收范围的是（　　）。

　　A. 社保基金将持有的证券在社保基金账户间划拨过户
　　B. 个人与电网签订的供用电合同
　　C. 融资性售后回租业务中签订的出售租赁资产的合同
　　D. 个人与企业签订的住房租赁合同

解析 选项 A，对社保基金持有的证券，在社保基金证券账户之间的划拨过户，不属于印花税的征税范围。选项 B，电网与用户之间签订的供用电合同，不属于印花税的征收范围。选项 C，在融资性售后回租业务中，对承租人、出租人因出售租赁资产及购回租赁资产所签订的合同，不属于印花税征税范围。

(3) 下列情形的凭证，不属于印花税征收范围。

　　a. 人民法院的生效法律文书，仲裁机构的仲裁文书，监察机关的监察文书。

答案
例题 2 | A
例题 3 | D

b. 县级以上人民政府及其所属部门按照行政管理权限征收、收回或者补偿安置房地产书立的合同、协议或者行政类文书。

c. 总公司与分公司、分公司与分公司之间书立的作为执行计划使用的凭证。

d. 在融资性售后回租业务中,对承租人、出租人因出售租赁资产及购回租赁资产所签订的合同。

> **得分高手**(2020—2021年单选;2022年多选;2023年单选)
>
> 印花税的征税范围几乎是必考点,注意掌握。学习中注意细节规定,不要模棱两可。例如:人寿保险合同是否缴纳印花税,我们可以从征税范围中的财产保险合同中的"财产"两个字中找到答案,这些都依赖于平时学习时的细心程度,做题时才能得心应手。

考点四 税率 ★★ 一学多考|注

印花税实行比例税率,分为5档。印花税税率,见表4-1。

表4-1 印花税税率

税率	适用税目
千分之一	包括:①租赁合同;②保管合同;③仓储合同;④财产保险合同;⑤证券交易
万分之二点五	营业账簿
万分之三	包括:①买卖合同;②承揽合同;③建设工程合同;④运输合同;⑤技术合同;⑥商标专用权、著作权、专利权、专有技术使用权转让书据
万分之五	除上述⑥外的产权转移书据(土地使用权出让书据、土地使用权、房屋等建筑物和构筑物所有权转让书据和股权转让书据)
万分之零点五	包括:①借款合同;②融资租赁合同

提示 同一应税凭证载有两个以上税目事项并分别列明金额的,按照各自适用的税目税率分别计算应纳税额;未分别列明金额的,<u>从高</u>适用税率。

考点五 减免税优惠 ★★ 一学多考|注

(一)减免税基本优惠

(1)应税凭证的副本或者抄本。

(2)依照法律规定应当予以免税的外国驻华使馆、领事馆和国际组织驻华代表机构为获得馆舍书立的应税凭证。

(3)中国人民解放军、中国人民武装警察部队书立的应税凭证。

(4)农民、家庭农场、农民专业合作社、农村集体经济组织、村民委员会购买农业生产资料或者销售农产品书立的买卖合同和农业保险合同。

(5)无息或者贴息借款合同、国际金融组织向中国提供优惠贷款书立的借款合同。

(6)财产所有权人将财产赠与政府、学校、社会福利机构、慈善组织书立的产权转移书据。

(7)非营利性医疗卫生机构采购药品或者卫生材料书立的买卖合同。

(8)个人与电子商务经营者订立的电子订单。

根据国民经济和社会发展的需要,国务院对居民住房需求保障、企业改制重组、破产、支持小型微型企业发展等情形可以规定减征或者免征印花税,报全国人民代表大会常务委员会备案。

(二)减免税其他优惠

除上述减免税基本优惠以外,税收优惠还包括:

(1)经县级以上人民政府及企业主管部门批准改制的企业因改制签订的产权转移书据免征印花税。

(2)对经国务院和省级人民政府决定或批准进行的国有(含国有控股)企业改组改制而发生的上市公司国有股权无偿转让行为,暂不征收证券(股票)交易印花税。

(3)经国务院批准,股权分置改革过程中因非流通股股东向流通股股东支付对价而发生的股权转让,暂免征收印花税。

(4)凡附有军事运输命令或使用专用的军事物资运输结算凭证货物运输和附有县级以上(含县级)人民政府抢险救灾物资运输证明文件的运费结算凭证,免征印花税。

(5)对商品储备管理公司及其直属库资金账簿免征印花税;对其承担商品储备业务过程中书立的购销合同免印花税,对合同其他各方当事人应缴纳的印花税照章缴纳。

提示 商品储备管理公司及其直属库,是指接受县级以上人民政府有关部门委托,承担粮(含大豆)、食用油、棉、糖、肉5种商品储备任务,取得财政储备经费或者补贴的商品储备企业。

(6)自2019年1月1日至2027年12月31日,对与高校学生签订的高校学生公寓租赁合同免征印花税。

(7)个人销售或购买住房签订的产权转移书据暂免征收印花税。

(8)对个人出租、承租住房签订的租赁合同免征印花税。

(9)在棚户区改造过程中,对改造安置住房经营管理单位、开发商与改造安置住房有关的印花税以及购买安置住房的个人涉及的印花税予以免征。

在商品住房等开发项目中配套建造安置住房的,按改造安置住房建筑面积占总建筑面积的比例免征印花税。

(10)支持公共租赁住房建设和运营的税收优惠。

a. 对公共租赁住房经营管理单位免征建设、管理公租房涉及的印花税。在其他住房项目中配套建设公租房，按公租房建筑面积占总建筑面积的比例免征建设、管理公租房涉及的印花税。

b. 对公共租赁住房经营管理单位购买住房作为公租房，免征印花税；对公租房租赁双方免征签订租赁协议涉及的印花税。

(11) 关于廉租住房、经济适用住房、保障性住房建设的优惠政策。

a. 对廉租住房、经济适用住房经营管理单位与廉租住房、经济适用住房相关的印花税以及廉租住房承租人、经济适用住房购买人涉及的印花税予以免征。

b. 开发商在经济适用住房、商品住房项目中配套建造廉租住房，在商品住房项目中配套建造经济适用住房，如能提供政府部门出具的相关材料，可按廉租住房、经济适用住房建筑面积占总建筑面积的比例免征开发商应缴纳的印花税。

c. 自2023年10月1日起，对保障性住房经营管理单位与保障性住房相关的印花税，以及保障性住房购买人涉及的印花税予以免征。

d. 在商品住房等开发项目中配套建造保障性住房的，依据政府部门出具的相关材料，可按保障性住房建筑面积占总建筑面积的比例免征印花税。

(12) 关于易地扶贫搬迁安置住房的税收优惠。

自2018年1月1日至2025年12月31日，易地扶贫搬迁安置住房，可享受如下印花税优惠政策：

a. 对易地扶贫搬迁项目实施主体(以下简称项目实施主体)取得用于建设安置住房的土地，免征印花税。

b. 对安置住房建设和分配过程中应由项目实施主体、项目单位缴纳的印花税，予以免征。

c. 在商品住房等开发项目中配套建设安置住房的，按安置住房建筑面积占总建筑面积的比例，计算应予免征的项目实施主体、项目单位相关的印花税。

d. 对项目实施主体购买商品住房或者回购保障性住房作为安置住房房源的，免征印花税。

(13) 农牧业保险合同免税。

(14) 自2018年1月1日至2027年12月31日，对金融机构与小型、微型企业签订的借款合同免征印花税。

(15) 对被撤销金融机构接收债权、清偿债务过程中签订的产权转移书据，免征印花税。

(16) 为继续支持银行业金融机构、金融资产管理公司处置不良债权，有效防范金融风险，对银行业金融机构、金融资产管理公司接收、处置抵债资产过程中涉及的合同、产权转移书据和营业账簿免征印花税，对合同或产权转移书据其他各方当事人应缴纳的印花税照章征收。

(17)银行业开展信贷资产证券化业务试点中的优惠政策。

a. 发起机构、受托机构在信贷资产证券化过程中,与资金保管机构、证券登记托管机构以及其他为证券化交易提供服务的机构签订的其他应税合同,暂免征收发起机构、受托机构应缴纳的印花税。

b. 受托机构发售信贷资产支持证券以及投资者买卖信贷资产支持证券暂免征收印花税。

c. 发起机构、受托机构因开展信贷资产证券化业务而专门设立的资金账簿暂免征收印花税。

(18)证券投资者保护基金的税收优惠。

经国务院批准,证券投资者保护基金有限责任公司(以下简称保护基金公司)及其管理的证券投资者保护基金(以下简称保护基金)的下列应税凭证,可享受如下优惠政策:

a. 对保护基金公司新设立的资金账簿免征印花税。

b. 对保护基金公司与中国人民银行签订的再贷款合同、与证券公司行政清算机构签订的借款合同,免征印花税。

c. 对保护基金公司接收被处置证券公司财产签订的产权转移书据,免征印花税。

d. 对保护基金公司以保护基金自有财产和接收的受偿资产与保险公司签订的财产保险合同,免征印花税。

(19)关于保险保障基金公司相关应税凭证的税收优惠。

自2018年1月1日至2027年12月31日,对保险保障基金公司涉及的下列应税凭证,免征印花税:

a. 新设立的资金账簿。

b. 在对保险公司进行风险处置和破产救助过程中签订的产权转移书据。

c. 在对保险公司进行风险处置过程中与中国人民银行签订的再贷款合同。

d. 以保险保障基金自有财产和接收的受偿资产与保险公司签订的财产保险合同。

需要注意的是,对与保险保障基金公司签订上述产权转移书据或应税合同的其他当事人照章征税。

(20)关于全国社会保障基金有关证券交易的优惠政策。

a. 对社保理事会委托社保基金投资管理人运用社保基金买卖证券应缴纳的印花税实行先征后返。

b. 对社保基金持有的证券,在社保基金证券账户之间的划拨过户,不属于征税范围,不征收印花税。

(21)关于基本养老保险基金有关投资业务的税收优惠。

a. 对社保基金会及养老基金投资管理机构运用养老基金买卖证券应缴纳的印花税实行先征后返。

b. 养老基金持有的证券，在养老基金证券账户之间的划拨过户，不属于印花税的征收范围，不征收印花税。

c. 对社保基金会及养老基金投资管理机构管理的养老基金转让非上市公司股权，免征社保基金会及养老基金投资管理机构应缴纳的印花税。

(22) 关于划转部分国有资本充实社保基金的税收优惠。

a. 划转非上市公司股份的，对划出方与划入方签订的产权转移书据免征印花税。

b. 划转上市公司股份和全国中小企业股份转让系统挂牌公司股份的，免征证券交易印花税。

c. 对划入方因承接划转股权而增加的实收资本和资本公积，免征印花税。

(23) 关于农村饮水安全工程的税收优惠。

自 2019 年 1 月 1 日至 2027 年 12 月 31 日，对农村饮水安全工程运营管理单位为建设饮水工程取得土地使用权而签订的产权转移书据，以及与施工单位签订的建设工程合同，免征印花税。

提示 对于既向城镇居民供水，又向农村居民供水的饮水工程运营管理单位，依据向农村居民供水量占总供水量的比例免征印花税。无法提供具体比例或所提供数据不实的，不得享受优惠政策。

(24) "六税两费"减免政策。

自 2023 年 1 月 1 日至 2027 年 12 月 31 日，对增值税小规模纳税人、小型微利企业和个体工商户减半征收资源税（不含水资源税）、城市维护建设税、房产税、城镇土地使用税、印花税（不含证券交易印花税）、耕地占用税和教育费附加、地方教育附加。

增值税小规模纳税人、小型微利企业和个体工商户已依法享受印花税其他优惠政策的，可叠加享受本项优惠政策。

(25) 自 2023 年 8 月 28 日起，证券交易印花税实施减半征收。

(26) 为支持筹办哈尔滨 2025 年第九届亚洲冬季运动会，自 2024 年 4 月 1 日起，对组委会使用的营业账簿和签订的各类合同等应税凭证，免征组委会应缴纳的印花税；对财产所有人将财产捐赠给组委会所书立的产权转移书据，免征印花税。**新增**

(27) 自 2024 年 4 月 1 日至 2025 年 3 月 31 日，对注册登记在中国（上海）自由贸易试验区及临港新片区的企业开展离岸转手买卖业务书立的买卖合同，免征印花税。离岸转手买卖，是指居民企业从非居民企业购买货物，随后向另一非居民企业转售该货物，且该货物始终未实际进出我国关境的交易。**新增**

(28) 关于企业改制重组及事业单位改制的税收优惠。**新增**

自 2024 年 10 月 1 日至 2027 年 12 月 31 日，有关印花税优惠政策如下：

a. 企业改制重组以及事业单位改制过程中成立的新企业，其新启用营业账簿记载的实收资本(股本)、资本公积合计金额，原已缴纳印花税的部分不再缴纳印花税，未缴纳印花税的部分和以后新增加的部分应当按规定缴纳印花税。

b. 企业债权转股权新增加的实收资本(股本)、资本公积合计金额，应当按规定缴纳印花税。对经国务院批准实施的重组项目中发生的债权转股权，债务人因债务转为资本而增加的实收资本(股本)、资本公积合计金额，免征印花税。

c. 企业改制重组以及事业单位改制过程中，经评估增加的实收资本(股本)、资本公积合计金额，应当按规定缴纳印花税。企业其他会计科目记载的资金转为实收资本(股本)或者资本公积的，应当按规定缴纳印花税。

d. 企业改制重组以及事业单位改制前书立但尚未履行完毕的各类应税合同，由改制重组后的主体承继原合同权利和义务且未变更原合同计税依据的，改制重组前已缴纳印花税的，不再缴纳印花税。

e. 对企业改制、合并、分立、破产清算以及事业单位改制书立的产权转移书据，免征印花税。

f. 对县级以上人民政府或者其所属具有国有资产管理职责的部门按规定对土地使用权、房屋等建筑物和构筑物所有权、股权进行行政性调整书立的产权转移书据，免征印花税。

g. 对同一投资主体内部划转土地使用权、房屋等建筑物和构筑物所有权、股权书立的产权转移书据，免征印花税。同一投资主体内部，包括母公司与其全资子公司之间，同一公司所属全资子公司之间，同一自然人与其设立的个人独资企业、一人有限公司、个体工商户之间。

> **提示**

(1)企业改制，具体包括非公司制企业改制为有限责任公司或者股份有限公司，有限责任公司变更为股份有限公司，股份有限公司变更为有限责任公司。同时，原企业投资主体存续并在改制(变更)后的公司中所持股权(股份)比例超过75%，且改制(变更)后公司承继原企业权利、义务。

(2)事业单位改制，是指事业单位按照国家有关规定改制为企业，原出资人(包括履行国有资产出资人职责的单位)存续并在改制后的企业中出资(股权、股份)比例超过50%。

(3)企业重组，包括合并、分立、其他资产或股权出资和划转、债务重组等。其中合并是指两个或两个以上的公司，依照法律规定、合同约定，合并为一个公司，且原投资主体存续。母公司与其全资子公司相互吸收合并的，适用该规定。投资主体存续，是指原改制、重组企业出资人必须存在于改制、重组后的企业，出资人的出资比例可以发生变动。分立是指公司依照法律规定、合同约定分立为两个或两个以上与原公司投资主体相同的公司。投资主体相同，是指公司分立前后出资人不发生变动，出资人的出资比例可以发生变动。

上述企业、公司，是指依照我国有关法律法规设立并在中国境内注册的企业、公司。

【例题4·单选题】（2024年）某小型微利企业2024年7月销售商品合同列明不含增值税价款100万元，向银行申请贷款获批，合同约定借款金额100万元，该企业适用"六税两费"减半优惠，当月应缴纳的印花税为（　　）元。

A. 150　　　　B. 175　　　　C. 200　　　　D. 325

解析 应缴纳印花税=（1 000 000×0.03%+1 000 000×0.005%）×50%=175（元）。

提示 金融机构与小型、微型企业签订的借款合同免征印花税。小型、微型企业不等同于小型微利企业。本题主体是小型微利企业，没有免征印花税的规定。

【例题5·多选题】（2024年）保险保障基金公司涉及的下列应税凭证中，免征印花税的有（　　）。

A. 保险保障基金公司新设立的资金账簿
B. 保险公司进行风险处置和破产救助过程中签订的产权转移书据
C. 保险公司进行风险处置过程中与中国人民银行签订的再贷款合同
D. 以保险保障基金自有财产和接收的受偿资产与保险公司签订的财产保险合同
E. 保险保障基金公司设立时购置自用房产签订的产权转移书据

解析 选项E，保险公司进行风险处置和破产救助过程中签订的产权转移书据，免征印花税。

考点六　计税依据和应纳税额的计算 ★★★　一学多考｜注

（一）应纳税额的计算

应纳税额=应税凭证和证券交易计税金额×适用税率

提示 应税凭证金额为人民币以外的货币的，应当按照凭证书立当日的人民币汇率中间价折合人民币确定计税依据。

（二）计税依据的基本规定

（1）合同：计税依据为合同所列的金额，不包括列明的增值税税款。
（2）产权转移书据：计税依据为产权转移书据所列的金额，不包括列明的增值税税款。
（3）营业账簿：计税依据为账簿记载的实收资本（股本）与资本公积的合计金额。

答案
例题4｜B
例题5｜ABCD

提示 已缴纳印花税的营业账簿，以后年度记载的实收资本（股本）、资本公积合计金额比已缴纳印花税的实收资本（股本）、资本公积合计金额增加的，按照增加部分计算应纳税额。

【例题6·单选题】（2021年）某企业以其持有的一套房产对子公司增资，该房产原值500万元。增资合同与产权转移书据注明，该房产作价1 000万元，子公司于增资合同签署当天调增了账簿记录，子公司该增资事项应缴纳的印花税为（　　）万元。

A．0.1　　　　B．0.75　　　　C．0.25　　　　D．0.5

解析 增资事项对于子公司而言，涉及产权转移书据和资金账簿两笔印花税的缴纳。资金账簿应缴纳的印花税＝1 000×0.025%＝0.25（万元）；

产权转移书据应缴纳的印花税＝1 000×0.05%＝0.5（万元）；

应缴纳印花税合计＝0.25+0.5＝0.75（万元）。

（4）证券交易：计税依据为成交金额。

提示 证券交易无转让价格的，按照办理过户登记手续时该证券前一个交易日收盘价计算确定计税依据；无收盘价的，按照证券面值计算确定计税依据。

（三）计税依据的具体规定

1. 借款合同

借款合同的计税依据为借款金额，根据不同情况，有以下具体规定：

（1）凡是一项信贷业务既签订借款合同，又一次或分次填开借据的，只就借款合同所载借款金额计税贴花；凡只填开借据并作为合同使用的，应按照借据所载借款金额计税贴花。

（2）借贷双方签订的流动资金周转性借款合同，一般按年（期）签订，规定最高限额，借款人在规定的期限和最高限额内随借随还。在签订流动资金周转借款合同时，应按合同规定的最高借款限额计税贴花，以后，只要在限额内随借随还，不再签订新合同的，就不另贴印花。

（3）借款方以财产作抵押，与贷款方签订的抵押借款合同，属于资金信贷业务，借贷双方应按"借款合同"计税贴花。因借款方无力偿还借款而将抵押财产转移给贷款方，应就双方书立的产权转移书据，按"产权转移书据"计税贴花。

（4）在有的信贷业务中，贷方是由若干银行组成的银团，银团各方均承担一定的贷款数额，借款合同由借款方与银团各方共同书立，各执一份合同正本。对这类借款合同，借款方与贷款银团各方应分别在所执合同正本上按各自的借贷金额计税贴花。

（5）有些基本建设贷款，先按年度用款计划分年签订借款分合同，在最后一年按总概算签订借款总合同，总合同的借款金额中包括各分合同的借款

答案
例题6｜B

金额。对这类基建借款合同,应按分合同分别贴花,最后签订的总合同,只就借款总额扣除分合同借款金额后的余额计税贴花。

2. 融资租赁合同

融资租赁合同的计税依据为收取或支付的租金。

3. 买卖合同

买卖合同的计税依据为合同记载的价款,不得做任何扣除。

提示 以物易物的易货合同是反映既购又销双重经济行为的合同,因此,对这类合同的计税依据为合同所载的购、销合计金额。

4. 承揽合同

承揽合同的计税依据是加工或承揽收入的金额。具体规定为:

(1)对于由承揽人提供原材料的加工、定做合同,凡在合同中分别记载加工费金额和原材料金额的,应分别按承揽合同、买卖合同计税,两项税额相加数,即为合同应贴印花;若合同中未分别记载,则应就全部金额依照承揽合同计税贴花。

(2)对于由定做人提供主要材料或原料,承揽人只提供辅助材料的加工合同,无论加工费和辅助材料金额是否分别记载,均以辅助材料与加工费的合计数,依照承揽合同计税贴花。对定做人提供的主要材料或原料金额不计税贴花。

5. 建设工程合同

建设工程合同的计税依据为合同约定的价款。

6. 运输合同

运输合同的计税依据为取得的运费收入,不包括所运货物的金额、装卸费和保险费等。

(1)境内货物多式联运的处理:①起运地统一结算全程运费的,全程运费作为运输合同的计税依据(起运地运费结算双方纳税);②分程结算运费的,分程的运费作为计税依据(办理运费结算的各方分别纳税)。

(2)国际货运凭证的处理:

a. 由我国运输企业运输的,运输企业所持的运费结算凭证,以本程运费为计税依据;托运方所持的运费结算凭证,按全程运费为计税依据。

b. 由外国运输企业运输的,外国运输企业所持运费结算凭证,免纳印花税;托运方所持运费结算凭证,以运费金额为计税依据。

提示 国际货运运费结算凭证在国外办理的,应在凭证转回我国境内时依法纳税。

【例题 7·单选题】(2023 年)2024 年 7 月甲企业与乙企业签订运输合同一份,合同列明货物价值 600 万元,不含税运费 5 万元,保险费 0.2 万元,装卸费 0.3 万元。当月甲企业该份合同应缴纳的印花税是( )元。

A. 1 800　　　B. 15.6　　　C. 16.5　　　D. 15

答案 例题 7 | D

解析 运输合同的计税依据为取得的运费收入，不包括所运货物的金额、装卸费和保险费等。甲企业应缴纳的印花税=5×0.3‰×10 000=15(元)。

7. 技术合同

技术合同的计税依据为合同所载的价款、报酬、使用费。

提示 为了鼓励技术研究开发，对技术开发合同，只就合同所载的报酬金额计税，研究开发经费不作为计税依据；但对合同约定按研究开发经费一定比例作为报酬的，应按一定比例的报酬金额贴花。

【例题8·单选题】(2021年)某企业受托研发一项专利技术，合同金额为1 000万元，按照10%结算劳务报酬，该企业应缴纳的印花税为( )元。

A. 305　　　　B. 5　　　　C. 300　　　　D. 3 000

解析 受托研发专利技术属于技术合同中的技术开发合同。为了鼓励技术研究开发，对技术开发合同，只就合同所载的报酬金额计税，研究开发经费不作为计税依据。但对合同约定按研究开发经费一定比例作为报酬的，应按一定比例的报酬金额贴花。应缴纳的印花税=1 000×10%×0.03%×10 000=300(元)。

8. 租赁合同

租赁合同的计税依据为租金收入。

9. 保管合同

保管合同的计税依据为收取(支付)的保管费。

10. 仓储合同

仓储合同的计税依据为收取的仓储费，不包括仓储物的价值。

11. 财产保险合同

财产保险合同的计税依据为支付(收取)保险费，不包括所保财产的金额。

【例题9·单选题】(2022年)下列关于印花税计税依据的说法，正确的是( )。

A. 运输合同的计税依据为运输费用和装卸费合计金额

B. 财产保险合同的计税依据为财产金额

C. 营业账簿以账簿记载的实收资本为计税依据

D. 证券交易的计税依据为成交金额

解析 选项A，运输合同的计税依据为取得的运费收入，不包括所运货物的金额、装卸费和保险费等。选项B，财产保险合同的计税依据为保险费，不包括所保财产金额。选项C，营业账簿以账簿记载的实收资本和资本公积之和为计税依据。

(四)计税依据需要注意的其他规定

(1)同一应税合同、应税产权转移书据中涉及两方以上纳税人，且未列

答案
例题8 | C
例题9 | D

明纳税人各自涉及金额的,以纳税人平均分摊的应税凭证所列金额(不包括列明的增值税税款)确定计税依据。

(2)对已履行并贴花的合同,所载金额与合同履行后实际结算金额不一致的,只要双方未修改合同金额,一般不再办理完税手续。

(3)应税合同、应税产权转移书据所列金额与实际结算金额不一致的处理:

◆不变更所列金额,以所列金额为计税依据。

◆变更所列金额,以变更后的所列金额为计税依据。

> **提示**
>
> (1)已纳税应税凭证,变更后所列金额增加的,就增加部分的金额补税。
>
> (2)已纳税应税凭证,变更后所列金额减少的,就减少部分的金额申请退还或者抵税。

(4)因应税凭证列明的增值税税款计算错误导致应税凭证的计税依据减少或者增加的,应当按规定调整应税凭证列明的增值税税款,重新确定应税凭证计税依据。

> **提示**
>
> (1)调整后计税依据增加:就增加部分的金额补税。
>
> (2)调整后计税依据减少:就减少部分的金额申请退还或抵税。

(5)转让股权的印花税计税依据,按照产权转移书据所列的金额(不包括列明的认缴后尚未实际出资权益部分)确定。

(6)应税合同、产权转移书据未列明金额:按照实际结算的金额确定。

> **提示** 按前款规定仍不能确定的,按照书立时的市场价格确定;依法应当执行政府定价或者政府指导价的,按照国家有关规定确定。

(7)应税合同在签订时纳税义务即已产生,应计算应纳税额并贴花。所以,不论合同是否兑现或是否按期兑现均应贴花。

考点七 征收管理 ★★

(一)纳税义务发生时间

(1)书立应税凭证或者完成证券交易的当日。

(2)证券交易印花税扣缴义务发生时间为证券交易完成的当日。

(二)纳税地点

(1)纳税人为单位的:机构所在地。

(2)纳税人为个人的:应税凭证书立地或者纳税人居住地。

(3)不动产产权发生转移的:不动产所在地。

(4)证券交易:证券登记结算机构所在地。

(5)纳税人为境外单位或者个人的:①境内有代理人的,境内代理人机构所在地(居住地);②境内没有代理人的,纳税人自行申报纳税,境外单位或个人可以向资产交付地、境内服务提供方或者接受方所在地(居住地)、书立应税凭证境内书立人所在地(居住地)主管税务机关申报缴纳;涉及不动产产权转移的,应当向不动产所在地主管税务机关申报缴纳。

(三)纳税期限

(1)按季、按年或者按次计征。实行按季、按年计征的,纳税人应当自季度、年度终了之日起15日内申报缴纳税款;实行按次计征的,纳税人应当自纳税义务发生之日起15日内申报缴纳税款。

　　a. 应税合同、产权转移书据:按季或次。

　　b. 应税营业账簿:按年或次。

　　c. 境外单位或个人:按季、年或次。

(2)证券交易:按周解缴(每周终了之日起5日内申报解缴税款以及银行结算的利息)。

(四)缴纳方法

(1)一般纳税方法:纳税人根据规定自行计算应纳税额,购买并一次贴足印花税票,完纳税款。

提示 购买了印花税票不等于履行了纳税义务。印花税票粘贴在应税凭证上的,由纳税人在每枚税票的骑缝处注销完成纳税。

(2)简化纳税方法:

　　a. 以缴款书或完税证代替贴花。

如果一份凭证的应纳税额数量较大,超过500元,贴用印花税票不方便的,纳税人可以采取将税收缴款书、完税凭证其中一联粘贴在凭证上或者由税务机关在凭证上加注完税标记代替贴花。

　　b. 按期汇总缴纳印花税。

同一种类应纳税凭证,需频繁贴花的,可由纳税人根据实际情况自行决定是否采用按期汇总申报缴纳印花税的方式。汇总缴纳的期限为1个月,采用按期汇总申报缴纳方式的,1年内不得改变。

(3)其他具体规定。

　　a. 在应纳税凭证书立或领受时即行贴花完税,不得延至凭证生效日期贴花。

　　b. 印花税票应粘贴在应纳税凭证上,并由纳税人在每枚税票的骑缝处盖戳注销或画销,严禁揭下重用。

　　c. 未履行的应税合同、产权转移书据,已缴纳的印花税不予退还及抵缴税款。

　　d. 对已贴花的各类应纳税凭证,纳税人须按规定期限保管,不得私自销毁，以备纳税检查。

e. 纳税人多贴的印花税票，不予退税或者抵缴税款。

f. 纳税人对凭证不能确定是否应当纳税的，应及时携带凭证，到当地税务机关鉴别。

g. 纳税人与税务机关对凭证的性质发生争议的，应检附该凭证报请上一级税务机关核定。

h. 纳税人对纳税凭证应妥善保存。凭证的保存期限，凡国家已有明确规定的，按规定办理；其他凭证均应在履行纳税义务完毕后保存1年。

(五) 印花税票

(1) 印花税票由国务院税务主管部门监制。

(2) 2021年印花税票以"中国共产党领导下的税收事业发展"为题材，一套9枚，其票面金额以人民币为单位，分为1角、2角、5角、1元、2元、5元、10元、50元、100元。

(3) 税票防伪措施：①采用哑铃异形齿孔，左右两边居中；②图内红版全部采用特制防伪油墨；③每张喷有7位连续墨号；④其他技术及纸张防伪措施。

同步训练

考点一 概述

(单选题) 关于印花税的特点，下列说法不正确的是(　　)。

A. 兼有财产税和行为税性质　　B. 征税范围广
C. 税率低　　　　　　　　　　D. 税负轻

考点二 纳税人和扣缴义务人

(多选题) 下列单位，属于印花税纳税人的有(　　)。

A. 技术合同的签订单位　　　　B. 贷款合同的担保单位
C. 电子应税凭证的签订单位　　D. 签订运输合同的承运单位
E. 拍卖标的的拍卖人

考点三 征税范围

1. (多选题) 下列合同中，不属于印花税征税范围的有(　　)。

A. 同业拆借合同　　　　　　　B. 管道运输合同
C. 贷款合同　　　　　　　　　D. 个人书立的动产买卖合同
E. 建设工程勘察合同

2. (多选题)下列合同和书据,应按"产权转移书据"税目征收印花税的有( )。
   A. 商品房销售合同
   B. 土地使用权出让合同
   C. 专利申请转让合同
   D. 土地使用权转让合同
   E. 股权转让书据

考点四 税率

(单选题)印花税的最高税率和最低税率相差( )倍。
A. 5   B. 10   C. 15   D. 20

考点五 减免税优惠

1. (单选题·2023年)下列合同中,应计算缴纳印花税的是( )。
   A. 个人出租住房签订的租赁合同
   B. 国际金融组织向中国提供优惠贷款书立的借款合同
   C. 保险公司与农业经营者签订的农业保险合同
   D. 养老服务机构采购卫生材料书立的买卖合同

2. (多选题·2023年)银行业开展信贷资产证券化业务的下列行为中,暂免征收印花税的有( )。
   A. 受托机构发售信贷资产支持证券
   B. 受托机构与资金保管机构签订的证券化交易服务合同
   C. 发起机构与受托机构签订的信托合同
   D. 投资者买卖信贷资产支持证券
   E. 发起机构为开展信贷资产证券化业务而专门设立的资金账簿

3. (多选题)下列凭证中,免征印花税的有( )。
   A. 与高校学生签订的学生公寓租赁合同
   B. 乡政府批准企业改制签订的产权转移书据
   C. 国际金融组织向中国提供贷款书立的合同
   D. 贴息贷款合同
   E. 个人与电子商务经营者订立的电子订单

考点六 计税依据和应纳税额的计算

1. (单选题)某企业2024年12月签订了如下经济合同和凭证:与银行签订一年期借款合同,借款金额400万元,年利率8.5%;与甲公司签订技术开发合同,研究开发报酬170万元;与某运输公司签订运输合同,运输费用6.5万元,其中管道运输费用1.2万元。该企业上述业务应缴纳印花税( )元。(上述合同所载金额为不含增值税金额)
   A. 725.9   B. 736.2   C. 736.5   D. 792.5

2. (单选题)2025年2月,甲公司作为受托方签订技术开发合同一份,合同约定技术开发金额共计1 000万元,其中研究开发费用与报酬金额之比为4∶1。另外,作为承包方签订建筑安装工程承包合同一份,承包总金额300万元,将其中的100万元工程分包给另一单位,并签订分包合同。甲公司2025年2月应缴纳印花税( )元。

A. 1 500　　　　　B. 1 800　　　　　C. 2 600　　　　　D. 3 000

3. (单选题)2024年12月甲公司开业，实收资本500万元；与银行签订一份借款合同，合同注明借款金额1 000万元；当月受乙公司委托加工产品，合同约定由乙公司提供原材料200万元，甲公司收取加工费10万元。2024年12月，甲公司应缴纳印花税(　　)元。

A. 1 780　　　　　B. 3 030　　　　　C. 3 050　　　　　D. 3 550

4. (单选题)电网公司甲在2025年4月与发电厂乙订立了购销电合同一份，与保险公司丙签订了保险合同一份，直接与用户签订了供电合同若干份，另与房地产开发公司丁签订了一份购房合同。下列关于甲公司缴纳印花税的表述中，不正确的是(　　)。

A. 与丙签订的保险合同按保险合同缴纳印花税
B. 与乙签订的购电合同按买卖合同缴纳印花税
C. 与用户签订的供电合同按买卖合同缴纳印花税
D. 与丁签订的购房合同按产权转移书据缴纳印花税

5. (多选题)关于印花税的计税依据，下列说法正确的有(　　)。

A. 货物运输合同以运输费用和装卸费用总额为计税依据
B. 以物易物方式的商品交易合同，以购销合计金额为计税依据
C. 电网与发电企业签订的购售电合同，以买卖合同列明的金额为计税依据
D. 证券交易无转让价格的，按过户登记手续时前一个交易日收盘价为计税依据
E. 境内的货物多式联运，采用在起运地统一结算全程运费的，以全程运费作为运输合同的计税依据

6. (计算题)某高新技术企业成立于2024年12月，当月发生业务如下：

(1)资金账簿记载实收资本为700万元、资本公积30万元，新启用其他账簿15本。

(2)购进原材料签订买卖合同注明的价款100万元，税款13万元，发生销售业务合同列明的不含税金额288万元。

(3)与某金融机构签订借款合同一份，借款金额100万元。

(4)月初买入上海证券交易所上市的甲公司股票，成交金额380万元，月底卖出该股票，成交金额398万元。

要求：根据上述资料，回答下列问题。

(1)计算业务(1)应缴纳的印花税为(　　)元。
A. 1 800　　　　　B. 1 825　　　　　C. 1 835　　　　　D. 1 900

(2)计算业务(2)应缴纳的印花税为(　　)元。
A. 1 164　　　　　B. 1 203　　　　　C. 1 940　　　　　D. 2 005

(3)计算业务(3)应缴纳的印花税为(　　)元。
A. 0　　　　　　　B. 5　　　　　　　C. 50　　　　　　D. 500

(4)计算业务(4)应缴纳的印花税为(　　)元。
A. 3 800　　　　　B. 1 990　　　　　C. 3 980　　　　　D. 7 980

考点七 征收管理

1. (单选题)根据印花税法的规定,下列关于印花税征收管理的说法,错误的是( )。
   A. 证券交易印花税扣缴义务发生时间为证券交易完成的当日
   B. 纳税人为单位的,应当向其机构所在地的主管税务机关申报缴纳印花税
   C. 实行按次计征的,纳税人应当自纳税义务发生之日起30日内申报缴纳税款
   D. 证券交易印花税按周解缴

2. (多选题)下列关于印花税纳税贴花的表述中,正确的有( )。
   A. 签订应税凭证后,凭证生效之日起贴花完税
   B. 纳税人多贴的印花税票,不予退税及抵缴税款
   C. 印花税票一套9枚,其票面金额以人民币为单位,分为1角、2角、5角、1元、2元、5元、10元、20元、100元
   D. 已经贴花的凭证,凡合同修改后所载金额增加的,应补贴印花
   E. 企业启用新账簿后,实收资本和资本公积两项的合计金额大于原已贴花金额的,仅就增加的部分补贴印花

● ● 参考答案及解析

考点一 概述
A 【解析】选项A,印花税兼有凭证税和行为税性质。

考点二 纳税人和扣缴义务人
ACD 【解析】选项B,担保单位不属于印花税纳税人。选项E,拍卖成交价格确定书的印花税纳税人,为拍卖标的的产权人和买受人,不包括拍卖人。

考点三 征税范围
1. ABD 【解析】选项C,按照借款合同征税。选项E,按照建设工程合同征税。
2. ABDE 【解析】选项C,按照"技术合同"税目征收印花税。

考点四 税率
D 【解析】印花税最高税率千分之一,最低税率为万分之零点五,二者相差20倍。

考点五 减免税优惠
1. D 【解析】选项D,非营利性医疗卫生机构采购药品或者卫生材料书立的买卖合同,免征印花税。养老服务机构采购的照章纳税。选项A、B、C,免征印花税。
2. ABDE 【解析】选项C,没有暂免征收印花税的规定。
3. ADE 【解析】选项B,经县级以上人民政府及企业主管部门批准改制的企业因改制签订的产权转移书据免予贴花。选项C,国际金融组织向中国提供优惠贷款所书立的合同,免征印花税。

考点六 计税依据和应纳税额的计算

1. A 【解析】应缴纳印花税 = 400×10 000×0.05‰+170×10 000×0.3‰+(6.5−1.2)× 10 000×0.3‰ = 725.9(元)。

2. B 【解析】对技术开发合同，只就合同所载的报酬金额计税，研究开发费不作为计税依据。应缴纳印花税 = 1 000×1÷5×0.3‰×10 000+(300+100)×0.3‰× 10 000 = 1 800(元)。

3. A 【解析】对于由定做人提供主要材料或原料，承揽人只提供辅助材料的加工合同，无论加工费和辅助金额是否分别记载，均以辅助材料与加工费的合计数，依照加工承揽合同计算缴纳印花税。对于定做人提供的主要材料或原料金额不计算缴纳印花税。应缴纳印花税 = 500×0.25‰×10 000+1 000×0.05‰×10 000+10× 0.3‰×10 000 = 1 780(元)。

4. C 【解析】选项C，与用户签订的供电合同不属于印花税征税范围，不缴纳印花税。

5. BCDE 【解析】选项A，货物运输合同的计税依据为取得的运费收入，不包括所运货物的金额、装卸费和保险费等。

6. (1) B 【解析】应缴纳的印花税 = (7 000 000+300 000)×0.25‰ = 1 825(元)。

   (2) A 【解析】买卖合同计税依据为合同所列的金额，不包括列明的增值税税款。应缴纳的印花税 = (1 000 000+2 880 000)×0.3‰ = 1 164(元)。

   (3) C 【解析】应缴纳的印花税 = 1 000 000×0.05‰ = 50(元)。

   (4) B 【解析】证券交易印花税按1‰征收，对出让方征收，不对受让方征收。自2023年8月28日起，证券交易印花税实施减半征收。
   证券转让应缴纳印花税 = 3 980 000×1‰×50% = 1 990(元)。

考点七 征收管理

1. C 【解析】选项C，实行按次计征的，纳税人应当自纳税义务发生之日起15日内申报缴纳税款。

2. BDE 【解析】选项A，在应纳税凭证书立或领受时即行贴花完税，不得延至凭证生效日期贴花。选项C，2021年印花税票以"中国共产党领导下的税收事业发展"为题材，一套9枚，其票面金额以人民币为单位，分为1角、2角、5角、1元、2元、5元、10元、50元、100元。

亲爱的读者，你已完成本章7个考点的学习，本书知识点的学习进度已达59%。

第五章　房产税

重要程度：次重点章节　　分值：8分左右

考试风向

▶ 考情速递

本章属于小税种中的重点章节，历年考试中各种题型均出现过，但客观题比主观题考查更密集，在主观题中主要结合其他税种考查，分值并不高，考频较高的考点包括减免税优惠、征收管理和应纳税额的计算。

▶ 2025年考试变化

本章内容无实质变动。

▶ 脉络梳理

```
                ┌─ 概述 ★
                │
                ├─ 征税范围、纳税人和税率 ★★
第五章          │
房产税          ├─ 减免税优惠 ★★
                │
                ├─ 计税依据和应纳税额的计算 ★★★
                │
                └─ 征收管理 ★★
```

考点详解及精选例题

考点一　概述 ★

（一）房产税的概念

房产税是以房屋为征税对象，按房屋的计税余值或租金收入为计税依据，向房屋产权所有人征收的一种财产税。

(二) 房产税的特点

(1) 属于个别财产税。
(2) 限于征税范围内的经营性房屋。
(3) 区别房屋的经营使用方式规定不同的计税依据。

考点二 征税范围、纳税人和税率 ★★ 一学多考|注

(一) 征税范围

(1) 房屋是指有屋面和围护结构 (有墙或两边有柱)，能够遮风避雨，可供人们在其中生产、工作、学习、娱乐、居住或储藏物资的场所。

提示 独立于房屋之外的建筑物，如围墙、烟囱、水塔、变电塔、油池、油柜、酒窖菜窖、酒精池、糖蜜池、室外游泳池、玻璃暖房、砖瓦石灰窑以及各种油气罐等，不属于房产。

(2) 房产税在城市、县城、建制镇和工矿区征收。

提示
(1) 城市的征税范围为市区、郊区和市辖县县城，不包括农村。
(2) 县城是指未设立建制镇的县人民政府所在地。
(3) 建制镇是指经省、自治区、直辖市人民政府批准设立的建制镇。关于建制镇具体的征税范围，由各省、自治区、直辖市税务局提出方案，经省、自治区、直辖市人民政府确定批准后执行，并报国家税务总局备案。
(4) 工矿区是指工商业比较发达、人口比较集中，符合国务院规定的建制镇标准，但尚未设立建制镇的大中型工矿企业所在地。开征房产税的工矿区须经省、自治区、直辖市人民政府批准。

(二) 纳税人

房产税由房屋产权所有人缴纳。具体包括：
(1) 产权属全民所有的，由经营管理单位纳税。
(2) 产权出典的，由承典人纳税。
(3) 产权所有人、承典人不在房屋所在地的或者产权未确定及租典纠纷未解决的，由房产代管人或者使用人纳税。

提示 以人民币以外的货币为记账本位币的外资企业及外籍个人在缴纳房产税时，均应将其根据记账本位币计算的税款按照缴款上月最后一日的人民币汇率中间价折合成人民币。

(三) 税率

房产税采用比例税率，其计税依据分为两种：①依据房产计税余值计税的，税率为 1.2%；②依据房产租金收入计税的，税率为 12%。

> **提示**
>
> （1）对于个人出租住房，不区分实际用途，均按4%的税率征收房产税。
>
> （2）对企事业单位、社会团体以及其他组织向个人、专业化规模化住房租赁企业出租住房的，减按4%的税率征收房产税。

考点三 减免税优惠 ★★　　一学多考|注

（一）减免税基本优惠

依据《房产税暂行条例》及有关规定，下列房产免征房产税：

（1）国家机关、人民团体、军队自用的房产。

> **提示** 自用房产指单位本身的办公用房和公务用房。

（2）由国家财政部门拨付事业经费的单位自用的房产。

> **提示**
>
> （1）自用的房产是指这些单位本身的业务用房。
>
> （2）包括实行差额预算管理的事业单位本身自用的房产免征房产税，不包括经费来源实行自收自支的事业单位。

（3）宗教寺庙、公园、名胜古迹自用的房产。

> **提示**
>
> （1）宗教寺庙自用的房产，是指举行宗教仪式等的房屋和宗教人员使用的生活用房屋。
>
> （2）公园、名胜古迹自用的房产，是指供公共参观游览的房屋及其管理单位的办公用房屋。公园、名胜古迹中附设的营业单位，如影剧院、饮食部、茶社、照相馆等所使用的房产及出租的房产，应征收房产税。

（4）个人所有非营业用的房产。

> **提示** 对个人所有的营业用房或出租等非自用的房产，应按照规定征收房产税。

（二）减免税其他优惠

经财政部批准，下列房产可免征房产税：

（1）对国家拨付事业经费和企业办的各类学校、医院、托儿所、幼儿园自用的房产免征房产税。

（2）经有关部门鉴定，对毁损不堪居住的房屋和危险房屋，在停止使用后，可免征房产税。

（3）纳税人因房屋大修导致连续停用半年以上的，在房屋大修期间免征房产税。

（4）凡是在基建工地为基建工地服务的各种工棚、材料棚、休息棚和办公室、食堂、茶炉房、汽车房等临时性房屋，在施工期间一律免征房产税。

但是，如果在基建工程结束以后，施工企业将这种临时性房屋交还或者估价转让给基建单位的，应当从基建单位接收的次月起，依照规定征收房产税。

（5）老年服务机构自用的房产暂免征收房产税。

（6）铁道部（现为中国铁路总公司）所属铁路运输企业自用的房产，免征房产税（地方铁路运输企业自用房产比照执行）。

（7）对商品储备管理公司及其直属库自用的承担商品储备业务的房产免征房产税，该政策执行至2027年12月31日。

（8）对房地产开发企业建造的商品房，在出售前不征收房产税。但对出售前房地产开发企业已使用或出租、出借的商品房应按规定征收房产税。

（9）对按政府规定价格出租的公有住房，包括企业和自收自支事业单位向职工出租的单位自有住房，房管部门向居民出租的公有住房，落实私房政策中带户发还产权并以政府规定租金标准向居民出租的私有住房等，暂免征收房产税。

（10）由财政部门拨付事业经费的文化单位于2022年12月31日前转制为企业的，自转制注册之日起至2027年12月31日对其自用房产免征房产税。

上述单位是指从事新闻出版、广播影视和文化艺术的事业单位。转制包括整体转制和剥离转制。转制注册之日是指经营性文化事业单位转制为企业并进行企业法人登记之日。

（11）纳税单位与免税单位共同使用的房屋，按各自使用的部分划分，分别征收或免征房产税。

（12）对为高校学生提供住宿服务，按照国家规定的收费标准收取住宿费的高校学生公寓免征房产税，该优惠政策执行至2027年12月31日。

（13）对农村饮水安全工程运营管理单位自用的生产、办公用房产，免征房产税，该政策执行至2027年12月31日。

提示 对于既向城镇居民供水，又向农村居民供水的饮水工程运营管理单位，依据向农村居民供水量占总供水量的比例免征房产税。无法提供具体比例或所提供数据不实的，不得享受优惠政策。

（14）对农产品批发市场、农贸市场（包括自有和承租）专门用于经营农产品的房产，暂免征收房产税。对同时经营其他产品的农产品批发市场和农贸市场使用的房产，按其他产品与农产品交易场地面积的比例确定征免房产税，该政策执行至2027年12月31日。

提示 享受上述税收优惠的房产，是指农产品批发市场、农贸市场直接为农产品交易提供服务的房产。农产品批发市场、农贸市场的行政办公区、生活区，以及商业餐饮娱乐等非直接为农产品交易提供服务的房产，不属于优惠范围，应按规定征收房产税。

（15）自2019年6月1日至2025年12月31日，为社区提供养老、托育、家政等服务的机构自有或其通过承租、无偿使用等方式取得并用于提供社区养老、托育、家政服务的房产，免征房产税。

（16）对纳税人及其全资子公司从事大型民用客机发动机、中大功率民用涡轴涡桨发动机、空载重量大于45吨的民用客机研制项目自用的科研、生产、办公房产，免征房产税，该政策执行至2027年12月31日。

（17）对向居民供热收取采暖费的"三北"地区供热企业，为居民供热所使用的厂房免征房产税；对供热企业其他厂房，应当按照规定征收房产税，该优惠政策执行至2027年供暖期结束。

提示

（1）对专业供热企业，按其向居民供热取得的采暖费收入占全部采暖费收入的比例，计算免征的房产税。

（2）对兼营供热企业，视其供热所使用的厂房与其他生产经营活动所使用的厂房是否可以区分，按照不同方法计算免征的房产税。可以区分的，对其供热所使用厂房，按向居民供热取得的采暖费收入占全部采暖费收入的比例，计算免征的房产税。难以区分的，对其全部厂房，按向居民供热取得的采暖费收入占其营业收入的比例，计算免征的房产税。

（3）对自供热单位，按向居民供热建筑面积占总供热建筑面积的比例计算免征供热所使用的厂房的房产税。

（18）对被撤销金融机构清算期间自有的或从债务方接收的房地产，免征房产税。

（19）为继续支持银行业金融机构、金融资产管理公司处置不良债权，有效防范金融风险，各地可根据《中华人民共和国房产税暂行条例》授权和本地实际，对银行业金融机构、金融资产管理公司持有的抵债不动产减免房产税。

（20）对青藏铁路公司及其所属单位在青藏铁路运营期间自用的房产，免征房产税；对非自用的房产，照章征收房产税。

（21）对公租房免征房产税，该优惠政策执行至2025年12月31日。公租房经营管理单位应单独核算公租房租金收入，未单独核算的，不得享受免征房产税优惠政策。

（22）对东方资产管理公司接收港澳国际(集团)有限公司的房地产，免征应缴纳的房产税。

（23）依据"六税两费"政策规定，自2023年1月1日至2027年12月31日，对增值税小规模纳税人、小型微利企业和个体工商户减半征收房产税。增值税小规模纳税人、小型微利企业和个体工商户已依法享受房产税其他优惠政策的，可叠加享受本项优惠政策。

（24）对国家级、省级科技企业孵化器、大学科技园和国家备案众创空间自用以及无偿或通过出租等方式提供给在孵对象使用的房产，免征房产税，该优惠政策执行至2027年12月31日。

考点四 计税依据和应纳税额的计算 ★★★ 一学多考|注

房产税的计税方法分为从租计征和从价计征两种,分别按房产余值计税和按租金收入作为计税依据。两种方法的使用既可以将房屋的自然损耗因素和房屋后期的增值因素等综合考虑进去,同时也便于对不同房屋征税的分类管理。

1. 从租计征

(1)计税依据:租金收入。

(2)应纳税额=租金收入(不含增值税)×适用税率12%(个人出租住房为4%)。

提示 注意一次收取多年租金的不同税种差异。

(1)企业所得税:如果交易合同或协议中规定租赁期限跨年度,且租金提前一次性支付的,出租人可对上述已确认的收入,在租赁期内,分期均匀计入相关年度收入。

(2)印花税:在书立时一次性缴纳。

(3)房产税:按年征收、分期缴纳。

(4)增值税:租赁服务采取预收款方式的,纳税义务发生时间为收到预收款的当天。

【例题1·单选题】赵某2025年1月31日将自有住房出租,当月交付使用,每月收取不含税租金5 000元,享受"六税两费"减半优惠,赵某2025年全年应缴纳房产税( )元。

A. 1 100 B. 2 400 C. 6 600 D. 7 200

解析 个人出租住房减按4%的税率计征房产税。自然人出租住房适用"六税两费"减半房产税优惠政策。应缴纳房产税=5 000×11×4%×50%=1 100(元)。

2. 从价计征

(1)计税依据:房产余值。

(2)应纳税额=房产计税余值×适用税率1.2%=应税房产原值×(1-原值减除比例)×适用税率1.2%。

【推荐公式】应纳税额=应税房产原值×(1-原值减除比例)×1.2%÷12×应税月份

提示

(1)具体减除比例,由省、自治区、直辖市人民政府在税法规定的10%~30%减除幅度内自行确定,考试中是题目中的已知条件。

【例题2·单选题】甲企业2024年初拥有厂房原值2 000万元,仓库原值500万元。2024年5月20日,将仓库以1 000万元的价格转让给乙企业,当地政府规定房产税原值减除比例为30%。甲企业当年应缴纳房产税( )万元。

出租的地上建筑物、出租地上地下相连的建筑物以及出租独立的地下建筑物均使用此公式。这点和下面介绍的从价计征方法有很大的不同。

答案
例题1|A

A. 17.65　　　　B. 18.2　　　　C. 18.55　　　　D. 20.3

解析 应缴纳房产税 = 2 000×(1-30%)×1.2% + 500×(1-30%)×1.2%÷12×5 = 18.55(万元)。

（2）对依照房产原值计税的房产，不论是否记载在"固定资产"科目中，均应按照房屋原价计算缴纳房产税。房屋原价应根据国家有关会计制度规定进行核算。对纳税人未按国家会计制度规定核算并记载的，应按规定予以调整或重新评估。

（3）房产原值应包括与房屋不可分割的各种附属设备或一般不单独计算价值的配套设施。属于房屋附属设备的水管、下水道、暖气管、煤气管等从最近的探视井或三通管算起，计算原值。电灯网、照明线从进线盒联结管算起，计算原值。

（4）更换房屋附属设施和配套设施的，在将其价值计入房产原值时，可扣减原来相应设备和设施的价值；对附属设备和配套设施中易损坏、需要经常更换的零配件，更新后不再计入房产原值，原零配件的原值也不扣除。

【例题3·单选题】 某上市公司2024年以5 000万元购得一处高档会所，然后加以改建，支出500万元在后院新建一露天泳池，支出500万元中央空调系统，拆除200万元的照明设施，再支付500万元安装智能照明和楼宇声控系统，会所于2024年底改建完毕并对外营业。当地规定计算房产余值的扣除比例为30%，2025年该会所应缴纳房产税(　　)万元。

A. 42　　　　B. 48.72　　　　C. 50.4　　　　D. 54.6

解析 应缴纳房产税 = (5 000+500-200+500)×(1-30%)×1.2% = 48.72(万元)。

（5）自2006年1月1日起，凡在房产税征收范围内的具备房屋功能的地下建筑，包括与地上房屋相连的地下建筑以及完全建在地面以下的建筑、地下人防设施等应征收房产税。

（6）对出租房产，租赁双方签订的租赁合同约定有免收租金期限的，免收租金期间由产权所有人按照房产原值缴纳房产税。

【例题4·单选题】 (2022年)甲公司为增值税一般纳税人，2024年12月底将原值3 000万元的房产租赁给乙公司，租期一年，2025年1—2月给予免租待遇，2025年实际收到不含税租金收入40万元。当地房产原值减除比例为30%，甲公司该房产2025年应缴纳房产税(　　)万元。

A. 4.8　　　　B. 9　　　　C. 25.2　　　　D. 4.2

解析 甲公司该房产2025年应缴纳房产税 = 3 000×(1-30%)×1.2%÷12×2 + 40×12% = 9(万元)。

（7）对按照房产原值计税的房产，无论会计上如何核算，房产原值均应包含地价，包括为取得土地使用权支付的价款、开发土地发生的成本费用等。

答案
例题2 | C
例题3 | B
例题4 | B

宗地容积率低于0.5的,按房产建筑面积的2倍计算土地面积并据此确定计入房产原值的地价。

【例题5·单选题】某市一商贸企业2024年末建成办公楼一栋,为建造办公楼新征一块土地,面积为45 000平方米,土地单价为每平方米300元,房产建筑面积为20 000平方米,建筑成本为2 000万元,该办公楼使用年限为50年,计算该办公楼原值为(　　)万元。

A. 3 200　　　B. 3 350　　　C. 2 600　　　D. 3 000

解析 该地的容积率=20 000÷45 000=0.44,税法规定,容积率低于0.5的,按房产建筑面积的2倍计算土地面积并据此确定计入房产原值的地价。该房产的原值=2 000+(20 000×2×300)÷10 000=3 200(万元)。

(8)对与地上房屋相连的地下建筑,如房屋的地下室、地下停车场、商场的地下部分等,应将地下部分与地上房屋视为一个整体,按照地上房屋建筑的有关规定计算征收房产税。自用的独立地下建筑物从价计征时的计算,见表5-1。

> 表5-1中要注意自用的独立地下建筑物中"原价"和"原值"的不同。

表5-1　自用的独立地下建筑物从价计征时的计算

房产用途	应税原值	税额计算公式
工业用途房产	房屋原价的50%~60%作为应税房产原值	应纳房产税的税额=应税房产原值×(1-原值减除比例)×1.2%
商业和其他用途房产	房屋原价的70%~80%作为应税房产原值	应纳房产税的税额=应税房产原值×(1-原值减除比例)×1.2%

地下建筑物的原价折算为房产原值的比例,由各省、自治区、直辖市和计划单列市财政和地方税务部门在幅度内自行确定。

【例题6·单选题】2024年某企业有两处独立的地下建筑物,分别为工业用途房产(原价30万元)和非工业用途房产(原价20万元)。该企业所在省规定房产税依照房产原值减除30%后的余值计算缴纳,工业用途地下建筑房产以原价的50%作为应税房产原值,其他用途地下建筑房产以原价的80%作为应税房产原值。2024年该企业的地下建筑物应缴纳房产税(　　)元。

A. 2 604　　　B. 2 576　　　C. 3 864　　　D. 4 200

解析 应缴纳房产税=[30×50%×(1-30%)×1.2%+20×80%×(1-30%)×1.2%]×10 000=2 604(元)。

3. 两种计税方法的适用范围

上面的两种方法并不是由纳税人任意选择的,两种方法有规定的适用范围,总结如下。

(1)经营自用房屋——从价计征;出租房屋——从租计征。

答案
例题5 | A
例题6 | A

（2）产权出典的房产，由承典人按余值缴纳房产税。

（3）投资联营房产：①以房产投资联营，投资者参与投资利润分红，共担风险的，按房产的余值作为计税依据计征房产税；②以房产投资，收取固定收入，不承担联营风险的，由出租方按租金收入计算缴纳房产税。

（4）融资租赁房产：①由承租人自融资租赁合同约定开始日的次月起依据房产余值计算缴纳房产税；②合同未约定开始日的，由承租人自合同签订的次月起依据房产余值计算缴纳房产税。

（5）居民住宅区内业主共有的经营性房产：①由实际经营（包括自营和出租）的代管人或使用人缴纳房产税；②自营的，依照房产余值计征，没有房产原值或不能将业主共有房产与其他房产的原值准确划分开的，由房产所在地税务机关参照同类房产核定房产原值；③出租的，依照租金收入计征。

考点五 征收管理 ★★ 一学多考｜注

（一）纳税义务发生时间

（1）自建房屋，自建成之日的次月起计征房产税。

（2）委托施工企业建房的，从办理验收手续之日的次月起计征房产税。

提示 对于在办理验收手续前已使用或出租、出借的新建房屋，应按规定计征房产税。

（3）购置新建商品房，自房屋交付使用次月起计征房产税。

（4）购置存量房地产，自办理房屋权属转移、变更登记手续，房地产权属登记机关签发房屋权属证书次月起计征房产税。

（5）出租、出借房产，自交付出租、出借房产之次月起计征房产税。

（6）房地产开发企业自用、出租、出借本企业建造的商品房，自房产使用或交付次月起计征房产税。

（二）纳税期限

房产税实行按年征收、分期缴纳的征收方法，具体纳税期限由省、自治区、直辖市人民政府规定。

（三）纳税地点

在房产所在地缴纳。房产不在同一地方的纳税人，应按房产的坐落地点分别向房产所在地的税务机关缴纳。

同步训练

考点一 概述

(单选题)下列关于房产税的说法中,正确的是( )。

A. 属于一般财产税

B. 属于个别财产税

C. 征税范围限于市区、县城和建制镇范围内的房屋

D. 房屋不同的经营使用方式均使用相同的计税依据

考点二 征税范围、纳税人和税率

1. (单选题)下列出租住房的行为,不区分用途一律减按4%的税率征收房产税的是( )。

   A. 个人出租在城市的住房

   B. 企业出租在农村的住房

   C. 事业单位出租在县城的住房

   D. 社会团体出租在工矿区的住房

2. (多选题)下列关于房产税的纳税人及缴纳税款的表述中,说法正确的有( )。

   A. 租赁合同约定有免收租金期限的出租房产,免收租金期间无须缴纳房产税

   B. 融资租赁的房产未约定开始日的,由承租人自合同签订当日起缴纳房产税

   C. 房屋产权属于全民所有的,由经营管理单位缴纳房产税

   D. 产权出典的由承典人缴纳房产税

   E. 产权出租的由出租人缴纳房产税

考点三 减免税优惠

1. (单选题)下列关于房产税的说法中,不正确的是( )。

   A. 非营利性老年服务机构自用房产暂免征收房产税

   B. 外商投资企业的自用房产免征房产税

   C. 企业办的技术培训学校自用的房产免征房产税

   D. 中国铁路总公司所属铁路运输企业自用房产免征房产税

2. (多选题)根据房产税的相关规定,下列房产免征房产税的有( )。

   A. 按政府规定价格出租的公有住房

   B. 公园内的照相馆用房

   C. 为支持农村饮水安全工程巩固提升,饮水工程运营管理单位自用的生产用房

   D. 施工期间为基建工地服务的临时性办公用房

   E. 市文工团的办公用房

3. (多选题)下列关于房产税减免税的说法,正确的有(   )。

   A. 纳税单位与免税单位共同使用的房屋,免税单位使用的部分免征房产税

   B. 毁损不堪居住的房屋继续使用免征房产税

   C. 信托投资公司经营用房产免征房产税

   D. 房地产开发企业建造的商品房,在出售前不征收房产税

   E. 高校学生公寓免征房产税

考点四 计税依据和应纳税额的计算

1. (单选题·2023年)某企业拥有两栋房产原值为100万元的仓库,2023年12月31日,将其中一栋仓库用于投资联营,约定不含税月固定收入1.8万元;同日将另一栋仓库出租给某物流公司,不含税月租金为2万元,用等值的运输服务抵付租金。当地同类仓库不含税月租金为2.2万元,则该企业2024年应缴纳的房产税为(   )万元。

   A. 6.05   B. 5.47   C. 6.34   D. 5.76

2. (单选题)某工业企业(增值税一般纳税人)2024年2月自建的厂房竣工并投入使用。该厂房原值为6 000万元(包括与地上厂房相连的地下建筑物600万元)。当地规定房产原值的减除比例为30%,工业用途地下建筑物应税原值为房产原值的60%。该企业2024年应缴纳房产税(   )万元。

   A. 46.2   B. 44.35   C. 42   D. 40.32

3. (单选题)关于房产税的计税依据,下列说法正确的是(   )。

   A. 房屋租赁合同约定有免租期的,以免租期间的租金为计税依据

   B. 房屋出典的,以出典人取得的出典收入为计税依据

   C. 以房产投资联营共担风险的,以房产余值为计税依据

   D. 融资租赁的房产,由出租人以每月收取的租金缴纳房产税

4. (单选题)赵某2024年1月31日将自有住房出租,当月交付使用,每月收取不含税租金5 000元,赵某2024年应缴纳房产税(   )元。(赵某享受"六税两费"减半优惠)

   A. 1 100   B. 2 400   C. 6 600   D. 7 200

5. (单选题)某企业有一处独立地下建筑物,为商业用途房产(房产原值80万元),2024年10月底将其出售。当地政府规定房产计税余值的减除比例为30%,商业用途地下建筑房产以原价的70%作为应税房产原值。2024年该企业应缴纳房产税(   )元。

   A. 3 920   B. 4 312   C. 4 704   D. 4 820

6. (单选题)2024年某企业支付8 000万元取得10万平方米的土地使用权,新建厂房建筑面积6万平方米,工程成本2 000万元,2024年底竣工验收,对该企业征收房产税的房产原值为(   )万元。

   A. 2 000   B. 6 400   C. 8 000   D. 10 000

7. (计算题·2024年)某粮油加工企业,2024年发生相关业务如下:

(1)1月销售食用油一批,合同约定不含增值税金额为100万元;当月委托运输企业将该批食用油运抵客户,合同约定不含增值税运费1万元,不含增值税装卸费0.5万元。

(2)6月30日将年初账面原值200万元的仓库用于为其他企业存储货物,合同约定期限1年,每月收取不含增值税仓储费3万元。

(3)1月购置新建厂房一间,合同约定不含增值税金额300万元,当月交付使用,4月对厂房进行排水改造,签订施工合同,合同约定不含增值税金额30万元,当月完成改造并调增厂房账面原值。10月底将其中价值100万元的部分出租并交付给承租方,合同约定租期3年,每月不含增值税租金2万元,前2个月免租金。

(注:计算房产余值的扣除比例为20%,企业不符合"六税两费"减半优惠政策的条件,不考虑其他税费。)

要求:根据上述资料,回答下列问题。

(1)该企业业务(1)和业务(2)应缴纳的印花税是( )元。
A. 363　　　　　B. 664.5　　　　C. 663　　　　D. 364.5

(2)业务(2)全年应缴纳的房产税是( )元。
A. 19 200　　　B. 24 000　　　C. 31 200　　　D. 33 600

(3)业务(3)应缴纳的印花税是( )元。
A. 2 270　　　　B. 1 670　　　　C. 1 710　　　　D. 2 310

(4)业务(3)全年应缴纳的房产税是( )元。
A. 28 560　　　B. 31 520　　　C. 28 320　　　D. 31 760

考点五 征收管理

(多选题)下列关于房产税纳税义务发生时间的说法,正确的有( )。

A. 出租、出借房产,自交付出租、出借房产当月起计征房产税

B. 对于在办理验收手续前已使用的新建房屋,应按规定计征房产税

C. 自建的房屋,自建成之日当月起计征房产税

D. 购置新建商品房,自房屋交付使用之次月起计征房产税

E. 房地产开发企业自用本企业建造的商品房,自房屋使用之次月起计征房产税

参考答案及解析

考点一 概述

B 【解析】选项C,房产税在城市、县城、建制镇和工矿区范围内征收。选项D,区分房屋的经营使用方式规定不同的计税依据。

考点二 征税范围、纳税人和税率

1. A 【解析】对个人出租住房，不区分用途，按 4% 的税率征收房产税。
2. CDE 【解析】选项 A，免收租金期间由产权所有人缴纳房产税。选项 B，融资租赁的房产未约定开始日的，由承租人自合同签订的次月起按房产余值缴纳房产税。

考点三 减免税优惠

1. B 【解析】选项 B，外商投资企业自用的房产，应缴纳房产税，没有免税规定。
2. ACDE 【解析】选项 B，公园内的照相馆用房属于用于经营项目，应征收房产税。
3. ADE 【解析】选项 B，毁损不堪居住的房屋停止使用后免征房产税。选项 C，信托投资公司经营用的房产，应缴纳房产税，没有免税规定。

考点四 计税依据和应纳税额的计算

1. D 【解析】应缴纳的房产税 = 1.8×12×12% + 2.2×12×12% = 5.76(万元)。
2. C 【解析】对于与地上房屋相连的地下建筑，应将地下部分与地上房屋视为一个整体，按照地上房屋建筑的有关规定计算征收房产税。纳税人自建房屋用于生产经营，自建成次月起缴纳房产税，所以应该从 3 月开始计算房产税。应缴纳的房产税 = 6 000×(1−30%)×1.2%÷12×10 = 42(万元)。
3. C 【解析】选项 A，房屋租赁合同约定有免租期的，免租期内由产权所有人按照房产余值缴纳房产税。选项 B，房屋出典的，由承典人按照房产余值缴纳房产税。选项 D，融资租赁的房产，由承租人自融资租赁合同约定开始日的次月起依照房产余值缴纳房产税。
4. A 【解析】个人出租住房减按 4% 的税率计征房产税。赵某 2024 年应缴纳房产税 = 5 000×11×4%×50% = 1 100(元)。
5. A 【解析】应缴纳房产税 = 80×70%×(1−30%)×1.2%×10 000×10÷12 = 3 920(元)。
6. D 【解析】容积率 = 6÷10 = 0.6，大于 0.5，地价应全部并入房产原值计征房产税。房产原值包括地价款和开发土地发生的成本费用。该企业征收房产税的房产原值 = 8 000+2 000 = 10 000(万元)。
7. (1) C 【解析】业务(1)应缴纳印花税 = 1 000 000×0.03% + 10 000×0.03% = 303(元)；业务(2)应缴纳印花税 = 30 000×12×0.1% = 360(元)；合计应缴纳印花税 = 303+360 = 663(元)。

    (2) A 【解析】应缴纳房产税 = 2 000 000×(1−20%)×1.2% = 19 200(元)。

    提示 储存货物，收取仓储费，不是仓库出租，不用考虑从租计征房产税，全年应从价计征房产税。

    (3) A 【解析】应缴纳印花税 = 3 000 000×0.05% + 300 000×0.03% + 20 000×(12×3−2)×0.1% = 2 270(元)。

    (4) C 【解析】应缴纳房产税 = 3 000 000×(1−20%)×1.2%×3÷12 + (3 000 000 + 300 000)×(1−20%)×1.2%×8÷12 = 28 320(元)。

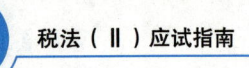

提示 购置新建的厂房，交付使用次月起计征房产税，2—4月按照300万元房产原值作为房产税的计税依据从价计征；厂房改造完成后次月起（5—12月）按照330万元房产原值作为房产税的计税依据从价计征；免租期内从价计征房产税。

考点五 征收管理

BDE 【解析】选项A，出租、出借房产，自交付出租、出借房产之次月起计征房产税。选项C，自建的房屋，自建成之日的次月起计征房产税。

亲爱的读者，你已完成本章5个考点的学习，本书知识点的学习进度已达66%。

第六章　车船税

重要程度：非重点章节　　分值：5分左右

考试风向

▣ 考情速递

本章历年考试题型包括客观题和计算题，考频较高的考点包括减免税优惠和应纳税额的计算。

▣ 2025年考试变化

本章内容无实质变动。

▣ 脉络梳理

```
                ┌─ 概述 ★
                │
                ├─ 征税范围、纳税人和适用税额 ★★★
                │
第六章 车船税 ───┼─ 减免税优惠 ★★
                │
                ├─ 应纳税额的计算与代收代缴 ★★★
                │
                └─ 征收管理 ★★
```

考点详解及精选例题

考点一　概述 ★

1. 概念

车船税是对应税的车辆、船舶按规定的税目和税额向所有人或者管理人征收的一种财产税。

提示 是在保有环节征收的财产税，不是在保有与使用环节征收的财产与行为税。

369

2. 历史

早在公元前129年汉武帝时，我国就开征了算商税。

考点二 征税范围、纳税人和适用税额 ★★★ 一学多考|注

(一)征税范围

征税范围：在境内属于《车船税法》所附《车船税税目税额表》规定的车辆、船舶。

车辆、船舶，是指：

(1)依法应当在车船管理部门登记的机动车辆和船舶。

(2)依法不需要在车船登记管理部门登记的在单位内部场所行驶或者作业的机动车辆和船舶。

> **提示**

(1)包括非机动驳船。

(2)纯电动乘用车和燃料电池乘用车不属于征收范围。

(3)境内单位和个人租入外国籍船舶：不征车船税。

(4)境内单位和个人将船舶出租到境外：征车船税。

【例题1·单选题】(2023年)下列不属于车船税征税范围的是(　　)。

A. 浮桥用船

B. 境内单位出租到境外的船舶

C. 清障车

D. 船舶上装备的救生艇筏

解析 船舶上装备的救生艇筏和长度小于5米的艇筏，不属于车船税征税范围。

(二)纳税人

纳税人：境内属于《车船税法》所附《车船税税目税额表》规定的车辆、船舶(以下简称车船)的所有人或者管理人。

> **提示** 管理人是指对车船具有管理权或者使用权，不具有所有权的单位和个人。

(三)税目和税额

1. 定额幅度税率

省、自治区、直辖市人民政府根据所附《车船税税目税额表》确定车辆具体适用税额，应当遵循以下原则：

(1)客车应依照大型和中型分别确定税额。

(2)乘用车依排气量从小到大递增税额。

答案
例题1|D

2. 车船税税目税额表

车船税税目税额表，见表 6-1。

表 6-1　车船税税目税额表

税目		计税单位	备注
乘用车[按发动机汽缸容量（排气量）分档]		每辆	核定载客人数 9 人(含)以下
摩托车			—
商用车	客车		核定载客人数 9 人以上，包括电车
	货车		包括半挂牵引车、三轮汽车、客货两用和低速载货汽车等
挂车		整备质量每吨	按照货车税额的 50% 计算
其他车辆	专用作业车		不包括拖拉机
	轮式专用机械车		
船舶	机动船舶	净吨位每吨	拖船、非机动驳船分别按照机动船舶税额的 50% 计算
	游艇(含辅助动力帆艇)	艇身长度每米	—

提示

（1）专用作业车的认定：设计和技术特性上用于特殊工作，并装置有专用设备或器具的汽车，应认定为专用作业车。如汽车起重机、消防车、混凝土泵车、清障车、高空作业车、洒水车、扫路车等。

以载运人员或货物为主要目的的专用汽车，如救护车，不属于专用作业车。

（2）拖船按照发动机功率每 1 千瓦折合净吨位 0.67 吨计算征收车船税。

（3）排气量、整备质量、核定载客人数、净吨位、千瓦、艇身长度，以车船登记管理部门核发的车船登记证书或者行驶证所载数据为准。

（4）依法不需要办理登记的车船和依法应当登记而未办理登记或者不能提供车船登记证书、行驶证的车船，以车船出厂合格证明或者进口凭证相应项目标注的技术参数、数据为准；不能提供车船出厂合格证明或者进口凭证的，由主管税务机关参照国家相关标准核定，没有国家相关标准的参照同类车船核定。

3. 适用税额确定

（1）《车船税税目税额表》中车辆、船舶的税目适用范围由财政部、国家税务总局参照国家相关标准确定。

（2）车辆的具体适用税额由省、自治区、直辖市人民政府依照《车船税税目税额表》规定的税额幅度和国务院的规定确定，报国务院备案。

（3）船舶的具体适用税额由国务院在《车船税税目税额表》规定的税额幅度内确定。

考点三 减免税优惠 ★★ 一学多考 | 注

（一）减免税基本优惠

（1）捕捞、养殖渔船免征车船税。捕捞、养殖渔船，是指在渔业船舶登记管理部门登记为捕捞船或者养殖船的船舶。

（2）军队、武装警察部队专用的车船免征车船税。军队、武装警察部队专用的车船，是指按照规定在军队、武装警察部队车船登记管理部门登记，并领取军队、武警牌照的车船。

（3）警用车船免征车船税。警用车船，是指公安机关、国家安全机关、监狱、劳动教养管理机关和人民法院、人民检察院领取警用牌照的车辆和执行警务的专用船舶。

（4）悬挂应急救援专用号牌的国家综合性消防救援车辆和国家综合性消防救援专用船舶免征车船税。

（5）对依照法律规定应当予以免税的外国驻华使领馆、国际组织驻华代表机构及其有关人员的车船免征车船税。

提示 对港作车船、工程船等经营性车船及国家机关、事业单位、人民团体等财政拨付经费单位的车船，以及趸船、浮桥用船，不免税。

（6）对节约能源、使用新能源的车船可以减征或者免征车船税。免征或者减半征收车船税的车船的范围，由国务院财政、税务主管部门商国务院有关部门制订，报国务院批准。

（7）对受严重自然灾害影响纳税困难以及有其他特殊原因确需减税、免税的，可以减征或者免征车船税。具体减免期限和数额由省、自治区、直辖市人民政府确定，报国务院备案。

（8）省、自治区、直辖市人民政府根据当地实际情况，可以对公共交通车船，农村居民拥有并主要在农村地区使用的摩托车、三轮汽车和低速载货汽车定期减征或者免征车船税。

（二）减免税其他优惠

（1）经批准临时入境的外国车船和香港特别行政区、澳门特别行政区、台湾地区的车船不征收车船税。

（2）按照规定缴纳船舶吨税的机动船舶，自车船税法实施之日起5年内免征车船税。

（3）依法不需要在车船登记管理部门登记的机场、港口内部行驶或作业的车船，自车船税法实施之日起5年内免征车船税。

(4)国家综合性消防救援车辆由部队号牌改挂应急救援专用号牌的,一次性免征改挂当年车船税。

(5)节能、新能源车船减免。

◆节能汽车减半征收车船税。

提示 节能汽车要符合规定标准,主要注意的条件包括:减半征收车船税的节能乘用车是获得许可在中国境内销售的排量为1.6升以下(含1.6升)的燃用汽油、柴油的乘用车(含非插电式混合动力、双燃料和两用燃料乘用车);减半征收车船税的节能商用车注意是获得许可在中国境内销售的燃用天然气、汽油、柴油的轻型和重型商用车(含非插电式混合动力、双燃料和两用燃料轻型和重型商用车)。

◆新能源车船免征车船税。

提示
(1)免征车船税的新能源汽车是指纯电动商用车、插电式(含增程式)混合动力汽车、燃料电池商用车。

(2)新能源车船要符合规定标准,主要注意的条件包括:免征车船税的船舶主推进动力装置为纯天然气发动机,发动机采用微量柴油引燃方式且引燃油热值占全部燃料总热值的比例不超过5%的,视同纯天然气发动机。

> **得分高手**(2020年单选、多选;2022—2023年多选)
>
> 车船税中的减免税优惠是比较重要的考点,常常考查文字性客观题,或者结合计算性题目考查减免税优惠。车船税的减免税优惠范围并不"广",一定要重点记忆,特别提醒国家机关、事业单位、人民团体等财政拨付经费单位的车船没有免税的规定。另外,一定要正确区分:不属于征税范围的是纯电动乘用车和燃料电池乘用车;免税的仅是纯电动商用车、插电式(含增程式)混合动力汽车、燃料电池商用车。

【例题2·多选题】(2024年)下列车辆需要缴纳车船税的有( )。

A. 在农村使用的拖拉机　　　B. 轮式专用机械车

C. 运营货车牵引的挂车　　　D. 环保专用洒水车

E. 排量大于50毫升的摩托车

解析 选项A,拖拉机不属于车船税征税范围,不缴纳车船税。

考点四 应纳税额的计算与代收代缴 ★★★

(一)应纳税额的计算

(1)购置的新车船,购置当年的应纳税额自纳税义务发生的当月起按月计算。

应纳税额=年应纳税额÷12×应纳税月份数

答案
例题2 | BCDE

【例题3·单选题】(2022年)某公司2024年8月底购入挂车3辆，每辆整备质量10吨，机动车销售统一发票开具时间是9月2日，公司所在地当地政府规定货车年税额100元/吨，本年度该公司挂车应缴纳车船税( )元。

A．625　　　B．500　　　C．1 250　　　D．1 000

解析 挂车按照货车税额的50%计算车船税。对于在国内购买的机动车，购买日期以《机动车销售统一发票》所载日期为准。该公司挂车应缴纳的车船税=10×100×50%÷12×4×3=500(元)。

(2)在一个纳税年度内，已完税的车船被盗抢、报废、灭失的，纳税人可以凭有关管理机关出具的证明和完税证明，向纳税所在地的主管税务机关申请退还自被盗抢、报废、灭失月份起至该纳税年度终了期间的税款。

(3)已办理退税的被盗抢车船失而复得的，纳税人应当从公安机关出具相关证明的当月起计算缴纳车船税。

(4)已经缴纳车船税的车船，因质量原因，车船被退回生产企业或者经销商的，纳税人可以向纳税所在地的主管税务机关申请退还自退货月份起至该纳税年度终了期间的税款。

提示 退货月份以退货发票所载日期的当月为准。[1]

(5)已缴纳车船税的车船在同一纳税年度内办理转让过户的，不另纳税，也不退税。

【例题4·单选题】某企业2025年1月缴纳了5辆客车车船税，其中一辆9月被盗，已办理车船税退还手续；11月由公安机关找回并出具证明，企业补缴车船税，假定该类型客车年基准税额为480元，该企业2025年实缴的车船税总计为( )元。

A．1 920　　　B．2 280　　　C．2 400　　　D．2 320

解析 已办理退税的被盗抢车船，失而复得的，纳税人应当从公安机关出具相关证明的当月起计算缴纳车船税。实缴的车船税=4×480+480÷12×10=2 320(元)。

(二)保险机构代收代缴

从事"交强险"业务的保险机构为机动车车船税的扣缴义务人，应当在收取保险费时依法代收车船税，并出具代收税款凭证。

(三)委托交通运输部门、海事管理机构代为征收船舶车船税[2]

(1)在交通运输部直属海事管理机构(以下简称海事管理机构)登记的应税船舶，其车船税由船籍港所在地的税务机关委托当地海事管理机构代征。

(2)对于以前年度未依照《车船税法》及其实施条例的规定缴纳船舶车船税的，海事管理机构应代征欠缴税款，并按规定代加收滞纳金。

老杨唠啦唠[1]

车船税关于时间的知识点非常单纯，就是"当月"。

老杨唠啦唠[2]

关于保险和海事管理机构的代征知识点，"够用就好"，本书未将文件中的全部规定展示给考生，主要是出于提高备考效率的考虑，因为这部分内容考频不高，另一原因是这两部分的内容很多规定与本书的其他规定相同，特此说明。

答案

例题3｜B
例题4｜D

考点五 征收管理★★ 一学多考|注

（1）纳税义务发生时间：取得车船所有权或者管理权的当月，即为购买车船的发票或者其他证明文件所载日期的当月。

提示

（1）对于在国内购买的机动车，购买日期以《机动车销售统一发票》所载日期为准；对于进口机动车，购买日期以《海关关税专用缴款书》所载日期为准。

（2）对于购买的船舶，以购买船舶的发票或者其他证明文件所载日期的当月为准。

（2）纳税地点：车船的登记地或者车船税扣缴义务人所在地。

提示 依法不需要办理登记的车船，车船税的纳税地点为车船的所有人或者管理人所在地。

（3）申报缴纳：车船税按年申报，分月计算，一次性缴纳。

提示 纳税年度为公历1月1日至12月31日。

同步训练

考点一 概述

（单选题）早在公元前129年汉武帝时，我国就开征了算商税，相当于现行的税种是（　　）。

A．印花税　　　　B．房产税　　　　C．契税　　　　D．车船税

考点二 征税范围、纳税人和适用税额

1．（单选题）下列关于车船税的说法，正确的是（　　）。

　A．挂车按照货车税额的50%计算车船税

　B．非机动驳船按照机动船舶税额60%计算车船税

　C．拖船按照机动船舶税额的70%计算车船税

　D．车辆整备质量尾数在0.5吨以下的不计算车船税

2．（单选题）下列关于车船税计税单位确认的表述中，正确的是（　　）。

　A．摩托车按"排气量"作为计税单位

　B．游艇按"净吨位每吨"作为计税单位

　C．专用作业车按"整备质量每吨"作为计税单位

　D．商用货车按"每辆"作为计税单位

3. (多选题)下列说法符合车船税法规定的有( )。
   A. 境内单位将船舶出租到境外的，应依法征收车船税
   B. 境内单位租入外国籍船舶的，应依法征收车船税
   C. 境内个人租入外国籍船舶的，应依法征收车船税
   D. 境内个人将船舶出租到境外的，应依法征收车船税
   E. 经批准临时入境的外国车船，应依法征收车船税

考点三 减免税优惠

1. (单选题)下列车辆，应缴纳车船税的是( )。
   A. 挂车
   B. 插电式混合动力汽车
   C. 武装警察部队专用的车辆
   D. 国际组织驻华代表机构使用的车辆

2. (多选题·2023年)下列车船，免征车船税的有( )。
   A. 燃料电池商用车
   B. 军队专用车船
   C. 工程船
   D. 排量在1.6升以下符合标准的燃料乘用车
   E. 主推进动力装置为纯天然气发动机的船舶

3. (多选题)下列属于车船税法规定省、自治区、直辖市人民政府根据当地实际情况，可给予定期减征或免征车船税的车船有( )。
   A. 捕捞渔船   B. 公共交通车船
   C. 农村居民拥有的摩托车 D. 警用车船
   E. 农村居民拥有并主要在农村使用的三轮汽车

4. (多选题)下列关于车船税的税务处理方法，符合车船税法规定的有( )。
   A. 医院救护车免征车船税
   B. 境内单位租入外国籍船舶的，免征车船税
   C. 客货两用车依照货车的计税单位和年基准税额计征车船税
   D. 依法不需要办理登记的车船，车船税的纳税地点为车船的所有人或管理人所在地
   E. 所有新能源车辆，均可以免征车船税

考点四 应纳税额的计算与代收代缴

1. (单选题)某公司2025年拥有乘用车6辆，其中纯电动车2辆，另外4辆为排气量1.6升的燃用汽油乘用车，并且综合工况燃料消耗量符合标准。拥有发动机功率为2 000千瓦的拖船4艘。当地规定排气量1.6升的汽车，车船税年税额为360元/辆，机动船舶净吨位超过20吨但不超过2 000吨的，年税额为每吨4元。该公司2025年应缴纳车船税( )元。
   A. 12 160   B. 11 440   C. 23 600   D. 22 880

2. (单选题)2025年1月，某客运公司购进客车20辆，购买当月即投入使用，并取得了购货发票，缴纳了全年车船税。5月3辆客车因质量问题退回厂家，6月取得退

货发票,当地政府规定该型号客车的车船税税额为 1 200 元/辆。该客运公司退货应获得车船税退税( )元。

A. 2 100　　　　　　B. 2 400　　　　　　C. 3 000　　　　　　D. 3 300

3. (计算题)甲企业为增值税一般纳税人,2025 年初固定资产明细账分别记载经营用房屋原值 3 000 万元,整备质量 10 吨的载货卡车 30 辆、载客汽车 2 辆、挂车 5 辆(整备质量 4 吨)。该企业 2025 年发生下列业务:

(1)5 月底对原值 500 万元的 A 办公楼进行停工维修,8 月底完工办理验收手续并投入使用,房产原值增加 100 万元。

(2)7 月底将其中原值为 200 万元的 B 仓库出租给乙企业,约定 8—9 月为免租期,以后每月收取不含税租金 2 万元,租期 3 年。

(3)8 月底签订融资协议,以 300 万元不含税价格租入 C 仓库(出租方该仓库原值 300 万元,账面净值 280 万元)。

(4)10 月购入客货两用车 2 辆(整备质量 9 吨),插电式混合动力汽车 2 辆,当日均取得车辆购置税发票。

(注:已知当地计算房产余值扣除比例为 30%,载货车车船税年税额 60 元/吨,载客汽车车船税年税额 360 元/辆。)

要求:根据上述资料,回答下列问题。

(1)业务(1)A 办公楼当年应缴纳房产税( )元。
A. 30 800　　　　　　B. 42 000　　　　　　C. 44 800　　　　　　D. 50 400

(2)业务(2)B 仓库当年应缴纳房产税( )元。
A. 16 800　　　　　　B. 17 000　　　　　　C. 19 800　　　　　　D. 28 800

(3)计算当年甲企业 C 仓库应缴纳的房产税是( )元。
A. 7 840　　　　　　B. 5 880　　　　　　C. 6 300　　　　　　D. 8 400

(4)计算当年甲企业合计应缴纳的车船税是( )元。
A. 20 400　　　　　　B. 19 590　　　　　　C. 20 220　　　　　　D. 20 580

考点五 征收管理

(单选题)下列各项中,符合车船税有关征收管理规定的是( )。

A. 车船税按年申报,分月计算,一次性缴纳
B. 车船税纳税义务发生时间为取得车船所有权或管理权的次月
C. 节约能源、使用新能源的车船一律减半征收车船税
D. 临时入境的外国车船属于车船税的征税范围,需要缴纳车船税

参考答案及解析

考点一 概述

D 【解析】我国对车船课税历史悠久,早在公元前 129 年(汉武帝元光六年),我国就开征了算商税。

考点二 征税范围、纳税人和适用税额

1. A 【解析】选项B、C，拖船、非机动驳船分别按照机动船舶税额的50%计算。选项D，没有此项优惠。

2. C 【解析】选项A，摩托车按照"每辆"为计税单位。选项B，游艇按照"艇身长度每米"为计税单位。选项D，商用货车按照"整备质量每吨"为计税单位。

3. AD 【解析】选项B、C，境内单位和个人租入外国籍船舶的，不征收车船税。选项E，经批准临时入境的外国车船，不征收车船税。

考点三 减免税优惠

1. A 【解析】选项A，挂车按照货车税额的50%计算缴纳车船税。选项B、C、D，免征车船税。

2. ABE 【解析】选项C，按规定应缴纳车船税。选项D，排量在1.6升以下符合标准的燃料乘用车，减半征收车船税。

3. BE 【解析】省、自治区、直辖市人民政府根据当地实际情况，可以对公共交通车船，农村居民拥有并主要在农村地区使用的摩托车、三轮汽车和低速载货汽车定期减征或者免征车船税。

4. CD 【解析】选项A，医院救护车没有免征优惠。选项B，境内单位租入外国籍船舶的，不征收车船税。选项E，对新能源的商用车船免征车船税，但纯电动乘用车和燃料电池乘用车不属于车船税征税范围，谈不上免征的问题。

考点四 应纳税额的计算与代收代缴

1. B 【解析】纯电动乘用车不属于车船税征税范围，不征收车船税；节能汽车减半征收车船税；拖船、非机动驳船按照发动机功率每1千瓦折合净吨位0.67吨计算征收车船税，并按照机动船舶税额的50%计算。该公司应缴纳的车船税 = 4×360×50% + 2 000×0.67×4×4×50% = 11 440(元)。

2. A 【解析】已经缴纳车船税的车船，因质量原因，车船被退回生产企业或者经销商的，纳税人可以向纳税所在地的主管税务机关申请退还自退货月份起至该纳税年度终了期间的税款。退货月份以退货发票所载日期的当月为准。车船税退税额 = 3×1 200÷12×7 = 2 100(元)。

3. (1) C 【解析】A办公楼当年应缴纳房产税 = [500×(1-30%)×1.2%÷12×8 + (500+100)×(1-30%)×1.2%÷12×4]×10 000 = 44 800(元)。

   (2) C 【解析】B仓库当年应缴纳房产税 = [200×(1-30%)×1.2%÷12×9 + 3×2×12%]×10 000 = 19 800(元)。

   (3) D 【解析】融资租赁的房产，由承租人自融资租赁合同约定开始日的次月起依照房产余值缴纳房产税。合同未约定开始日的，由承租人自合同签订的次月起依照房产余值缴纳房产税。甲企业应缴纳的房产税 = 300×(1-30%)×1.2%×4÷12×10 000 = 8 400(元)。

（4）B 【解析】插电式混合动力汽车免车船税。车船税纳税义务发生时间为取得车船所有权或者管理权的当月。甲企业应缴纳的车船税=10×30×60+2×360+4×5×60×50%+9×2×60×3÷12=19 590(元)。

考点五 征收管理

A 【解析】选项B，车船税纳税义务发生时间为取得车船所有权或管理权的当月。选项C，节约能源、使用新能源的车船可以免征或者减半征收车船税。选项D，临时入境的外国车船和香港特别行政区、澳门特别行政区、台湾地区的车船，不征收车船税。

亲爱的读者，你已完成本章5个考点的学习，本书知识点的学习进度已达73%。

第七章 契 税

重要程度：非重点章节　　分值：5分左右

考试风向

▮▰▰▰ 考情速递

本章以往年份考查题型主要为文字性选择题，考频较高的考点包括征税范围、减免税优惠、计税依据和应纳税额的计算。

▮▰▰▰ 2025年考试变化

调整　住房交易契税政策。

▮▰▰▰ 脉络梳理

```
                ┌─ 概述 ★
                │
                ├─ 征税范围、纳税人和税率 ★★
第七章           │
  契　税 ────────┼─ 减免税优惠 ★★★
                │
                ├─ 计税依据和应纳税额的计算 ★★
                │
                └─ 征收管理 ★
```

考点详解及精选例题

考点一　概述 ★

（1）契税是以权属发生转移的不动产为征税对象，向产权承受人征收的一种<u>财产税</u>。

（2）契税是一个古老的税种，最早起源于东晋的"估税"，至今已有1 700多年的历史。中华人民共和国成立以后，政务院于1950年颁布了《契税暂行条例》。

（3）契税的特点：

a. 属于财产转移税。

契税以权属发生转移的不动产，即土地和房屋为征税对象，具有财产转移课税性质。不在土地、房屋的保有环节征收。

b. 由财产承受人缴纳。

一般税种都确定销售者为纳税人，即卖方纳税。契税则属于土地、房屋产权发生交易过程中的财产税，由承受人纳税，即买方纳税。是一种直接税，税负较难转移。

考点二 征税范围、纳税人和税率 ★★ 一学多考│注

（一）征税范围

契税的征税对象为发生房屋所有权、土地使用权权属转移的土地、房屋。

1. 土地使用权出让

国家或集体以土地所有者的身份将土地使用权在一定年限内让渡给土地使用者，并由土地使用者向国家或集体支付土地使用权出让金的行为。可以使用拍卖、招标、双方协议的方式。

2. 土地使用权转让

土地使用权转让是指土地使用者将土地使用权再转移的行为。

（1）包括出售、互换、赠与的方式。

（2）不包括土地承包经营权和土地经营权的转移。

3. 房屋买卖、赠与、互换

（1）房屋买卖：房屋买受人按规定缴纳契税。

房屋买卖是指出卖人转移房屋所有权于买受人，买受人支付价款的行为。

（2）房屋赠与：房屋受赠人缴纳契税。

提示 获奖方式取得房屋产权的，照章缴纳契税。

（3）房屋互换：包括房屋使用权互换和房屋所有权互换。

提示 房屋产权相互交换，双方交换价值相等，免纳契税，办理免征契税手续。其价值不相等的，按超出部分由支付差价方缴纳契税。

4. 承受方应当依法缴纳契税的情形

下列情形发生土地、房屋权属转移的，承受方应当依法缴纳契税。

（1）因共有不动产份额变化的。

（2）因共有人增加或者减少的。

（3）因人民法院、仲裁委员会的生效法律文书或者监察机关出具的监察文书等因素，发生土地、房屋权属转移的。

学习时紧紧结合"权属转移"这个最美关键词！

(4)以作价投资(入股)、偿还债务、划转、奖励等方式转移土地、房屋权属的,应当依照规定征收契税。

(二)纳税人

在中国境内转移土地、房屋权属,承受的单位和个人为契税的纳税人。

> "承受"是最美关键词,牢记、理解、会用。

(三)税率

(1)契税实行幅度比例税率,税率为3%~5%。

提示

(1)契税的具体适用税率,由省、自治区、直辖市人民政府在规定的税率幅度内提出,报同级人民代表大会常务委员会决定,并报全国人民代表大会常务委员会和国务院备案。

(2)省、自治区、直辖市可以依照规定对不同主体、不同地区、不同类型的住房的权属转移确定差别税率。

(2)需要记忆税率总结。

个人购买住房需要记忆税率总结,见表7-1。**调整**

表7-1 个人购买住房需要记忆税率总结

住房面积 (平方米)	房屋性质		
	家庭唯一	第二套改善	改造安置
≤140(改造安置90)	1%		
>140(改造安置90)	1.5%	2%	减半

a.经济适用住房:法定税率基础上减半征收。
b.保障性住房:减按1%的税率征收

考点三 减免税优惠 ★★★ 一学多考|注

(一)减免税基本优惠

1. 免征契税的情形

(1)国家机关、事业单位、社会团体、军事单位承受土地、房屋权属用于办公、教学、医疗、科研、军事设施。

(2)非营利性的学校、医疗机构、社会福利机构承受土地、房屋权属用于办公、教学、医疗、科研、养老、救助。

提示

(1)享受契税免税优惠的非营利性的学校、医疗机构、社会福利机构,限于上述三类单位中依法登记为事业单位、社会团体、基金会、社会服务机构等的非营利法人和非营利组织。其中：

a. 学校的具体范围为经县级以上人民政府或者其教育行政部门批准成立的大学、中学、小学、幼儿园，实施学历教育的职业教育学校、特殊教育学校、专门学校，以及经省级人民政府或者其人力资源和社会保障行政部门批准成立的技工院校。

b. 医疗机构的具体范围为经县级以上人民政府卫生健康行政部门批准或者备案设立的医疗机构。

c. 社会福利机构的具体范围为依法登记的养老服务机构、残疾人服务机构、儿童福利机构、救助管理机构、未成年人救助保护机构。

（2）享受上述免税优惠的土地、房屋用途具体规定如下：

a. 用于办公的，限于办公室（楼）以及其他直接用于办公的土地、房屋。

b. 用于教学的，限于教室（教学楼）以及其他直接用于教学的土地、房屋。

c. 用于医疗的，限于门诊部以及其他直接用于医疗的土地、房屋。

d. 用于科研的，限于科学试验的场所以及其他直接用于科研的土地、房屋。

e. 用于军事设施的，限于直接用于《中华人民共和国军事设施保护法》规定的军事设施的土地、房屋。

f. 用于养老的，限于直接用于为老年人提供养护、康复、托管等服务的土地、房屋。

g. 用于救助的，限于直接为残疾人、未成年人、生活无着落的流浪乞讨人员提供养护、康复、托管等服务的土地、房屋。

（3）承受荒山、荒地、荒滩土地使用权用于农、林、牧、渔业生产。

（4）婚姻关系存续期间夫妻之间变更土地、房屋权属。

提示 夫妻因离婚分割共同财产发生土地、房屋权属变更的，免征契税。

（5）法定继承人通过继承承受土地、房屋权属。

（6）依照法律规定应当予以免税的外国驻华使馆、领事馆和国际组织驻华代表机构承受土地、房屋权属。

2. 省、自治区、直辖市可以决定对下列情形免征或者减征契税

（1）因土地、房屋被县级以上人民政府征收、征用，重新承受土地、房屋权属。

（2）因不可抗力灭失住房，重新承受住房权属。

上述免征或者减征契税的具体办法，由省、自治区、直辖市人民政府提出，报同级人民代表大会常务委员会决定，并报全国人民代表大会常务委员会和国务院备案。

(二) 减免税其他优惠

(1) 对金融租赁公司开展售后回租业务，承受承租人房屋、土地权属的，照章征税。对售后回租合同期满，承租人回购原房屋、土地权属的，免征契税。

(2) 单位、个人以房屋、土地以外的资产增资，相应扩大其在被投资公司的股权持有比例，无论被投资公司是否变更市场主体登记，其房屋、土地权属不发生转移，不征收契税。

(3) 个体工商户的经营者将其个人名下的房屋、土地权属转移至个体工商户名下，或个体工商户将其名下的房屋、土地权属转回原经营者个人名下，免征契税。

(4) 合伙企业的合伙人将其名下的房屋、土地权属转移至合伙企业名下，或合伙企业将其名下的房屋、土地权属转回原合伙人名下，免征契税。

(5) 城镇职工按规定第一次购买公有住房的，免征契税。

(6) 公租房经营管理单位购买住房作为公租房的，免征契税。

(7) 棚户区改造。

a. 对经营管理单位回购已分配的改造安置住房继续作为改造安置房源的，免征契税。

b. 个人因房屋被征收而取得货币补偿并用于购买改造安置住房，或因房屋被征收而进行房屋产权调换并取得改造安置住房，按有关规定减免契税。

(8) 对易地扶贫搬迁贫困人口按规定取得的安置住房，免征契税。

(9) 对进行股份合作制改革后的农村集体经济组织承受原集体经济组织的土地、房屋权属，免征契税。

对农村集体经济组织以及代行集体经济组织职能的村民委员会、村民小组进行清产核资收回集体资产而承受土地、房屋权属，免征契税。

(10) 对农村饮水安全工程运营管理单位为建设饮水工程而承受土地使用权，免征契税。

提示 对于既向城镇居民供水，又向农村居民供水的饮水工程运营管理单位，依据向农村居民供水量占总供水量的比例免征契税。无法提供具体比例或所提供数据不实的，不得享受优惠政策。

(11) 为社区提供养老、托育、家政等服务的机构，承受房屋、土地用于提供社区养老、托育、家政服务的，免征契税。

(12) 对被撤销的金融机构在清算过程中催收债权时，接收债务方土地使用权、房屋所有权所发生的权属转移免征契税。

(13) 对东方资产管理公司接收港澳国际（集团）有限公司的房地产以抵偿债务的，免征东方资产管理公司承受房屋所有权、土地使用权应缴纳的契税。

(14) 自 2023 年 8 月 1 日至 2027 年 12 月 31 日，对银行业金融机构、金融资产管理公司接收抵债资产免征契税。

(15)自 2023 年 10 月 1 日起，对保障性住房经营管理单位回购保障性住房继续作为保障性住房房源的，免征契税。对个人购买保障性住房，减按 1% 的税率征收契税。

(三)企业、事业单位改制重组有关契税政策

(1)企业改制。

企业按照有关规定整体改制，原企业投资主体存续并在改制(变更)后的公司中所持股权(股份)比例超过 75%，且改制(变更)后公司承继原企业权利、义务的，对改制(变更)后公司承受原企业土地、房屋权属，免征契税。

提示

(1)整体改制，包括非公司制企业改制为有限责任公司或股份有限公司，有限责任公司变更为股份有限公司，股份有限公司变更为有限责任公司。

(2)所称投资主体存续，企业改制重组的，是指原改制重组企业的出资人必须存在于改制重组后的企业；事业单位改制的，是指履行国有资产出资人职责的单位必须存在于改制后的企业。出资人的出资比例可以发生变动。

(2)事业单位改制。

事业单位按照国家有关规定改制为企业，原投资主体存续并在改制后企业中出资(股权、股份)比例超过 50% 的，对改制后企业承受原事业单位土地、房屋权属，免征契税。

(3)公司合并。

两个或两个以上的公司，依照法律规定、合同约定，合并为一个公司，且原投资主体存续的，对合并后公司承受原合并各方土地、房屋权属，免征契税。

(4)公司分立。

公司依照法律规定、合同约定分立为两个或两个以上与原公司投资主体相同的公司，对分立后公司承受原公司土地、房屋权属，免征契税。

提示 投资主体相同，是指公司分立前后出资人不发生变动，出资人的出资比例可以发生变动。

(5)企业破产。

a. 债权人(包括破产企业职工)承受破产企业抵偿债务的土地、房屋权属，免征契税。

b. 对非债权人承受破产企业土地、房屋权属，凡按照国家有关法律法规政策妥善安置原企业全部职工规定，与原企业全部职工签订服务年限不少于 3 年的劳动用工合同的，对其承受所购企业土地、房屋权属，免征契税；与原企业超过 30% 的职工签订服务年限不少于 3 年的劳动用工合同的，减半征收契税。(100%+3 年=0；30%+3 年=50%)

(6)资产划转。

a. 对承受县级以上人民政府或国有资产管理部门按规定进行行政性调整、划转国有土地、房屋权属的单位，免征契税。

b. 同一投资主体内部所属企业之间土地、房屋权属的划转，包括母公司与其全资子公司之间，同一公司所属全资子公司之间，同一自然人与其设立的个人独资企业、一人有限公司之间土地、房屋权属的划转，免征契税。

c. 母公司以土地、房屋权属向其全资子公司增资，视同划转，免征契税。

【记忆小贴士】主体存续(1)(2)(3)、主体相同(4)、同一主体(6)。

(7)债权转股权。经国务院批准实施债权转股权的企业，对债权转股权后新设立的公司承受原企业的土地、房屋权属，免征契税。(债转股)

(8)划拨用地出让或作价出资。以出让方式或国家作价出资(入股)方式承受原改制重组企业、事业单位划拨用地的，不属于规定的免税范围，对承受方应按规定征收契税。(单独记)

(9)公司股权(股份)转让。在股权(股份)转让中，单位、个人承受公司股权(股份)，公司土地、房屋权属不发生转移，不征收契税。(无权属转移)

● **得分高手**（2022—2023 年单选、多选）

契税的减免税优惠属于高频考点，通常以教材为主考查文字性选择题。企、事业单位改制重组这部分内容的记忆点比较多，可以结合老师列明的关键词总结记忆。

【例题1·单选题】(2023年)单位或个人的下列经济行为，免征契税的是(   )。

A. 国有企业承受国有资产管理部门划转的国有房屋权属
B. 因共有人减少导致承受方增加房屋权属
C. 个人承受经济适用住房房屋权属
D. 金融租赁公司在售后回租业务中承受承租人房屋权属

解析 选项B，承受方应依法缴纳契税。选项C，对个人购买经济适用住房，在法定税率基础上减半征收契税。选项D，对金融租赁公司开展售后回租业务，承受承租人房屋、土地权属的，照章征收契税。

考点四 计税依据和应纳税额的计算 ★★ 一学多考|注

(一)计税依据

1. 基本规定

(1)契税的计税依据不包括增值税。

(2)土地使用权出让、出售，房屋买卖：土地、房屋权属转移合同确定

答案
例题1丨A

的成交价格。

（3）土地使用权互换、房屋互换：互换价格相等的，互换双方计税依据为零；互换价格不相等的，以其差额为计税依据，由支付差额的一方缴纳契税。

（4）土地使用权赠与、房屋赠与以及其他没有价格的转移土地、房屋权属行为：税务机关参照土地使用权出售、房屋买卖的市场价格依法核定的价格。

纳税人申报的成交价格、互换价格差额明显偏低且无正当理由的，由税务机关依照《税收征管法》的规定核定。

2．具体规定

（1）以划拨方式取得的土地使用权，经批准改为出让方式重新取得该土地使用权的，应由该土地使用权人以补缴的土地出让价款为计税依据缴纳契税。

（2）先以划拨方式取得土地使用权，后经批准转让房地产，划拨土地性质改为出让的，承受方应分别以补缴的土地出让价款和房地产权属转移合同确定的成交价格为计税依据缴纳契税。

（3）先以划拨方式取得土地使用权，后经批准转让房地产，划拨土地性质未发生改变的，承受方应以房地产权属转移合同确定的成交价格为计税依据缴纳契税。

（4）土地使用权及所附建筑物、构筑物等（包括在建的房屋、其他建筑物、构筑物和其他附着物）转让的，计税依据为承受方应交付的总价款。

（5）土地使用权出让的，计税依据包括土地出让金、土地补偿费、安置补助费、地上附着物和青苗补偿费、征收补偿费、城市基础设施配套费、实物配建房屋等应交付的货币以及实物、其他经济利益对应的价款。

提示 对承受国有土地使用权应支付的土地出让金，应计征契税。不得因减免土地出让金而减免契税。

（6）房屋附属设施（包括停车位、机动车库、非机动车库、顶层阁楼、储藏室及其他房屋附属设施）与房屋为同一不动产单元的，计税依据为承受方应交付的总价款，并适用与房屋相同的税率；房屋附属设施与房屋为不同不动产单元的，计税依据为转移合同确定的成交价格，并按当地确定的适用税率计税。

（7）承受已装修房屋的，应将包括装修费用在内的费用计入承受方应交付的总价款。

【例题2·单选题】（2024年）甲企业以划拨方式取得土地使用权，建设办公楼后经批准转让给乙企业，划拨土地性质改为出让，下列缴纳契税的说法，正确的是（　　）。

A．乙企业应以房地产权属转移合同确定的成交价格为计税依据缴纳契税

B. 乙企业应分别以补缴的土地出让价款和房地产权属转移合同确定的成交价格为计税依据缴纳契税

C. 甲企业应以房地产权属转移合同确定的成交价格为计税依据缴纳契税

D. 甲企业应分别以补缴的土地出让价款和房地产权属转移合同确定的成交价格为计税依据缴纳契税

解析 先以划拨方式取得土地使用权，后经批准转让房地产，划拨土地性质改为出让的，承受方应分别以补缴的土地出让价款和房地产权属转移合同确定的成交价格为计税依据缴纳契税。

(二) 应纳税额的计算

应纳税额 = 计税依据(不含增值税) × 税率

【例题 3·单选题】（2023 年）某房地产开发企业以招标方式取得一宗土地使用权，支付土地出让金 12 000 万元，土地补偿费 500 万元，征收补偿费 300 万元，收到财政返还土地出让金 2 000 万元，契税税率 4%，应缴纳的契税为（　　）万元。

A. 512　　　　B. 400　　　　C. 432　　　　D. 500

解析 土地使用权出让的，计税依据包括土地出让金、土地补偿费、安置补助费、地上附着物和青苗补偿费、征收补偿费、城市基础设施配套费、实物配建房屋等应交付的货币以及实物、其他经济利益对应的价款。不得因减免土地出让金，而减免契税。应缴纳的契税 = (12 000 + 500 + 300) × 4% = 512(万元)。

考点五 征收管理 ★ 一学多考|注

(一) 纳税义务发生时间

(1) 契税的纳税义务发生时间，为纳税人签订土地、房屋权属转移合同的当日，或者纳税人取得其他具有土地、房屋权属转移合同性质凭证的当日。

提示 具有土地、房屋权属转移合同性质的凭证包括契约、协议、合约、单据、确认书以及其他凭证。

(2) 关于纳税义务发生时间的具体情形。

a. 因人民法院、仲裁委员会的生效法律文书或者监察机关出具的监察文书等发生土地、房屋权属转移的，纳税义务发生时间为法律文书等生效当日。

b. 因改变土地、房屋用途等情形应当缴纳已经减征、免征契税的，纳税义务发生时间为改变有关土地、房屋用途等情形的当日。

c. 因改变土地性质、容积率等土地使用条件需补缴土地出让价款，应当缴纳契税，纳税义务发生时间为改变土地使用条件当日。

发生上述情形，按规定不再需要办理土地、房屋权属登记的，纳税人应自纳税义务发生之日起 90 日内申报缴纳契税。

答案
例题 2 | B
例题 3 | A

(二)纳税期限

纳税人应当在依法办理土地、房屋权属登记手续前申报缴纳契税。
纳税人符合减征或者免征契税规定的,应当按照规定进行申报。

(三)纳税地点

契税由土地、房屋所在地的税务机关征收。

(四)纳税申报

契税纳税人依法纳税申报时,应填报《财产和行为税税源明细表》(《契税税源明细表》部分),并根据具体情形提交下列资料:

(1)纳税人身份证件。
(2)土地、房屋权属转移合同或其他具有土地、房屋权属转移合同性质的凭证。
(3)交付经济利益方式转移土地、房屋权属的,提交土地、房屋权属转移相关价款支付凭证,其中,土地使用权出让为财政票据,土地使用权出售、互换和房屋买卖、互换为增值税发票。
(4)因人民法院、仲裁委员会的生效法律文书或者监察机关出具的监察文书等因素发生土地、房屋权属转移的,提交生效法律文书或监察文书等。

符合减免税条件的,应按规定附送有关资料或将资料留存备查。

(五)契税退还

纳税人缴纳契税后发生下列情形,可依照有关法律法规申请退税:

a. 在依法办理土地、房屋权属登记前,权属转移合同或合同性质凭证不生效、无效、被撤销或者被解除的。
b. 因人民法院判决或者仲裁委员会裁决导致土地、房屋权属转移行为无效、被撤销或者被解除,且土地、房屋权属变更至原权利人的。
c. 在出让土地使用权交付时,因容积率调整或实际交付面积小于合同约定面积需退还土地出让价款的。
d. 在新建商品房交付时,因实际交付面积小于合同约定面积需返还房价款的。

(六)其他管理规定

(1)根据人民法院、仲裁委员会的生效法律文书发生土地、房屋权属转移,纳税人不能取得销售不动产发票的,可持人民法院执行裁定书原件及相关材料办理契税纳税申报,税务机关应予受理。

（2）购买新建商品房的纳税人在办理契税纳税申报时，由于销售新建商品房的房地产开发企业已办理注销税务登记或者被税务机关列为非正常户等原因，致使纳税人不能取得销售不动产发票的，税务机关在核实有关情况后应予受理。

同步训练

考点一 概述

（单选题）下列关于契税的表述中，错误的是(　　)。

A. 契税以权属发生转移的不动产为征税对象

B. 契税具有财产转移税的性质

C. 契税在土地、房屋的保有环节征收

D. 契税最早起源于东晋的"估税"

考点二 征税范围、纳税人和税率

1. （单选题）单位和个人发生下列行为，应该缴纳契税的是(　　)。

   A. 转让土地使用权
   B. 承受不动产所有权
   C. 赠与不动产所有权
   D. 转让不动产所有权

2. （多选题）下列取得土地、房屋权属的情形，应缴纳契税的有(　　)。

   A. 受让土地经营权
   B. 竞得土地使用权
   C. 受让土地承包经营权
   D. 承受偿还债务方式转移房屋
   E. 取得任职单位年终奖励房屋

3. （多选题）下列各项应征收契税的有(　　)。

   A. 以获奖方式取得房屋产权
   B. 以抵偿债务形式取得房屋产权
   C. 个人购买家庭唯一住房的普通住房
   D. 合伙企业的合伙人将其名下的房屋转移至合伙企业名下
   E. 以拍卖方式取得国有土地使用权

考点三 减免税优惠

1. （单选题）下列关于契税减免税优惠的说法中，正确的是(　　)。

   A. 外国驻华使馆、领事馆和国际组织驻华代表机构承受土地、房屋权属，免征契税
   B. 国家机关承受房屋权属，免征契税
   C. 单位承受荒滩用于仓储设施开发的，免征契税
   D. 军事单位承受土地、房屋对外经营的，免征契税

2. (单选题)企业按照有关规定整体改制,原企业投资主体存续并在改制(变更)后的公司中所持股权(股份)超过一定比例,且改制(变更)后公司承继原企业权利、义务的,对改制(变更)后公司承受原企业土地、房屋权属,免征契税。该比例为(　　)。
   A. 25%　　　　　　B. 50%　　　　　　C. 75%　　　　　　D. 85%

3. (单选题)下列行为中,应当缴纳契税的是(　　)。
   A. 个体工商户的经营者将其个人名下的房屋转移至个体工商户名下
   B. 企业将自有房产与另一企业的房产等价交换
   C. 公租房经营管理单位购买住房作为公租房
   D. 企业以自有房产投资于另一企业并取得相应的股权

4. (多选题)下列情形中,免征契税的有(　　)。
   A. 军事单位承受土地、房屋用于军事设施
   B. 企业承受土地、房屋用于办公
   C. 婚姻关系存续期间夫妻之间变更土地、房屋权属
   D. 事业单位按照国家有关规定改制为企业,原投资主体存续并在改制后企业中出资比例超过50%的,改制后企业承受原事业单位土地、房屋权属
   E. 国家机关承受土地、房屋用于办公

考点四 计税依据和应纳税额的计算

1. (单选题)下列关于契税计税依据的说法中,表述错误的是(　　)。
   A. 房屋互换的,以互换房屋价格的差额为计税依据
   B. 房屋买卖的,计税依据为房屋买卖合同的总价款,但不包括装修费用
   C. 契税的计税依据不包含增值税
   D. 房屋附属设施与房屋为同一不动产单元的,以应交付的总价款为计税依据

2. (单选题)某房地产开发公司以协议方式受让一宗国有土地使用权,支付土地出让金8 500万元、土地补偿费3 000万元、安置补助费2 000万元、市政配套设施费1 800万元,假定当地适用的契税税率为4%,该房地产开发公司取得该宗土地使用权应缴纳契税(　　)万元。
   A. 340　　　　　　B. 460　　　　　　C. 540　　　　　　D. 612

考点五 征收管理

1. (单选题)下列说法中,符合契税纳税义务发生时间规定的是(　　)。
   A. 纳税人接收土地、房屋的当天
   B. 纳税人支付土地、房屋款项的当天
   C. 纳税人办理土地、房屋权属证书的当天
   D. 纳税人签订土地、房屋权属转移合同的当天

2. (多选题)下列关于契税征收管理的说法中,正确的有(　　)。
   A. 纳税人缴纳契税后因新建商品房实际交付面积小于合同约定面积需要退还房价款的,可以依照有关规定申请退税
   B. 需在土地、房屋所在地缴纳契税

C. 因人民法院文书生效发生土地、房屋权属转移的，纳税义务发生时间为法律文书生效当日

D. 因房地产开发企业被税务机关列为非正常户，购买新建商品房的纳税人不能取得销售不动产发票的，将无法办理契税纳税申报

E. 契税应当在依法办理土地、房屋权属登记手续前申报缴纳

参考答案及解析

考点一 概述

C 【解析】选项C，契税具有财产转移税的性质，不在土地、房屋的保有环节征收。

考点二 征税范围、纳税人和税率

1. B 【解析】契税是以权属发生转移的不动产为征税对象，向产权承受人征收的一种财产税。

2. BDE 【解析】选项A、C，土地使用权转让不包括土地承包经营权和土地经营权的转移。

3. ABCE 【解析】选项D，合伙企业的合伙人将其名下的房屋、土地权属转移至合伙企业名下，或合伙企业将其名下的房屋、土地权属转回原合伙人名下，免征契税。

考点三 减免税优惠

1. A 【解析】选项B，国家机关、事业单位、社会团体、军事单位承受土地、房屋权属用于办公、教学、医疗、科研、军事设施的，免征契税。选项C，承受荒山、荒地、荒滩土地使用权用于农、林、牧、渔业生产的，免征契税。选项D，军事单位承受土地、房屋对外经营的，照章征税。

2. C 【解析】企业按照有关规定整体改制，原企业投资主体存续并在改制(变更)后的公司中所持股权(股份)比例超过75%，且改制(变更)后公司承继原企业权利、义务的，对改制(变更)后公司承受原企业土地、房屋权属，免征契税。

3. D 【解析】选项A，个体工商户的经营者将其个人名下的房屋、土地权属转移至个体工商户名下，或个体工商户将其名下的房屋、土地权属转回原经营者个人名下，免征契税。选项B，等价交换房屋、土地权属的，免征契税。选项C，公租房经营管理单位购买住房作为公租房的，免征契税。

4. ACDE 【解析】选项B，应当征收契税。

考点四 计税依据和应纳税额的计算

1. B 【解析】选项B，房屋买卖的契税计税价格为房屋买卖合同的总价款，买卖装修的房屋，装修费用应包括在内。

2. D 【解析】以协议方式出让的，其契税计税价格为成交价格。成交价格包括土地出让金、土地补偿费、安置补助费、地上附着物和青苗补偿费、征收补偿费、城市基础设施配套费、实物配建房屋等应交付的货币以及实物、其他经济利益对应的价款。应缴纳契税=(8 500+3 000+2 000+1 800)×4%=612(万元)。

考点五 征收管理

1. D 【解析】契税的纳税义务发生时间是纳税人签订土地、房屋权属转移合同的当天,或者纳税人取得其他具有土地、房屋权属转移合同性质凭证的当天。
2. ABCE 【解析】选项D,购买新建商品房的纳税人在办理契税纳税申报时,由于销售新建商品房的房地产开发企业已办理注销税务登记或者被税务机关列为非正常户等原因,致使纳税人不能取得销售不动产发票的,税务机关在核实有关情况后应予受理。

亲爱的读者,你已完成本章5个考点的学习,本书知识点的学习进度已达80%。

第八章　城镇土地使用税

重要程度：非重点章节　　分值：5分左右

考试风向

▰ 考情速递

本章历年考试题型包括客观题和计算题，考频较高的考点包括减免税优惠和应纳税额的计算。

▰ 2025年考试变化

新增：安置残疾人就业单位用地相关城镇土地使用税优惠。
调整：计税依据中实际占用的土地面积的具体确定。

▰ 脉络梳理

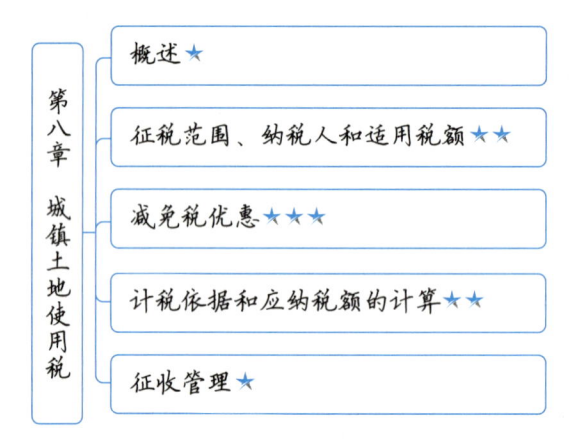

```
                  ┌─ 概述 ★
                  │
                  ├─ 征税范围、纳税人和适用税额 ★★
第八章            │
城镇土地使用税 ───┼─ 减免税优惠 ★★★
                  │
                  ├─ 计税依据和应纳税额的计算 ★★
                  │
                  └─ 征收管理 ★
```

考点详解及精选例题

考点一　概述 ★

1. 概念

以开征范围内的土地为征税对象，以 实际占用的土地面积 为计税依据，按规定税额对拥有土地使用权的单位和个人征收的一种税。

2. 特点

(1) 征税范围有所限定。

(2) 实行差别幅度税额。

考点二 征税范围、纳税人和适用税额 ★★ 一学多考|注

(一) 征税范围

城市、县城、建制镇、工矿区内,其中城市的征收范围为市区和郊区。

(二) 纳税人

城市、县城、建制镇、工矿区范围内使用土地的单位和个人。

(1) 由拥有土地使用权的单位或个人缴纳。

(2) 拥有土地使用权的纳税人不在土地所在地的,由代管人或实际使用人纳税。

(3) 土地使用权未确定或权属纠纷未解决的,由实际使用人纳税。

(4) 土地使用权共有的,由共有各方分别纳税。

(三) 适用税额

城镇土地使用税按大、中、小城市规模实行分级幅度税额。

大、中、小城市以城区常住人口为标准:城区常住人口100万以上500万以下的城市为大城市;城区常住人口50万以上100万以下的城市为中等城市;城区常住人口50万以下的城市为小城市。

提示

(1) 省、自治区、直辖市人民政府,应当在规定的税额幅度内,根据市政建设状况、经济繁荣程度等条件,确定所辖地区的适用税额幅度。

市、县人民政府应当根据实际情况,将本地区土地划分为若干等级,在省、自治区、直辖市人民政府确定的税额幅度内,制定相应的适用税额标准,报省、自治区、直辖市人民政府批准执行。

(2) 经省、自治区、直辖市人民政府批准,经济落后地区城镇土地使用税的适用税额标准可以适当降低,但降低额不得超过规定最低税额的30%。

(3) 经济发达地区城镇土地使用税的适用税额标准可以适当提高,但须报经财政部批准。

注意上述"提示"中(1)和(2)谁确定"税额幅度",谁制定"税额标准"。

考点三 减免税优惠 ★★★ 一学多考|注

(一) 减免税基本优惠

下列土地免征城镇土地使用税:

(1)国家机关、人民团体、军队自用的土地。

a. 人民团体,是指经国务院授权的政府部门批准设立或登记备案,并由国家拨付行政事业费的各种社会团体。

b. 国家机关、人民团体、军队自用的土地,是指这些单位本身的办公用地和公务用地。

(2)由国家财政部门拨付事业经费的单位自用的土地。

a. 由国家财政部门拨付事业经费的单位,是指由国家财政部门拨付经费、实行全额预算管理和差额预算管理的事业单位,不包括实行自收自支、自负盈亏的事业单位。

b. 事业单位自用的土地,是指这些单位本身的业务用地。

(3)宗教寺庙、公园、名胜古迹自用的土地(同房产税)。

提示 宗教寺庙自用的土地,是指举行宗教仪式等的用地和寺庙内的宗教人员生活用地。

公园、名胜古迹自用的土地,是指供公共参观游览的用地及其管理单位的办公用地。

(4)市政街道、广场、绿化地带等公共用地。

非社会性的公共用地不能免税,如企业内部绿化、广场、道路用地。

(5)直接用于农、林、牧、渔业的生产用地。

指直接从事种植、养殖、饲养的专业用地。农副产品加工厂占地和从事农、林、牧、渔业生产单位的生活、办公用地不包括在内。

(6)开山填海整治的土地和改造的废弃土地。

a. 经批准开山填海整治的土地和改造的废弃土地,从使用的月份起免缴城镇土地使用税 5 年至 10 年。

b. 开山填海整治的土地是指纳税人经有关部门批准后自行填海整治的土地,不包括纳税人通过出让、转让、划拨等方式取得的已填海整治的土地。

(7)由财政部另行规定免税的能源、交通、水利用地和其他用地。

(二)减免税其他优惠

1. 其他减免税一般规定

其他减免税一般规定,见表 8-1。

表 8-1 其他减免税一般规定

情形	征收	减免
免税单位与纳税单位之间无偿使用土地	纳税单位无偿使用免税单位土地	免税单位无偿使用纳税单位土地,免征城镇土地使用税

(续表)

情形	征收	减免
各类危险品仓库、厂房所需的危险品防火、爆、毒等安全防范用地	仓库库区、厂房本身用地	安全防范用地由各省、自治区、直辖市税务局确定,暂免征收城镇土地使用税
企业铁路专用线、公路等用地	企业厂区(包括生产、办公及生活区)以内的	厂区外、与社会公用地段未加隔离的,暂免征收城镇土地使用税
企业绿化用地	企业厂区(包括生产、办公及生活区)以内的	厂区外公共绿化用地和向社会开放的公园用地,暂免征收城镇土地使用税
盐场、盐矿用地	生产厂房、办公、生活区用地	(1)盐滩、盐矿矿井用地,暂免征收城镇土地使用税。 (2)其他用地,由各省、自治区、直辖市税务局确定征收或减免税
矿山企业用地	其他生产用地及办公、生活区用地	(1)采矿场、排土场、尾矿库、炸药库的安全区,采区运矿及运岩公路、尾矿输送管道及回水系统用地,免征城镇土地使用税。 (2)采掘地下矿造成的塌陷地,在未利用之前,暂免征收城镇土地使用税
电力行业用地 火电厂用地	厂区围墙内用地	厂区围墙外:灰场、输灰管、输油(气)管道、铁路专用线用地免征城镇土地使用税,其他用地照章征税
电力行业用地 水电站用地	发电厂房用地,生产、办公、生活用地	其他用地免征城镇土地使用税
电力行业用地	供电部门输电线路用地、变电站用地,免征城镇土地使用税	
水利设施用地	其他用地,如生产、办公、生活用地	水利设施及其管护用地(如水库库区、大坝、堤防、灌渠、泵站等用地),免征城镇土地使用税
核电站用地	核岛、常规岛、辅助厂房和通信设施用地(不包括地下线路用地),生活、办公用地	其他免征城镇土地使用税;核电站应税土地在基建期内减半征收城镇土地使用税

（续表）

情形	征收	减免
核工业总公司所属企业用地	生产核系列产品的厂矿中，生活区、办公区用地依照规定征收城镇土地使用税	其他用地，暂免征收城镇土地使用税
交通部门港口用地	港口的其他用地	港口码头（即泊位，包括岸边码头、伸入水中的浮码头、堤岸、堤坝、栈桥等）用地，免征城镇土地使用税
民航机场用地	（1）机场工作区（包括办公、生产和维修用地及候机楼、停车场）用地、生活区用地、绿化用地。 （2）机场场内道路用地	（1）机场飞行区（包括跑道、滑行道、停机坪、安全带、夜航灯光区）用地、场内外通信导航设施用地和飞行区四周排水防洪设施用地，免征城镇土地使用税。 （2）机场场外道路用地，免征城镇土地使用税
自用土地免征情形	福利性、非营利性的老年服务机构、铁路运输企业自用土地	

2. 其他减免税特殊规定

（1）企业办的学校、医院、托儿所、幼儿园，其自用的土地免征城镇土地使用税。

（2）公共租赁住房建设期间用地及公共租赁住房建成后占地，免征城镇土地使用税。在其他住房项目中配套建设公共租赁住房，按公共租赁住房建筑面积占总建筑面积的比例免征建设、管理公共租赁住房涉及的城镇土地使用税，该优惠政策执行至2025年12月31日。

（3）对改造安置住房建设用地免征城镇土地使用税。

（4）对保障性住房项目建设用地免征城镇土地使用税。

（5）对农产品批发市场、农贸市场（包括自有和承租，下同）专门用于经营农产品的土地，暂免征收城镇土地使用税，该优惠政策执行至2027年12月31日。

对同时经营其他产品的农产品批发市场和农贸市场使用的土地，按其他产品与农产品交易场地面积的比例确定征免城镇土地使用税。

（6）对物流企业自有（包括自用和出租）或承租的大宗商品仓储设施用地，减按所属土地等级适用税额标准的50%计征城镇土地使用税，该优惠政策执行至2027年12月31日。

仓储设施用地，包括仓库库区内的各类仓房（含配送中心）、油罐（池）、货场、晒场（堆场）、罩棚等储存设施和铁路专用线、码头、道路、装卸搬运区域等物流作业配套设施的用地。

提示 物流企业的办公、生活区用地及其他非直接用于大宗商品仓储的土地，应按规定征收城镇土地使用税。

（7）至2027年供暖期结束，向居民供热收取采暖费的"三北"地区供热企业为居民供热所使用的厂房及土地免征城镇土地使用税；对供热企业其他厂房及土地，应当按照规定征收城镇土地使用税。

提示

（1）对专业供热企业，按其向居民供热取得的采暖费收入占全部采暖费收入的比例计算免征税额。

（2）对兼营供热企业，视其供热所使用的厂房及土地与其他生产经营活动所使用的厂房及土地是否可以区分，按照不同方法计算免征的城镇土地使用税。可以区分的，对其供热所使用厂房及土地，按向居民供热取得的采暖费收入占全部采暖费收入的比例，计算免征的城镇土地使用税。难以区分的，对其全部厂房及土地，按向居民供热取得的采暖费收入占其营业收入的比例，计算免征税额。

（8）对商品储备管理公司及其直属库自用的承担商品储备业务的土地，免征城镇土地使用税，该优惠政策执行至2027年12月31日。

（9）民用航空发动机、民用飞机研制项目用地。

a. 纳税人及其全资子公司从事大型民用客机发动机、中大功率民用涡轴涡桨发动机研制项目自用的科研、生产、办公用土地，免征城镇土地使用税，该优惠政策执行至2027年12月31日。

b. 对纳税人及其全资子公司从事空载重量大于45吨的民用客机研制项目自用的科研、生产、办公用土地，免征城镇土地使用税，该优惠政策执行至2027年12月31日。

（10）对农村饮水安全工程运营管理单位自用于农村饮水安全工程的生产、办公用土地，免征城镇土地使用税，该优惠政策执行至2027年12月31日。

提示 对于既向城镇居民供水，又向农村居民供水的饮水工程运营管理单位，依据向农村居民供水量占总供水量的比例免征城镇土地使用税。无法提供具体比例或所提供数据不实的，不得享受该税收优惠政策。

（11）自2019年6月1日至2025年12月31日，为社区提供养老、托育、家政等服务的机构自有或其通过承租、无偿使用等方式取得并用于提供社区养老、托育、家政服务的土地，免征城镇土地使用税。

（12）由各省、自治区、直辖市税务局确定征免税的情形。

a. 个人所有的居住房屋及院落用地。

b. 房产管理部门在房租调整改革前经租的居民住房用地。

c. 免税单位职工家属宿舍用地。

d. 集体和个人举办的各类学校、医院、托儿所、幼儿园用地。

（13）对国家级、省级科技企业孵化器、大学科技园和国家备案众创空间自用以及无偿或通过出租等方式提供给在孵对象使用的房产、土地，免征城镇土地使用税，该优惠政策执行至2027年12月31日。

(14)对城市公交站场、道路客运站场、城市轨道交通系统运营用地，免征城镇土地使用税，该优惠政策执行至2027年12月31日。

(15)依据"六税两费"优惠政策相关规定，对增值税小规模纳税人、小型微利企业和个体工商户减半征收城镇土地使用税。

增值税小规模纳税人、小型微利企业和个体工商户已依法享受城镇土地使用税其他优惠政策的，可叠加享受本项优惠政策。

(16)为继续支持银行业金融机构、金融资产管理公司处置不良债权，有效防范金融风险，各地可根据《中华人民共和国房产税暂行条例》授权和本地实际，对银行业金融机构、金融资产管理公司持有的抵债不动产减免城镇土地使用税。

(17)对在一个纳税年度内月平均实际安置残疾人就业人数占单位在职职工总数的比例高于25%(含25%)且实际安置残疾人人数高于10人(含10人)的单位，可减征或免征该年度城镇土地使用税。

具体减免税比例及管理办法由省、自治区、直辖市财税主管部门确定。 *新增*

【例题1·单选题】(2024年)下列土地，免征城镇土地使用税的是( )。

A. 农产品加工企业的办公用地　　B. 水产养殖户的办公用地
C. 城市公交站场用地　　　　　　D. 危险品仓库的库区用地

解析 选项A、B，直接用于农、林、牧、渔业的生产用地免征城镇土地使用税。直接用于农、林、牧、渔业的生产用地，是直接从事种植、养殖、饲养的专业用地，农副产品加工厂占地和从事农、林、牧、渔业生产单位的生活、办公用地不包括在内。选项D，对于各类危险品仓库、厂房所需的防火、防爆、防毒等安全防范用地，可由各省、自治区、直辖市税务局确定，暂免征收城镇土地使用税；对仓库库区、厂房本身用地，应依法征收城镇土地使用税。

考点四　计税依据和应纳税额的计算 ★★　一学多考 | 注

(一)计税依据

纳税人实际占用的土地面积(平方米)。

(1)纳税人实际占用的土地面积，是指由省、自治区、直辖市人民政府确定的单位组织测定的土地面积。 *调整*

(2)尚未组织测量的，以纳税人持有政府部门核发的土地使用证书所确认的土地面积为准。

(3)尚未核发土地使用证书的，应由纳税人据实申报土地面积。

答案
例题1 | C

（二）应纳税额的计算

年应纳税额=计税土地面积（平方米）×适用税额

土地使用权由多方共有的，由共有各方按照各自实际使用的土地面积占总面积的比例，分别计算缴纳城镇土地使用税。

【例题2·单选题】 2024年某民用机场占地100万平方米，其中飞行区用地90万平方米，场外道路用地7万平方米，场内道路用地0.5万平方米，工作区用地2.5万平方米，城镇土地使用税税率为5元/平方米。2024年该机场应缴纳城镇土地使用税（　　）万元。

A．12.5　　　B．15　　　C．47.5　　　D．50

解析 机场飞行区用地、场外道路用地，免征城镇土地使用税。应缴纳城镇土地使用税=（0.5+2.5）×5=15（万元）。

考点五 征收管理 ★ 一学多考｜注

（一）纳税义务发生时间

（1）购置新建商品房，自房屋交付使用之次月起，缴纳城镇土地使用税。

（2）购置存量房，自办理房屋权属转移、变更登记手续，房地产权属登记机关签发房屋权属证书之次月起，缴纳城镇土地使用税。

（3）出租、出借房产，自交付出租、出借房产之次月起，缴纳城镇土地使用税。

（4）以出让或转让方式有偿取得土地使用权的，应由受让方从合同约定交付土地时间的次月起缴纳城镇土地使用税；合同未约定交付土地时间的，由受让方从合同签订的次月起缴纳城镇土地使用税。

（5）征收的耕地自批准征收之日起满1年时缴纳城镇土地使用税。

（6）纳税人新征用的非耕地，自批准征用次月起缴纳城镇土地使用税。

（7）通过招标、拍卖、挂牌方式取得的建设用地，不属于新征用的耕地，纳税人应从合同约定交付土地时间的次月起缴纳城镇土地使用税；合同未约定交付土地时间的，从合同签订的次月起缴纳城镇土地使用税。

【例题3·单选题】 位于某县城的一化工厂，2024年初企业土地使用证书记载占用土地的面积为80 000平方米，8月新征用耕地10 000平方米，已缴纳耕地占用税，适用城镇土地使用税税率为10元/平方米。该化工厂2024年应缴纳城镇土地使用税（　　）元。

A．720 000　　B．800 000　　C．820 000　　D．900 000

解析 征收的耕地自批准征收之日起满一年时开始缴纳城镇土地使用税。应纳税额=80 000×10=800 000（元）。

答案
例题2｜B
例题3｜B

（二）纳税期限

按年计算、分期缴纳，缴纳期限由省、自治区、直辖市人民政府确定。

（三）纳税申报

纳税人如有地址变更、占用面积变化等情况，按规定期限办理申报变更登记。

（四）纳税地点

城镇土地使用税的纳税地点为土地所在地，由土地所在地的税务机关负责征收。纳税人使用的土地不在一地的，由纳税人分别向土地所在地的税务机关申报缴纳。

【例题 4·单选题】（2024 年）下列关于城镇土地使用税征收管理的说法正确的是(   )。

A．尚未核发土地使用证书的土地，按主管税务机关核定的土地面积缴纳城镇土地使用税

B．通过拍卖方式取得的建设用地，自取得土地使用权的当月缴纳城镇土地使用税

C．纳税单位无偿使用免税单位的土地，纳税单位应照章缴纳城镇土地使用税

D．在商品房项目中配套建设公租房，按公租房实际占用的土地面积缴纳城镇土地使用税

解析 选项 A，尚未核发土地使用证书的，应由纳税人据实申报土地面积。选项 B，通过拍卖方式取得的建设用地，按照规定，在合同约定交付土地时间的次月起缴纳城镇土地使用税；合同未约定交付土地时间的，从合同签订的次月起缴纳城镇土地使用税。选项 D，对公租房建设期间用地及公租房建成后占地，免征城镇土地使用税。在其他住房项目中配套建设公租房，按公租房建筑面积占总建筑面积的比例免征建设、管理公租房涉及的城镇土地使用税。

答案
例题 4｜C

同步训练

考点一 概述

(单选题)城镇土地使用税实行的是(   )。

A．地区差别比例税率　　　　B．行业差别比例税率
C．差别幅度税额　　　　　　D．固定税额

考点二 征税范围、纳税人和适用税额

(多选题)根据城镇土地使用税纳税人的相关规定，下列说法正确的有(　　)。

A. 个人拥有土地使用权的，以个人为纳税人

B. 土地使用权出租的，以承租人为纳税人

C. 土地使用权属共有的，以共有各方为纳税人

D. 土地使用权属未确定的，以实际使用人为纳税人

E. 单位拥有土地使用权的，以单位为纳税人

考点三 减免税优惠

1. (单选题·2023年)下列情形所占用的土地，免征城镇土地使用税的是(　　)。

   A. 景区实景演出舞台占用的土地　　B. 自收自支事业单位自用的土地

   C. 海关无偿使用机场的土地　　　　D. 农副产品加工厂占用的土地

2. (单选题)下列关于城镇土地使用税减免税的说法，正确的是(　　)。

   A. 农副产品加工的专业用地，免征城镇土地使用税

   B. 免税单位无偿使用纳税单位的土地，免征城镇土地使用税

   C. 营利性老年服务机构自用土地，暂免征收城镇土地使用税

   D. 物流企业的办公、生活区用地，减按所属土地等级适用税额标准的50%计征城镇土地使用税

3. (多选题·2023年)下列用地行为，免征城镇土地使用税的有(　　)。

   A. 水电站的发电厂房用地　　　　　B. 机场候机楼用地

   C. 火电厂厂区围墙外的输油管道用地　D. 福利性老年人康复中心用地

   E. 向农村居民提供水的自来水公司自用的办公用地

考点四 计税依据和应纳税额的计算

1. (单选题)某公司2024年3月通过挂牌取得一宗土地，土地出让合同约定2024年4月交付，土地使用证记载占地面积为6 000平方米。该土地年税额4元/平方米，该公司应缴纳城镇土地使用税(　　)元。

   A. 24 000　　B. 20 000　　C. 18 000　　D. 16 000

2. (单选题)某盐场2024年度共占地200 000平方米，其中办公楼占地20 000平方米，盐场内部绿化占地50 000平方米，盐场附属幼儿园占地10 000平方米，盐滩占地120 000平方米。盐场所在地城镇土地使用税单位税额每平方米0.7元。该盐场2024年应缴纳的城镇土地使用税为(　　)元。

   A. 14 000　　B. 49 000　　C. 56 000　　D. 140 000

3. (单选题)甲企业位于某经济落后地区，2023年12月取得一宗土地的使用权(未取得土地使用证书)，2024年1月已按1 500平方米申报缴纳全年城镇土地使用税。2024年4月该企业取得了政府部门核发的土地使用证书，上面注明的土地面积为2 000平方米。已知该地区城镇土地使用税适用每平方米0.9~18元的固定税额，当地政府规定的固定税额为每平方米0.9元，并另按照国家规定的最高比例降低税额标准。则该企业2024年应该补缴的城镇土地使用税为(　　)元。

A. 0　　　　　　B. 315　　　　　　C. 945　　　　　　D. 1 260

4. (计算题·2023 年)某物流公司是小型微利企业,股东王某占股85%,该公司年初办公用房占地2 000 平方米,拥有货车8 辆(每辆整备质量12 吨)、挂车8 辆(每辆整备质量14 吨),2024 年发生以下业务:

(1)为开展大宗商品仓储业务,6 月从某合作社租入有产权纠纷的土地40 000 平方米(该土地未缴纳城镇土地使用税),从临近企业租入工业用地30 000 平方米。

(2)7 月转让挂车4 辆,8 月进口客货两用车10 辆(每辆车整备质量10 吨),海关专用缴款书注明日期9 月4 日。

(3)9 月股东王某以价值600 万元的自有房产和银行存款1 400 万元为对价换购某企业占地面积30 000 平方米的厂房,当月王某将换购的厂房无偿划入物流公司。公司将其中占地面积20 000 平方米的厂房用于办公,10 000 平方米的厂房用作大宗商品的仓储。

(注:车船税年基准税额为货车整备质量每吨90 元,大客车每辆税额1 200 元。城镇土地使用税年税额4 元/平方米,契税税率4%。上述价格均不含增值税。当地执行"六税两费"减半征收优惠。)

要求:根据上述资料,回答下列问题。
(1)上述业务中,物流公司和股东王某合计应缴纳契税(　　　)万元。
A. 56　　　　　　B. 96　　　　　　C. 28　　　　　　D. 136
(2)物流公司接受股东王某划入的厂房应缴纳城镇土地使用税(　　　)万元。
A. 2.5　　　　　B. 1.25　　　　　C. 1　　　　　　D. 1.5
(3)物流公司2024 年应缴纳城镇土地使用税(　　　)万元。
A. 3.65　　　　　B. 6.9　　　　　C. 5.65　　　　　D. 10.3
(4)物流公司2024 年应缴纳车船税(　　　)元。
A. 18 680　　　　B. 16 680　　　　C. 21 720　　　　D. 17 430

5. (计算题·2022 年)甲企业为增值税一般纳税人,2024 年初土地使用证书记载的占地面积5 000 平方米,房产原值6 000 万元,其中自办幼儿园占地300 平方米、房产原值500 万元;职工宿舍占地面积600 平方米、房产原值1 000 万元。消防部门无偿占用200 平方米。拥有乘用车10 辆,货车30 辆,每辆整备质量10 吨。客货两用车5 辆,每辆整备质量5.6 吨。

2024 年发生相关业务如下:

(1)2 月通过拍卖方式取得建设用地500 平方米,成交价格6 000 万元,协议约定6 月交付使用,8 月取得不动产产权证书。

(2)6 月购买一期占地面积200 平方米的旧厂房用于存储,当月取得的增值税专用发票注明金额600 万元,税额54 万元,8 月取得不动产产权证书。

(3)9 月购买挂车10 辆,每辆整备质量9.8 吨,当月取得增值税专用发票,10 月投入使用。

(注:企业所在地规定货车车船税年税额120 元/吨、乘用车车船税年税额360 元/辆、计算房产余值的扣除比例为30%、城镇土地使用税年税额10 元/平方

米、契税税率3%，不考虑题目以外的其他税费。)

要求：根据上述资料，回答下列问题。

(1)甲企业2024年应缴纳契税( )万元。

A. 198   B. 199.62   C. 188   D. 62

(2)甲企业2024年应缴纳房产税( )万元。

A. 48.36   B. 48.3   C. 47.93   D. 47.88

(3)甲企业2024年应缴纳城镇土地使用税( )元。

A. 4 833.34   B. 48 166.67   C. 47 916.66   D. 47 333.34

(4)甲企业2024年应缴纳车船税( )元。

A. 43 360   B. 42 870   C. 44 920   D. 44 430

考点五 征收管理

1. (单选题·2023年)根据城镇土地使用税征收管理办法，下列关于城镇土地使用税的说法，不符合规定的是( )。

   A. 纳税人使用的土地不在一地的，由纳税人向其企业所在地主管税务机关申报缴纳
   B. 纳税人需要填写《财产和行为税纳税申报表》据实办理纳税申报登记
   C. 纳税期限由省、自治区、直辖市人民政府确定
   D. 购置存量房，纳税义务发生时间为房地产权属登记机关签发房屋权属证书之次月

2. (多选题)下列关于城镇土地使用税纳税义务发生时间的说法，正确的有( )。

   A. 购置新建商品房，自签订房屋销售合同的次月起计征城镇土地使用税
   B. 征收的耕地自批准征收之日起满1年时缴纳城镇土地使用税
   C. 以出让方式取得土地使用权，应由受让方从合同约定的交付土地时间的次月起缴纳城镇土地使用税
   D. 购置存量房，自房地产权属登记机关签发房屋权属证书的次月起缴纳城镇土地使用税
   E. 通过拍卖方式取得建设用地(不属新征用耕地)，应从合同约定的交付土地时间的次月起缴纳城镇土地使用税

3. (多选题)下列关于城镇土地使用税征收管理的说法，正确的有( )。

   A. 城镇土地使用税按年计算、年终缴纳
   B. 城镇土地使用税的纳税地点为企业机构所在地的主管税务机关
   C. 纳税人新征用的非耕地，自批准征用次月起缴纳城镇土地使用税
   D. 纳税人如有住址变更、占用面积变化等情况，要按规定及时向税务机关办理变更登记
   E. 纳税人购置存量房，自房地产权属登记机关签发房屋权属证书的次月起缴纳城镇土地使用税

参考答案及解析

考点一 概述
C

考点二 征税范围、纳税人和适用税额
ACDE 【解析】选项B，土地使用权出租的，以出租方为纳税人。

考点三 减免税优惠
1. C 【解析】选项A、B、D，没有免征城镇土地使用税的规定。
2. B 【解析】选项A，农副产品加工厂占地不属于直接用于农、林、牧、渔业的生产用地，没有免税优惠。选项C，非营利性的老年服务机构自用土地，暂免征收城镇土地使用税。选项D，物流企业的办公、生活区用地及其他非直接用于大宗商品仓储的土地，应按规定征收城镇土地使用税。
3. CDE 【解析】选项A，水电站的发电厂房用地（包括坝内、坝外式厂房）、生产、办公、生活用地，应征收城镇土地使用税，对其他用地给予免税照顾。选项B，机场工作区（包括办公、生产和维修用地及候机楼、停车场）用地、生活区用地、绿化用地，均须依照规定征收城镇土地使用税。

考点四 计税依据和应纳税额的计算
1. D 【解析】税法规定，通过招标、拍卖、挂牌方式取得的建设用地，不属于新征用的耕地，纳税人应从合同约定交付土地时间的次月起缴纳城镇土地使用税。
该公司应缴纳城镇土地使用税＝6 000×4÷12×8＝16 000(元)。
2. B 【解析】盐场附属的幼儿园和盐场的盐滩占地免征城镇土地使用税。应缴纳的城镇土地使用税＝(200 000－10 000－120 000)×0.7＝49 000(元)。
3. B 【解析】经济落后地区，城镇土地使用税的适用税额标准可适当降低，但降低额不得超过规定最低税额的30%。应补缴的城镇土地使用税＝(2 000－1 500)×0.9×(1－30%)＝315(元)。
4. (1) D 【解析】物流公司应缴纳契税＝2 000×4%＝80(万元)。
股东王某应缴纳契税＝1 400×4%＝56(万元)。
合计金额＝80＋56＝136(万元)。
(2) B 【解析】物流公司接受股东王某划入的厂房应缴纳城镇土地使用税＝(20 000×4÷12×3＋10 000×4÷12×3×50%)×50%÷10 000＝1.25(万元)。
(3) A 【解析】年初办公用房占地应缴纳城镇土地使用税＝2 000×4×50%÷10 000＝0.4(万元)。
从某合作社租入有产权纠纷的土地应缴纳的城镇土地使用税＝40 000×4÷12×6×50%×50%÷10 000＝2(万元)。
物流公司接受股东王某划入的厂房应缴纳城镇土地使用税＝1.25(万元)。
物流公司2024年应缴纳城镇土地使用税＝0.4＋2＋1.25＝3.65(万元)。

(4)B 【解析】应缴纳车船税=8×12×90+8×14×90×50%+10×10×90÷12×4=16 680(元)。

5.(1)A 【解析】土地使用权出让、出售、房屋买卖，按照转移合同确定的成交价格缴纳契税。应缴纳契税=(6 000+600)×3%=198(万元)。

(2)C 【解析】幼儿园不缴纳房产税；纳税人购置存量房，自办理房屋权属转移、变更登记手续，房地产权属登记机关签发房屋权属证书之次月起缴纳房产税，购置的旧厂房8月取得不动产产权证书，所以按照9月至12月征房产税，共4个月。应缴纳房产税=(6 000−500)×(1−30%)×1.2%+600×(1+3%)×(1−30%)×1.2%÷12×4=47.93(万元)。

(3)B 【解析】应缴纳城镇土地使用税=(5 000−300−200)×10+500×10÷12×6+200×10÷12×4=48 166.67(元)。

提示 通过招标、拍卖、挂牌方式取得的建设用地，不属于新征用的耕地，纳税人应从合同约定交付土地时间的次月起缴纳城镇土地使用税；合同未约定交付土地时间的，从合同签订的次月起缴纳城镇土地使用税。购置存量房，自办理房屋权属转移、变更登记手续，房地产权属登记机关签发房屋权属证书之次月起，缴纳城镇土地使用税。

(4)C 【解析】挂车按照货车税额的50%计算。应缴纳车船税=10×360+30×10×120+5×5.6×120+10×9.8×120×50%÷12×4=44 920(元)。

考点五 征收管理

1. A 【解析】选项A，纳税人使用的土地不在一地的，由纳税人分别向土地所在地的税务机关申报缴纳。

2. BCDE 【解析】购置新建商品房，自房屋交付使用的次月起，缴纳城镇土地使用税。

3. CDE 【解析】选项A，城镇土地使用税按年计算，分期缴纳。选项B，城镇土地使用税的纳税地点为土地所在地，由土地所在地的税务机关负责征收。

亲爱的读者，你已完成本章5个考点的学习，本书知识点的学习进度已达86%。

第九章 耕地占用税

重要程度：非重点章节　　分值：3分左右

考试风向

■ 考情速递

本章历年考试题型包括客观题和计算题，考频较高的考点包括减免税优惠、征收管理和应纳税额的计算。

■ 2025年考试变化

本章内容无实质变动。

■ 脉络梳理

```
                    ┌─ 概述 ★
                    │
                    ├─ 纳税义务人和征税范围 ★★
第九章               │
耕地占用税 ─────────┼─ 减免税优惠 ★★★
                    │
                    ├─ 应纳税额的计算 ★★
                    │
                    └─ 征收管理 ★
```

考点详解及精选例题

考点一 概述 ★

1. 概念

耕地占用税是对在境内占用耕地建设建筑物、构筑物或者从事非农业建设的单位和个人，就实际占用的耕地面积为计税依据所征收的一种税。

2. 特点

(1) 兼具资源税与特定行为税的性质。

(2) 采用地区差别税率。

(3) 在占用耕地环节一次性课征。

考点二 纳税义务人和征税范围 ★★ 一学多考|注

(一) 纳税义务人

中国境内占用耕地建设建筑物、构筑物或者从事非农业建设的单位和个人。

提示

(1) 经批准占用耕地的，纳税人为农用地转用审批文件中标明的建设用地人；转用审批文件中未标明建设用地人的，纳税人为用地申请人。其中，用地申请人为各级人民政府的，由同级土地储备中心、自然资源主管部门或政府委托的其他部门、单位履行申报纳税义务。

(2) 未经批准占用耕地的，纳税人为实际用地人。

(二) 征税范围

(1) 耕地占用税的征税对象为中华人民共和国境内占用耕地，建设建筑物、构筑物或从事非农业建设的行为。

提示

(1) 耕地是指用于种植农作物的土地。

(2) 占用耕地建设农田水利设施的，不征收耕地占用税。

(2) 占用园地、林地、草地、农田水利用地、养殖水面、渔业水域滩涂以及其他农用地建设建筑物、构筑物或者从事非农业建设的，依照规定缴纳耕地占用税。

提示

(1) 占用上述农用地的，适用税额可以适当低于本地区确定的适用税额，但降低的部分不得超过50%。具体适用税额由省、自治区、直辖市人民政府提出，报同级人民代表大会常务委员会决定，并报全国人民代表大会常务委员会和国务院备案。

(2) 占用规定的农用地建设直接为农业生产服务的生产设施的不缴纳耕地占用税。

直接为农业生产服务的生产设施是直接为农业生产服务而建设的建筑物和构筑物。具体包括：储存农用机具和种子、苗木、木材等农业产品的仓储设施；培育、生产种子、种苗的设施；畜禽养殖设施；木材集材道、运材道；农业科研、试验、示范基地；野生动植物保护、护林、森林病虫害防治、森林防火、木材检疫的设施；专为农业生产服务的灌溉排水、供水、供电、供热、供气、通讯基础设施；农业生产者从事农业生产必需的食宿和管理设施；其他直接为农业生产服务的生产设施。

(3) 园地，包括果园、茶园、橡胶园、其他园地。其中其他园地包括种植桑树、可可、咖啡、油棕、胡椒、药材等其他多年生作物的园地。

(4) 林地，包括乔木林地、竹林地、红树林地、森林沼泽、灌木林地、灌丛沼泽、其他林地，不包括城镇村庄范围内的绿化林木用地，铁路、公路征地范围内的林木用地，以及河流、沟渠的护堤林用地。

其中，其他林地包括疏林地、未成林地、迹地、苗圃等林地。

(5) 草地，包括天然牧草地、沼泽草地、人工牧草地，以及用于农业生产并已由相关行政主管部门发放使用权证的草地。

(6) 农田水利用地，包括农田排灌沟渠及相应附属设施用地。

(7) 养殖水面，包括人工开挖或者天然形成的用于水产养殖的河流水面、湖泊水面、水库水面、坑塘水面及相应附属设施用地。

(8) 渔业水域滩涂，包括专门用于种植或者养殖水生动植物的海水潮浸地带和滩地，以及用于种植芦苇并定期进行人工养护管理的苇田。

(3) 纳税人因建设项目施工或地质勘查**临时占用**耕地应当依照规定**缴纳耕地占用税**。

提示

(1) 临时占用耕地，是指经自然资源主管部门批准，在一般不超过 2 年内临时使用耕地并且没有修建永久性建筑物的行为。

(2) 纳税人在批准临时占用耕地期满之日起**一年内依法复垦**，恢复种植条件的，**全额退还**已经缴纳的耕地占用税。

(4) 因挖损、采矿塌陷、压占、污染等损毁耕地属于税法所称的非农业建设，应依照规定缴纳耕地占用税。

提示 自然资源、农业农村等相关部门认定损毁耕地之日起 **3 年内**依法复垦或修复，恢复种植条件的，按规定办理退税。

考点三 减免税优惠 ★★★   一学多考|注

(一) 减免税基本优惠

(1) 军事设施占用耕地，免征耕地占用税。包括：
a. 指挥机关、地面和地下的军事指挥、作战工程。
b. 军用机场、港口、码头。
c. 营区、训练场、试验场。
d. 军用洞库、仓库。
e. 军用通信、侦察、导航、观测台站和测量、导航、助航标志。
f. 军用公路、铁路专用线，军用通信、输电线路，军用输油、输水管道。
g. 边防、海防管控设施。

h. 国务院和中央军事委员会规定的其他军事设施。

提示 上述所称军事设施，还包括军队为执行任务必须设置的临时设施。

（2）学校、幼儿园、社会福利机构、医疗机构占用耕地，免征耕地占用税。

提示

（1）免税的学校，具体范围包括县级以上人民政府教育行政部门批准成立的大学、中学、小学，学历性职业教育学校和特殊教育学校，以及经省级人民政府或其人力资源和社会保障行政部门批准成立的技工院校。

学校内经营性场所和教职工住房占用耕地的，按照当地适用税额缴纳耕地占用税。

（2）免税的幼儿园，具体范围限于县级以上人民政府教育行政部门批准成立的幼儿园内专门用于幼儿保育、教育的场所。

（3）免税的社会福利机构，是指依法登记的养老服务机构、残疾人服务机构、儿童福利机构、救助管理机构、未成年人救助保护机构内，专门为老年人、残疾人、未成年人、生活无着落的流浪乞讨人员提供养护、康复、托管等服务的场所。

（4）免税的医疗机构，具体范围限于县级以上人民政府卫生健康行政部门批准设立的医疗机构内专门从事疾病诊断、治疗活动的场所及其配套设施。

医疗机构内职工住房占用耕地的，按照当地适用税额缴纳耕地占用税。

（5）在农用地转用环节，用地申请人能证明建设用地人符合免税情形的，免征用地申请人的耕地占用税；在供地环节，建设用地人使用耕地用途符合规定的免税情形的，由用地申请人和建设用地人共同申请，按退税管理的规定退还用地申请人已经缴纳的耕地占用税。

（3）农村烈士遗属、因公牺牲军人遗属、残疾军人以及符合农村最低生活保障条件的农村居民，在规定用地标准以内新建自用住宅，免征耕地占用税。

（二）减免税其他优惠

（1）铁路线路、公路线路、飞机场跑道、停机坪、港口、航道、水利工程占用耕地，减按每平方米2元的税额征收耕地占用税。

提示

（1）减税的铁路线路，具体范围限于铁路路基、桥梁、涵洞、隧道及其按照规定两侧留地、防火隔离带。

专用铁路和铁路专用线占用耕地的，按照当地适用税额缴纳耕地占用税。

（2）减税的公路线路，具体范围限于经批准建设的国道、省道、县道、乡道和属于农村公路的村道的主体工程以及两侧边沟或者截水沟。

专用公路和城区内机动车道占用耕地的，按照当地适用税额缴纳耕地占用税。

(3)减税的飞机场跑道、停机坪,具体范围限于经批准建设的民用机场专门用于民用航空器起降、滑行、停放的场所。

(4)减税的港口,具体范围限于经批准建设的港口内供船舶进出、停靠以及旅客上下、货物装卸的场所。

(5)减税的航道,具体范围限于在江、河、湖泊、港湾等水域内供船舶安全航行的通道。

(2)农村居民在规定用地标准以内占用耕地新建自用住宅,按照当地适用税额减半征收耕地占用税。

提示 农村居民经批准搬迁,新建自用住宅占用耕地不超过原宅基地面积的部分,免征耕地占用税。

(3)自2023年1月1日至2027年12月31日,对增值税小规模纳税人、小型微利企业和个体工商户减半征收耕地占用税。增值税小规模纳税人、小型微利企业和个体工商户已依法享受耕地占用税其他优惠政策的,可叠加享受本项优惠政策。

● **得分高手**(2020年单选;2023年单选;2024年多选)

耕地占用税减免税优惠会常常以客观题的形式,将免税项目和减按每平方米2元征收的项目结合在一起考查,对减征和免征要做好区分。

特别提醒,"2元"项目在考试时不作为已知条件告诉我们;同时要注意"飞机场的跑道和停机坪"减税,不要错误地扩大减征范围,比如候机楼等可不是"跑道和停机坪"!另外提醒,"水利工程"是减税,而"农田水利设施占用耕地"是不征收耕地占用税的(注意也不是免税)。

(三)其他规定

(1)根据国民经济和社会发展的需要,国务院可以规定免征或者减征耕地占用税的其他情形,报全国人民代表大会常务委员会备案。

(2)免征或者减征耕地占用税后,纳税人改变原占地用途,不再属于免征或者减征耕地占用税情形的,应当按照当地适用税额补缴耕地占用税。

提示 自改变用途之日起30日内申报补缴税款,补缴税款按改变用途的实际占用耕地面积和改变用途时当地适用税额计算。

【例题1·多选题】(2024年)下列耕地占用行为,免征耕地占用税的有(　　)。
A. 残疾军人在规定用地标准内新建自用住宅占用耕地
B. 铁路专用线占用耕地
C. 公立大学的教学楼占用耕地
D. 三甲医院住院部占用耕地
E. 社区养老服务机构占用耕地

答案
例题1 | ACDE

解析 选项B,铁路专用线占用耕地的,按照当地适用税额缴纳耕地占用税。

第九章 | 耕地占用税

考点四 应纳税额的计算 ★★ 一学多考|注

(1)计税依据。

计税依据:实际占用的耕地面积,以每平方米为计量单位。

提示 实际占用的耕地面积,包括经批准占用的耕地面积和未经批准占用的耕地面积。

(2)税率。

采用地区差别幅度单位税额(每个幅度税额内的最低和最高税额相差5倍)。

提示

(1)各地区耕地占用税的适用税额,由省、自治区、直辖市人民政府根据人均耕地面积和经济发展等情况,在规定的税额幅度内提出,报同级人民代表大会常务委员会决定,并报全国人民代表大会常务委员会和国务院备案。

(2)各省、自治区、直辖市耕地占用税适用税额的平均水平,不得低于《各省、自治区、直辖市耕地占用税平均税额表》规定的平均税额。

(3)在人均耕地低于0.5亩的地区,省、自治区、直辖市可以根据当地经济发展情况,适当提高适用税额,但提高的部分不得超过确定税额的 50%。

(4)占用基本农田的应当按照确定的当地适用税额,加按150%征收。

(3)税额计算。

a. 应纳税额=应税土地面积×适用税额。

b. 加按150%征收的计算公式:应纳税额=应税土地面积×适用税额×150%。

【例题2·单选题】农村居民张某2024年1月经批准,在户口所在地占用耕地2 500平方米,其中2 000平方米用于种植中药材,500平方米用于新建自用住宅(在规定用地标准以内)。该地区耕地占用税税额为每平方米30元,张某适用"六税两费"减半优惠。张某应缴纳耕地占用税( )元。

A. 3 750   B. 15 000   C. 37 500   D. 75 000

解析 农村居民在规定用地标准以内占用耕地新建自用住宅,按照当地适用税额减半征收耕地占用税。张某属于增值税小规模纳税人,也要考虑"六税两费"减半征收政策。占用2 000平方米耕地种植中药材,不征收耕地占用税。张某新建住宅应缴纳的耕地占用税=500×30×50%×50%=3 750(元)。张某应缴纳耕地占用税3 750元。

考点五 征收管理 ★ 一学多考|注

(1)耕地占用税由税务机关负责征收。

(2)纳税义务发生时间:纳税人收到自然资源主管部门办理占用耕地手续的书面通知的当日。

> 耕地占用税的税率考试时会告诉我们,但是要注意以下几点:①每个幅度单位税额的差距规定为5倍;②c项和d项的内容要求考生背熟会用,考试中不作为已知条件告诉。老杨认为"关键词记忆法"可以轻松搞定这个问题,这个关键词就是"5"!

答案
例题2|A

413

提示

(1)未经批准占用应税土地的纳税人,其纳税义务发生时间为自然资源主管部门认定其实际占用耕地的当日。

(2)因挖损、采矿塌陷、压占、污染等损毁耕地的,纳税义务发生时间为自然资源、农业农村等相关部门认定损毁耕地的当日。

(3)纳税人改变原占地用途,需要补缴耕地占用税的,其纳税义务发生时间为改变用途当日。具体为:经批准改变用途的,为纳税人收到批准文件的当日;未经批准改变用途的,为自然资源主管部门认定纳税人改变原占地用途的当日。

(3)纳税期限:应当自纳税义务发生之日起30日内申报缴纳。

(4)纳税地点:应当在耕地所在地申报纳税。

(5)纳税申报异常及处理。

税务机关发现纳税人的纳税申报数据资料异常或者纳税人未按照规定期限申报纳税的,可以提请相关部门进行复核,相关部门应当自收到税务机关复核申请之日起30日内向税务机关出具复核意见。

提示 纳税人的纳税申报数据资料异常或者纳税人未按照规定期限申报纳税的,包括下列情形:

(1)纳税人改变原占地用途,不再属于免征或者减征耕地占用税情形,未按照规定进行申报的。

(2)纳税人已申请用地但尚未获得批准先行占地开工,未按照规定进行申报的。

(3)纳税人实际占用耕地面积大于批准占用耕地面积,未按照规定进行申报的。

(4)纳税人未履行报批程序擅自占用耕地,未按照规定进行申报的。

(5)其他应提请相关部门复核的情形。

同步训练

考点一 概述

(单选题)关于耕地占用税的特点,下列说法不正确的是(　　)。

A. 兼具资源税和特定行为税性质　　B. 采用地区差别税率
C. 在占用耕地环节一次性课税　　D. 在保有耕地环节一次性课税

考点二 纳税义务人和征税范围

(多选题)下列用地行为,应征收耕地占用税的有(　　)。

A. 建设农田水利设施占用耕地　　　　B. 企业新建厂房占用耕地

C. 修建专用公路占用耕地　　　　　　D. 飞机场跑道占用耕地

E. 新建住宅和办公楼占用林地

考点三　减免税优惠

1. (单选题·2023年)下列耕地占用行为,免征耕地占用税的是(　　)。

    A. 滩涂治理工程占用耕地　　　　　　B. 医疗机构内职工住房占用耕地

    C. 铁路线路防火隔离带占用耕地　　　D. 海防管控设施占用耕地

2. (单选题)下列占用耕地的行为,不征收耕地占用税的是(　　)。

    A. 农田水利设施占用耕地　　　　　　B. 医院内职工住房占用耕地

    C. 城区内机动车道占用耕地　　　　　D. 专用铁路和铁路专用线占用耕地

考点四　应纳税额的计算

1. (单选题)农村居民王某,2024年10月经批准占用耕地2 000平方米,其中1 500平方米用于种植大棚蔬菜,500平方米用于新建自用住宅(符合当地规定标准)。假设耕地占用税为20元/平方米,王某享受"六税两费"减半优惠。王某当年应缴纳耕地占用税(　　)元。

    A. 2 500　　　　　B. 5 000　　　　　C. 30 000　　　　　D. 40 000

2. (多选题)某县直属中心医院,2024年5月6日收到自然资源主管部门办理耕地手续的书面通知,占用耕地9万平方米,其中医院内职工住房占用果树园地1.5万平方米,占用养殖水面1万平方米,所占耕地适用的税额为20元/平方米。下列关于耕地占用税的说法正确的有(　　)。

    A. 该医院耕地占用税的计税依据是2.5万平方米

    B. 该医院应缴纳耕地占用税50万元

    C. 耕地占用税在纳税人获准占用耕地环节一次性课征

    D. 占用养殖水面,不缴纳耕地占用税

    E. 该医院占用耕地,耕地占用税的纳税义务发生时间为2024年5月6日

3. (计算题)某航空公司经批准占用耕地500 000平方米,于2023年5月31日办妥占用耕地手续,其中用于建设飞机场跑道、停机坪占地320 000平方米、候机厅占地100 000平方米、宾馆和办公楼占地80 000平方米。2024年10月1日,航空公司就该耕地与当地政府签订土地出让合同,支付土地补偿费4 200万元、安置补助费800万元。

    (注:当地耕地占用税税额为12元/平方米、城镇土地使用税年税额为4元/平方米、契税税率为4%、产权转移书据印花税税率为0.5‰。)

    要求:根据上述资料,回答下列问题。

    (1)航空公司应缴纳耕地占用税(　　)万元。

    A. 280　　　　　　B. 384　　　　　　C. 216　　　　　　D. 448

    (2)航空公司与政府签订的土地出让合同应缴纳契税(　　)万元。

    A. 180　　　　　　B. 188　　　　　　C. 168　　　　　　D. 200

(3) 航空公司与政府签订的土地出让合同应缴纳印花税( )万元。

A. 2.25　　B. 2.35　　C. 2.1　　D. 2.5

(4) 航空公司2024年度应缴纳城镇土地使用税( )万元。

A. 42　　B. 55.98　　C. 36　　D. 65.32

考点五　征收管理

1. (单选题)纳税义务人应当自纳税义务发生之日起一定期限内申报缴纳耕地占用税,该期限为( )。

A. 10日　　B. 15日　　C. 60日　　D. 30日

2. (多选题)下列关于耕地占用税征收管理的说法,正确的有( )。

A. 占用基本农田的,应当按照当地适用税额加按200%征收

B. 耕地占用税由税务机关负责征收

C. 耕地占用税的应税土地面积包括经批准占用面积和未经批准占用面积

D. 纳税人因建设项目施工或者地质勘查临时占用耕地,应当缴纳耕地占用税

E. 农村烈士遗属,在规定用地标准以内新建自用住宅占用耕地,减半征收耕地占用税

3. (多选题)下列关于耕地占用税的说法,正确的有( )。

A. 占用园地从事非农业建设应缴纳耕地占用税

B. 耕地占用税由税务机关负责征收

C. 减免耕地占用税后纳税人改变原占地用途、不再属于减免税情形的,应当补缴耕地占用税

D. 耕地占用税采用地区差别比例税率

E. 医院内职工住房占用耕地的,应按照当地适用税额缴纳耕地占用税

● 参考答案及解析

考点一　概述

D　【解析】选项D,在占用耕地环节一次性课税。

考点二　纳税义务人和征税范围

BCDE　【解析】选项A,建设农田水利设施占用耕地的,不征收耕地占用税。选项B、C、E,按照当地适用税额缴纳耕地占用税。选项D,铁路线路、公路线路、飞机场跑道、停机坪、港口、航道、水利工程占用耕地,减按每平方米2元的税额征收耕地占用税。

考点三　减免税优惠

1. D　【解析】选项A、C,减按每平方米2元的税额征收耕地占用税。选项B,医疗机构内职工住房占用耕地的,按照当地适用税额缴纳耕地占用税。

2. A　【解析】占用耕地建设农田水利设施的,不征收耕地占用税。

考点四 应纳税额的计算

1. A 【解析】农村居民在规定用地标准以内占用耕地新建自用住宅，按照当地适用税额减半征收耕地占用税。应缴纳耕地占用税＝500×20×50%×50%＝2 500(元)。

2. ABCE 【解析】县级以上人民政府卫生健康行政部门批准设立的医疗机构内专门从事疾病诊断、治疗活动的场所及其配套设施，免征耕地占用税。医院机构内职工住房占用耕地的，按照当地适用税额缴纳耕地占用税。耕地占用税计税依据是2.5万平方米，应缴纳耕地占用税＝2.5×20＝50(万元)。经批准占用耕地的，耕地占用税纳税义务发生时间为纳税人收到自然资源主管部门办理占用耕地手续的书面通知的当天。

3. (1)A 【解析】飞机场跑道、停机坪占用耕地，减按每平方米2元的税额征收耕地占用税。航空公司应缴纳耕地占用税＝320 000×2÷10 000＋(100 000＋80 000)×12÷10 000＝280(万元)。

   (2)D 【解析】航空公司应缴纳契税＝(4 200＋800)×4%＝200(万元)。

   提示 土地使用权出让的，计税依据包括土地出让金、土地补偿费、安置补助费、地上附着物和青苗补偿费、征收补偿费、城市基础设施配套费、实物配建房屋等应交付的货币以及实物、其他经济利益对应的价款。

   (3)D 【解析】签订的土地出让合同按照产权转移书据税目缴纳印花税；应缴纳印花税＝(4 200＋800)×0.5‰＝2.5(万元)。

   (4)A 【解析】机场飞行区(包括跑道、滑行道、停机坪、安全带、夜航灯光区)用地，免征城镇土地使用税。征收的耕地自批准征收之日起满1年时缴纳城镇土地使用税。应缴纳城镇土地使用税＝(100 000＋80 000)×4×7÷12÷10 000＝42(万元)。

考点五 征收管理

1. D 【解析】纳税人应当自纳税义务发生之日起30日内申报缴纳耕地占用税。

2. BCD 【解析】选项A，占用基本农田的，应当按照当地适用税额加按150%征收。选项E，农村烈士遗属，在规定用地标准以内新建自用住宅占用耕地，免征耕地占用税。

3. ABCE 【解析】选项D，耕地占用税采用地区差别幅度单位税额，而非比例税率。

> 亲爱的读者，你已完成本章5个考点的学习，本书知识点的学习进度已达93%。

第十章　船舶吨税

重要程度：非重点章节　　分值：3分左右

考试风向

▰▰▰ 考情速递

本章历年考试题型均为客观题，考频较高的考点包括减免税优惠、征收管理和应纳税额的计算。

▰▰▰ 2025年考试变化

本章内容无实质变动。

▰▰▰ 脉络梳理

第十章 船舶吨税
- 概述★
- 纳税人、征税范围、税率★★
- 减免税优惠★★★
- 应纳税额的计算★★
- 征收管理★★

考点详解及精选例题

考点一　概述★

1. 概念

船舶吨税是海关对自中华人民共和国境外港口进入境内港口的船舶所征收的一种税。

2. 特点

（1）船舶吨税主要是对进出中国港口的国际航行船舶征收。

（2）以船舶的净吨位为计税依据，实行从量定额征收。

(3)对不同的船舶分别适用普通税率或优惠税率。

(4)所征税款主要用于港口建设维护及海上干线公用航标的建设维护。

考点二 纳税人、征税范围、税率 ★★ 一学多考|注

1. 纳税人

属于《船舶吨税法》所附《船舶吨税税目、税率表》规定的应税船舶负责人,为船舶吨税的纳税人。

2. 征税范围

自中国境外港口进入境内港口的船舶(以下简称应税船舶),应当依法缴纳船舶吨税。

3. 税率

(1)船舶吨税包括优惠税率和普通税率两种形式。

(2)中华人民共和国籍的应税船舶,船籍国(地区)与中华人民共和国签订含有相互给予船舶税费最惠国待遇条款的条约或者协定的应税船舶,适用优惠税率。其他应税船舶,适用普通税率。

船舶吨税税目、税率表,见表10-1。

表10-1 船舶吨税税目、税率表

税目 (按船舶净吨位划分)	税率(元/净吨)						
	普通税率(按执照期限划分)			优惠税率(按执照期限划分)		
	1年	90日	30日	1年	90日	30日
不超过2 000净吨	12.6	4.2	2.1	9.0	3.0	1.5
超过2 000净吨, 但不超过10 000净吨	24.0	8.0	4.0	17.4	5.8	2.9
超过10 000净吨, 但不超过50 000净吨	27.6	9.2	4.6	19.8	6.6	3.3
超过50 000净吨	31.8	10.6	5.3	22.8	7.6	3.8

提示

(1)拖船按照发动机功率每千瓦折合净吨位0.67吨。

(2)无法提供净吨位证明文件的游艇,按照发动机功率每千瓦折合净吨位0.05吨。

(3)拖船和非机动驳船分别按相同净吨位船舶税率的50%计征税款。

注意:①游艇征收船舶吨税,很多考生容易忽略"无法提供净吨位证明文件的游艇,按照发动机功率每千瓦折合净吨位0.05吨"这一点,很多考生会"踩雷",考生要引起充分的重视!②拖船和非机动驳船在税额计算题目中非常容易忽略"折"的问题,相关内容和车船税的规定是一致的,请一并复习。

考点三 减免税优惠 ★★★ 一学多考|注

(一)减免税基本优惠

下列船舶免征船舶吨税:

(1)应纳税额在人民币50元以下的船舶。

(2)自境外以购买、受赠、继承等方式取得船舶所有权的初次进口到港的空载船舶。

(3)船舶吨税执照期满后 24 小时内不上下客货的船舶。

(4)非机动船舶(不包括非机动驳船)。

(5)捕捞、养殖渔船。

(6)避难、防疫隔离、修理、改造、终止运营或者拆解,并不上下客货的船舶。

(7)军队、武装警察部队专用或者征用的船舶。

(8)警用船舶。

(9)依照法律规定应当予以免税的外国驻华使领馆、国际组织驻华代表机构及其有关人员的船舶。

(10)国务院规定的其他船舶(由国务院报全国人民代表大会常务委员会备案)。

上述(5)至(9)优惠,应当提供海事部门、渔业船舶管理部门等部门、机构出具的具有法律效力的证明文件或者使用关系证明文件,申明免税的依据和理由。

(二)减免税其他优惠

在船舶吨税执照期限内,应税船舶发生下列情形之一的,海关按照实际发生的天数批注延长船舶吨税执照期限:

(1)避难、防疫隔离、修理、改造,并不上下客货。

(2)军队、武装警察部队征用。

应税船舶因不可抗力在未设立海关地点停泊的,船舶负责人应当立即向附近海关报告,并在不可抗力原因消除后,向海关申报纳税。

【例题 1·多选题】(2024 年)下列各项中,免征船舶吨税的有( )。

A. 军队、武装警察部队征用的船舶

B. 应纳税额在人民币 50 元以下的船舶

C. 船舶吨税执照期满后 48 小时内不上下客货的船舶

D. 进入港口避难,并不上下客货的船舶

E. 自境外购买取得船舶所有权初次进口到港的空载船舶

解析 选项 C,船舶吨税执照期满后 24 小时内不上下客货的船舶免征船舶吨税。

得分高手(2020 年多选;2022—2024 年多选)

船舶吨税的减免税优惠是考试的高频考点,主要通过文字性客观题进行考查,需要下功夫记忆。

这里的"拦路虎"是减免税基本优惠的(6)和其他优惠的(1),很多知识掌握不扎实的考生做题时很容易产生"似曾相识又模棱两可"的感觉。注意"终止运营或者拆解,并不上下客货的应税船舶"只适用免征船舶吨税的规定,而"避难、防疫隔离、修理、改造,并不上下客货的应税船舶"在免征优惠和延期优惠部分具有相关规定。

答案
例题 1 | ABDE

考点四 应纳税额的计算 ★★ 一学多考|注

船舶吨税按照船舶净吨位和船舶吨税执照期限征收。应纳税额按照船舶净吨位乘以适用税率计算。计算公式为：

应纳税额=船舶净吨位×适用税率

提示

（1）应税船舶在进入港口办理入境手续时，应当向海关申报纳税领取船舶吨税执照，或者交验船舶吨税执照（或者申请核验船舶吨税执照电子信息）。

（2）应税船舶负责人申领船舶吨税执照时，应当向海关提供下列文件：

a. 船舶国籍证书或者海事签发的船舶国籍证书收存证明。

b. 船舶吨位证明。

（3）应税船舶在船舶吨税执照期限内，因税目税率调整或者船籍改变而导致适用税率变化的，船舶吨税执照继续有效。

（4）应税船舶在离开港口办理出境手续时，应当交验船舶吨税执照（或者申请核验船舶吨税执照电子信息）。

【例题2·单选题】（2024年）某国已与我国签订有相互给予船舶吨税最惠国待遇条款。某国的A公司有3艘货船驶入我国某港口，其净吨位分别为1 000吨、5 000吨、20 000吨，在港口停留期限为30天，其定额税率分别为每净吨位1.5元、2.9元、3.3元。该公司应缴纳的船舶吨税为（　　）元。

A. 16 000　　　　B. 80 500　　　　C. 82 000　　　　D. 69 000

解析 该公司应缴纳的船舶吨税=1 000×1.5+5 000×2.9+20 000×3.3=82 000（元）。

考点五 征收管理 ★★ 一学多考|注

（一）纳税义务发生时间及纳税期限

（1）纳税义务发生时间：应税船舶进入港口的当日。

（2）船舶吨税由海关负责征收。海关征收船舶吨税应当制发缴款凭证。

（3）应税船舶在船舶吨税执照期满后尚未离开港口的，应当申领新的船舶吨税执照，自上一次执照期满的次日起续缴船舶吨税。

（4）应税船舶负责人应当自海关填发船舶吨税缴款凭证之日起15日内缴清税款。未按期缴清税款的，自滞纳税款之日起至缴清税款之日止，按日加收滞纳税款万分之五的滞纳金。

（二）纳税担保

应税船舶到达港口前，经海关核准先行申报并办结出入境手续的，应税船舶负责人应当向海关提供与其依法履行船舶吨税缴纳义务相适应的担保；

答案
例题2|C

应税船舶到达港口后，依法向海关申报纳税。下列财产、权利可以用于担保：

（1）人民币、可自由兑换货币。

（2）汇票、本票、支票、债券、存单。

（3）银行、非银行金融机构的保函。

（4）海关依法认可的其他财产、权利。

（三）其他管理

（1）应税船舶在船舶吨税执照期限内，因修理、改造导致净吨位变化的，船舶吨税执照继续有效。

（2）船舶吨税执照在期满前毁损或者遗失的，应当向原发照海关书面申请核发船舶吨税执照副本，不再补税。

（3）海关发现少征或者漏征税款的，应当自应税船舶应当缴纳税款之日起1年内，补征税款。但因应税船舶违反规定造成少征或者漏征税款的，海关可以自<u>应当缴纳税款之日起3年内</u>追征税款，并自应当缴纳税款之日起按日加征少征或者漏征税款万分之五的滞纳金。

（4）海关发现多征税款的，应当在 <u>24小时内</u> 通知应税船舶办理退还手续，并加算银行同期活期存款利息。

应税船舶发现多缴税款的，可以自缴纳税款之日起3年内以书面形式要求海关退还多缴的税款并加算银行同期活期存款利息；海关应当自受理退税申请之日起30日内查实并通知应税船舶办理退还手续。

应税船舶应当自收到退税通知之日起<u>3个月内</u>办理有关退还手续。

（5）应税船舶有下列行为之一的，由海关责令限期改正，处2 000元以上3万元以下的罚款；不缴或者少缴应纳税款的，处不缴或者少缴税款50%以上5倍以下的罚款，但罚款不得低于2 000元：

a. 未按照规定申报纳税、领取船舶吨税执照。

b. 未按照规定交验船舶吨税执照（或者申请核验船舶吨税执照电子信息）以及提供其他证明文件。

（6）船舶吨税税款、税款滞纳金、罚款以人民币计算。

同步训练

考点一 概述

（单选题）关于船舶吨税的特点，下列说法不正确的是(　　)。

A. 主要是对进出中国港口的国际航行船舶征收

B. 以船舶的净吨位为计税依据，实行从量定额征收

C. 对不同的船舶分别适用普通税率或优惠税率

D. 所征税款主要用于港口建设维护及海上支线公用航标的建设维护

考点二 纳税人、征税范围、税率

1. (单选题)下列不属于规定的船舶吨税执照期限的是( )。
   A. 30天　　　　　B. 60天　　　　　C. 90天　　　　　D. 1年

2. (多选题)依据船舶吨税征收管理的相关规定,下列说法正确的有( )。
   A. 船舶吨税纳税人为船舶负责人
   B. 中国籍的应税船舶适用普通税率
   C. 船籍国(地区)与中国签订含有相互给予船舶税费最惠国待遇条款的条约的应税船舶适用优惠税率
   D. 无法提供净吨位证明文件的游艇,按照发动机功率每千瓦折合净吨位0.5吨
   E. 非机动驳船按相同净吨位船舶税率的50%计征税款

考点三 减免税优惠

1. (多选题·2023年)下列船舶,免征船舶吨税的有( )。
   A. 自境外以继承方式取得船舶所有权的初次进口到港的空载船舶
   B. 船舶吨税执照期满后24小时内不上下客货的船舶
   C. 中止运营进行修理维护的油轮
   D. 应纳税额在人民币50元以下的船舶
   E. 防疫隔离且不上下客货的船舶

2. (多选题)根据《船舶吨税法》的规定,船舶吨税执照期限内,海关按照实际发生的天数批注延长船舶吨税执照期限的有( )。
   A. 养殖渔船
   B. 修理、改造并不上下客货的船舶
   C. 军队、武装警察部队征用的船舶
   D. 自境外以购买方式取得船舶所有权的初次进口到港的空载船舶
   E. 自境外以受赠方式取得船舶所有权的初次进口到港的空载船舶

考点四 应纳税额的计算

(单选题)甲国一艘游艇2024年4月20日驶入我国某港口,游艇负责人无法提供净吨位证明文件,领取了停留期限为30日的船舶吨税执照。已知游艇配置两台发动机,每台功率为1680千瓦。甲国与我国签订了相互给予船舶税费最惠国待遇条款,船舶净吨位不超过2000吨,执照期限30日的优惠税率为1.5元/吨。该游艇负责人应缴纳船舶吨税( )元。
   A. 1688.4　　　　B. 3376.8　　　　C. 252　　　　D. 12600

考点五 征收管理

1. (单选题)船舶吨税的纳税人未按期缴清税款的,自滞纳税款之日起至缴清税款之日止,按日加收滞纳金的比率是滞纳税款的( )。

A. 0.2% B. 0.5‰ C. 2% D. 5%

2. (单选题)根据《船舶吨税法》的规定,应税船舶发现多缴税款的,可以自缴纳税款之日起一定期限内以书面形式要求海关退还多缴的税款并加算银行同期活期存款利息。该期限为( )。

A. 1年 B. 2年 C. 3年 D. 5年

3. (多选题)依据船舶吨税征收管理的相关规定,下列说法正确的有( )。

A. 纳税人发现多缴税款的,可自缴纳税款之日起3年后要求海关退还多缴的税款
B. 海关发现多征税款的,应在24小时内通知应税船舶办理退还手续并加算银行同期活期存款利息
C. 应税船舶在船舶吨税执照期满后尚未离开港口的,应申领新的船舶吨税执照
D. 船舶吨税执照在期满前毁损的,应向原发照海关书面申请核发船舶吨税执照副本
E. 在每次申报纳税时,可按《船舶吨税税目、税率表》选择申领一种期限的船舶吨税执照

4. (多选题)根据《船舶吨税法》的规定,应税船舶到达港口前,经海关核准先行申报并办结出入境手续的,应税船舶负责人应当向海关提供与其依法履行船舶吨税缴纳义务相适应的担保,下列财产、权利可以用于担保的有( )。

A. 债券 B. 存单
C. 支票 D. 除人民币外的可自由兑换货币
E. 海关依法认可的其他财产、权利

5. (多选题)下列说法符合船舶吨税法规定的有( )。

A. 自中国境外港口进入境内港口的应税船舶应当缴纳船舶吨税
B. 中国籍的应税船舶适用普通税率
C. 船舶吨税执照期满后24小时内上下客货的船舶免税
D. 船舶吨税税款、税款滞纳金、罚款以人民币计算
E. 应税船舶在船舶吨税执照期满后尚未离开港口的,应当申领新的船舶吨税执照,自上一次执照期满的当日起续缴船舶吨税

●● 参考答案及解析

考点一 概述

D 【解析】选项D,所征税款主要用于港口建设维护及海上干线公用航标的建设维护。

考点二 纳税人、征税范围、税率

1. B 【解析】选项B,船舶吨税执照期限包括30天、90天和1年。
2. ACE 【解析】选项B,中国籍的应税船舶适用优惠税率。选项D,无法提供净吨位证明文件的游艇,按照发动机功率每千瓦折合净吨位0.05吨。

考点三 减免税优惠

1. ABDE 【解析】选项C，避难、防疫隔离、修理、改造、终止运营或者拆解，并不上下客货的船舶，免征船舶吨税。
2. BC 【解析】选项A、D、E，养殖渔船、自境外以购买、受赠、继承等方式取得船舶所有权的初次进口到港的空载船舶免征船舶吨税，属于减免税基本优惠。

考点四 应纳税额的计算

C 【解析】无法提供净吨位证明文件的游艇，按照发动机功率每千瓦折合净吨位0.05吨。游艇折合净吨位 = 1 680×2×0.05 = 168(吨)；应缴纳船舶吨税 = 168×1.5 = 252(元)。

考点五 征收管理

1. B 【解析】船舶吨税的纳税人未按期缴清税款的，自滞纳税款之日起至缴清税款之日止，按日加收滞纳税款 0.5‰ 的滞纳金。
2. C 【解析】应税船舶发现多缴税款的，可以自缴纳税款之日起3年内以书面形式要求海关退还多缴的税款并加算银行同期活期存款利息。
3. BCDE 【解析】选项A，纳税人发现多缴税款的，可以自缴纳税款之日起3年内以书面形式要求海关退还多缴的税款并算银行同期活期存款利息。
4. ABCE 【解析】选项D，人民币、可自由兑换货币可以用于担保。
5. AD 【解析】选项B，中国籍的应税船舶，船籍国(地区)与中国签订含有相互给予船舶税费最惠国待遇条款的条约或者协定的应税船舶适用优惠税率。选项C，船舶吨税执照期满后24小时内不上下客货的船舶免税。选项E，应税船舶在船舶吨税执照期满后尚未离开港口的，应当申领新的船舶吨税执照，自上一次执照期满的次日起续缴船舶吨税。

亲爱的读者，你已完成本章5个考点的学习，本书知识点的学习进度已达100%。

第三篇 考前模拟

税务师应试指南

考前模拟 2 套卷

优秀的你有足够的理由相信：沉下心，慢慢来，你想要的美好，终将如期而至。现在，你已完成了前期的学习，终于来到应试指南的结束篇"考前模拟"，快来扫描下方二维码进行模拟考试吧！

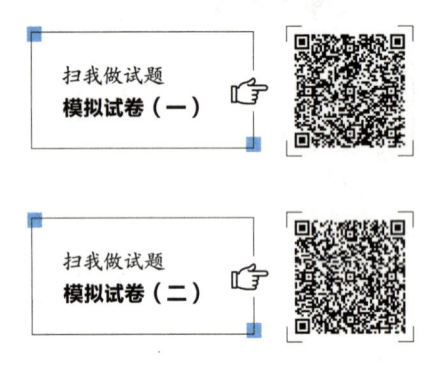

扫我做试题
模拟试卷（一）

扫我做试题
模拟试卷（二）

全国税务师职业资格考试采用闭卷、无纸化形式，此篇考前模拟助力考前练习，快来体验吧！

附录 本书适用的税率表

一、综合所得适用税率表

级数	全年应纳税所得额	税率(%)	速算扣除数
1	不超过36 000元的	3	0
2	超过36 000~144 000元的部分	10	2 520
3	超过144 000~300 000元的部分	20	16 920
4	超过300 000~420 000元的部分	25	31 920
5	超过420 000~660 000元的部分	30	52 920
6	超过660 000~960 000元的部分	35	85 920
7	超过960 000元的部分	45	181 920

二、居民个人工资、薪金所得预扣预缴适用税率表

级数	累计预扣预缴应纳税所得额	预扣率(%)	速算扣除数
1	不超过36 000元的	3	0
2	超过36 000~144 000元的部分	10	2 520
3	超过144 000~300 000元的部分	20	16 920
4	超过300 000~420 000元的部分	25	31 920
5	超过420 000~660 000元的部分	30	52 920
6	超过660 000~960 000元的部分	35	85 920
7	超过960 000元的部分	45	181 920

三、非居民个人工资、薪金所得，劳务所得，稿酬所得，特许权使用费所得适用税率表

级数	应纳税所得额	税率(%)	速算扣除数
1	不超过3 000元的	3	0
2	超过3 000~12 000元的部分	10	210
3	超过12 000~25 000元的部分	20	1 410
4	超过25 000~35 000元的部分	25	2 660
5	超过35 000~55 000元的部分	30	4 410
6	超过55 000~80 000元的部分	35	7 160
7	超过80 000元的部分	45	15 160

四、经营所得适用税率表

级数	全年应纳税所得额	税率(%)	速算扣除数
1	不超过 30 000 元的	5	0
2	超过 30 000～90 000 元的部分	10	1 500
3	超过 90 000～300 000 元的部分	20	10 500
4	超过 300 000～500 000 元的部分	30	40 500
5	超过 500 000 元的部分	35	65 500

五、居民个人劳务报酬所得预扣预缴适用税率表

级数	预扣预缴应纳税所得额	预扣率(%)	速算扣除数
1	不超过 20 000 元的部分	20	0
2	超过 20 000～50 000 元的部分	30	2 000
3	超过 50 000 元的部分	40	7 000

六、印花税税率表

凭证、合同类型	税率
租赁合同、仓储合同、保管合同、财产保险合同、证券交易	1‰
土地使用权出让书据、土地使用权、房屋等建筑物、构筑物所有权转让书据和股权转让书据	0.5‰
买卖合同、承揽合同、建设工程合同、运输合同、技术合同和商标专用权、著作权、专利权、专有技术使用权转让书据	0.3‰
营业账簿	0.25‰
借款合同、融资租赁合同	0.05‰